A ESTRATÉGIA
→ LEAN

E79 A estratégia lean : para criar vantagem competitiva, inovar e produzir com crescimento sustentável / Michael Ballé... [et al.] ; tradução: Francisco Araújo da Costa ; revisão técnica: Altair Klippel. – Porto Alegre : Bookman, 2019.
xxvi, 273 p. : il. ; 23 cm.

ISBN 978-85-8260-521-9

1. Administração. 2. Administração da produção – Lean. I. Ballé, Michael.

CDU 658.5

Catalogação na publicação: Karin Lorien Menoncin – CRB 10/2147

Michael **BALLÉ** Daniel **JONES**
Jacques **CHAIZE** Orest **FIUME**

A ESTRATÉGIA LEAN

Para Criar Vantagem Competitiva, Inovar e Produzir com Crescimento Sustentável

Tradução:
Francisco Araújo da Costa

Revisão técnica:
Altair Klippel
Doutor em Engenharia de Produção pelo PPGEM/UFRGS
Sócio-consultor da Produttare Consultores Associados

bookman

Porto Alegre
2019

Obra originalmente publicada sob o título
The Lean Strategy: Using Lean to Create Competitive Advantage, Unleash Innovation, and Deliver Sustainable Growth, 1st Edition
ISBN 9781259860423

Original edition copyright © 2017, McGraw-Hill Global Education Holdings, LLC., New York, New York 10121. All rights reserved.

Portuguese language translation copyright © 2018, Bookman Companhia Editora Ltda., a Grupo A Educação S.A. company. All rights reserved.

Gerente editorial: *Arysinha Jacques Affonso*

Colaboraram nesta edição:

Leitura final: *Ronald Saraiva de Menezes*

Capa: *Márcio Monticelli*

Projeto gráfico e editoração: *Techbooks*

Reservados todos os direitos de publicação, em língua portuguesa, à
BOOKMAN EDITORA LTDA., uma empresa do GRUPO A EDUCAÇÃO S.A.
Av. Jerônimo de Ornelas, 670 – Santana
90040-340 Porto Alegre RS
Fone: (51) 3027-7000   Fax: (51) 3027-7070

Unidade São Paulo
Rua Doutor Cesário Mota Jr., 63 – Vila Buarque
01221-020 São Paulo SP
Fone: (11) 3221-9033

SAC 0800 703-3444 – www.grupoa.com.br

É proibida a duplicação ou reprodução deste volume, no todo ou em parte, sob quaisquer formas ou por quaisquer meios (eletrônico, mecânico, gravação, fotocópia, distribuição na Web e outros), sem permissão expressa da Editora.

IMPRESSO NO BRASIL
PRINTED IN BRAZIL

Os autores

Dr. Michael Ballé é *coach* executivo há 20 anos, cofundador do Instituto Lean da França e autor de cinco livros sobre *lean* que moldaram o pensamento e a prática internacional.

Daniel T. Jones é coautor dos *bestsellers* que introduziram o *lean* ao mundo (*A Máquina que Mudou o Mundo, A Mentalidade Enxuta nas Empresas* e *Soluções Enxutas: Como Empresas e Clientes Conseguem Juntos Criar Valor e Riqueza*) e fundador da Lean Enterprise Academy do Reino Unido e da Lean Global Network.

Jacques Chaize foi CEO da Danfoss Water Controls, empresa franco-dinamarquesa líder em válvulas de água que serviu como modelo da prática *lean*. É cofundador da Sociedade Francesa de Aprendizagem Organizacional.

Orest J. Fiume foi diretor financeiro e um dos diretores da The Wiremold Company, além de diretor emérito do Lean Enterprise Institute. É coautor de *Real Numbers: Management Accounting in a Lean Organization* e cofundador do movimento da Contabilidade Lean.

Para todos os nossos sensei

Agradecimentos

De Michael: Antes de mais nada, sou grato aos meus pais. Há 25 anos, Freddy, meu pai, me levou ao *gemba* para ver os experimentos que estava realizando na Toyota, e tem me ensinado a "aprender na prática" desde então, passo a passo, como enxergar com os olhos de supervisor de área, gerente de produção, diretor de fábrica e, por fim, CEO. Também agradeço à minha mãe, que me ensinou a escrever de verdade e que leu e corrigiu pacientemente muitos dos meus textos, levando-me, com o passar dos anos, espero, a aprimorar minhas habilidades na minha própria profissão.

Sou grato a Tom Ehrenfeld, o "engenheiro-chefe" de tantos grandes livros *Lean* (e oito prêmios Shingo). Não poderíamos ter feito nada disso sem a sua orientação sobre os argumentos e seu toque hábil na página.

Agradeço a meus muitos *sensei* por serem tão pacientes com as minhas ideias e conclusões, às vezes precipitadas, e por sempre me levarem de volta ao cerne da questão: Dan Jones, Jeff Liker, John Shook, Orry Fiume, Art Smalley, Marcus Chao, Art Byrne, Durward Sobek, Jim Morgan e Jim Womack; e aos veteranos da Toyota Tracey Richardson, Peter Handlinger, Hugues Pichon, François Papin e Gilberto Kosaka. Um agradecimento especial a Sandrine Olivencia, por suas contribuições inteligentes sobre *Lean* e métodos ágeis e pelo design do *site* www.TheLeanStrategy.com. Agradeço a Kelly Singer e sua obra revolucionária sobre *Lean* e ecologia no blog LeanGreenInstitute.com. Um agradecimento especial a Joe Lee, *sensei* do STP em Taiwan, por me questionar sobre pensamento concreto e abstrato, uma conversa que começou no *gemba* e continuou por muitos meses, o que levou à produção deste livro!

Também devo muito aos executivos com os quais tive o privilégio de trabalhar. Eles me ajudaram a vivenciar essas ideias em primeira mão, em situações da vida real. Hoje, além de colegas, tenho o prazer de chamá-los de amigos: Stéphane André, Klaus Beulker, Jean-Claude Bihr, Laurent Bordier, Jean-Baptiste Bouthillon, Steve Boyd, Jacques Chaize, Fabiano Clerico, Furio Clerico, Cyril Dané, Patrick De Coster, Norbert Dubost, Boris Evesque, Frédéric Fiancette, Christophe Frachet, Benjamin Garel, Nicolas Guillemet, Evrard Guelton, Michael Kightley, Christophe Riboulet, Thierry Rosa, Mike Schembri e

Pierre Vareille, além dos diretores *Lean* que possibilitaram essas mudanças com a sua inventividade e dedicação: Ariane Bouzette, Paul Evans, Florent Letellier, Michel Marissal, Marc Mercier, Yves Mérel, Eric Prévot, Alain Prioul, Philippe Pull e Cécile Roche.

Também sou grato aos meus amigos no Institut Lean France pelo seu apoio e iniciativa na disseminação dessas ideias maravilhosas: Godefroy Beauvallet, Yves Caseau, Catherine Chabiron, Marie-Pia Ignace, Richard Kaminski, Fabien Leroy, James Liefer, Olivier Soulié e Aurore Xemar.

Por fim, sou profundamente grato a Florence, Roman e Alexandre por me aturarem enquanto escrevia na minha mesa e, apesar de fisicamente presente, estar tão, tão distante. Amo vocês.

De Orry: Seria impossível listar todas as pessoas que me ajudaram a crescer e desenvolver meu pensamento sobre o *Lean*. Ainda assim, gostaria de reconhecer a influência do Dr. Edwards Deming, Thomas Johnson e Robert Kaplan, em minha investida inicial no final da década de 1980, quando comecei a questionar tudo que havia aprendido e praticado até então sobre administração e contabilidade. Escutar o Dr. Deming por quatro dias e ler o livro pioneiro de Johnson e Kaplan, *Relevance Lost: The Rise and Fall of Management Accounting*[1] (1987), virou meu mundo de pernas para o ar. Também gostaria de expressar meu apreço por todos os meus colegas na The Wiremold Company, especialmente entre os anos de 1991 e 2002. Essa equipe, liderada por Art Byrne, nosso CEO, entendia que o *Lean* era uma estratégia que nos permitiria atender melhor a todos os nossos acionistas. Isso não aconteceu sem algumas dificuldades iniciais, mas assim que as pessoas começaram a agir de forma diferente e enxergar os imensos benefícios dessas atitudes, a equipe se uniu e conseguiu implementar nossa estratégia *Lean*. Também gostaria de prestar homenagem a todos aqueles que lerem este livro e finalmente abandonarem o pensamento estratégico tradicional e adotarem o pensamento estratégico *Lean*.

No espírito da "aprendizagem para a vida toda" (ou, como chama um dos meus professores, "proteção antiferrugem"), gostaria de reconhecer o quanto aprendi com meus coautores. Muito do que eu achava que sabia ficou muito mais claro por causa das suas contribuições coletivas para este livro. Sou grato a todos vocês.

Por fim, gostaria de agradecer a Claire, minha esposa, e a nossos cinco filhos e dez netos (que em breve serão onze). Apesar de eu estar "oficialmente" aposentado, seu apoio neste projeto e em meus outros empreendimentos *Lean* tem sido maravilhoso.

De Jacques: Este livro é uma jornada de aprendizagem que começou dez anos atrás, quando Michael Ballé ajudou a mim e às minhas equipes a nos transformarmos e fazermos uma reviravolta na nossa empresa. Obrigado, Michael, por esse presente incrível.

Sou grato às equipes da Socla e da Danfoss, que compartilharam essa jornada tão frutífera, especialmente Frédéric Fiancette, Eric Prévot, Lionel Repellin, Christian Amblard e Mathias Fumex. Muito obrigado por nunca desistirem!

Agradeço à comunidade mundial da Society for Organizational Learning (SOL) e sua abordagem de aprendizagem organizacional, que me ajudou a entrar no mundo do *Lean* pela porta certa: Peter Senge, Arie de Geus, Irène Dupoux-Couturier, Heidi Guber, Odile Schmutz, Alain Gauthier e Gilles Gambin.

Muito obrigado a meus amigos na APM, uma rede de gestão especial, por compartilharem suas próprias trajetórias *Lean*: Frank Flipo, Stéphane André, Alain Genet, Philippe Counet e Stéphane Lequin.

Minha gratidão aos grandes empreendedores, amigos e estrategistas *Lean* de verdade: Pierre Bellon, fundador da Sodexo, Jean Chagnon, da Lallemand, Jorgen Vig Knudstorp, da Lego, e Niels Bjorn Christiensen, da Danfoss.

Finalmente, a Chloé, Quentin, Henri, Clément e Hugo, nossos cinco netos, que em alguns anos este livro seja uma leitura útil nos seus projetos futuros!

De Dan: Gostaria de começar agradecendo a Tom Ehrenfeld: sem a sua ajuda e paciência, este livro não teria acontecido! Depois, a todo o pessoal dos muitos *gembas* que visitamos, e aos muitos *sensei* da Toyota que responderam pacientemente nossas perguntas com mais perguntas para nos fazer refletir! Eles abriram nossos olhos para conseguirmos enxergar de verdade o que está acontecendo no *gemba*. Aprendemos muito com eles tanto sobre o que dá certo quanto sobre o que dá errado, nos desafiando a mergulhar de cabeça para entendermos o que poderia funcionar no nosso próximo experimento.

Meus agradecimentos aos colegas no movimento *Lean* que compartilharam muitas dessas questões com o passar dos anos, incluindo Jim Womack, John Shook, Dave Brunt, Rene Aernoudts, Wiebe Nijdam, Oriol Cuatrecases, Steve Bell, Alice Lee, Eric Buhrens e os líderes dos Institutos LGN, que dedicam seus esforços à disseminação do *Lean* em todo o mundo.

Sou grato a todos os autores *Lean* que contribuíram para os nossos debates nos *sites* Lean Edge (www.theLeanedge.org), Planet Lean (www.planet-Lean.com) e Lean Post (www.Lean.org/LeanPost/).

Por dedicarem tempo para revisar este manuscrito e nos oferecer suas contribuições valiosas, agradeço também a Art Byrne, John Shook, Jeff Liker,

Torbjorn Netland, Arnaldo Camuffo, Pierre Masai, Cliff Ransom, Ed Miller, Gary Brooks e Jyrki Perttunen.

Sou extremamente grato à minha esposa, Pat, por sobreviver a "mais um livro".

Também ao pai de Michael, Freddy Ballé, um dos primeiros e maiores pioneiros do *Lean* na Europa, sem o qual este livro não existiria.

Agradeço também aos nossos editores na McGraw-Hill, Knox Huston e Donya Dickerson.

E, por fim, agradeço aos meus coautores, que tornaram o processo de escrever este livro uma experiência tão rica. Tenho muito orgulho de fazer parte desta equipe especial.

Apresentação à edição brasileira

Caro leitor, seja bem-vindo à edição brasileira de *A Estratégia Lean*. Entre tantas obras já publicadas sobre o sistema de gestão implantado pela Toyota Motor Company, e que deu origem ao mundialmente conhecido Sistema Toyota de Produção (STP), também conhecido como Sistema de Produção Enxuta ou Lean Manufacturing System, esta obra se destaca pelo fato de seus autores demonstrarem que o sucesso do sistema está diretamente ligado ao fato de a Toyota ter se tornado uma organização de aprendizagem.

Ao ensinar seus colaboradores de todos os níveis hierárquicos a *aprender fazendo*, a Toyota desenvolveu, na realidade, muito mais do que um revolucionário sistema de gestão, mas sim um sistema de aprendizagem, na busca de seus objetivos, tendo como resultado uma mudança cultural em toda a organização.

Os métodos e as ferramentas *Lean*, como *kanban, kaizen, poka-yoke*, fluxo unitário de peças, Troca Rápida de Ferramentas, Manutenção Produtiva Total, entre tantos, foram desenvolvidas após a mudança na forma de *pensar* dos colaboradores. A mudança cultural advinda implicou no envolvimento e comprometimento de todos os colaboradores na busca de agregação de valor para os clientes, a empresa e a sociedade.

Como se depreende da leitura desta obra, o sistema de gestão da Toyota estimula a aprendizagem de cada colaborador, que tem autonomia de parar a linha de produção e investigar a existência de erros e defeitos, diferentemente do que ocorria no Sistema Fordista de Produção, quando somente os engenheiros e gestores/administradores tinham essa autonomia de *pensar*, sendo reservado aos operadores apenas a tarefa de executar as determinações recebidas dos níveis superiores. Esta postura adotada pela Toyota estimula a satisfação dos colaboradores e cria um ambiente fabril sadio, que propicia a realização de melhorias contínuas em seus processos produtivos.

Colaboradores satisfeitos com seu ambiente de trabalho, devidamente habilitados e reconhecidos pelos seus esforços para o atingimento das metas são o principal ativo de conhecimento da organização e são fundamentais para a consolidação e sobrevivência da empresa em um ambiente altamente competitivo como o atual. Neste cenário eles irão surpreender suas lideranças com os resultados alcançados! Desejamos a todos uma ótima e proveitosa leitura.

José Antonio Valle Antunes Júnior (Junico Antunes)
Doutor em Administração de Empresas pelo PPGA/UFRGS
Professor do Mestrado Profissional em Administração da Unisinos
Professor do Mestrado e Doutorado em Engenharia de Produção e Sistemas da Unisinos
Sócio-Diretor da Produttare Consultores Associados

Altair Flamarion Klippel
Doutor em Engenharia pelo PPGEM/UFRGS
Sócio-consultor da Produttare Consultores Associados

Prefácio

Este livro trata sobre *aprender a competir de uma maneira fundamentalmente diferente*. A prática da gestão tem se reduzido a uma abordagem cada vez mais financeira: enxugar o quadro funcional, consolidar a presença no mercado com a compra ou venda de empresas e substituir responsabilidades individuais por sistemas de TI. Como todos já vivenciamos, tanto como clientes ou funcionários, isso gera empresas burocráticas cada vez maiores, com produtos ou serviços decepcionantes e colaboradores desconfiados e desengajados. Sabemos que existe uma maneira melhor de competir. Tivemos a sorte de observar como empresas podem crescer de forma sustentável e rentável quando se concentram em desenvolver seu pessoal de modo a gerar valor para o cliente.

Essa abordagem dinâmica, centrada em pessoas trabalhando juntas, produz resultados melhores para a organização, para seus funcionários e para a sociedade. Ela não trata os funcionários como *commodities* a serem substituídos por robôs, não prende os gerentes em sistemas burocráticos inerentemente avessos a mudanças e não incentiva o uso de soluções de curto prazo às custas do meio ambiente. Nas empresas que praticam esse modo de trabalhar, os funcionários buscam aprimorar seu próprio trabalho e, em geral, as condições para a inovação contínua são criadas no dia a dia, sem o desperdício de recursos preciosos. No processo, as mudanças necessárias para competir em mercados turbulentos se baseiam no talento e na paixão das próprias pessoas que criam valor enquanto buscam maneiras melhores de trabalhar.

Cerca de 30 anos atrás, descobrimos que um sistema de gestão centrado em pessoas estava por trás da ascensão das montadoras japonesas, especialmente a Toyota. Essa abordagem encontrou eco em muitas pessoas que batalhavam para melhorar suas próprias organizações e levou a inúmeros experimentos em todos os setores imagináveis, de *start-ups* a sistemas de saúde, da indústria aos serviços e à TI, gerando um movimento *lean* global que não para de crescer. Esse nome, *lean* (ou enxuto), inclui agilidade, velocidade, flexibilidade, leveza e robustez, que o diferencia da gestão tradicional.

As práticas comuns nesse sistema, codificadas como ferramentas *lean*, eram imaginadas originalmente como o segredo para eliminar as perdas e projetar processos mais eficientes. Contudo, por questionarem o pensamento convencional, essas ferramentas precisam ser aprendidas na prática, e não com treinamentos em sala de aula. Na verdade, hoje sabemos que o Sistema Toyota de Produção é um sistema de *aprendizagem* para ajudar os funcionários a melhorar o seu trabalho e para que trabalhem em equipe na criação do valor pelo qual os clientes estão pagando. Muitos ainda o interpretam como simplesmente um sistema de gestão, mas o *lean* vai muito além disso.

Essa revelação, por sua vez, passou a exigir uma maneira muito diferente de administrar o processo de aprendizagem na linha de frente e nas atividades de apoio. Para tanto, tivemos de aprender mais um conjunto de ferramentas de gestão, incluindo a solução de problemas A3, a gestão diária, a análise do fluxo de valor e o planejamento Hoshin. Ficou evidente que um jeito diferente de *pensar* seria necessário para que essas ferramentas produzissem resultados, que elas precisariam se tornar responsabilidade dos gerentes de linha e que exigiriam o envolvimento ativo da liderança para que se sustentassem e disseminassem por toda a organização.

Na verdade, muito do que foi escrito sobre o *lean* adota uma perspectiva organizacional, não de negócios. Com este livro, analisamos como os líderes de transformações *lean* bem-sucedidas, os próprios executivos que administram a empresa, adotam o pensamento *lean*, mudam seu próprio estilo de gestão e espalham esse conhecimento por todo o negócio. Para entender esses desafios de liderança, voltamos aos pioneiros que utilizaram o *lean* como parte essencial da sua estratégia. Esse foi o ponto de partida para este livro, capaz de reunir essa equipe especial: um CFO e um CEO pioneiro que tiveram experiências pessoais em liderança *lean*, mais dois autores com muitos anos de experiência em *coaching* de líderes.

À medida que este livro foi tomando forma, aprendemos três lições. Primeiro, adotar o pensamento *lean* é uma estratégia empresarial completa. O pensamento *lean* redefine a noção tradicional de estratégia, voltada a atacar os mercados com tecnologias próprias e processos padronizados e gerenciar operações por meio de investimentos em capacidade e redução implacável dos custos. A estratégia *lean* representa uma abordagem fundamentalmente diferente: buscar os problemas certos a resolver, enfocar as rotas de melhoria de modo que cada indivíduo entenda como poderá contribuir e apoiar a aprendizagem em cada mudança ocorrida no nível da agregação de valor, de modo a evitar decisões que gerem perdas. A estratégia nasce ao sustentarmos uma rota de melhoria rumo a um Norte Verdadeiro e ao apoiarmos a melhoria diária para resolver desafios globais. Essa é uma estratégia vencedora.

Segundo, liderar uma organização centrada em pessoas é tudo uma questão de aprendizagem: como pensar diferente sobre gestão para que a melhoria se transforme em um aspecto essencial do trabalho. O desempenho dos seres humanos atinge seu máximo quando eles se envolvem com melhorias, quando seus esforços nesse sentido são apoiados e reconhecidos e quando enxergam seu próprio progresso. Em suma, quando veem *sentido* no que fazem. As equipes de melhor desempenho têm espaço para ter suas próprias opiniões sobre como estão se saindo, o incentivo para pensar em maneiras melhores de trabalhar e o controle e a autonomia para efetuar mudanças que as tornarão melhores no que fazem. O sistema de aprendizagem *lean* oferece uma forma estruturada de apoiar todas as equipes nos seus próprios esforços de aprendizagem e, além da engenhosidade de cada equipe, permite que os líderes aprendam a competir melhor nas suas áreas de atuação ao aprenderem com as melhorias operacionais.

Terceiro, a aprendizagem *lean* pode melhorar o resultado financeiro: a melhoria da qualidade alavanca as vendas e as margens (ao reduzir o custo da não qualidade), enquanto os fluxos acelerados levam à melhor utilização da capacidade e do caixa, e o *kaizen* diário apoia os controles de custo no nível de cada equipe. Na empresa como um todo, uma visão *lean* da rentabilidade para hoje e para amanhã (e como financiá-la) altera radicalmente onde e como os líderes escolhem investir. Ao investirem nas competências das pessoas e entenderem como melhorias passo a passo podem instaurar novas capacidades, os líderes criam as condições para inovações reais e sustentáveis, financiadas principalmente por melhorias no caixa, decorrentes de fluxos operacionais acelerados. Essa reelaboração radical do que torna um negócio rentável diferencia os líderes *lean* dos gestores financeiros tradicionais, que dividem vendas, custos operacionais e investimentos em capacidade em departamentos separados e, como bem vemos em inúmeras situações, continuam a destruir o valor real em nome de ganhos contábeis de curto prazo. A confiança mútua em líderes, em equipes e em si mesmo é o alicerce para a rentabilidade sustentável.

Uma expressão comum sobre os esforços *lean* é que o "envolvimento do CEO" é o segredo para o sucesso. Este livro adota a perspectiva dos CEOs que conseguiram reformular seus negócios com o *lean*, mostrando como o primeiro passo em sua nova estratégia foi transformar o seu próprio jeito de pensar:

- O pensamento *lean* é uma forma diferente de raciocínio baseado no local de trabalho, no qual aprendemos a encontrar e enfrentar os problemas certos a serem resolvidos a partir da experiência de trabalho diária, criar as métricas certas, enquadrar esses problemas de um modo que todos os membros da organização possam entender e acompanhar e resolvê-los pela formação de novas soluções passo a passo, envolvendo as equipes em mudanças e experimentos práticos controlados.

- O *Lean* é um sistema de aprendizagem que cada líder *lean* pode desenvolver na sua própria empresa, partindo de um entendimento de como o modelo do Sistema Toyota de Produção pode ser utilizado para estabelecer um Norte Verdadeiro em termos de rentabilidade e satisfação do cliente. O *Lean* apoia a aprendizagem individual ao parar e investigar erros e defeitos em vez de conviver com eles, incentiva aprendizagem interfuncional pelo uso das ferramentas *just-in-time* para reduzir todos os tempos de ciclo e aumenta a satisfação dos funcionários e a confiança mútua pela criação de um ambiente de trabalho diferenciado no qual os problemas são vistos como matéria-prima fundamental para melhorias e a solução de problemas está no cerne da cultura da empresa.

- Um entendimento *lean* trata de como os diversos elementos financeiros do negócio geram de fato resultados e como os líderes *lean* usam uma sabedoria superior em sua gestão financeira para apoiar a engenhosidade das suas equipes e sustentar inovações genuínas a partir da melhoria das capacidades e do desenvolvimento de competências individuais. Na abordagem *lean* às finanças, o sucesso da empresa começa com o sucesso pessoal de cada funcionário, e a gerência incentiva o relacionamento positivo entre cada pessoa, o seu trabalho e a satisfação do cliente.

- O *Lean* nos ensina sobre a inovação contínua usando o sistema de aprendizagem para descobrir oportunidades de análises de valor e engenharia de valor a fim de desenvolver, simultaneamente, capacidades de engenharia, produção e cadeia logística e gerar inovações revolucionárias (e que transformam seus setores) a partir do *kaizen* baseado em equipes.

Esperamos que este livro inspire os leitores a começarem seus próprios experimentos em busca de uma maneira melhor de administrar, na qual as pessoas importam. Venha conosco nesta jornada para transformar o mundo em um lugar melhor.

Introdução

O Significado do Lean

É muito raro que qualquer um de nós tenha a oportunidade de mudar a história das nossas vidas, o modo como encaramos e reagimos a problemas, as escolhas que fazemos e as organizações que tentam criar produtos e prestar serviços que atendem às nossas necessidades e, em uma situação ideal, tornam o mundo um lugar melhor.

Todos queremos viver bem, todos queremos ter sucesso. A promessa de produtos cada vez melhores e mais inteligentes, carreiras gratificantes e comunidades estáveis e simpáticas nas quais podemos criar nossos filhos, e até ter algum tempo livre para a nossa realização pessoal, segue viva e forte. Contudo, os efeitos colaterais do sistema que construímos para produzir bem-estar – que incluem estresse financeiro, preocupações ambientais, trabalhos alienantes, a tendência supercomercializada de buscar distração e alívio de realidades desagradáveis, sensações crescentes de injustiça e desigualdade – ameaçam cada vez mais a capacidade do sistema de gerar resultados. Em suma, o modelo industrial dominante de trabalho, produção e pensamento sobre o trabalho não está cumprindo o prometido.

Hoje, os mercados estão saturados; os financistas consideram a economia apenas uma fonte de lucros. O valor gerado pelos fabricantes, ou por todos que criam produtos e serviços, acaba sendo alvitado em um momento em que alguém, em algum lugar do mundo, pode copiar rapidamente o produto (com mão de obra barata ou outros meios) ou prejudicar digitalmente a sua utilização. Os empregos são vistos cada vez mais como "bicos", sem lealdade, benefícios, propriedade ou crescimento. Parece que apenas aqueles que criam novas "plataformas" (os Facebooks e Googles do mundo, com mercados digitais fechados) têm valor duradouro. Mas, então, como as empresas vão crescer e prosperar nesta nova era?

Acreditamos que a resposta esteja em mudar a própria história. E não é apenas aquela narrativa fácil sobre quem são e o que fazem – é algo mais profundo.

Hoje, o *lean* é conhecido por muitos, mas entendido de verdade por poucos. Entre nós, temos muitas décadas coletivas de trabalho com o *lean*, e hoje acreditamos que o verdadeiro significado do *lean* é mudar a forma como a sua organização e o seu setor criam valor para os usuários e para a sociedade como um todo. A estratégia *lean* se baseia em usar sua empresa para mudar a história do seu setor.

Considere a Toyota, a fonte principal daquilo que hoje chamamos de *lean*. Há muitos anos que a Toyota muda a história da mobilidade. A obsolescência programada era uma característica tradicional do negócio automotivo até a Toyota alterar as regras do jogo, oferecendo carros de alta qualidade a preços acessíveis. A qualidade vinha de graça. Hoje, a menor dúvida sobre a qualidade de um novo modelo pode prejudicar drasticamente a sua reputação. Veículos "beberrões" e altas emissões costumavam ser o preço que se pagava pela potência (quando os carros elétricos eram considerados um sonho fantasioso e absurdo, algo para as gerações futuras inventarem), mas a Toyota aprendeu a criar modelos elétricos híbridos, começando com o Prius e hoje abrangendo uma ampla variedade de modelos. Elementos antes vistos como *trade-offs* necessários agora são complemento da equação total. E a Toyota até foi a público com o seu próximo objetivo impossível: produzir um carro movido a hidrogênio cuja emissão final é... água.

A Toyota transformou a história da indústria automobilística ao aprender a projetar e construir carros de alta qualidade melhor do que os seus concorrentes, muito antes de ser pioneira em tecnologias alternativas de motores. Esse fato desmente o pressuposto comum de que a tecnologia é a única maneira de alterar fundamentalmente a história de um setor. Muitos estudos sobre tecnologia mostram que a aceitação do usuário e as mentalidades e organizações legadas são as maiores restrições à concretização das oportunidades oferecidas pelas novas tecnologias.[1] A Toyota criou a cultura de aprendizagem capaz de desenvolver essas tecnologias revolucionárias *e também* a capacidade de ampliar sua escala rapidamente, por meio de diversas gerações de produtos, à medida que o mercado para elas foi crescendo. No processo, a empresa criou aquilo que o pensador Takahiro Fujimoto descreveu como uma "capacidade de aprendizagem evolucionária".[2]

A Toyota está longe de ser uma organização perfeita, e qualquer um dos seus líderes concordaria que ela tem tantos problemas e defeitos quanto qualquer outra montadora. A diferença é que seus executivos aprenderam a aceitar esses problemas e a enfrentá-los ao lado da equipe da linha de frente. Isso faz a Toyota visivelmente melhor do que seus concorrentes (ela é a sexta marca mais valiosa do mundo segundo a revista *Forbes* e a primeira entre as industriais, muito à frente da concorrência). Na verdade, a Toyota sequer busca ser perfeita. Ela se esforça para ser melhor hoje do que foi ontem e para ser melhor amanhã do que é hoje. Seus líderes descobriram que o desempenho sustentável nasce do progresso dinâmico, não da otimização estática, uma lição crucial para empresas muito além do mundo automotivo.

Mudar a sua história significa encontrar e resolver os problemas certos, aqueles que ajudam os seus clientes a resolver os problemas em suas próprias vidas, sem desperdiçar tempo, esforço e recursos nas coisas erradas. Fazer isso melhor do que os concorrentes os pressiona a fazer o mesmo, o que acaba por mudar a história de todo o setor. Os carros, por exemplo, já não são mais considerados itens perigosos ou pouco confiáveis, e sim o produto mais avançado que utilizamos em termos de qualidade e segurança. Contudo, mudar a história de um setor não deve ser a meta em si; é simplesmente algo que fortalece o caso de negócio. Ao desafiar-se constantemente, você pressiona seus concorrentes e reenquadra as condições de sucesso do seu setor para corresponderem àquilo que você faz de melhor.

O *lean* é um método para mudar a história do seu negócio e, consequentemente, mudar a história de todo o seu setor. Os gestores de hoje buscam o lucro principalmente pela exploração de fatores externos, não buscando o valor em melhorias drásticas de produtividade e qualidade. Dessa forma, muitas empresas operam como se fossem uma "caixa preta" no modo como se constrói valor: monopólios de mercado, pressão nos fornecedores, fidelidade de clientes, ameaças de substituição, etc. Não precisa ser assim. Em vez de buscar valor em truques financeiros, você pode criá-lo internamente. Essa abordagem questiona a mentalidade convencional das escolas de administração: o *lean* não é um jeito de enfeitar temporariamente o valor de venda da sua empresa, mas sim de fortalecer o valor do empreendimento como um todo por meio da melhoria radical da sua capacidade de produzir cada vez mais valor a longo prazo. Disso resulta um caso de negócio melhor e com rentabilidade mais sustentável para a sua empresa em termos de melhores vendas, melhor fluxo de caixa, margens maiores e investimentos de capital mais eficientes.

Essa estratégia *lean* ajuda as pessoas a repensarem radicalmente a questão do que "precisam fazer" e ajuda os indivíduos a criarem suas próprias histórias em vez de fazer os outros imporem histórias a eles. Além da mudança de estratégia pessoal para ajudar as pessoas a construírem suas próprias trajetórias, ela inverte outras narrativas mais gerais. Todos reconhecemos que ganhar dinheiro é necessário para manter o fluxo de caixa do negócio, nutrindo as operações diárias e financiando novos avanços, mas o lucro máximo não é visto como um objetivo em si, apenas um meio para um fim maior. O propósito da empresa, ou seja, o serviço que presta para os seus clientes (e os benefícios que presta para a sociedade como um todo) é aquilo que os mercados recompensam o médio prazo. Maior qualidade e mais valor melhoram as vendas. A narrativa da organização é a soma de todas as histórias de desenvolvimento pessoal alinhadas na direção de ajudar os clientes a fazerem aquilo que desejam e pelo que nos recompensam.

Mas vamos deixar uma coisa muito clara: essa história não se baseia em uma perspectiva abstrata grandiosa sobre como o mundo *deveria* ser. O argumento está alicerçado em anos de prática, durante os quais observamos resultados convincentes entre pessoas e organizações que utilizam essa abordagem diferente para produzir excelentes resultados. Segundo todas as medidas e valores, nós aprendemos que o *lean* é simplesmente um modo melhor de trabalhar na atualidade.

Dan é cofundador do movimento *lean* (ao lado de Jim Womack), Orry foi diretor financeiro de um dos primeiros negócios realmente *Lean* fora da Toyota (a Wiremold, como relatado em *Lean Thinking*[3]), Jacques é o CEO aposentado da Socla e liderou sua transformação *lean* pessoalmente e Michael estuda *lean* há 25 anos, sendo pioneiro em ver os sistemas *lean* como sistemas de aprendizagem. Juntos, pretendemos compartilhar com você nosso entusiasmo com o potencial de desempenho do pensamento *lean* para qualquer negócio. Na verdade, temos experiência direta com transformações *Lean* em todos os setores possíveis, da indústria aos serviços, dos hospitais às *start-ups*. Também aprendemos muito sobre como usar o pensamento *lean* ao observar como os líderes de negócio adotaram o *lean*, se apropriaram dele e lideraram suas empresas ao sucesso e seus funcionários à realização do seu potencial. Esperamos compartilhar com você a alegria e o prazer de ver as coisas de um jeito diferente, de se defrontar com os problemas mais difíceis e resolvê-los junto a todos os membros da empresa, para construir relações profundas de confiança com clientes, funcionários e fornecedores e, no processo, passar da melhoria para a inovação real.

A ideia fundamental do pensamento *Lean*, de melhor coordenar pessoas, equipamentos e trabalho para criar mais valor com menos perdas, em muitos sentidos foi uma contramedida (ou uma série de contramedidas) aos problemas que emergem nas empresas mais bem-sucedidas. Ao crescer, toda organização desenvolve a "doença da empresa grande", que transforma trabalhos com sentido em tarefas vazias e converte funcionários engajados em ativos descartáveis e desvalorizados. A burocracia cresce, enquanto qualidade, produtividade e iniciativa inevitavelmente decaem perante sintomas como:

- *Foco em processos robóticos acima das preocupações com o cliente:* as empresas ficam tão obcecadas com a padronização de processos e a redução de custos que ignoram problemas, preferências e estilos de vida dos seus clientes individuais (já tentou resolver um problema por meio de uma central telefônica?). Internamente, impor processos padronizados aos funcionários (em geral, como exercício de contenção de custos em nome da "eficiência" organizacional) rouba a liberdade de que precisam para aprender, ajudar e apoiar os clientes de carne e osso. As regras e regulamentações internas passam a restringir – a atravancar – a geração de valor extra para o cliente.

- *Pensamento compartimentado a respeito das equipes colaborativas e uma abordagem sistêmica:* a gestão convencional defende que se todos os indivíduos fizerem seu trabalho como devem, tudo vai dar certo no final. Tudo até dá, mas a um custo absolutamente ridículo. As organizações de hoje são grandes demais, e inter-relacionadas demais, para que qualquer abordagem de otimização pontual consiga produzir resultados gerais melhores. Enquanto cada diretor funcional estiver decidido a resolver os seus próprios problemas, independentemente dos custos impostos aos outros membros da organização, a maioria dos esforços de melhoria ou de cumprimento de um objetivo específico será às custas dos outros. O primeiro passo em direção ao trabalho em equipe é entender o que os colegas estão tentando fazer e reconhecer os problemas e desafios que enfrentam, e como nosso próprio trabalho ajuda ou atrapalha nisso. É assim que se desenvolve uma melhor colaboração.

- *Desvalorização do capital humano em vez de desenvolvê-lo:* na maioria das empresas, especialmente as burocráticas tradicionais, a gerência média se enxerga como defensora da ortodoxia da alta gerência. Ela garante a obediência silenciosa dos funcionários, que estão lá para executar, não para pensar. Contribuições ou pensamentos individuais significativos não são recompensados, e não há uma maneira sistemática de aproveitá-los. As pessoas existem para cumprir seus deveres laborais estáticos; sua experiência pessoal como fonte de aprendizagem é rejeitada.

- *Pensamento estratégico do "oceano marrom":* a maioria dos CEOs progressistas enche os olhos para falar na busca de "estratégias do oceano azul" (conquistar novos mercados com novas tecnologias e estratégias), mas a vasta maioria das empresas na nossa economia dinâmica está muitíssimo mais concentrada em defender tecnologias legadas, ativos legados e transações legadas, não em fazer algo realmente novo. Elas se aferram a tecnologias antiquadas e forçam os clientes a permanecer, não a confiar em novas proposições de valor. A pressão constante sobre economias de escala estrangula os recursos necessários para novas técnicas e tecnologias, ao mesmo tempo que protege tecnologias legadas para justificar os custos irrecuperáveis do passado. São ideias zumbis: mortas, mas ainda perambulando pelo mundo, destruindo pessoas e inovações.

O pensamento *lean* combate a doença da empresa grande ao promover um pensamento gerencial voltado a dar tarefas com sentido para pessoas que trabalham de forma consciente, de modo a sempre gerar mais valor para os clientes. Essa nova forma de pensar se baseia na intuição fundamental de que, na posição de líderes, não precisamos dizer aos outros como trabalhar melhor. Em vez disso, *precisamos explorar e descobrir com eles o que significa trabalhar melhor* nas suas próprias situações.

O pensamento *lean* depende de uma mudança transformacional da postura da liderança: não vamos fazer as pessoas trabalharem melhor (tendo decidido o que elas devem fazer de diferente). Vamos buscar e explorar com elas o que significa trabalhar melhor. Um sistema *lean*, como aprendemos com a Toyota, é um conjunto de atividades de aprendizagem inter-relacionadas para explorar, no local de trabalho, respostas para quatro perguntas fundamentais:

- *Como podemos satisfazer melhor os clientes?* Não queremos apenas produtos e serviços de que as pessoas gostem, queremos produtos e serviços que elas adorem. Queremos clientes completamente satisfeitos, o que significa entender o que podemos fazer de melhor neste instante para ajudá-los com os seus problemas *individuais*, além de descobrir como fazer nossas ofertas evoluírem para melhor satisfazê-los coletivamente no futuro.

- *Como podemos facilitar o trabalho?* As pessoas buscam sentido no trabalho, assim como em todos os aspectos de suas vidas. Como podemos envolver todos os funcionários na melhoria do seu próprio trabalho e do trabalho da sua equipe para eliminar todos os obstáculos que os impedem de fazer o melhor possível pelos clientes? Como fazemos a experiência de trabalho fluir melhor? Como a tornamos mais rica e gratificante, considerando que todos podem colaborar, todos têm voz e recebem apoio para testar suas ideias? Além disso, como deixamos o trabalho mais seguro?

- *Como podemos reduzir o custo total?* Para permanecermos competitivos em mercados que estão em movimento constante, como reduzimos continuamente nossa base de custos sem ter que pressionar cada linha do orçamento e sim compartilhando questões de custos maiores com as pessoas nos processos em si e envolvendo-as para nos ajudar a reduzir o custo *total* de criar produtos ou prestar serviços? Como aliviamos o fardo de custos sobre cada produto ou serviço, eliminando as perdas nos sistemas corporativos, de engenharia, produção, cadeia logística e apoio? E como minimizamos o impacto das nossas ações no meio ambiente e no mundo em que vivemos?

- *Como podemos aprender mais rapidamente juntos?* O pensamento revolucionário que o *lean* oferece é o de melhor competência individual e melhor trabalho em equipe. Isso significa assumir a responsabilidade quando as coisas dão errado (como acontece todos os dias) e não tentar explicá-las culpando alguém ou alguma coisa – confrontar os problemas juntos, sem sentimentos de culpa ou de ressentimento. Aprendemos juntos quando compreendemos como enfrentar nossos problemas e apoiar uns aos outros, sem negação ou culpa. Arregaçamos as mangas e refletimos profundamente sobre a situação e tentamos diversas maneiras de melhorar, considerando a contribuição de todos. A verdadeira aprendizagem não é uma mera questão de aprender a fazer melhor aquilo que já sabemos fazer. Também se trata de descobrir aquilo que nos falta aprender. Aprender mais rapidamente, juntos, exige uma atmosfera fundamental de confiança e de esforço, alimentada por *feedback* rápido, mesmo quando, no momento, isso parece apenas crítica (não é). A aprendizagem precisa de mentes abertas e curiosas, claro, mas também de empatia e calor humano.

Essa doença da empresa grande pode ser letal. À medida que aumentam de escala, as *start-ups* normalmente correm atrás do sucesso de um produto ou aplicação, ignorando os custos da complexidade enquanto expandem sua capacidade o mais rápido que conseguem. Mas ao satisfazerem a demanda do mercado, o crescimento rápido tende a se desacelerar e os custos interfuncionais aumentam, de modo que a estrutura de custos geral começa a superar o crescimento das receitas. Nessa fase, as empresas normalmente tentam otimizar suas estruturas de custo por meio de novos níveis de controles burocráticos, o que aumenta o problema e reduz a probabilidade de encontrarem uma maneira inovadora de atrair um novo conjunto de clientes. Quando essas ações de otimização não conseguem reestabelecer o crescimento ou retardar o aumento dos custos operacionais, os executivos, quase sempre pressionados pelos seus conselhos, recorrem a medidas de corte de custos, como reestruturações e/ou redução da presença no mercado e do seu quadro funcional, o que, por sua vez, prejudica ainda mais o serviço prestado aos clientes e acelera a destruição da empresa. A curva na Figura I.1 mostra o efeito da doença da empresa grande quando não é controlada. O desafio *lean* é lutar contra essa doença para encontrar maneiras novas e inovadoras de alimentar o crescimento adicional e,

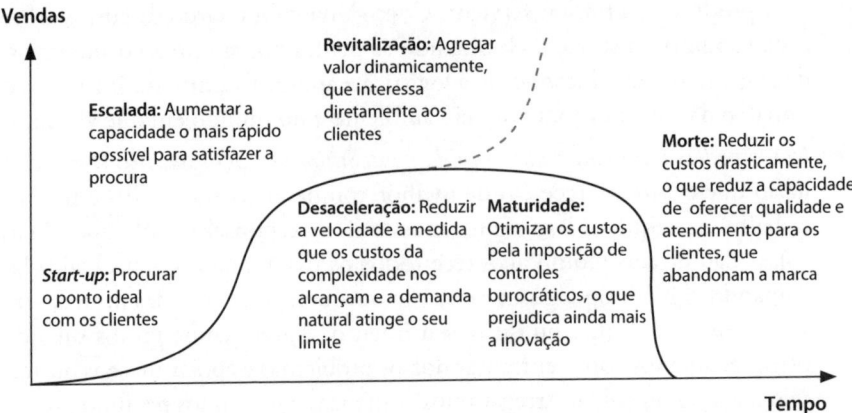

FIGURA I.1 A doença da empresa grande sem controle.

ao mesmo tempo, controlar os aumentos de custo usando investimentos mais flexíveis e mais sóbrios e menos burocracia.

Nas duas últimas décadas, o *lean* foi acusado de ser uma maneira de tentar pressionar um ativo fixo com a otimização dos seus recursos por meio da eliminação de perdas, melhoria de processos e eliminação de recursos e, acima de tudo, de pessoas. Isso simplesmente não é verdade, e esperamos que este livro dê início a uma nova conversa sobre o *lean*.

O pensamento *lean* é, antes de mais nada, uma revolução cognitiva que leva inevitavelmente a uma revolução organizacional. Seu cerne é o aprendizado de novas habilidades de raciocínio e de ação (aprendizado na prática) para enfrentarmos situações de negócio de formas diferentes e procurar novas maneiras, inovadoras e inéditas, de resolver nossos problemas, ao lado de todos os funcionários, não contra eles.

A ideia é mudar a história do seu setor, da sua empresa, do seu trabalho e a sua própria. Para sempre.

Sumário

Capítulo 1   Faça melhor 1
Capítulo 2   Pense diferente 23
Capítulo 3   Lidere de baixo para cima 53
Capítulo 4   Enquadrar para aprender 71
Capítulo 5   Organizar para aprender 117
Capítulo 6   Uma nova fórmula para o crescimento 141
Capítulo 7   Aprendizagem reutilizável para aumentar o valor continuamente 163
Capítulo 8   Acelere os ganhos 195
Capítulo 9   Do *kaizen* à inovação 223
Capítulo 10   Mude de ideia 237
                 Conclusão 251
                 Notas 259
                 Índice 263

CAPÍTULO 1

Faça melhor

Criar mais valor... ao criar e entregar mais valor

Após 30 anos como CEO da Socla, fabricante de válvulas de água inserida em um grupo corporativo maior, um de nós (Jacques) enfrentou uma crise grave. Os mercados de capital secaram após o colapso do banco Lehman Brothers e a crise financeira gigante decorrente, que interrompeu a maioria dos projetos de construção e ameaçou a empresa. Por anos, a Socla prosperara com uma estratégia audaciosa. Enquanto a maioria dos concorrentes tentava competir por baixo, oferecendo uma gama reduzida de produtos fabricada em parceria com produtores de baixo custo no estrangeiro, com a baixa qualidade correspondente, a Socla oferecia um amplo catálogo de produtos de altíssima qualidade que podiam ser entregues dentro de um dia.

Essa estratégia criara uma reputação sólida e alta rentabilidade, pois os clientes estavam dispostos a pagar por uma marca de alto nível. Mas ela drenava o caixa, pois era preciso ter estoques gigantes para entregar produtos de um catálogo tão grande no dia seguinte e investir para manter a produtividade do maquinário e do sistema de montagem em um país de alto custo. Quando a crise estourou, a procura despencou e o caixa se transformou em uma questão de vida ou morte, pois a empresa controladora também ficou sem fundos. O problema era tão grave que a controladora decidiu vender a Socla, mas não conseguia encontrar um comprador, justamente em razão do caixa.

Jacques até tentara adotar o *lean* na Socla antes da crise. Ele sempre tivera a mente aberta para experimentos gerenciais progressistas (ele é cofundador da divisão francesa da Society of Organizational Learning) e contratara um consultor de primeiríssima linha por algum tempo. Mas após obter alguns resultados usando diversos projetos de produtividade com ferramentas *lean*, Jacques e seu diretor de operações (COO), Frédéric Fiancette, abandonaram o trabalho. As melhorias de desempenho pós-projeto não se sustentaram, e as pessoas foram ficando cada vez mais pessimistas e resistentes à ideia de participar de projetos existentes ou criar outros. Sempre muito sensível à atmosfera de trabalho na empresa, Jacques e seu COO decidiram dar um passo atrás e enxergar o quadro mais amplo. Ambos acreditavam na promessa do *Lean*, sem nenhuma hesitação, mas, claramente, uma lista de projetos de "melhoria" não era o caminho certo.

A crise impôs um novo imperativo; Fiancette decidiram tentar o *lean* mais uma vez. Desta vez, eles seguiram a abordagem detalhada em *A Mentalidade Enxuta nas Empresas*, trabalhando com um *sensei lean*. No chão de fábrica, o primeiro contato com o *sensei* foi, na melhor das hipóteses, confuso. Na pior, frustrante. A percepção do *sensei* era de que Jacques e Fiancette simplesmente não entendiam os problemas industriais, e ele mesmo também não, por mais especialista que fosse, mas que o seu objetivo deveria ser descobrir esses problemas juntos; isso para uma equipe de gestão que administrara a empresa com sucesso durante décadas. Além disso, o método que ele propunha para descobrir a causa raiz dos problemas era resolver as questões operacionais óbvias que não permitiam o cumprimento das promessas da empresa de entrega para os clientes e segurança para os funcionários. Resolvam esses problemas práticos, argumentava o *sensei*, e o resto virá. Comecem por aqui, ele dizia basicamente, e no caminho trabalhamos as questões mais gerais.

Isso era difícil de engolir, mas Jacques e Fiancette lhe deram uma chance e, para a sua surpresa, descobriram que, sim, o resto viria. Durante os anos seguintes, a empresa se transformou radicalmente, manteve vendas em um mercado em retração, ampliou sua participação no mercado e saiu do vermelho. A controladora acabou por vender o negócio por um múltiplo de dois dígitos do lucro antes de juros e imposto de renda (LAJIR ou, em inglês, EBIT) em um momento em que negócios como esse raramente aconteciam. Ao lembrar, Jacques ainda fica abismado quando pensa que conseguiram promover essa reviravolta na empresa sem passarem por reorganizações, reestruturas ou reengenharias. Eles simplesmente passaram a produzir tudo melhor. E depois melhor de novo. E, se fizeram alguma coisa, foi aprender os princípios e as técnicas criadas pela Toyota para aprender a fazer melhor.

O pensamento de uma montadora de automóveis japonesa pode ser relevante para as questões atuais? Quinze anos atrás, os pioneiros do "capitalismo natural" buscaram reconciliar o capitalismo com a sustentabilidade ambiental e, no processo, encontraram *A Mentalidade Enxuta nas Empresas*, o *bestseller* de Jim Womack e Dan, considerado uma alternativa viável. O título não podia ter sido mais claro (*mentalidade* enxuta); muitos leitores (e aqueles que buscam aplicar suas lições) se concentraram nos argumentos dos autores que mostram que todas as atividades humanas são repletas de desperdícios (atividades humanas que absorvem recursos, mas não criam valor) gerados pelo modo medíocre como as operações são gerenciadas, que esses desperdícios degradam o desempenho e a satisfação e que, igualmente importante, tais desperdícios podem ser eliminados.

Paul Hawken, Amory Lovins e Hunter Lovins imaginaram uma economia de serviços e fluxos na qual as empresas não têm excesso de capacidade, realizando mais por meio de uma busca constante por eficiência, desmaterialização, simplificação e pensamento *lean* em todos os estágios. "Pela primeira vez", eles afirmaram, "podemos imaginar prática e plausivelmente uma economia mais recompensadora e menos arriscada, cuja saúde, potencial e métricas invertem os antigos pressupostos sobre crescimento: uma economia na qual crescemos ao usar cada vez menos e nos fortalecemos quando nos tornamos mais enxutos".[1]

O pensamento *lean* estava muito bem preparado para preencher essa lacuna e atender à necessidade por uma nova forma de capitalismo, uma maneira melhor de trabalhar, baseada em uma abordagem fundamentalmente diferente. Mas não surpreende que tenha demorado tantos anos, com tantos falsos começos, para aprender o quão diferente essa abordagem realmente é. A experiência inicial de Jacques é bastante típica. A promessa de envolver os funcionários na eliminação de desperdícios e corte de custos atrai os líderes, que contratam "especialistas" ou consultores para resolver problemas. Os consultores enxergaram uma nova oportunidade de negócios e passaram a observar minuciosamente o que esses "consultores" japoneses estavam fazendo para entender como poderiam satisfazer essa necessidade.

No começo, esses *sensei* consultores japoneses visitavam os seus clientes por uma semana a cada 4-6 semanas para ensinar aos gestores ocidentais como dar início ao *kaizen*: melhorias pequenas criadas pelas próprias equipes de linha de frente. Para tanto, conduziam eventos *kaizen* "de impacto" com as equipes, para reconfigurar drasticamente suas atividades e demonstrar para a alta gerência o que o *lean* poderia fazer (o *kaizen* de verdade normalmente não ocorre em um "evento", sendo parte normal do trabalho, com sugestões ou círculos de qualidade baseados em equipes, como dedicar uma hora por semana à solução de questões específicas). Eles também conduziam sessões de treinamento nas ferramentas *lean*, distribuíam deveres de casa para as equipes completarem até a próxima visita e observavam como os líderes da Toyota desenvolviam seus fornecedores locais por meio de linhas modelares. Estas passaram a ser os componentes básicos das suas ofertas de consultoria, muitas vezes envoltas em uma estrutura de maturidade. As organizações maiores também montaram equipes *lean* internas para integrar todas as ferramentas *lean* e Seis Sigma aos seus "sistemas de produção" e implementá-los em toda a organização ao mesmo tempo, da mesma forma como haviam implementado o Seis Sigma.

Dan e Jim observaram muitos desses programas em primeira mão enquanto buscavam pioneiros dispostos a aprender como o *lean* poderia ser utilizado além da indústria automotiva. Dan, por exemplo, liderou equipes de executivos da varejista britânica Tesco e seus fornecedores para observarem os inúmeros desperdícios, atrasos e verificações na sua cadeia logística, desde a produção até o ponto de venda no supermercado. Isso levou aos primeiros avanços na direção de um sistema puxado de reabastecimento rápido no setor de supermercados, inspirado pelo sistema de distribuição de peças pós-vendas da Toyota. Ele também acompanhou grupos de profissionais de saúde ao longo do percurso de um paciente para que começassem a enxergar os motivos e as consequências de todos os atrasos e filas em um hospital.

Essas abordagens à "implementação" do *lean* produziram resultados, eliminando os alvos mais fáceis, reconfigurando o trabalho dos departamentos em células de produção em forma de U, introduzindo ritmo nas linhas para consertar e vistoriar motores aeronáuticos e aeronaves militares, criando fluxos de armazenamento no varejo e gestão à vista do fluxo de pacientes no hospital. Na realidade, muitas das práticas do *lean* se transformaram em "ferramentas" conhecidas, como o mapeamento do fluxo de valor e (mais tarde) o "pensamento A3". Quanto mais essas ferramentas *lean* produziam "resultados", maior era o desafio de sustentar esses programas.

Havia resistência do chão de fábrica contra as melhorias impostas pelos especialistas. Eventos *kaizen* ocasionais não davam às equipes do chão de fábrica prática suficiente na solução dos problemas cotidianos à medida que os estoques-pulmão foram sendo removidos do fluxo de trabalho. A experiência lhes dizia que esses programas de melhoria passariam, como tudo passa. Parecia difícil, quase impossível, criar um fluxo de trabalho para além dos limites dos departamentos. A alta gerência quase nunca se envolvia ativamente, agindo sob a impressão de que o *lean* se aplicava apenas às operações. Logo, as funções de apoio continuavam a trabalhar como sempre, o que criava um nível enorme de tensão dentro da organização. Assim, os treinadores e os especialistas em *lean* internos acabavam dedicando todo o seu tempo a apagar incêndios.

Superar esses desafios significava se aprofundar ainda mais no sistema de gestão da Toyota. Ficou claro que manter qualquer progresso significaria dar às equipes de linha de frente uma prática diária na resolução de problemas e *kaizen*, orientado por gerentes de linha e apoiado por especialistas, para ampliar as capacidades. Os experimentos logo mostraram como o *lean* poderia transformar todas as atividades da organização além das operações. Contudo, a gerência ainda precisaria se envolver ativamente e aprender algumas ferramentas *lean* para ser capaz de gerar os benefícios empresariais, incluindo um sistema de planejamento Hoshin que alinhasse as melhorias no chão de fábrica com os objetivos estratégicos da organização, usando salas para a realização da gestão à vista (*Obeya rooms*) e o pensamento A3 como língua franca para a solução de problemas em todos os níveis da organização. Em seguida, estes poderiam ser reunidos em um sistema de gestão *lean*.*

Mas realizar todas essas mudanças não foi o suficiente. Não há nada de errado com esses elementos da prática *lean*. Contudo, muitas vezes eles funcionam como barreiras, não apoios, em uma transformação *lean* completa, pois são vistos como "táticas" sem um entendimento sobre a natureza estratégica do *lean*. Agora precisamos dar um passo além. O que falta é a maneira diferenciada de pensar e aprender o que está por trás deles e que realiza o verdadeiro potencial do *lean*. Chegou a hora de aprender com pioneiros, como The Wiremold Company, que usaram o *lean* como uma iniciativa estratégica, a partir do topo da hierarquia da empresa, para mudar o modo como se pensava em todas as suas organizações. Como observamos, não foi por acidente que Jim e Dan chamaram o seu livro de *A Mentalidade Enxuta nas Empresas*.

O que é o pensamento *lean*?

A Mentalidade Enxuta nas Empresas foi inspirado pelo célebre Sistema Toyota de Produção (STP). Após 20 anos de estudos minuciosos sobre os sucessos e reveses da Toyota como pioneira do pensamento *lean*, e das muitas empresas que responderam ao desafio da montadora, temos certeza de que as empresas *lean* são mais rentáveis do que os seus concorrentes, graças à busca constante por soluções mais sustentáveis. Quando da redação deste livro, a Toyota é a maior montadora do mundo, com o dobro da rentabilidade da sua principal concorrente de porte similar, a Volkswagen (VW). Como mencionamos na introdução, a Toyota foi líder na revolução dos automóveis mais limpos, com os primeiros motores híbridos elétricos, e agora trabalha em um plano de longo prazo para lançar automóveis a hidrogênio. Operacionalmente, suas fábricas são menores, mais leves, mais flexíveis e mais ecológicas do que as de qualquer outra fabricante de automóveis. Ela é a única *original equipment manufacturer* (OEM, fabricante do equipamento original) que busca ativamente a meta de

---

*Ao longo deste livro faremos referência a diversos termos que se tornaram bastante conhecidos na comunidade *lean*. Se precisar consultar definições que vão além das nossas explicações, recomendamos *The Lean Lexicon*, Lean Enterprise Institute (LEI), Cambridge, MA, 2003 (em inglês). Para mais informações básicas, consulte também o *site* do LEI, www.Lean.org.

produção de aterro de resíduos zero, com uma abordagem sistemática de Reduzir, Reutilizar, Reciclar, Recuperar Energia. Ainda assim, nos Estados Unidos, o lucro por automóvel da Toyota é o quádruplo do obtido pela General Motors.

Desde a publicação de *A Máquina que Mudou o Mundo*, há 25 anos, também de coautoria de Jim Womack e Dan, milhares de empresas aceitaram o desafio da Toyota de construir uma empresa *lean*.* Duas décadas atrás, *A Mentalidade Enxuta nas Empresas* descreveu o sucesso espetacular de algumas empresas (incluindo The Wiremold Company, na qual Orry foi diretor financeiro). Após o sucesso estrondoso de seus dois volumes, Jim e Dan se dedicaram a disseminar o conhecimento sobre *lean* por todo o mundo, criando o Lean Enterprise Institute (LEI) nos EUA em 1996 e então montando uma rede mundial de institutos afiliados, a Lean Global Network.

Quinze anos atrás, Dan, Michael e Orry se perguntavam se o pensamento *lean* teria como crescer na França.* Hoje, muitos outros líderes, incluindo Jacques, se juntaram ao movimento, e tivemos o privilégio de observar essas empresas de perto, em visitas ao local de trabalho e conversas com seus CEOs. Na França e, aliás, onde quer que tenhamos observado as empresas que buscam adotar o *lean*, encontramos muitas que tiveram benefícios de curto prazo, mesmo nas condições econômicas ou culturais mais adversas. Contudo, foram poucas as que realmente assimilaram a mágica da abordagem exclusiva da Toyota de basear o sucesso de longo prazo na eliminação sistemática das perdas.

Uma primeira causa raiz desse problema não é que as empresas não conseguem se comprometer com aquilo que consideram "produção enxuta"; o que elas não entendem é a verdadeira natureza da *mentalidade lean*. Não temos a menor dúvida de que o pensamento *lean* é, antes de mais nada, uma forma de pensar radicalmente diferente da mentalidade convencional da administração

---

*A França tem uma longa experiência com o *lean*. A Toyota instalou uma de suas fábricas transplantadas no norte do país e ensinou seu sistema de produção aos fornecedores locais (processo que Michael estudou na sua pesquisa de doutorado). Por consequência, os aspectos mais orientados à produtividade do *lean* são muito bem conhecidos na indústria automotiva francesa. Por outro lado, a França tem um histórico de relações trabalhistas negativas e sindicatos hostis ao *lean*. Os executivos franceses também acreditam obstinadamente no excepcionalismo francês e relutam em investigar qualquer coisa que fuja da tradição cartesiana, de cima para baixo, da administração francesa. Dan, Orry e Michael, com a ajuda de Godefroy Beauvallet, criaram um projeto universitário para compartilhar e comparar práticas *lean* na França, e Jacques foi um dos primeiros CEOs a participar, com a ambição firme de aprender o pensamento *lean* para liderar o seu próprio grupo industrial de uma maneira diferente.

e, segundo, que ele leva a um desempenho claramente superior e a uma rentabilidade mais sustentável.

Por que mais organizações não se comprometem totalmente com o pensamento *lean*? Além da resistência normal devido à síndrome do "não inventado aqui", chegamos à conclusão de que a maioria das representações do pensamento *lean* ocorre "de fora para dentro". Trata-se de descrições de uma empresa *lean*: para eliminar os desperdícios e buscar a perfeição, a empresa *lean* tem uma definição clara de valor, fluxos de valor nítidos que são administrados por um gerente próprio, processos que fluem melhor devido ao uso de um sistema puxado e uma organização de melhoria contínua.* Assim, para buscar o *lean* nas suas organizações, os executivos as moldam na direção daquilo que definimos como uma empresa *lean*. Na nossa experiência, eles invariavelmente produzem resultados visíveis no começo, mas então os esforços *lean* tendem a se desacelerar e esmorecer, sem chegar à transformação esperada. Infelizmente, muitas vezes ocorre um retrocesso.

Observando com novos olhos os poucos executivos que alcançaram o sucesso contínuo com o *lean*, como aconteceu com a empresa de Orry nos 10 anos em que seguiu a liderança de Art Byrne, o lendário CEO *lean* (que, durante toda a sua carreira, conduziu mais de 30 reviravoltas *lean*, primeiro como CEO, depois como proprietário-investidor de um fundo de investimento), percebemos que essas empresas adotaram o *pensamento lean*, não a organização *lean*.* Executivos de sucesso, CEOs ou COOs, não transformaram seus negócios para "enxugá-los"; em vez disso, mudaram seu jeito de pensar sobre o negócio e então ensinaram essa nova mentalidade aos seus colegas e às suas equipes.

Assim, chegamos à conclusão de que este livro deve apresentar o *lean* "de dentro para fora" e destacar como o *lean* é uma estratégia no sentido pleno da palavra, tanto como mentalidade pessoal quanto como estratégia de negócio.

- *Uma nova maneira de pensar:* A Toyota não inventou um método de otimizar as organizações mecanicistas tradicionais. Em vez disso, ela criou uma nova maneira de pensar sobre o trabalho que é dinâmica, centrada em pessoas e orgânica. A vantagem competitiva é buscada ao se *aprender* a melhor satisfazer os clientes por meio do desenvolvimento sincero das pessoas, todos os dias e em todos os lugares. Os resultados de mercado são produzidos ao se oferecer mais valor aos clientes, encorajando os funcio-

---

*Estes são os cinco princípios que Dan introduziu com Womack em *A Mentalidade Enxuta nas Empresas*.

nários a melhorarem continuamente o modo como trabalham e fazendo as organizações evoluírem da mesma maneira. A organização não é mais a principal ferramenta para acessar mercados, tendo sido substituída pelas condições do local de trabalho para o desenvolvimento de pessoas, correndo atrás dos sorrisos dos clientes com pequenas melhorias incrementais nos produtos, serviços e custos.

- *Uma nova estratégia de negócio:* O pensamento *lean* vira de pernas para o ar a noção do negócio como um todo e o que o torna bem-sucedido. As empresas prosperam ao oferecer aos clientes mais valor na forma de benefícios que não encontram com nenhum concorrente e que se somam para representar benefícios para a sociedade como um todo. A rentabilidade é o resultado do melhor uso do capital pela busca constante de um nível mais elevado de desempenho *just-in-time* e do controle melhor dos custos pela batalha contínua para se aproximar do ideal de acertar sempre na primeira vez. Como veremos posteriormente, uma das principais dinâmicas da Toyota é que ela aprendeu a criar um fluxo (quase) perfeito de trabalho com seu sistema (do pedido à entrega) apoiado por um fluxo (quase) perfeito de ideias das suas pessoas. A aceleração desses fluxos promove um melhor atendimento aos clientes e maior giro do estoque e, acima de tudo, cria uma atenção ao detalhe nos processos operacionais que abre caminho para ideias e iniciativas de melhoria inteligentes. Em geral, isso também abre caminho para um desenvolvimento de produtos mais rápido e uma gama mais rica para satisfazer um grupo de clientes mais diversos. Os concorrentes que tentam seguir a visão de mundo mecanicista tradicional acabam por se onerar com custos adicionais e organizações cada vez mais resistentes, incapazes de lidar com a flexibilidade exigida. Acelerar o fluxo de trabalho acelera o fluxo de ideias e sustenta a iniciativa e a inovação para criar produtos e processos com menos perdas, mais rentáveis e mais conscientes do impacto ambiental do negócio.

O que é a estratégia *lean*?

A estratégia *lean* se baseia em *aprender a competir*, ou seja, adotar um modo fundamentalmente diferente de pensar no local de trabalho, centrado no desenvolvimento da capacidade de descobrir e aprender. A prática diária dessa abordagem em todos os níveis cria organizações resilientes, mais capazes de se adaptarem e crescerem, mais cientes de todos os elementos ao seu redor, dos menores aos maiores.

O objetivo da estratégia *lean* é aprender a resolver os problemas certos e evitar soluções que causem perdas. Criamos um fluxo melhor (maior qualidade, maior flexibilidade) para *encontrar* nossos problemas reais; depois nos desafiamos a *enfrentá-los*. Confiando no sistema de aprendizagem *lean*, a seguir *enquadramos* essas questões de modo que todos possam se relacionar no seu trabalho diário e então *desenvolvemos* novas soluções que emergem de uma cultura de solução de problemas e melhoria contínua em todos os níveis. À medida que as equipes desenvolvem um entendimento mais detalhado do seu trabalho e melhoram a sua capacidade de colaborar através dos limites funcionais, moldamos novas capacidades inovadoras em toda a empresa, baseadas em competências individuais e trabalho em equipe. Juntos, produzimos maior qualidade ao envolver todas as pessoas na missão de encontrar novas maneiras de trabalhar que satisfaçam nosso propósito comum.

Não estamos sugerindo que a estratégia simplesmente surja da solução de problemas operacionais ou que a excelência operacional é uma estratégia em si. Acreditamos que os CEOs *lean* confrontam sua intenção estratégica diariamente ao vivenciar os fatos em primeira mão. Para tanto, eles analisam os problemas que as suas equipes resolvem no dia a dia, apoiando-as no processo, e refletindo profundamente sobre por que acabam encontrando esses problemas: quais demandas dos clientes exigem maior flexibilidade? Quais rigidezes organizacionais exigem competências maiores? Esse processo de "helicóptero" de vai-e-volta no mais alto nível possível, enquanto se explora o trabalho em mais detalhes, produz um entendimento mais detalhado sobre a estratégia em termos de quais são os problemas certos a serem resolvidos, quais soluções devem ser buscadas capazes de gerar menos perdas e quais capacidades organizacionais críticas devem ser desenvolvidas por meio do cultivo paciente das competências individuais.

Essa forma de pensamento estratégico alimenta o processo de planejamento estratégico usado pela Toyota, chamado de Hoshin Kanri.[4] Vamos nos concentrar em como os líderes pensam, agem e aprendem ao tomarem decisões estratégicas e como as executam junto às equipes de linha de frente no *gemba*. Toda a nossa experiência nos leva a acreditar que esse é o segredo para se resolver os problemas certos e evitar o desperdício de tempo na solução dos problemas errados.

Estratégia não é o mesmo que excelência operacional. O que ela faz é definir a direção da empresa: qual proposição de valor diferenciada para o cliente nos dará uma vantagem competitiva? Acreditamos que essa visão geral precisa ser comparada constantemente com a realidade das operações. Qual é a condição atual? Quais são as lacunas entre a realidade atual e o que estamos tentando entregar para os nossos clientes com base na nossa estratégia? Essas lacunas nos mostram no que deveríamos trabalhar a seguir.*

John Shook, veterano da Toyota e um dos líderes intelectuais do *lean*, acredita que o pensamento *lean* é uma abordagem à estratégia fundamentalmente diferente do pensamento convencional (como representado e promovido, por exemplo, pela maioria das escolas de administração e programas de MBA). No cerne do pensamento *lean*, vemos um jeito diferente de pensar sobre o desenvolvimento das capacidades que moldam e são moldadas pela estratégia, sobre a função dos líderes e gestores que a produzem e sobre a relação entre pensar e agir. Os pensadores tradicionais no mundo dos negócios afirmam que a estratégia é independente das operações e da organização, e muito mais importante do que elas, pois estas são consideradas questões prosaicas de como os gestores executam o plano estratégico. A estratégia é o que separa a vitória da derrota (medida pelos resultados financeiros), tudo mais sendo uma decisão mecânica subserviente a ela. O pensamento *lean*, radicalmente oposto a essa ideia, afirma que uma molda a outra.

Na abordagem tradicional à estratégia, o líder define as mudanças de alto nível, que, por sua vez, são disseminadas pela organização por meio de projetos ou sistemas. As mudanças criam problemas disruptivos para equipes que agregam valor, problemas que elas então resolvem (ou não) da melhor maneira possível, muitas vezes gerando grandes custos operacionais e muita inconveniência para os clientes.

A mudança radical proposta por uma estratégia *lean* implica que, ao confrontar sua intuição estratégica para obter fatos reais e em primeira mão, vividos nos locais dos clientes, nos locais de trabalho e nos fornecedores, o líder expresse na forma de desafios os problemas de alto nível que a organização precisa resolver para prosperar, enquadre a direção de melhoria para resolver tais problemas e espere que cada equipe contribua com mudanças controladas para desenvolver novas soluções, sustentadas por um sistema de aprendizagem *lean* integrado ao trabalho cotidiano. Essa abordagem cria mudanças tanto abruptas quanto graduais sem perturbar as operações ou a experiência do cliente, além de envolver os funcionários ainda mais no seu próprio trabalho e na relação deste com a satisfação do cliente.

---

*Somos gratos a Jeff Liker pela sua contribuição para as nossas ideias, especialmente nesta passagem.

Cabe ressaltar que uma estratégia *lean* é uma abordagem de negócio superior: ela claramente produz vantagens drásticas, medidas por indicadores convencionais como tempos de ciclo e índices de defeitos, uso de capital investido e valor gerado pela empresa. Na nossa experiência, as empresas que se comprometem totalmente com o *lean* têm desempenho drasticamente superior ao das suas concorrentes a longo prazo.

Uma estratégia *lean* melhora o fluxo de produtos e serviços de alta qualidade como forma de descobrir o que o valor significa de fato para os clientes e onde nossa entrega de valor é melhor do que a da concorrência. Uma estratégia *lean* também envolve todas as equipes na formação de maneiras melhores de trabalhar e descobrir soluções inovadoras ao desenvolver o talento e a paixão de todos os funcionários. No nosso sistema, ela realiza o seguinte (Figura 1.1):

- Trabalha e adapta objetivos continuamente às condições externas (*encontrar* e *enfrentar*)
- Melhora as condições internas ao disponibilizar e aumentar recursos e competências (*enquadrar* e *desenvolver*)

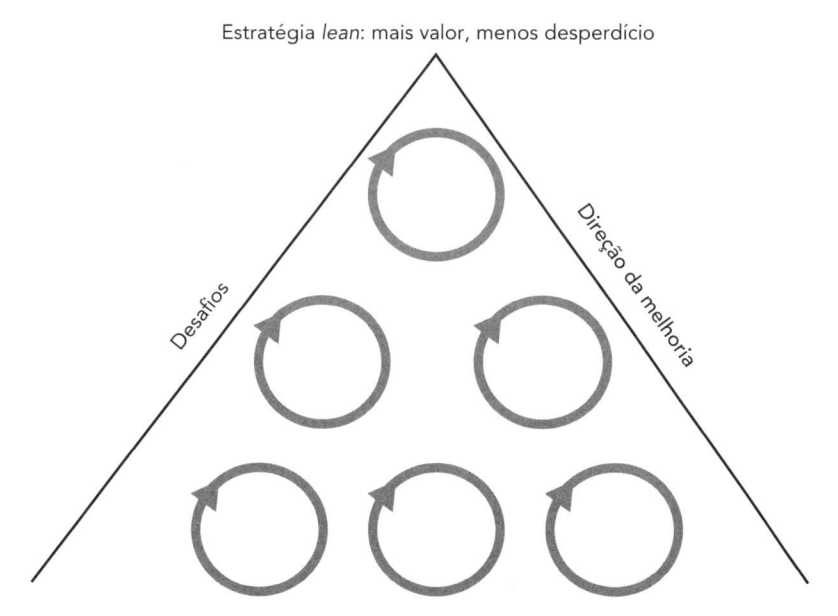

FIGURA 1.1 O que a estratégia *lean* produz.

- Alcança seu objetivo ao apoiar e/ou orientar pessoas na sua relação com o trabalho (alavancagem dos recursos internos) e ao enfocar o trabalho na direção dos clientes (alavancagem das condições externas).

- O *lean* nos ensina sobre a inovação contínua usando o sistema de aprendizagem para descobrir oportunidades de análise de valor (incrementar o valor em produtos e serviços atualmente em produção) e engenharia de valor (incrementar o valor em produtos e serviços que estão em desenvolvimento) para desenvolver, simultaneamente, capacidades de engenharia, produção e cadeia logística e gerar inovações revolucionárias (que transformam seus setores) a partir do *kaizen* baseado em equipes.

O objetivo é aprender a reagir às novas demandas dos clientes mediante um fluxo mais rápido de valor para fortalecer as competências de todos os funcionários, de modo a liberar capacidade e introduzir produtos e serviços novos e melhores mais rapidamente do que a concorrência.

Apesar de todos os sucessos do *lean*, vimos que muitas empresas não conseguiram adotar o pensamento *lean*, pois se esforçaram demais em copiar a Toyota. Elas adaptam as práticas às próprias organizações, mas não entendem os pressupostos fundamentais por trás delas e, logo, não enxergam seu propósito básico. No início da década de 1950, a Toyota era uma montadora falida no Japão pós-guerra. Seus líderes estavam obcecados com a ideia de fabricar o primeiro automóvel de passageiros japonês. Estavam igualmente obcecados pela *autossuficiência*: queriam projetar e construir seu próprio carro, não comprar projetos de empresas americanas e europeias, e fariam tudo por autofinanciamento (ou seja, sem depender dos bancos que haviam forçado demissões em massa para a empresa não fechar as portas em 1951). Eles perceberam que nunca conseguiram competir em termos de custos em larga escala, como faziam as montadoras americanas.

Eles também perceberam que seria preciso introduzir variedade para satisfazer a concorrência acirrada em seu mercado doméstico, com uma abordagem mais frugal aos investimentos, pois queriam permanecer financeiramente independentes. Eles não tinham o volume ou o capital necessário para construir linhas de montagem dedicadas, alimentadas por estoques completos, mas percebiam que os sistemas industriais baseados em eficiências locais poderiam se tornar gigantescamente ineficientes com a introdução da variedade e da complexidade. Mais do que isso, os líderes da Toyota percebiam que os vastos desperdícios que enxergavam ao seu redor nas operações não nasciam dessa ou daquela prática, mas de uma *mentalidade* equivocada.

Nessa perspectiva aparentemente invertida, chega-se às ideias certas da mesma forma como Michelangelo (supostamente) descreveu o ofício do escultor: basta retirar do bloco de mármore tudo que não é necessário. Ao eliminar nossos equívocos usando experimentos práticos, o pensamento *lean* nos ensina a "limpar a janela" e ver as coisas como são, e depois perguntar "por quê?" até um modelo causal emergir. Os valores estão lá, escondidos sob níveis de desperdícios, causados por ideias equivocadas.

A Toyota baseia a sua estratégia no princípio de que o preço de venda é determinado pelo mercado; após deduzir um nível necessário de lucro, o desafio é reduzir os custos reais para atingir ou superar a meta de custo (lucro = preço - custo, não preço = custo + lucro). Todas as empresas que produzem têm custos fixos básicos: salários, aluguel, etc. Para elaborar uma estratégia que levasse em conta seus desafios (recursos e mercados limitados no Japão da época), os líderes da Toyota consideraram maneiras de reduzir o nível de custo nos métodos operacionais gerados pela mentalidade equivocada, como aceitar defeitos na entrega ou produzir em grandes lotes. A eliminação desses custos contribuiu para criar uma vantagem competitiva, o que seria possível pela eliminação contínua dos desperdícios ao se *mudar a forma de pensar* que os gerava (Figura 1.2).

Os *desperdícios*, na visão dos líderes da Toyota, são inerentes a qualquer processo, mas não são inevitáveis. *O desperdício é consequência do equívoco de alguém.* Considere as duas maneiras a seguir de como pensar sobre estoques.

A primeira abordagem é ver o estoque como algo bom de se ter. Parece instintivamente melhor ter os componentes guardados para não interromper o trabalho da linha de montagem quando falta uma peça.

Parece natural, por exemplo, estocar molho de tomate na despensa para fazer espaguete à bolonhesa sempre que der vontade. Essa mentalidade se aplica à linha de produção: quanto mais peças são usadas para montar uma máquina de cada vez, menor o custo unitário de produção. À primeira vista, não há nada de

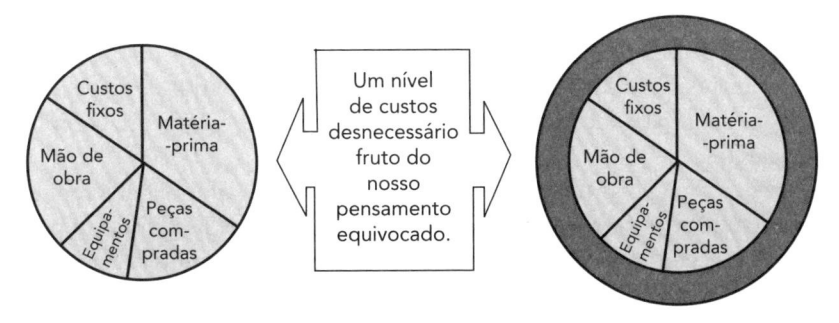

FIGURA 1.2 Eliminação de custos desnecessários.

errado com essas ideias; aliás, a maioria dos sistemas de escalonamento de TI se baseiam nelas. Mas se observarmos o que acontece no mundo real, podemos aplicar uma mentalidade diferente. O estoque em excesso pode acabar fazendo mais mal do que bem: ter estocado molho de tomate na despensa não nos impede de ficar sem o espaguete se não tivermos reabastecido os outros itens na hora certa. Além disso, se não preparamos espaguete com muita frequência, podemos ter uma lata de molho com a validade vencida na hora de cozinhar.

Segundo, fabricar mais peças das quais não precisamos neste momento pode facilmente levar a investimentos excessivos em capacidade de maquinário desnecessária, além de investirmos demais nos custos de estocagem e em todos os custos logísticos de transporte, armazenamento e verificação envolvidos. O problema da mentalidade de "economias de escala" é que ela se concentra apenas no trabalho de fabricar as peças e ignora os custos "indiretos" (desperdício) criados para apoiar a produção das peças que não são necessárias no momento.

Em outras palavras, ideias que podem ser "logicamente" certas também podem se revelar totalmente equivocadas. E, de fato, à medida que a variedade aumenta nos sistemas industriais para satisfazer o desejo dos clientes por produtos diferenciados, a ideia de estocar todos os componentes vai se tornando ridícula. Em um dado momento, antes da Wiremold adotar uma estratégia *Lean*, quando operava em um ambiente de lotes de Planejamento dos Recursos de Manufatura (MRP, Manufacturing Resource Planning), Orry executou uma simulação para calcular a quantidade de estoque necessária para permitir diversos níveis de entrega dentro do prazo para os clientes. Ele começou com 95% e aumentou esse nível em 1% a cada simulação. O aumento no nível de estoque necessário para cada ponto percentual extra de entrega dentro do prazo era exponencial (em grande parte devido aos níveis de "estoque de segurança" necessários para garantir que níveis variáveis de procura, causados por erros de previsão, ainda pudessem ser atendidos), a ponto de, em 99%, o nível de estoque necessário apresentar um consumo maior do que todo o caixa da empresa e exigir a aquisição de mais espaço para armazenamento. Da mesma forma, produzir grande volume de peças para reduzir os custos por peça e, pior ainda, transportar as peças ao redor do mundo para encontrar os fornecedores mais baratos, levaria à criação de cadeias logísticas excessivamente complexas e ineficientes.

Por sua vez, apesar do *lean* e do STP serem famosos por defenderem uma abordagem *just-in-time* ("na hora certa") de estoque zero, na prática, o pensamento *lean* aceita a manutenção de estoques em termos absolutos. Na verdade, já vimos como a Toyota pede a muitos de seus fornecedores que aumentem seus estoques em determinadas situações. O problema real está na maneira de encarar os estoques. O conhecimento é situacional. Nenhuma ideologia fixa se aplica universalmente, e a diferença entre um resultado com desperdícios e um resultado *lean* está no caráter da solução, se ela é consciente ou não.

O que hoje chamamos de Sistema Toyota de Produção não é o sistema de produção da Toyota, nem a soma total das práticas de produção atuais da empresa. As práticas de produção evoluem com o tempo e as circunstâncias. O nome é confuso, mas o Sistema Toyota de Produção é, na realidade, um *sistema de aprendizagem* que ensina a pensar sobre práticas de produção, não uma lista fixa de receitas ou rotinas para aplicar essa ou aquela prática. Certamente é preciso implementar um sistema de gestão para apoiar as atividades diárias, mas isso não é o suficiente para alcançar o progresso dinâmico capaz de produzir um desempenho superior (Figura 1.3).

O equívoco muitas vezes se agrava devido à crença da Toyota de que o pensamento profundo só é possível com a experiência prática. A Toyota insiste na prática acima da teoria, mas isso deve estar sustentado pelo princípio de *aprender na prática*. Por consequência, algumas práticas – ou "ferramentas" – do pensamento *lean* têm por objetivo não criar um sistema de produção perfeito e livre de desperdício, mas sim ensinar todos os funcionários a *pensarem* sobre o seu trabalho, estarem *cientes* dos desperdícios que inevitavelmente vão gerar e serem *criativos* para criar novas maneiras de fazer o trabalho, que gerem menos desperdício e mais valor (no Capítulo 4, exploramos como muitas das "ferramentas" *lean* mais populares são, na verdade, enfoques para a aprendizagem).

Michael conheceu o pensamento *lean* quando estudou como a Toyota ensinava o STP para os seus primeiros fornecedores europeus durante o estabelecimento de sua primeira fábrica transplantada no Reino Unido. Freddy

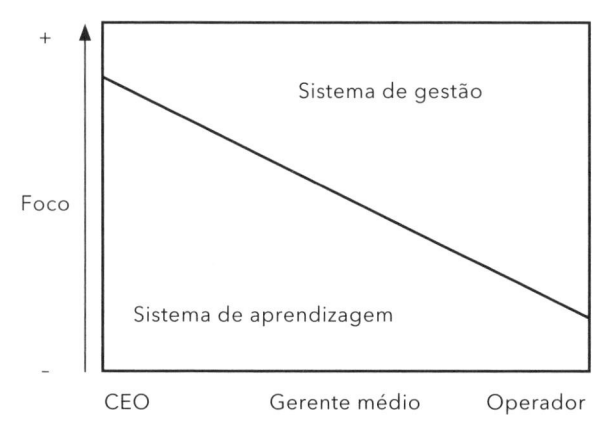

FIGURA 1.3 Equilíbrio entre os sistemas de gestão e de aprendizagem.

Ballé (pai de Michael), na época VP industrial de uma grande fornecedora de peças automotivas francesa, já tinha bastante experiência nesse setor, tendo descoberto a Toyota em 1975 e feito visitas regulares à empresa desde então. Ele convenceu seu CEO e a gerência da Toyota a investir em ensinar o STP aos engenheiros do fornecedor para melhorar a qualidade e reduzir os custos. No estilo Toyota tradicional, ele foi ensinado por um experiente mestre (*sensei*) do STP que havia trabalhado por muito tempo com Taiichi Ohno, o lendário inventor do *kanban* e um dos principais criadores do STP.

O projeto de colaboração centrava-se em uma célula que fabricava lanternas dianteiras e traseiras, esquerdas e direitas. Os engenheiros da Toyota a visitavam mensalmente e a ajudavam em sua melhoria contínua. À medida que ensinavam os operadores a produzir com maior qualidade e flexibilidade, eles reduziram o estoque quase a zero e aumentaram a produtividade em cerca de 30% durante dois anos.

O modo como ensinavam questionava as expectativas convencionais. Os engenheiros de fabricação do fornecedor haviam ouvido falar das "técnicas de melhoria japonesas" e esperavam uma análise do "desperdício" na célula que diferenciasse as tarefas com e sem valor agregado e melhorasse o quociente entre os dois tipos.

A recomendação dos engenheiros da Toyota os pegou completamente desprevenidos:

1. Para começar, apesar de o produto estar em fase de aumento da produção e o caminhão da Toyota buscar as peças uma vez por semana, os engenheiros pediram ao fornecedor para desenhar cinco linhas no chão do setor de logística, uma para cada dia, e designar alguém para recolher uma caixinha de produtos a cada duas horas no final das linhas, consolidando o transporte semanal durante o dia e, logo, durante a semana.
2. Anteriormente, o fornecedor usava grandes caixas de metal para armazenar uma grande quantidade de peças, que representavam a taxa de produção corrente de todo um turno de trabalho. A Toyota pediu que o fornecedor se livrasse delas e as substituísse por caixinhas pequenas exclusivas, com espaço para cinco peças cada e encaixes estofados para cada um dos produtos de modo a evitar que as peças fossem danificadas durante o transporte.
3. Além disso, enquanto antes o fornecedor fabricava um grande lote de lanternas direitas, depois mudava o ferramental e começava a produzir outro grande lote de lanternas esquerdas, a Toyota agora exigia que cada lote fosse de, no máximo, 25 peças: cinco caixinhas de direita, depois cinco de esquerda e assim por diante. Considerando que cada troca de ferramenta

podia levar várias horas, isso parecia uma insanidade completa em termos de perda de tempo de produção. A ideia era que os japoneses aumentassem a produtividade, mas em vez disso pareciam criar novos custos a cada oportunidade.

4. Os engenheiros da Toyota também solicitaram um quadro de produção horária, mantido pelos próprios operadores, que anotariam cada problema resultante de perdas de produção. Esses registros seriam analisados, problema por problema, junto aos engenheiros.

Esse primeiro experimento demonstrou ser um estudo de mal-entendidos. Primeiro, os engenheiros do fornecedor não entenderam os requisitos logísticos da Toyota e simplesmente trabalharam a contragosto, sem entender o porquê. O fornecedor estava convencido de que a Toyota queria ver os detalhes da linha e usar essas informações para imediatamente negociar o preço das peças, apesar da empresa nunca ter pedido dinheiro por toda a ajuda que prestara durante dois anos. Depois, os engenheiros do fornecedor imaginaram que a Toyota os ensinaria processos avançados "toyotistas", enquanto os engenheiros da Toyota os guiavam por uma lista de dificuldades técnicas dos seus próprios processos. Alguns pontos se transformaram em questões políticas delicadas. No início, por exemplo, todas as trocas (*setups*) de ferramenta eram realizadas pelos poucos especialistas presentes nas instalações. O gerente da fábrica nunca permitiria que o tempo precioso de um operador de *setup* fosse gasto em uma célula minúscula, que representava menos de 2% da produção total. Os engenheiros de fabricação demoraram meses para se comprometer com trocas de ferramenta simples para que os operadores pudessem executá-las de forma autônoma, como acabou ocorrendo.

Um mal-entendido impactante surgiu em torno dos benefícios esperados para o fornecedor. Com o passar dos meses, ficou evidente que a Toyota estava assumindo o controle parcial da linha para alcançar os níveis de qualidade e produtividade esperados. O problema surgiu quando o fornecedor supôs que poderia codificar o que fosse aprendido nessa linha "modelo" e aplicar as ideias pré-prontas ao resto da empresa. Um pouco disso certamente aconteceu (as chamadas "alterações triviais"), mas não era nada disso que a Toyota tinha em mente.

Durante todo o experimento, o *sensei* visitava a linha com o VP bimestralmente. Em retrospecto, a linha parecia ser um instrumento para ensinar o pensamento *lean* ao VP, especialmente a importância da gestão visual e do envolvimento dos funcionários, além da lógica *just-in-time*. Os engenheiros do fornecedor viam a linha como piloto para uma "linha modelo" que, após finalizada, poderia ser reproduzida em todo o grupo industrial como uma "melhor prática" a ser seguida (e mais: obedecida). Na verdade, eles não estavam entendendo nada: *o sensei estava usando aprendizagem na prática para ensinar o VP a pensar diferente sobre a eficiência da produção.*

Financeiramente, o que a Toyota queria? O aumento de produtividade de 30% na linha seguia sendo a meta do fornecedor (não foi algo solicitado pela Toyota). Quatro anos após o início desse experimento, quando o novo modelo foi lançado e a lanterna foi redesenhada, houve uma economia de custo de 27% na sua produção, sendo que a Toyota dividiu essa economia com o fornecedor. O trabalho árduo de resolver problemas para se produzir níveis radicalmente melhores de entrega, qualidade e produtividade na linha (análise de valor) era, na verdade, a fonte de informações (após uma briga feia com os engenheiros de produto do fornecedor, que não enxergavam a relevância das sugestões dos operadores ou mesmo a contribuição dos engenheiros de fabricação para os seus próprios projetos) para reduzir o *custo total* da peça radicalmente (engenharia de valor). O fornecedor acabou por entender que a melhoria contínua local leva a um entendimento melhor sobre a peça, que é o segredo para a verdadeira eliminação de desperdícios na fase de projeto (pois a maioria dos custos de qualquer produto é fixada quando ele é projetado).

Logo no início, os engenheiros do fornecedor criaram um "mapa" para codificar o que estavam trabalhando com a Toyota, na esperança de disseminá-lo para outras áreas. A seguir, definiram oficinas específicas de uma semana para dar início às outras células, praticamente ignorando o plano de ação da Toyota de instalar um sistema puxado de logística e comunicação com os operadores. Em vez disso, eles se concentraram em calcular o conteúdo de trabalho, balancear as linhas e reduzir os movimentos dos operadores dentro da linha. A melhoria do fluxo contínuo através das linhas de produção entre muitos locais diferentes teve um impacto inicial espetacular, mas logo o progresso empacou. As áreas como um todo não conseguiram se beneficiar dessas melhorias tanto quanto deveriam. Foi só quando Freddy Ballé se tornou CEO de outro fornecedor de autopeças que, ainda orientado pela Toyota, ele percebeu que o trabalho de melhoria contínua começava após a oficina inicial, quando a equipe se comprometia com a melhoria contínua: era a própria natureza contínua do esforço que mudava o jeito das pessoas pensarem.

Freddy aprendeu várias lições importantes com essa experiência. A primeira foi que antes é preciso melhorar *alguma coisa* para descobrir qual é o problema de verdade, pois essa é a única maneira de descobrir o que realmente precisa ser aprendido. Na célula de iluminação, por exemplo, percebeu-se que a primeira coisa a aprender era como consertar problemas com plásticos e controlar melhor as injetoras de plástico. A segunda era como modificar os equipamentos de montagem para que as operadoras (na sua maioria mulheres) pudessem trocar a produção de esquerda para direita ou de traseira para dianteira por conta própria, de forma autônoma, sem precisar da ajuda dos operadores de *setup*. A terceira lição, inesperada, mas óbvia em retrospectiva, era entender os custos desnecessários integrados à peça na fase de projeto, quase todos devido ao não entendimento sobre questões práticas do processo de produção. Esse entendimento foi uma lição que Ballé aplicaria extensivamente quando se tornou CEO, sempre insistindo em melhor cooperação entre projeto de produtos, engenharia de fabricação e produção. Esse tipo de cooperação é uma das marcas registradas do estilo de trabalho da Toyota. Refletindo sobre o tema, Ballé percebeu que não se sabe de antemão qual será a lição a não ser que antes se avance com as melhorias. A otimização estática do que já existe praticamente ignora tudo que é importante. A verdadeira eficiência está em aprender com o *progresso dinâmico*.

A segunda lição árdua foi parar de correr atrás de "soluções que não dependem das pessoas" e melhores práticas. Em geral, os engenheiros são ensinados a projetar e implementar soluções que não dependem das pessoas, que então podem ser aplicadas em qualquer condição, sempre da mesma maneira: você deveria ser capaz de montar um Big Mac em qualquer McDonald's do mundo, de Downey, Califórnia, a Ho Chi Minh, Vietnã. Primeiro vem a *solução*, depois se preenche o quadro funcional. A abordagem dos engenheiros da Toyota era claramente diferente por ser *centrada em pessoas*; ao trabalhar com as pessoas nas células para resolver dificuldades, criam-se novas maneiras de solucionar problemas que antes pareciam impossíveis. Isso acontece com o uso do sistema STP de ferramentas para construir a infraestrutura apropriada à aprendizagem das pessoas, que consiste em um conjunto de exercícios para visualizar os problemas e analisar corretamente a situação para se ter ideias inteligentes. A infraestrutura é exatamente isso, algo que apoia a aprendizagem, e não deve ser confundida com a aprendizagem em si. O STP revelou-se o dedo apontado *para a Lua*, não a Lua em si.*

---

*Na época, Michael estava tão convencido quanto os engenheiros do fornecedor que os engenheiros da Toyota estavam consultando um livro secreto de "melhores práticas" da Toyota e nunca se convencia com a sua resposta perplexa de que apenas resolviam um problema após o outro, à medida que os encontravam. Um dia, exasperado pela insistência de Michael, o líder dos engenheiros da Toyota exclamou: "Nós temos uma regra de ouro: desenvolvemos pessoas antes de desenvolver peças".

Os engenheiros da Toyota não inventaram um modelo Toyota secreto de fazer lanternas de automóvel. Afinal, por que eles saberiam fazer isso melhor do que o próprio fornecedor? O que eles sabiam era *como aprender mais rápido* a fazer lanternas. Eles estabeleceram uma coleta a cada duas horas para visualizar se estavam adiantados ou atrasados. Embalaram as peças em caixas de cinco, protegidas cuidadosamente para inspecionar a qualidade. Reduziram os lotes para cinco caixas de cinco peças cada para se concentrar nas peças em pequenas quantidades. Em seguida, aperfeiçoaram tudo, trabalhando obstinadamente em cada questão encontrada pelos operadores. Sim, isso aumentou a produtividade, mas essa foi apenas a ponta visível do iceberg. Um aumento de produtividade de 30% sobre os custos de mão de obra, que representam cerca de 10-15% do custo total da peça, não é muito (e é os cerca de 3% de melhoria que o taylorismo clássico tem a oferecer).

O que eles queriam mesmo era o *conhecimento* gerado pela análise de valor na produção para reduzir significativamente o custo total da peça ao se realizar engenharia de valor na peça e no processo. Cortar o custo total da peça em um terço é uma vantagem competitiva significativa, sendo que os valores pareciam absolutamente inacreditáveis na época. Mas eles não atingiram esse resultado pelo método tradicional de estudar o problema primeiro, inventar um sistema melhor e então executar com disciplina. Os resultados vieram de fazer melhor localmente até conseguir fazer melhor globalmente. E eles sabiam como fazer isso porque haviam sido ensinados a *pensar diferente*.

É fácil interpretar mal requisitos como "produza em lotes menores", acreditando serem mudanças organizacionais. Em algum nível, foi o que todos fizemos. Quando encontramos a abordagem da Toyota pela primeira vez, todos pensamos que ela continha um novo conjunto de processos organizacionais, como:

1. Organizar a empresa por fluxos de valor para melhor satisfazer os clientes.
2. Organizar fluxos de trabalho melhores por meio da redução de lotes e passos para reduzir os tempos de ciclo.
3. Organizar um sistema puxado para criar a tensão necessária para a eliminação de desperdícios.
4. Organizar a busca constante por perfeição para envolver as pessoas na melhoria contínua.

Entretanto, à medida que fomos visitando mais e mais instalações da Toyota (ao mesmo tempo em que experimentávamos com iniciativas *lean* fora da Toyota), percebemos que nunca havia dois locais da Toyota com o mesmo *de-*

sign organizacional e que, apesar dos princípios de altíssimo nível estarem evidentes por todas as partes, os detalhes de cada solução eram bastante diferentes entre si. Desde o primeiro momento, quando Dan escreveu *A Mentalidade Enxuta nas Empresas* ao lado de Jim Womack, a sensação era de que os engenheiros da Toyota não raciocinavam do mesmo jeito que os seus concorrentes. Aliás, outro dos primeiros livros sobre o STP, de autoria de Benjamin Coriat, se intitula *Pensar pelo Avesso*. Finalmente entendemos que a verdadeira revolução do *lean* era cognitiva, não organizacional. Os engenheiros da Toyota haviam desenvolvido um jeito diferente de analisar as questões de negócio, um jeito diferente de inventar soluções e um jeito diferente de trabalhar com pessoas. As mudanças organizacionais que estávamos observando não passavam de uma consequência desse jeito diferente de pensar.

O que a Toyota inventou foi uma maneira diferente de enfrentar desafios, uma estratégia adaptável para crescer em mercados turbulentos e penosos, por meio do desenvolvimento sistemático de uma vantagem competitiva a partir do desenvolvimento das pessoas. Ela reconheceu que todos os ativos físicos em suas mãos não faziam nada sozinhos e que as pessoas eram os únicos recursos capazes de reconhecer condições anormais e criar contramedidas para trabalhá-las. Ela também percebeu que quanto mais investia em ensinar suas pessoas a reconhecer e resolver problemas, melhor a empresa seria capaz de atender às necessidades dos seus clientes a custos menores. Na prática, ela entendeu que a vantagem competitiva sustentada depende das pessoas, e não de algumas pessoas, mas de todas.

Nos próximos capítulos, mostramos como o pensamento *lean* é uma estratégia pessoal para mudar a sua maneira de pensar e ter mais sucesso ao enfrentar desafios. A seguir, compartilhamos como ensinar a estratégia *lean* a terceiros para transformar competências individuais em capacidades de negócio. Por fim, na terceira seção, discutimos como transformar isso em ação e melhorar o desempenho da empresa em todos os níveis, produzindo mais vendas, melhor fluxo de caixa, menos custos, investimentos mais inteligentes e inovação sustentada.

CAPÍTULO 2

Pense diferente

O lean é uma série de pressupostos completamente diferentes sobre como ir da reflexão à ação.

Jacques lembra claramente o dia em que percebeu que tornar-se *lean* significaria *pensar diferente*. Enquanto trabalhava com seu *sensei* para melhorar a ergonomia desastrosa de uma estação de trabalho de montagem, o *coach* disse a Jacques que ele era "simpático, mas cruel". Jacques ficou furioso, mas depois refletiu mais sobre a explicação do *sensei*: "Você tem boas intenções quanto às políticas, com tantas políticas progressistas na empresa. Mas quanto ao trabalho, você não resolveu os problemas difíceis que os trabalhadores enfrentam todos os dias, todas as horas, todos os minutos. Isso é cruel porque você, sem saber, os obriga a se esforçar demais sem esperança de melhoria".

Até então, o *sensei* havia apontado questões práticas do chão de fábrica que nem Jacques nem Frédéric Fiancette, o diretor de operações, sabiam relacionar com as questões mais gerais. A empresa enfrentava problemas urgentes que incluíam atraso na entrega de produtos, questões de segurança na montagem e logística, caos provocado pelo MRP e por mudanças de última hora, retrabalho interminável e índices de rejeição inaceitáveis (até 30%) de peças produzidas. Eles tinham dificuldade para enxergar a relação entre seus desafios globais e os problemas aparentemente triviais enfatizados pelo *sensei*.

Porém, ao ser desafiado a ajudar a melhorar a situação no aqui e agora, como forma de enfrentar os problemas maiores, Jacques conseguiu aceitar uma mentalidade diferente em relação às suas funções. No passado, via o seu papel de CEO como ser mais inteligente e mais criativo, adotar uma visão de longo prazo e, acima de tudo, ter um pensamento estratégico melhor para conseguir alinhar suas equipes de forma a executar a estratégia taticamente. Ele acreditava, e não era absurdo pensar assim, que a sua capacidade de produzir esse alinhamento, principalmente pelo foco na comunicação e no compartilhamento das intenções, fora o segredo dos seus sucessos anteriores. Até então, externalizara todos os problemas como sendo lacunas entre o seu conhecimento inato e a incapacidade dos outros de acompanhá-lo. Para parafrasear George Orwell, ele percebeu que quando o "CEO se transforma em tirano, é a sua própria liberdade que ele destrói".*

O "modelo mental" de Jacques, de que a sua visão estratégica para a empresa deveria servir de bússola, o cegara para a realidade da situação. Ele não enxergava como o chão de fábrica em si poderia ser uma fonte de transformação e não compreendia que, como os antigos *sensei lean* costumavam dizer, "o *gemba* [termo *lean* para "lugar real, produtos reais, pessoas reais"] é o maior professor". Suas crenças arraigadas estavam sendo atacadas pela própria concretude das evidências do chão de fábrica ("fatos são fatos" é outro ditado antigo dos *sensei*).

Ele percebeu que havia alcançado o seu próprio nível de incompetência, especialmente na questão com a qual mais se importava: respeito pelas pessoas. Todos os dias, seu sistema de gestão criava trabalhos perigosos ou vazios de sentido que, ainda por cima, contradiziam suas próprias promessas para os clientes. Não era culpa das outras pessoas não fazerem seu trabalho direito, Jacques entendeu. Enquanto líder, ele tinha que mudar o seu próprio ponto de vista.

Jacques concluiu que, *para transformar sua organização, primeiro você precisa transformar a si mesmo*. Toda revolução (*lean* ou não) começa de dentro. A transformação *lean* exige uma transformação pessoal no nível da liderança em termos de como pensar sobre a solução de problemas antes que possa ocorrer uma transformação em nível corporativo. Assim, retomemos o tema de como a forma de pensar da Toyota difere da mentalidade convencional. Muitos leitores já devem conhecer a metodologia Plano-Execução-Verificação-Ação (PDCA), que está no centro do *lean*. Contudo, esse conceito não representa adequadamente o processo mental usado pelos líderes para decidir quais problemas precisam ser resolvidos. Após muita observação e reflexão, chegamos ao seguinte sistema para aprofundar o nosso entendimento sobre essa mudança significativa de mentalidade.

Em geral, os seres humanos são autodirecionados (ao menos em níveis de supervisão ou superiores), especialmente no trabalho: eles estabelecem metas e então tratam de atingi-las. O processo como um todo é mais ou menos assim (Figura 2.1):

- *Definir: pensar sobre uma situação* – ponderar, questionar e assim por diante.
- *Decidir: escolher uma intenção* – querer enfrentar a situação e pensar sobre como fazê-lo.

---

*Do famoso ensaio de George Orwell, *O Abate de um Elefante* (1936).

```
         Pensar              Agir
           |
Mente    Definir           Decidir
          ↻
Mundo   Confrontar        Desempenhar
           |
```

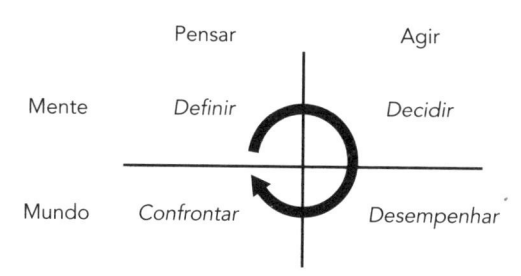

FIGURA 2.1 O Ciclo Definir → Decidir → Desempenhar → Confrontar.

- *Desempenhar: tomar uma atitude* – seguir em frente, com a execução de um plano de ação consciente ou improvisando, e tocar a ação até que haja alguma resolução.
- *Confrontar: vivenciar e lidar com as consequências* – a maioria das situações é complexa e fluida, e os efeitos não estão ligados direta e necessariamente a uma ação, de modo que as consequências muitas vezes são difíceis de interpretar, sobretudo quando levamos em conta que os seres humanos são bastante vulneráveis ao viés da confirmação, ou seja, achamos que as consequências positivas são o resultado das nossas ações, enquanto as negativas decorrem de condições imprevistas, da pisada na bola dos outros ou do simples azar.

Esse ciclo envolve pensar na privacidade dos nossos próprios cérebros, agir no mundo e então tentar entender o que aconteceu. A aprendizagem ocorre quando tiramos as conclusões certas desses ciclos e decidimos e agimos de forma progressivamente mais precisa para alcançar nossos objetivos. No mundo corporativo, espera-se que os gestores executem uma fase de investigação, delineando alternativas para a situação, incluindo os custos e benefícios de cada opção disponível. Em seguida, um executivo seleciona uma das opções e define um plano de ação a ser executado. A gerência média é encarregada de implementar esse plano junto aos funcionários de linha de frente. Em algum momento, o sucesso ou fracasso é avaliado, chega-se a conclusões, busca-se um novo conjunto de opções e assim sucessivamente.

Tanto a experiência cotidiana quanto a psicologia cognitiva moderna mostram como essa representação definir → decidir → desempenhar → confrontar é profundamente falha.*

Muitas vezes, ela não passa de um exercício para apoiar aquilo que Eric Schmidt, ex-CEO da Google, chama de HIPPO, sigla em inglês para "opinião

---

*Explicado em detalhes pelos psicólogos cognitivos, especialmente no influente livro de Daniel Kahneman, *Rápido e Devagar: Duas Formas de Pensar*, Rio de Janeiro: Objetiva, 2012.

da pessoa mais bem paga". O chefe pode não estar sempre certo, mas é sempre o chefe, então executam-se rituais corporativos extremamente complexos para garantir a percepção de que ele está sempre certo. Mas a realidade revida, o que não deve ser surpresa para ninguém, pois as pessoas reais confrontam problemas reais ao aplicar as instruções que recebem de cima e ainda assim atender os clientes.

O pensamento *lean* é diferente

O pensamento *lean* começa pela ação: resolver problemas imediatos para melhor entender as questões mais impactantes. Ele difere radicalmente da abordagem convencional. Na verdade, a mentalidade tradicional de buscar soluções rápidas e confiar na capacidade cognitiva acima da aprendizagem e da adaptabilidade é um dos principais motivos para a maioria das pessoas interpretar o *lean* de forma instrumental, ou seja, como uma simples maneira de obter resultados concretos.

De todos os esforços *lean* que observamos, quase todos, infelizmente, são tentativas de adaptar ferramentas *lean* ao pensamento tradicional de gestão financeira. As ferramentas de melhoria muitas vezes "funcionam" na produção de resultados iniciais, atacando os alvos fáceis nos primeiros anos, normalmente convencendo os gestores de que deveriam investir mais no programa. Contudo, a experiência mostra que esses benefícios locais não aumentam o resultado financeiro final, não conseguem melhorar visivelmente o negócio e costumam ser gerados pela aplicação de mais pressão nos funcionários, que se decepcionam quando a promessa de maior envolvimento se transforma nas medidas de sempre: aumentar o controle administrativo de custos irrelevantes, forçar as pessoas a trabalharem em espaços abertos e enxugar o quadro funcional. O *lean* não é isso.

Para entender o *lean* de verdade, é preciso se esforçar para adquirir a disciplina de outro modo de pensar, como vemos no Quadro 2.1.

A gestão financeira tradicional se concentra em otimizar a situação atual e, quando isso parece não ser mais o suficiente, em reestruturar para encontrar uma nova situação (mais!) otimizada. A metáfora fundamental é da organização como uma máquina gigante, que pode ser consertada se substituirmos as peças estragadas. Não por acaso, essa abordagem sofre com reveses intermináveis na gestão da mudança e da resistência à mudança, pois as pessoas naturalmente resistem àquilo que não compreendem quando não enxergam o benefício para a empresa ou para si mesmas. A rentabilidade é alcançada agre-

QUADRO 2.1 Comparação entre pensamento tradicional e pensamento *lean*

	Gestão financeira	Pensamento *lean*
Definir	Analisar os números, encontrar o problema de rentabilidade e pensar em soluções alternativas.	
Decidir	Decidir e comprometer-se com um traçado (uma "estratégia") e elaborar um plano de ação.	
Desempenhar	Executar o plano de ação e monitorar a realização das ações individualmente.	Apoiar esforços locais de *kaizen* em todos os processos para fazer melhor e ver em primeira mão os pontos fortes e fracos dos produtos, pessoas e processos.
Confrontar	Avaliar o impacto da estratégia pela análise dos números e pela busca de explicações *a posteriori*.	Estabelecer medidas físicas pontuais para quantificar resultados de negócios além do que aparece nas demonstrações financeiras.
Definir		Ruminar sobre as perguntas gerais sobre como você quer transformar o mundo em um lugar melhor e definir quais devem ser as dimensões de melhoria no nível da empresa, além de entender os mecanismos de resistência presentes.
Decidir		Comprometer-se com o desenvolvimento de capacidades por meio da gestão das curvas de aprendizagem, apoiando o *kaizen* em processos padronizados e buscando inovações radicais onde necessário.

dindo a organização e suas pessoas, na forma de um controle de custos rígido ou reorganizações brutais.

A alternativa *lean* busca resultados de uma forma completamente diferente. O pensamento *lean* se baseia no progresso dinâmico. O Quadro 2.2 descreve a estrutura de pensamento convencional, ainda ensinada nas escolas de administração.

O pensamento *lean*, por outro lado, começa pela ação de *encontrar*, no mundo real, mediante a identificação de problemas imediatos no presente, e passa para *enfrentar* à medida que entendemos quais problemas são fáceis de resolver, quais não são e quais são nossos desafios mais impactantes. Depois é hora de *enquadrar* esses desafios de forma que os outros entendam intuitiva-

QUADRO 2.2 Estrutura de pensamento convencional

	Pensamento	Ação
Mente	1. *Definir* a situação em termos estáticos de onde estamos, onde deveríamos estar... a "lacuna".	2. *Decidir* a melhor estratégia que nos levará de onde estamos até a visão de onde gostaríamos de estar.
Mundo	4. *Confrontar-se* com o fato de que as coisas raramente saem como o planejado e que quase nunca terminamos onde achamos (e prometemos) que iríamos chegar para que possamos viver para lutar outro dia.	3. *Desempenhar* o plano de ação para implementar a decisão perante a resistência e os obstáculos à realização do objetivo declarado.

mente (a) o problema que estamos tentando resolver e (b) a forma genérica da solução que estamos buscando, para que então possamos *desenvolver* as soluções específicas por meio de ciclos de tentativa e erro ao lado das próprias pessoas, até que, todos juntos, consigamos inventar uma nova maneira de fazer as coisas, muitas vezes algo que ninguém teria como imaginar (Quadro 2.3).

Essas quatro fases não acontecem ao mesmo tempo; são trabalhadas em um ciclo contínuo. Encontrar, enfrentar e enquadrar (o que a Toyota chama de "consciência do problema") leva ao desenvolvimento de soluções de forma sustentável, resolvendo problemas passo a passo e ampliando progressivamente a capacidade de sustentar as novas soluções no próprio processo de desenvolvê-las. O pensamento *lean* leva à *rentabilidade sustentável* porque ela é integrada ao crescimento por meio da melhoria constante. Nesse sentido, "*lean*" não é um substantivo, é um verbo. O pensamento *lean* depende do apoio ao "enxugamento" contínuo das operações, desde o *design* de produtos até a fabricação, da cadeia logística ao suporte administrativo, trabalhando com as próprias

QUADRO 2.3 Pensamento *lean*

	Pensamento	Ação
Mente	3. *Enquadrar* a situação em termos dinâmicos de dimensões de melhoria e mecanismos de resistência.	4. *Desenvolver* a solução ao promover capacidades e moldá-las no processo ao lado das principais partes interessadas.
Mundo	2. *Enfrentar* os problemas reais ao comprometer-se em medir nossa experiência além dos números existentes para entender o que está acontecendo de fato.	1. *Encontrar* quais realmente são as questões relacionadas aos clientes, fornecedores e local de trabalho.

equipes que agregam valor para criar mais valor com menos desperdício. Trata-se de uma dinâmica, não de um *estado*.

O pensamento *lean* é muito, muito diferente. Por um lado, temos a mentalidade tradicional do líder que define a situação, decide o que fazer, promove as mudanças e, por fim, lida com as consequências, especialmente as inesperadas. Por outro, temos o pensamento *lean*, que começa trabalhando com as pessoas para melhorar as coisas imediatamente, criando confiança mútua e encontrando os problemas reais. Logo, enfrentam-se esses problemas e compartilha-se o resultado com todo o grupo pela medição dos resultados, seguida pela reflexão profunda e pelo enquadramento das questões em termos de dimensões de melhoria. Finalmente, desenvolve-se a solução com as pessoas envolvidas a partir da construção de capacidades por meio do desenvolvimento progressivo das habilidades existentes e de novas competências (Quadro 2.4).

O elemento básico da aprendizagem na prática é o ciclo *plano-execução-verificação-ação* (PDCA), popularizado pelo Dr. W. Edwards Deming nas indústrias japonesas na década de 1960 e depois no resto do mundo. O professor do próprio Deming transformou esse pensamento linear em um círculo, o *ciclo de Shewhart*, para descrever como a aprendizagem ocorre em qualquer produto. Na

QUADRO 2.4 O pensamento *lean* começa pelo trabalhar com as pessoas

Pensamento tradicional	Pensamento *lean*
Definir: O líder define a situação ao explicar como as coisas são, como deveriam ser e como pretende remediar a situação usando uma estratégia visionária.	*Encontrar:* O líder encoraja a melhoria para construir relacionamentos e descobrir quais são os problemas reais, de acordo com o que é fácil ou difícil de melhorar.
Decidir: O líder compromete sua organização com uma trajetória dentre várias para alcançar os objetivos escolhidos.	*Enfrentar:* Ao criar medidas e indicadores pontuais, o líder compartilha os problemas com todos para que possam ver onde estão e se confrontar com a situação.
Desempenhar: O líder age por si ou promove as mudanças ao fazer com que sejam realizadas por meio de planos de ação executados pela hierarquia, exigindo lealdade à sua "visão", recompensando seguidores e superando a resistência.	*Enquadrar:* Ao refletir profundamente sobre o que a melhoria revelou sobre a situação e como as pessoas a veem, o líder enquadra a situação em termos de dimensões de melhoria, não um destino, e envolve todos no processo de dar seus próprios passos adiante.
Confrontar: O líder lida com as consequências (muitas vezes inesperadas) da sua ação e a reação das condições reais que afetam até mesmo as estratégias mais astutas.	*Desenvolver:* Ao expandir as capacidades progressivamente com as próprias pessoas envolvidas ao longo das dimensões de melhoria, o líder molda a nova situação e resultados superiores a partir do desempenho aprimorado.

prática, a ideia é que, para aprender qualquer coisa, antes precisamos mudar algo e então verificar cuidadosamente os resultados para avaliar o impacto da mudança.

Deming descreve o ciclo como sendo composto de quatro passos fundamentais:

1. *Plano*: Planejar uma mudança ou um teste voltado a uma melhoria.
2. *Execução*: Pôr o plano em prática, de preferência em pequena escala.
3. *Verificação*: Estudar os resultados. O que aprendemos?
4. *Ação*: Adotar a mudança, abandoná-la ou passar pelo ciclo mais uma vez, possivelmente sob condições ambientais diferentes.[1]

A Toyota até hoje considera esse ciclo PDCA como a principal ferramenta de melhoria. Na verdade, a empresa pensa em si mesma como a soma orgânica das atividades de PDCA. A principal mudança que a Toyota aplicou a esse ciclo foi considerar os fatos concretos, não os dados, como sendo a grande fonte de conhecimento. Os dados ainda são importantes, claro, mas a ênfase no pensamento *lean* está nos fatos, no conhecimento direto sobre a situação.

O PDCA é como conduzimos todas as atividades das quatro fases: *encontrar, enfrentar, enquadrar* e *desenvolver* (4F, *find, face, frame, form*). O PDCA é usado para solucionar problemas na fase encontrar e para ver quais problemas se resolvem facilmente e quais revelam questões mais complicadas, quais são prosaicos e quais revelam desafios competitivos. Já na fase enfrentar, é usado para planejar as medidas certas e verificar se representam corretamente os desafios revelados pelos fatos no *gemba* e para adotá-las ou modificá-las até que estejam adequadas. O PDCA é a base para enquadrar corretamente os desafios de tal modo que todos os funcionários consigam se relacionar: um novo enquadramento é planejado, testado, verificado e então adotado ou adaptado. E, obviamente, o PDCA é o motor da fase desenvolver, na qual diferentes soluções são testadas por todas as equipes, em todos os níveis.

O PDCA também é fractal, pois pode ser usado no nível mais elevado dos 4Fs, na forma do *hansei*, para usar o termo *lean*, que é a autorreflexão para reconhecer enganos e evitar sua recorrência. Mesmo quando algo funcionou bem, isso pode ser encaixado em um ciclo PDCA para refletir sobre questões que ainda não estão claras e oportunidades que foram perdidas. À medida que a solução formada emerge do enquadramento e do enfrentamento dos desafios revelados pelo processo de encontrar o problema, podemos verificar se a solução nos aproxima dos nossos objetivos originais e então adotá-la ou planejar uma nova tentativa.

O raciocínio 4F se baseia no elemento fundamental do pensamento PDCA em todos os níveis. A ideia que Deming viu logo no primeiro momento é que, para aprender, antes é preciso fazer uma mudança. Por outro lado, mudar sem verificar o impacto da mudança não produz aprendizado novo. O PDCA é o motor do pensamento *lean* porque incorpora o pensamento dinâmico da melhoria contínua no trabalho cotidiano.

O pensamento tradicional é basicamente mecanicista: uma situação insatisfatória deve ser substituída por outra melhor. O linguajar usado é o de estratégias visionárias, execução disciplinada e superação da resistência à mudança (o que cria toda uma indústria de consultores da "gestão da mudança"). O pensamento *lean* se baseia em elaborar soluções com as pessoas que fazem o trabalho ao compartilhar continuamente o entendimento das dimensões de melhoria e experimentar localmente na vida real.

Na verdade, os pensadores *lean* evitam falar em "soluções", preferindo o termo "contramedidas", apesar deste ser menos elegante. Essa escolha resulta do entendimento de que uma solução jamais é definitiva e todas as ações são uma contramedida que tenta atacar um problema existente. O pensamento *lean* é orgânico, na medida em que a forma específica da solução emerge ao se trabalhar com as pessoas no processo (apesar das direções da melhoria serem claramente estabelecidas e compartilhadas). Ele é formado pelos esforços, criatividade e vontade de contribuir de todos, no desejo de levar a organização adiante. O envolvimento das pessoas é integrado ao método do pensamento *lean* porque as dimensões de melhoria sistêmicas são derivadas de cada iniciativa e esforço local. O pensamento *lean* é um processo dinâmico, não estático. Ninguém jamais se torna *lean*. Estamos sempre praticando o *Lean*.

"É mais fácil agir até desenvolver um novo jeito de pensar", escreveu John Shook, "do que pensar até desenvolver um novo jeito de agir".[2] Um dos aspectos originais, poderosos e desconcertantes dessa nova forma de raciocínio é a recusa de separar pensamento e ação, estratégia e execução. Um entendimento profundo e pessoal da realidade surge da experimentação imediata das ideias, aos poucos, e logo da observação do que funciona e do que não funciona. A reflexão ampla surge quando nos perguntamos "por quê?" várias e várias vezes. As soluções emergem de agir junto com os outros, equilibrando uma dimensão de investigação comum com a flexibilidade para ser criativo para todos os indivíduos. Nesse sentido, por mais estranho que pareça, o pensamento *lean* é uma prática. Nampachi Hayashi, professor de Freddy Ballé, costumava citar seu próprio professor, a lenda do *lean* Taiichi Ohno: "Não veja com seus olhos. Veja com os pés. Não pense com a cabeça. Pense com as mãos".

O pensamento *Lean* é a prática de passar dinamicamente de *encontrar problemas* para *enfrentar desafios*, de *enfrentar desafios* para *enquadrar direções* para o progresso, de *enquadrar direções* para *desenvolver soluções*, então seguir em frente e encontrar o próximo nível de problemas, e assim sucessivamente. O pensamento *lean* se baseia na forma mais concreta de aprender na prática ou, nas palavras de John Shook, agir até desenvolver um novo jeito de pensar.

Melhore para entender a situação

O pensamento *lean* parte de um conjunto completamente diferente de pressupostos sobre o processo que nos leva da reflexão à ação. O processo de pensamento *lean* começa com a fase da "ação": realizamos muitos experimentos curtos e rápidos para *fazer melhor* nas condições locais, principalmente com a melhoria do fluxo das operações:

- Fluxo de movimento do trabalho dos funcionários (livrando-se dos obstáculos ao trabalho fluido, seguro e que agrega valor).
- Fluxo de trabalho entre as estações de trabalho para o valor ser agregado com mais consistência, sem interrupções para transporte, estoque, inspeção e outros passos que não agregam valor.
- Fluxo de informações para evitar a formação de lotes, passando mais continuamente de um trabalho para o outro, para que o fluxo acompanhe melhor a demanda do cliente em tempo real.

Essas primeiras ações rápidas não pretendem resolver questões de grande porte, mas ajudam a entender diretamente a realidade do local de trabalho para melhor compreender o que os clientes realmente preferem, o que as pessoas podem ou não fazer e quais tecnologias são heranças (boas) e quais são legados (ruins). A meta desses experimentos repetidos é descobrir em primeira mão quais são os pontos fortes e fracos dos produtos, pessoas e processos. Ao melhorar as coisas como estão agora, descobrimos o que é fácil de consertar e quais problemas resistem a qualquer esforço. Na prática, estamos descobrindo diretamente quais são nossos problemas de verdade.

A ideia-raiz de todo o pensamento *lean* é o *kaizen*: pequenas melhorias contínuas, passo a passo, feitas por quem realiza o trabalho. A ênfase do *kaizen* está na autorreflexão sobre como se faz o trabalho, enxergando o desperdício em termos do aborrecimento do cliente, dificuldade do trabalho ou custos desnecessários e criando ideias que não exijam investimentos para melhorar a situação. À medida que se dão passos rápidos e pequenos para melhorar, descobre-se a causa-*raiz* do desperdício. Dessa forma, é possível enfrentá-la diretamente.

O *kaizen* pode ser realizado individualmente, na forma de sugestões ou soluções de problemas, ou em equipe, a fim de melhorar os métodos de trabalho coletivo. O pensamento *lean* começa pela busca por oportunidades de *kaizen* no próprio trabalho para melhorar o fluxo. Para o gerente, inicia com o apoio ao *kaizen* da sua equipe. Por exemplo, você poderia pedir a qualquer membro da equipe da linha de frente para fazer o seguinte:

1. Encontrar algum potencial de melhoria de desempenho (segurança dos membros da equipe, maior qualidade, entrega mais rápida, lotes menores para ter menos estoque, maior produtividade pela eliminação do desperdício ou simplesmente a facilitação do trabalho).

2. Estudar seus próprios métodos de trabalho (listar os passos que seguem e as questões de mão de obra, máquina, material e método que costumam encontrar a cada passo).

3. Ter novas ideias para facilitar o trabalho, desperdiçar menos e proporcionar maior fluidez.

4. Propor um plano de ação e aprovação para testar suas novas ideias (o que muitas vezes exige que a gerência se interesse, dê apoio e lide com os outros departamentos envolvidos).

5. Testar suas novas ideias e medir o impacto disso.

6. Avaliar seu novo método, corrigi-lo quando necessário e então adotá-lo.

Na prática, os esforços de *kaizen* focados e em pequena escala atuam como prismas através dos quais a gerência desenvolve um entendimento claro sobre os desafios estratégicos mais amplos. Quando Jacques era CEO de um grupo industrial, ele e sua equipe batalhavam com problemas estratégicos, como a sua estratégia de cadeia logística geral e suas decisões sobre investimento em instalações e almoxarifados. Ele solicitou a cada gerente departamental das suas unidades principais que melhorassem suas operações. A logística começou pela melhora da entrega no prazo, visualizando hora a hora o *status* de serviço do dia e aperfeiçoando a coleta final para embalar os pedidos dos clientes. A montagem trabalhou em alguns produtos com altíssimos índices de rejeição de processos automatizados. A usinagem tentou reduzir os tempos de preparação para diminuir o tamanho dos lotes e garantir que os produtos certos estariam disponíveis no momento certo. O planejamento de produção se concentrou em nivelar o cronograma de produção e organizar ciclos de coleta regulares na fábrica. O CEO dedicou um horário semanal para visitar esses esforços de melhoria, encorajar as equipes e eliminar obstáculos organizacionais.

Esses esforços de melhoria questionaram muitas das crenças dos gestores: a qualidade dos seus produtos não era tão boa quanto imaginavam. A cadeia logística poderia se beneficiar se parasse de procurar o fornecedor mais barato no Terceiro Mundo e buscasse o fornecedor mais confiável e mais próximo das rotas de abastecimento. Não valia a pena investir em máquinas caras e ultrassofisticadas, mas que não conseguiam lidar com peças compradas da China. Em alguns anos, investigando pacientemente os esforços de melhoria de todas as equipes locais e apoiando-as ativamente quando esbarravam em algum obstáculo difícil de ser superado, a equipe de gestão redesenhou totalmente a sua estratégia de cadeia logística e obteve uma reviravolta completa da posição de caixa da empresa, triplicando o giro do estoque, de 5 em 2007 para mais de 15 em 2014. Ao aprender com os esforços de melhoria da sua equipe de linha de frente, Jacques mudou radicalmente a história da sua empresa, que antes produzia tudo na China e reduzia a oferta para os clientes, e agora mantinha um catálogo completo para os clientes e trabalhava com fornecedores localizados o mais próximo possível, para garantir a qualidade e reduzir os tempos de ciclo. Essa história permitiu que a empresa de Jacques recuperasse a vantagem competitiva, a qual estava decaindo progressivamente, pois competir apenas em termos de custos transformava todos os produtos em *commodities*.

O verdadeiro benefício do esforço de *kaizen* vai muito além da melhoria de desempenho que você (quase) sempre obtém. O valor está em aprendizado para a equipe (que aprende a trabalhar melhor) e para você (que entende melhor as questões do processo).

Em um contexto completamente diferente, outra pergunta desencadeou a fase de busca em outra empresa. "Por que essa máquina é tão grande?" foi a primeira coisa que o *sensei lean* perguntou a Christophe Riboulet e a sua equipe de engenharia em sua primeira reunião, analisando o carro-chefe da empresa. Riboulet é CEO da Proditec, uma empresa de alta tecnologia que fabrica equipamento especializado para inspeção de pílulas para a indústria farmacêutica mundial. Cada máquina tem aproximadamente o tamanho de uma bomba de combustível, mas o *sensei* insistia: "Considerando o tamanho das pílulas e o tamanho dos elementos que agregam valor – a visão e a ejeção – por que ela não é do tamanho de uma cafeteira?". Os engenheiros ficaram indignados. Eles sabiam exatamente por que o tamanho era necessário: a esteira precisava ter um determinado comprimento para manter a estabilidade da trajetória da pílula a altas velocidades, a estrutura precisava de uma determinada dimensão para garantir a rigidez e ainda era preciso espaço para os diversos elementos mecânicos que verificam os dois lados da pílula e para colocar os computadores no aparelho. É um produto de alta tecnologia, e as máquinas concorrentes têm as mesmas dimensões.

Apesar da indignação dos engenheiros, Riboulet ficou intrigado. Ele até concordava com o *sensei*. Sabia que a demanda pelas máquinas da Proditec continuaria a crescer à medida que os órgãos reguladores aumentassem a pressão sobre a indústria farmacêutica para melhorar a qualidade. Apesar da empresa estar bem, ele estava com uma pulga atrás da orelha: a sensação de que não estavam crescendo com toda a rapidez que poderiam. Ele também sabia que, para responder à pressão dos órgãos reguladores, os fabricantes estavam recorrendo à inspeção manual de lotes de pílulas suspeitas, o que representava milhões de dólares no valor dos medicamentos e custos de inspeções enormes. Além do mais, Riboulet sabia que pedir a seres humanos para inspecionarem uma pílula após a outra em busca de defeitos superficiais era uma péssima ideia. Sua meta então era (e ainda é) substituir a inspeção manual por sistemas automatizados, máquinas que não ficam cansadas nem entediadas e que não precisam agregar mais valor às suas vidas.

Riboulet convidara o *sensei* porque pensava em uma nova solução, a de encontrar uma maneira de inspecionar as pílulas na linha de produção, aproximando a inspeção da fonte (em vez de verificar lotes completos depois de produzidos). Isso seria tecnicamente impossível, pois os aparelhos de inspeção não tinham como alcançar a velocidade das máquinas de produção, e os primeiros eram tão grandes que seria difícil integrá-los a uma linha de produção. Interessado pela ideia de um fluxo melhor, Riboulet prestou muita atenção às perguntas do *sensei* no chão de fábrica e, contra a opinião geral da sua equipe, sugeriu que explorassem a abordagem *lean*.

As vendas da empresa iam bem, mas Riboulet estava preocupado. A empresa não estava lidando bem com o influxo de vendas, os gerentes estavam sempre apagando incêndios por todos os lados e, analisando seu plano para 2012, percebeu que não fazia a menor ideia de onde viriam as próximas vendas. Ele mencionou essas preocupações para o *sensei* que, sem fugir ao padrão, perguntou quais eram as principais fontes de reclamação dos clientes. As maiores preocupações de Riboulet eram o longo tempo de atravessamento (*lead time*) (demorava demais para a Proditec entregar uma máquina) e questões de estabilidade após a máquina ser instalada. O *sensei* sugeriu dois experimentos práticos para dar visibilidade aos problemas mais impactantes:

1. *Uma butique*: apesar de cada máquina ser customizada para cada cliente, de acordo com o tipo de pílula ou cápsula a inspecionar, a maior parte do aparelho é padrão. O *sensei* sugeriu que, em vez de esperar que um cliente fizesse um pedido definitivo para começar a reunir as peças para a montagem, a Proditec criasse sua própria "butique" ou vitrine e tivesse sempre à disposição uma máquina pré-customizada de cada tipo para que os clientes pudessem comprar o aparelho na hora e customizá-lo posteriormente.

2. *Painel de reclamações pós-venda*: em vez de deixar a equipe pós-venda lidar com as reclamações dos clientes de forma isolada do restante da empresa, o *sensei* sugeriu que cada reclamação do cliente fosse visualizada em um grande painel central, analisada em termos de causa e contramedida e, por fim compartilhada com todos os engenheiros para criar um espaço de reflexão comum sobre como os clientes realmente usam as máquinas e quais dificuldades encontram na prática. Essa ação simples se revelou absolutamente revolucionária em uma empresa na qual cada departamento estava acostumado a resolver os seus próprios problemas técnicos e na qual o retrabalho causado por mal-entendidos era normal, assim como jogar a culpa nos outros até o próprio Riboulet ter que intervir. Enfrentar as reclamações dos clientes direta e coletivamente, no instante em que eram feitas, foi um choque para todos.

Para a surpresa de Riboulet, essas duas atividades simples revelaram muito mais questões, e ainda mais impactantes, do que imaginara. A ação da "butique" colocou em cheque toda a sua abordagem à fabricação. A estratégia até então fora a de se concentrar na engenharia e delegar toda a fabricação a terceiros; ele estava estabelecendo o fornecimento com uma empresa indiana para reduzir os custos de montagem dos seus fornecedores locais. Para estabelecer a disciplina de sempre ter uma máquina pré-customizada à venda para cada modelo do catálogo, ele descobriu que o tempo de atravessamento dependia principalmente das práticas de agendamento dos seus fornecedores, que usavam o trabalho de alto conteúdo e baixo volume da Proditec como variável de ajuste em seus próprios planejamentos. Riboulet também começou a enxergar as dificuldades de comunicação entre as suas próprias equipes de engenharia e as operações de montagem dos fornecedores. As informações da Proditec muitas vezes eram vagas ou incompletas; os fornecedores tendiam a interpretar as instruções de montagem como bem entendiam, o que causava problemas graves durante e depois da customização.

Pior ainda: trabalhando nas atividades de reclamação, Riboulet percebeu de repente que, apesar de as vendas da empresa estarem indo bem em 2011 e 2012, seus clientes tradicionais haviam parado de fazer pedidos. A crise financeira com certeza impactara os processos de investimento internos das grandes operações farmacêuticas, mas Riboulet precisou fazer uma pergunta mais dolorosa: "E se a reputação da Proditec em qualidade estava se deteriorando tanto que a empresa estava sobrevivendo às custas de novos clientes que precisavam automatizar a sua inspeção, mas estava perdendo a confiança da base de clientes tradicionais?". Além do mais, novos concorrentes estavam surgindo na Coreia do Sul e Europa Oriental, com produtos interessantes e sem os problemas de legado. Como essas máquinas também tinham seus problemas, não representavam ameaças existenciais imediatas, mas haviam começado a ganhar algumas licitações com base no preço baixo ou na flexibilidade dos equipamentos.

O trabalho nesses exercícios *lean* iniciais no chão de fábrica produziu resultados rápidos. Antes do *lean*, a produção era completamente terceirizada. O tempo de entrega dos fornecedores desde o pedido até a entrega do produto à Proditec para o teste final era de quatro meses, com um tempo de atravessamento resultante de seis meses para o cliente final. Além desse tempo de atravessamento bastante longo, o processo existente não era capaz de absorver qualquer aumento no volume de produção. Por consequência, para manter a sua capacidade de entrega, a Proditec precisava encomendar máquinas para o próprio estoque, comprando lotes de várias unidades diversas vezes ao ano.

Com a ideia da butique, a empresa pretendia ter uma máquina pronta para o próximo cliente e ser capaz de substituí-la com um novo aparelho após cinco semanas. Devido ao aumento da procura dos clientes, a butique nunca estava totalmente abastecida. Os pedidos chegavam rápido demais. Ainda assim, até o final de 2011, a Proditec conseguiu entregar um número recorde de máquinas, respeitando o tempo de entrega esperado dos clientes (tempos de atravessamento de dois a três meses). Um efeito colateral agradável foi que o caixa disponível dobrou. Apesar de muito feliz em ter superado esse recorde de vendas, com todo o trabalho árduo de resolver os exercícios dados pelo *sensei*, Riboulet agora enxergava mais claramente os desafios que o incomodavam havia algum tempo, apesar de ainda não ter uma boa ideia de como resolvê-los:

1. *Ambição de revenda*: construir uma relação de confiança com os principais clientes e reconstruir essa relação com os clientes atuais para equipar seus departamentos de equipamentos de inspeção e colaborar tecnicamente para responder melhor às suas necessidades.

2. *Engenharia concorrente*: repensar a cadeia logística para estreitar a relação entre as decisões de engenharia e as operações de montagem para aprender a reduzir os tempos de atravessamento e melhorar a qualidade.

3. *Desempenho técnico*: analisar friamente as tecnologias usadas pela Proditec e diferenciar as tecnologias de legado e de herança, recapturando a vantagem competitiva técnica para enfrentar os novos concorrentes.

Riboulet estava descobrindo o primeiro passo do pensamento *lean*: *encontrar*. Anteriormente, ele definira sua estratégia pensando em termos de mercados (onde atacar, de quais mercados bater em retirada) e de tecnologias (em quais apostar, quais evitar) e tomava decisões que eram mais ou menos aceitas pelos seus engenheiros, os quais faziam aquilo com que se sentiam confortáveis (ou em que tinham interesse) e ignoravam o resto. Agora, trabalhando no chão de fábrica para resolver os problemas concretos definidos pelo seu *sensei lean*, ele estava lenta e radicalmente mudando sua imagem mental do negócio. Também estava descobrindo que, tendo mudado de ideia, seria preciso convencer a equipe de gestão e os engenheiros da linha de frente.

Meça resultados para entender os problemas reais

Escolher o que medir e o que não medir é uma das decisões mais importantes para se administrar um negócio e sinalizar as prioridades da empresa. Uma lista clara e sucinta de indicadores define em alto e bom som quais são os resultados desejados além da simples contagem da produção. Medir primeiro acidentes e reclamações dos clientes, por exemplo, sinaliza a mensagem clara de que os problemas mais urgentes a serem enfrentados pelos líderes são a segurança do cliente e da equipe e a satisfação do cliente. Na mentalidade de gestão tradicional, as medidas mais importantes costumam ser as financeiras, e elas devem fluir do sistema contábil da administração. Nessa perspectiva, o negócio é comandado "pelos números".

Como descreveremos no Capítulo 6, essas medidas financeiras não conseguem revelar os problemas do mundo real e tendem a esconder as áreas nas quais a melhoria pode acontecer. O *lean* se concentra em medidas físicas ao mesmo tempo em que questiona constantemente quais indicadores precisamos analisar. A medição não é considerada questão estática e representa uma oportunidade para *kaizen* e discussões constantes; o painel tende a enquadrar o modo como se percebe o ambiente. As medidas que escolhemos refletem os problemas que decidimos enfrentar.

O pensamento *lean* faz as pessoas se concentrarem constantemente no que acontece de fato quando realizamos experimentos. Para entender totalmente a importância dos muitos experimentos curtos e rápidos feitos com o *kaizen*, precisamos avaliar o impacto sobre o desempenho operacional. Isso requer medidas que nos permitirão quantificar o que está realmente acontecendo no negócio e nos mercados, além dos dados informados pela gestão financeira, usando números que nos permitam avaliar o quanto o experimento funcionou para que possamos adotar o que deu certo e evitar o que deu errado.

Obviamente não existe uma lista pronta, mas em uma empresa podemos começar com variáveis como:

- Vendas
- Margens

- Acidentes e quase acidentes
- Reclamações e devoluções por problemas de qualidade
- Participação de mercado
- Tempo de resposta para o cliente
- Giro do estoque
- Produtividade
- Vendas por pessoa
- Vendas por metro quadrado

Essas métricas operacionais revelam se há ou não um fluxo contínuo de bons produtos, com o mínimo possível de perda de recursos. Outras medidas podem e devem ser criadas como contramedidas para problemas específicos, conforme ocorrem no nível técnico ou departamental. A ideia é que realizar experimentos e vivenciar as consequências representa um processo constante. É mais importante acelerar o ciclo de aprendizagem (aprender e reagir, então compreender a situação atual e depois ajustar de novo) do que estabelecer objetivos em larga escala e avaliar nosso progresso em relação a eles ocasionalmente, não como estado constante. As empresas devem usar métricas relevantes para entender ações relevantes.

No cargo de diretor financeiro da Wiremold, onde o CEO Art Byrne liderou uma reviravolta *lean* completa, Orry percebeu que o sistema de gestão financeira tradicional criava uma visão distorcida da empresa, que não refletia corretamente os problemas reais ou o progresso em curso no chão de fábrica. Orry havia começado a experimentar apresentações alternativas das informações financeiras, mas foi só após Art entrar na empresa que ocorreu a transformação radical dos processos contábeis. Orry percebeu que qualquer escala financeira (por exemplo, dólares ou euros) era apenas o resultado de uma quantidade de alguma coisa (como unidades vendidas, quilos de aço consumidos, horas trabalhadas, quilowatt-horas consumidas) multiplicada pelo preço (ou custo) e que, para entender o desempenho financeiro do negócio, seria preciso ir além dos custos-padrão e medir as quantidades físicas reais. A contabilidade financeira tradicional da empresa não refletia essas características essenciais da saúde física da organização, como o tempo de atravessamento de desenvolvimento ou de produção, produtividade, redes de fornecedores e giro do estoque.

Após participar de diversos eventos *kaizen*, Orry e o resto da equipe de gestão continuaram a criar um sistema de métricas não financeiras concentrado nas melhorias físicas que se traduziriam em melhorias financeiras no futuro. No chão de fábrica, os funcionários desenvolveram quadros e gráficos que registravam as atividades físicas (como o desempenho horário do *takt time*), mas essas métricas eram usadas onde o trabalho acontecia, e nunca eram agregadas aos relatórios. O objetivo era que, quando as demonstrações financeiras fossem preparadas, elas não contivessem surpresa alguma, boa ou ruim. E se contivessem, isso significaria que eles não estavam usando as métricas operacionais certas.

Além disso, Orry percebeu que a contabilidade de custo-padrão tradicional obscurecia tanto os problemas quanto o progresso; por isso criou um sistema alternativo de demonstrações financeiras que dava mais transparência ao que estava acontecendo de fato no negócio. Isso incluía algo que batizou de "Demonstração do Resultado do Exercício", compreensível para todos os membros da empresa, não apenas para os contadores. Esses esforços são descritos em detalhes no Capítulo 6. O trabalho de Orry de se concentrar nos "números reais" do trabalho, não em números tayloristas míticos, aliado ao trabalho de vários outros diretores financeiros que enfrentavam as mesmas questões, levou ao desenvolvimento da disciplina conhecida como "contabilidade *lean*".[3]

As métricas da Tabela 2.1 resumem alguns dos resultados financeiros e não financeiros durante um período de dez anos.

Ao medir aspectos específicos da situação com esses tipos de métricas, na prática, estamos nos comprometendo com a ideia de entender o que está acontecendo de verdade. Os números em uma tabela não significam nada se você não puder relacionar todos a um caso real que vivenciou em primeira mão. Essa abordagem se aproxima muito mais da mentalidade científica de conduzir

TABELA 2.1 The Wiremold Company, antes e depois do *lean*

	1990	2000
Vendas	$100 milhões	$450 milhões
Avaliação	$30 milhões	$770 milhões
West Hartford:		
Vendas por funcionário	$90 mil	$240 mil
Lucro bruto	37,8%	50,8%
Tempo de produção	4–6 semanas	1 hora–2 dias
Tempo de desenvolvimento de produto	2–3 anos	3–12 meses
Número de fornecedores	320	43
Giro do estoque	3,4	18,0
Capital de giro % das vendas	21,8%	6,7%

diversos experimentos para testar hipóteses e buscar explicações que se encaixem melhor com os fatos observados. Não é um exercício estático, é dinâmico, algo que os líderes devem executar o tempo inteiro, assim como um cientista nunca ignora novos conjuntos de dados e está sempre em busca de maneiras melhores e mais precisas de mensurar as suas observações.

Christophe Riboulet seguiu o exemplo de Orry por acidente. Tendo decidido dominar o pensamento *lean*, Riboulet fez uma turnê por empresas que fazem *kaizen* no Japão e conheceu outro CEO que estava impressionado com Orry e sua Demonstração do Resultado do Exercício. Riboulet decidiu estabelecer as medidas críticas que poderiam ser compartilhadas com a sua equipe de gestão para enfrentar os problemas que ele estava enxergando, mas que ela não queria considerar. Ele montou um sistema para o acompanhamento mensal das seguintes variáveis:

- Vendas (planejadas e reais)
- Custo dos bens vendidos (planejado e real)
- Caixa
- Giro do estoque
- Funcionários
- Tempo de atravessamento do cliente
- Reclamações dos clientes

Apesar de as vendas terem sido altas em 2012, os clientes atuais estavam experimentando os novos produtos concorrentes da Ásia e da Europa Oriental. O foco nas reclamações dos clientes no setor de serviços da empresa demonstrou que os clientes tinham dificuldade para operar as máquinas da Proditec devido à complexidade inerente do sistema e à estabilidade problemática das configurações.

O CEO adicionou "rotatividade" à lista de indicadores, ou seja, a porcentagem de clientes perdidos em relação ao número total de clientes; e a equipe de gestão começou a se concentrar nos clientes recorrentes *versus* os isolados e em resolver os problemas do primeiro grupo. Durante 2012-14, a proporção dos clientes que pararam de fazer pedidos deu um salto assustador, de 10 para 40%. Isso revelou para a equipe de gestão que eles estavam ocupados correndo atrás de novos clientes (muitas vezes usando descontos) em vez de resolver os problemas dos clientes atuais. Com a simples observação regular da rotatividade, Riboulet começara a mudar a história da empresa: fez a sua equipe de gestão enfrentar um problema que estava sendo ignorado.

Em resposta, a Proditec reenfocou seus recursos em qualidade e desempenho. Todas as questões existentes nos locais dos clientes foram interpretadas como oportunidades para melhorar os produtos. Foi feita uma mudança de cada vez, como a troca dos tubos de neon por luzes de LED para estabilizar a iluminação. Ao mesmo tempo, a Proditec identificou a próxima geração de tecnologia que tornaria as máquinas mais simples de usar, mais estáveis no ambiente de produção dos clientes e melhores na detecção de pequenos defeitos a uma velocidade alta. Em 2015 e 2016, os esforços da empresa deram frutos: a rotatividade dos clientes caiu de 40 para 10%, enquanto o número de clientes recorrentes triplicou em relação ao mínimo de 2013. A Proditec voltou aos níveis de venda de 2012, mas agora com uma base de clientes muito mais estável. Ela poderia agora colher os frutos do crescimento sustentável, em vez de caçar e coletar cada nova oportunidade.

Reflita profundamente sobre quais dimensões de melhoria trabalhar (e de onde virá a resistência)

O STP e o sistema do pensamento *lean* dependem do *propósito*. Por que estamos realizando essas atividades, afinal? A fase de pensamento é onde temos ideias ousadas. Como tornar o mundo um lugar melhor? Qual é a mudança que desejamos efetuar? Bill Gates queria colocar um PC em cada mesa. Steve Jobs queria libertar a criatividade individual ao remover a barreira da interface ser humano-computador. Queremos avançar em direção a uma sociedade sem perdas pela apresentação do pensamento *lean* para executivos. Ter ideias ousadas é difícil, pois nosso pensamento é facilmente restringido pelo que já sabemos.

Para ter grandes ideias, o pensamento *lean* expressa *direções de melhoria*, não soluções específicas. Para começar, vamos imaginar um ideal *sem* perdas, que será nosso Norte Verdadeiro: sempre distante no horizonte, nunca ao nosso alcance. No pensamento *lean*, um ponto de partida para definir esse Norte Verdadeiro seria o fluxo ideal de valor:

- Todos os problemas dos clientes são resolvidos segundo sua preferência
- 100% sem defeitos
- Grande variedade de opções
- Entregue imediatamente, sob demanda
- Produzido sem acidentes

- Um a um, em sequência (sem estoques)
- 100% de valor agregado (sem movimentação, verificação ou estocagem)
- 100% de eficiência energética
- 100% de satisfação e engajamento dos funcionários
- Mais barato que a concorrência (mas ainda rentável)

Atingir totalmente essas ideias é apenas um sonho. Contudo, ao permanecer firmemente no estado atual que exploramos por meio de experimentos com melhorias locais e o esclarecimento da experiência das consequências, podemos definir dimensões de melhoria.

No pensamento *lean*, analisamos dimensões de melhoria críticas com a investigação minuciosa de cada "problema" ou instância na qual o desempenho real não cumpre o esperado como padrão. Em seguida, examinamos os números que enquadram a situação de tal forma que possamos aprender e usamos esta situação para pensar profundamente sobre como avançar, mesmo não sabendo exatamente qual será a solução final que produziremos. Partindo de onde estamos agora:

1. Qual seria a situação ideal livre de desperdícios?
2. Qual é a dimensão de melhoria crítica?

Ao pensar dessa forma, podemos enfocar três tipos diferentes de lacuna:

1. *A lacuna entre a situação atual aqui e agora e o melhor que podemos fazer:* Qual é o desperdício específico que nos impede de ser o melhor que sabemos ser?
2. *A lacuna entre o melhor que podemos fazer e o próximo passo significativo:* Essa é a lacuna que ainda não sabemos como preencher, pois precisamos aprender as técnicas que nos permitirão avançar.
3. *Questões que ninguém analisou ainda:* São os novos problemas que ainda nem são considerados problemas e deixaram as pessoas sem uma ideia clara de como começar. Considere isso como "não sabemos o que é que não sabemos".

Ao contrário das abordagens convencionais, o pensamento *lean* aceita que não sabemos de antemão a forma e o formato da solução. Pensar é definir qual deve ser o resultado. Esse tipo de reflexão quase nunca é fácil, mas ajuda a evitar a cegueira de enquadramento típica que acontece quando resolvemos o problema errado por estarmos fixados em um resultado e/ou método específico.

Voltando à Proditec, Riboulet descobrira alguns problemas impactantes que encontravam-se ocultos pelo sucesso acidental de um bom ano de vendas (e a queda subsequente da lista de pedidos em aberto) e forçara a empresa a enfrentar algumas das suas questões mais impactantes ao incluir o tempo de atravessamento do cliente e a rotatividade entre os indicadores mensais, ou seja, a Demonstração do Resultado do Exercício de Orry. Das muitas atividades de *kaizen* da empresa ao longo dos anos, o CEO considera que algumas foram particularmente instrutivas:

1. Primeiro, o *sensei* sugerira que os engenheiros abrissem os elementos de caixa preta do sistema, como as câmeras compradas ou as placas eletrônicas customizadas, para compará-los com os produtos no "estado da arte" em outros setores. No processo, eles perceberam que, em muitos casos, faziam gambiarras para aproveitar ao máximo equipamentos obsoletos sem questionar os elementos em si e buscar produtos de catálogo de código aberto que funcionariam igualmente bem.

2. Logo, na tentativa de correr atrás das entregas no auge da procura, o CEO experimentou contratar um montador treinado e pedir que ele montasse uma máquina completa, desde seu chassi, além de anotar o conteúdo do trabalho planejado e todos os problemas encontrados. Isso abriu uma caixa de Pandora: desde desenhos inacabados da engenharia até peças de má qualidade enviadas pelos fornecedores, além da complexidade dos sistemas causada pela dificuldade de montagem de elementos oriundos de diversos departamentos da empresa.

3. Esse exercício levou a um esforço árduo e detalhado para desenhar todo o fluxo de valor de um produto, com um entendimento detalhado de cada aspecto dos tempos de atravessamento, incluindo retrabalho e reprogramação dos fornecedores.

4. Enfocar a solução dos problemas de estabilidade com produtos instalados levou à descoberta de que a empresa como um todo tratava problemas de qualidade (não cumprir consistentemente a promessa de desempenho) como problemas de desempenho (aumentar a promessa) e de que os engenheiros da Proditec sabiam como resolver o problema junto ao cliente com alterações no sistema para aumentar o desempenho, mas não sabiam como reduzir a variabilidade e fortalecer a consistência. Para os clientes, isso não era um problema, mas acabava sendo extremamente caro e, em última análise, insustentável.

Com toda essa experimentação e reflexão, o CEO enquadrou a necessidade de melhorar a empresa em quatro direções claras, que poderiam ser compartilhadas entre toda a organização:

1. Parcerias melhores com os clientes existentes para reduzir o número de inovações por máquina (mas continuar a ser inovadora enquanto empresa) e entregar aos clientes exatamente o que precisavam para a sua garantia de qualidade.
2. Melhor trabalho em equipe entre engenharia e montagem para evitar o retrabalho e encontrar soluções de engenharia mais estáveis e inteligentes, o que envolveria reintegrar grande parte da montagem e da cadeia logística.
3. Melhor distinção entre a solução de problemas de qualidade e a melhoria de desempenho usando um melhor entendimento da arquitetura modular do produto e das interfaces entre software, visão e engenharia mecânica.
4. Melhor gestão dos jovens engenheiros recém recrutados pela empresa, que buscavam maior envolvimento e trabalho em equipe, mas que eram barrados pela atitude dos veteranos de "faça o seu trabalho que eu faço o meu".

Esse enquadramento da direção de melhoria da empresa também alterou radicalmente a visão do CEO de como liderar sua empresa. Ele percebeu que seus planos de marketing sobre "qual máquina desenvolver para qual mercado" eram meras fantasias, pois, em última análise, todos os clientes respondiam a capacidades, ou seja, ao que as máquinas faziam e deixavam de fazer. Enquadrar a estratégia em torno de quatro desafios centrais permitiu que ele desse um impulso dinâmico à empresa e trabalhasse essas dimensões de formas bastante concretas, todos os dias, ao lado da engenharia, da cadeia logística e da produção incipiente. Para ele, isso era muito menos "certinho" do que a visão anterior de uma grande estratégia movida por processos de alto nível, mas também muito mais prático e eficaz para uma empresa de alta tecnologia. Além do mais, isso criou o espírito dinâmico necessário e provocou uma reviravolta na empresa, que voltou a concorrer com força.

O enquadramento *lean* dos problemas críticos muda de uma empresa para a outra e também entre os setores. Como pioneiro *lean* autodeclarado, Dan deu início a iniciativas *lean* em diversos setores, desde bens de consumo de alta rotatividade até serviços de saúde e setor público. No processo, ele descobriu, conforme vemos no Quadro 2.5, que como cada setor tem condições específicas, as direções de melhoria não são necessariamente sempre as mesmas.

QUADRO 2.5 Direções de melhoria para iniciativas *lean*

Setor	Dimensão de melhoria para tornar cada setor um lugar melhor
Automotivo	Melhorar o trabalho padronizado, fluxo e entrega de peças
Processo	Melhorar a separação do reabastecimento do estoque para altos volumes e sob encomenda para o processo final
Varejo	Melhorar a produção dos produtos e acelerar o reabastecimento
Serviço	Melhorar a previsibilidade de trabalhos imprevisíveis
Software e TI	Melhorar a experimentação rápida com *feedback* e testes automatizados
Construção	Melhorar a especificação do projeto nas fases iniciais
Saúde	Aprimorar as altas e a visibilidade do plano de trabalho
Governo	Melhorar a sincronização da prestação de serviços
Finanças e administração	Reduzir a procura desnecessária criada pelo sistema

O objetivo do pensamento *lean* é confrontar a situação até que seja possível definir como transformar o mundo em um lugar melhor com o avanço em uma direção de melhoria. O pressuposto básico é que o mundo nunca será plenamente conhecido ou compreendido e que respeitamos a permanência de parte desse mistério mesmo enquanto algumas das dimensões de melhoria vão se esclarecendo.

Um aspecto adicional da situação que os pensadores *lean* experientes enfocam é entender as forças que jogam *contra* a melhoria. Boa parte dessa resistência não é mal-intencionada, mas sim um embate de ideias, aquilo que, nos termos do *lean*, poderíamos considerar equívocos. Os processos geram desperdício quando desenvolvem um foco estreito demais em um resultado, ignorando as consequências gerais. No caso da Proditec, por exemplo, uma força de resistência era a dificuldade para motivar os engenheiros mais velhos a dedicar tempo para conversar sobre os problemas com as equipes e "desperdiçar" seu tempo em algo que viam como conversas inúteis, pois poderiam usá-lo para reduzir a longa lista de afazeres que os esperava. Convencer os engenheiros veteranos a enxergar que muitas das coisas que apareciam nas suas listas de tarefas eram exatamente o resultado de mal-entendidos e má comunicação sobre intenções, e que parte delas eram soluções especializadas estreitas demais, que criavam problemas em todas as outras funções técnicas, foi um grande desafio por si só. O simples equívoco que podemos resumir por "se todos fizessem seu trabalho direito e de forma independente, a empresa como um todo ficaria bem" muitas vezes acaba saindo caríssimo. Ele pode aprimorar a empresa à perda do contato com os seus clientes, o que por sua vez pode fazer a organização ser pega de surpresa pela concorrência.

No nível do setor, o desperdício normalmente ocorre quando se ignoram os efeitos colaterais da venda de um produto ou o consumo de recursos. O desperdício no trabalho quase sempre está relacionado com o trabalho desnecessário, por exemplo: lidar com produtos defeituosos entregues aos clientes, delegar trabalho sem valor agregado aos funcionários ou utilizar mal o capital no nível da organização. Os desperdícios não acontecem por acidente; são criados pelos métodos utilizados na organização das operações.

Em geral, os desperdícios ocorrem quando uma decisão leva à formação de lotes, o que sobrecarrega o ponto mais fraco do sistema e cria problemas de funcionamento ou de qualidade, o que gera mais custos; logo, tudo isso é multiplicado pelas decisões problemáticas tomadas como resposta (Figura 2.2).

Um efeito colateral infeliz da nossa história industrial é a crença arraigada de que o volume promove a redução dos custos. O "senso comum" diz que o alto volume baixa o custo: você compra com desconto, as máquinas produzem mais rapidamente quando lidam com volumes maiores, os sistemas de TI organizam lotes de pedidos para produzir grandes volumes de uma vez só, etc. Cada uma dessas decisões, baseadas no pressuposto de que "economias de escala" sempre produzem custos mais baixos, é algo que está no DNA dos sistemas de contabilidade financeira.

Esses equívocos produzem grandes desperdícios. O uso de lotes encoraja as empresas a produzir mais do que o necessário em um dado momento e cria estoques em excesso, que precisam ser manuseados, armazenados e assim por diante. O sistema de contabilidade financeira reforça essa crença com regras que exigem que um conjunto de custos específicos seja incluído nos custos do produto, enquanto custos "secundários" são excluídos e tratados como despesas do exercício. Além disso, o uso de lotes tende a criar, de forma irregular, exigências despropositadas para as operações. Na Black Friday, por exemplo, os varejistas chegam a abrir as portas às quatro da madrugada para vender produtos com descontos gigantescos, o que incentiva os consumidores a comprarem coisas que não precisam de verdade ou que não comprarão depois, quando tiverem necessidade real. A preparação para as promoções de Black Friday exige acúmulos imensos de estoque entre os fabricantes, o que induz ainda mais desperdício. Em geral, além da diversão questionável do *frenesi* coletivo de consu-

---

Mura (Lotes) → *Muri* (Sobrecarga) → *Muda* (Desperdício)

FIGURA 2.2 Como o desperdício costuma ocorrer.

mismo, pode-se perceber o desperdício criado pelas decisões de desconto para volume, primeiro com o uso de lotes e, depois, com a sobrecarga.

O ciclo decisões → lotes → sobrecarga → desperdício → pior decisão é comum na maioria das decisões de negócios, especialmente aquelas determinadas pela gestão financeira, e explica como as empresas podem tomar sempre a "melhor" decisão e ainda acabarem indo à falência. A tomada de decisões subótimas é a norma, pois o pensamento de sistemas (necessário para o pensamento *lean* crescer) é desencorajado pelas estruturas organizacionais compartimentadas em silos e funções. A otimização pontual se torna dominante, com cada parte do sistema buscando "o máximo" (algo que o sistema financeiro invariavelmente recompensa). Entender como essas forças se alinham contra a melhoria futura é parte essencial do pensamento *lean* e um tema de reflexão constante entre os pensadores *lean*. Muitas vezes, somos os criadores do nosso próprio sofrimento, apesar de estarmos longe de percebê-lo. A pergunta que os pensadores *lean* fazem a si mesmos é: "No meu comportamento atual, o que é contrário aos meus objetivos, sem que eu nem perceba?".

Em suma, o pensamento *lean* faz as seguintes perguntas:

1. Qual é o nosso propósito? Como vamos transformar o mundo em um lugar melhor?
2. Qual é o Norte Verdadeiro, o ideal livre de desperdícios?
3. Quais são as principais dimensões de melhoria?
4. Como definimos uma "vitória"?
5. Quais mecanismos geradores de desperdício existem e tendem a gerar resistência?

À medida que for praticando, você logo irá perceber que nenhuma dessas perguntas tem respostas óbvias, e isso é o mais importante. O "bom senso" diz o contrário. Nossas mentes foram criadas para entrarmos de cabeça, enquadrarmos o problema de modos familiares, encontrar a solução óbvia e então construir um argumento a seu favor. Lutamos com unhas e dentes pela nossa "melhor" solução e achamos que é um sucesso quando uma equipe de gestores aprova o plano. O pensamento *lean* aborda a questão de um jeito diferente. O Sistema Toyota de Produção foi expressamente projetado para fazer as pessoas pensarem além dos seus padrões normais, no contexto específico da fabricação de automóveis. O pensamento *lean* tem a mesma meta: trazer ao mundo um jeito diferente de pensar. Sabemos que é difícil, mas o fato é que, se você não entender isso, não entenderá a ideia fundamental do *lean*... e irá se surpreender quando os resultados dos seus esforços *lean* forem decepcionantes.

Comprometa-se com o desenvolvimento de capacidades

Quanto mais aprendemos com o *kaizen* no local de trabalho, mais vemos que não sabemos como fazer o que precisamos. É por isso que devemos *nos comprometer com uma curva de aprendizagem, não com um plano de ação*. Essa é outra diferença radical em relação ao pensamento convencional, pois se importa menos com resolver o problema imediato. A questão é: como criamos as condições para a aprendizagem?

Aqui, mais uma vez o pensamento *lean* difere fundamentalmente do plano de ação "faça acontecer" convencional. É possível fazer as pessoas executarem uma ordem, mas não se pode forçá-las a aprender. Assim, algumas questões fundamentais podem ajudar a transferir o foco dos resultados de engenharia para a busca da aprendizagem significativa:

1. *Quem vai aprender e com quem?* A primeira pergunta a ser respondida é como a situação de aprendizagem será construída. Com quem vamos aprender? Com quem eles vão aprender? Aprender significa ensinar, além de experimentos em primeira mão, e uma questão importante é ter acesso ao conhecimento (o que, na prática, significa ter acesso a pessoas que sabem das coisas), que normalmente se encontra além dos limites da organização.

2. *Como o espaço de experimentos está preparado?* Aprender exige experimentos repetidos, com marcos claros de tentativa e erro. Como estruturamos a autorreflexão com maior probabilidade de produzir aprendizagem real? Em outras palavras, como a curva de aprendizagem será administrada?

3. *Quais são os incentivos para se aprender de verdade?* A maior parte dos ambientes organizacionais tem um viés contrário à aprendizagem, pois pressupõe que recursos escassos devem ser despendidos reforçando estratégias comprovadas, não explorando aquelas que ainda não foram testadas. Aprender é difícil, uma vez que não se pode prever quando ou onde os avanços ou os obstáculos intransponíveis irão surgir, e é preciso manter as equipes de aprendizagem motivadas durante longos períodos de incerteza. A estrutura de incentivos para a aprendizagem deve ser considerada desde o princípio, para garantir que se aprenda de verdade, em vez de se copiar rapidamente as soluções existentes ou então confrontar cedo demais tarefas que são difíceis demais, o que só prepara o terreno para o fracasso.

A melhoria de desempenho é resultado da aprendizagem rápida, que em si nasce da solução estruturada de problemas e de experimentos repetidos sobre temas difíceis. No pensamento *lean*, a "decisão" real é de se comprometer explicitamente com a aprendizagem e criar as condições para ela por meio do desenvolvimento das pessoas no âmbito individual (com o ensino de habilidades de solução rigorosa de problemas) e coletivo (com o ensino de habilidades de *kaizen* em equipes). Isso é aprendizagem no sentido de aprender o que precisa ser feito, e que ainda não sabemos, não apenas aprender a entender as generalidades sobre o assunto. Tudo isso nos leva de volta ao *kaizen*, ou experimentos repetidos de melhoria contínua. Começamos nosso ciclo de pensamento *lean* pedindo às equipes de linha de frente que pensem em maneiras de melhorar os processos em todo o sistema. Na verdade, os esforços de melhoria incrementais têm três utilidades principais:

1. *Solução diária de problemas de desempenho* para treinar os funcionários para entenderem melhor a sua função e envolvê-los no próprio autodesenvolvimento, o que dá uma boa ideia sobre o nível de competência pessoal do seu quadro funcional.

2. *Esforços de kaizen em equipe* para que as equipes estudem seus próprios métodos de trabalho e para que seus membros aprendam a trabalhar melhor em conjunto e com o resto da organização, o que lhe permite avaliar as capacidades reais da sua organização.

3. *Experimentos direcionados* para aprender algo de novo que possibilite o acompanhamento da curva de aprendizagem de uma equipe enquanto ela batalha para dominar novas habilidades e, com elas, construir novas capacidades.

Como Jacques e Christophe Riboulet viram em primeira mão, o pensamento *lean* representa uma transformação profunda do próprio modo como raciocinamos, o que nos leva a uma mudança igualmente profunda em como agimos e como corremos atrás dos nossos objetivos. Em vez de definir a situação no papel, decidir durante uma reunião do conselho e então promover a execução entre a equipe e lidar com as consequências à medida que aparecem, o pensamento *lean* trata de se envolver com problemas da vida real por meio da melhoria do fluxo de bons produtos para clientes reais, enfrentar as questões difíceis que a maioria das pessoas na organização gostaria de ignorar, enquadrar o espaço e o ritmo do progresso dinâmico com direções de melhoria e desenvolver as novas maneiras de trabalhar com as próprias pessoas enquanto resolvem um problema após o outro e descobrem inovações ao realizar experimentos repetidos. Vamos apresentar quatro práticas fundamentais para mudar seu próprio modo de pensar e, assim, transformar a estratégia da sua organização:

1. *Lidere de baixo para cima* para encontrar primeiro os problemas reais e depois enfrentar os desafios fundamentais.
2. *Domine o sistema de aprendizagem lean* para enquadrar os desafios em termos de direções de melhoria que todos possam entender e organizar para a aprendizagem.
3. *Mude os modos de trabalhar, com uma mudança por vez,* para desenvolver novos padrões organizacionais a partir das atividades repetidas de melhoria contínua, executadas pelas próprias pessoas.
4. *Elabore a estratégia* a partir da construção passo a passo das capacidades e pensando no futuro, e mantenha-se focado no que realmente importa para se sair vencedor a curto e a longo prazo.

CAPÍTULO 3

Lidere de baixo para cima

Aprenda na prática e pelo desenvolvimento de soluções centradas em pessoas.

Jacques parou de sofrer por uma causa. Ele decidiu que, em vez de ficar procurando uma solução global, trabalharia com o seu pessoal para resolver pragmaticamente os problemas de segurança, qualidade e fluxo que o *sensei* estava identificando. Antes de mais nada, isso significaria enfrentar os problemas. No chão de fábrica, Frédéric Fiancette, o diretor de operações, montou um monitor de tela plana para mostrar a disponibilidade do caminhão durante o dia. A logística calculava, de acordo com os pedidos recebidos, se o caminhão sairia com a carga completa ou não no horário limite. Durante todo o dia, na logística, as pessoas conseguiam enxergar se a disponibilidade do caminhão estava "normal" ("Se continuarmos assim, vamos cumprir a nossa promessa") ou "anormal" ("Se continuarmos assim, vamos quebrar nossa palavra, então é melhor interromper o trabalho e resolver isso"). Quando começou a trabalhar com esse sistema, a equipe de logística teve algumas ideias e identificou muitos, muitos novos problemas concretos a serem resolvidos. Jacques começou a ver como o *gemba* podia mesmo ser um grande professor.

No setor de montagem, Eric Prévot, o diretor de melhoria contínua (antes encarregado de supervisionar projetos de produtividade com consultores externos) criou uma simples sinalização cromática para as ações físicas: vermelho = perigoso, laranja = mais ou menos, verde = sem problema. Ele ensinou o sistema a cada um dos gerentes locais de produção, que criaram seus próprios programas de melhoria locais para eliminar todos os vermelhos. As coisas começaram a avançar e Jacques e Fiancette mantiveram sua disciplina, comparecendo pessoalmente para ver o resultado das atividades e reconhecer e incentivar os esforços. Jacques ainda não via como isso resolveria seus problemas bem maiores, que continuavam a se acumular, mas também sabia valorizar a dinâmica de engajamento que crescia dentro da empresa.

No *front* da qualidade, cada um dos gerentes de produção colocou caixotes vermelhos em todas as estações de trabalho, escolheu um problema evidente e trabalhou nele com as equipes técnicas. Mais uma vez, questões antes intratáveis começaram a ser resolvidas, uma após a outra, nunca de forma espetacular, mas contínua e regularmente. A cada revisão, Jacques foi percebendo que as pessoas não apenas estavam resolvendo problemas técnicos que antes pareciam parte do custo normal de produção, como também estavam percebendo que algumas das portas que se abriram tinham consequências muito mais abrangentes para o negócio, como as políticas da cadeia logística. Nos termos do filósofo Montaigne, Jacques estava aprendendo a "pensar contra si mesmo", e percebeu que estava realmente aprendendo com o chão de fábrica. Não só ele descobria alguns equívocos arraigados nas operações, como também estava encontrando novas soluções técnicas até então desconhecidas.

Jacques ficou chocado ao perceber que agora precisava apresentar alternativas, não tomar decisões. Ele começou a enxergar sua abordagem estratégica de "oferta mais ampla e serviço melhor" de outro ponto de vista e entendeu que todas as decisões que ele e suas equipes de gestão tomavam diariamente não eram consistentes com essa abordagem. Eles reagiam a eventos, caso a caso, como a decisão de cancelar todos os contratos temporários no setor de logística em resposta à diminuição de pedidos após a crise financeira. Sim, Jacques entendia agora que precisava de uma mão de obra mais flexível, mas retirar as pessoas arbitrariamente da logística iria simplesmente impedir que os caminhões completassem a carga e quebraria a sua promessa de entrega no dia seguinte. Jacques estava descobrindo o significado da expressão "liderar de baixo para cima".

"De baixo para cima" é um conceito estratégico cunhado por Emile Simpson ao defender uma reformulação radical da estratégia militar moderna.[1]

Simpson argumenta que muitos dos tropeços estratégicos nas guerras recentes no Oriente Médio foram causados pela prática, aparentemente inocente, de desenhar os aliados em azul (nosso pessoal) e os inimigos em vermelho (os deles) nos mapas em PowerPoint. Isso pressupõe uma estabilidade de relacionamento que nunca se sustenta em uma região onde as alianças mudam de minuto a minuto, dependendo das circunstâncias, temperamento e oportunidade. Os comandantes em solo que perceberam isso tiveram grandes sucessos ao enfocarem a estabilização das alianças, não simplesmente atacar os "vilões", mas levou anos até os generais perceberem isso e começarem a mudar sua atitude sobre a natureza do conflito. Os generais estão sempre travando a guerra anterior e precisam reaprender a atual, de baixo para cima.

Liderar de baixo para cima significa liderar a exploração da estratégia a partir do "chão de fábrica" (um termo genérico que também inclui todas as atividades de apoio, sejam elas na fábrica ou no escritório) com uma análise profunda de dados factuais e a ligação dos pontos para formar um novo quadro estratégico, não impondo suas preconcepções à realidade das operações. Liderar de baixo para cima não é algo aleatório; trata-se de uma abordagem determinada a melhorar o fluxo (de trabalho, de produtos, de informações), revelar obstáculos ao fluxo e perguntar "por que" repetidamente com as equipes de base para tentar descobrir quais problemas são os mais impactantes. É um ato de liderança, pois essa exploração quase nunca é fácil ou intuitiva. Cada esforço de melhoria é como uma pesquisa científica sobre o que funciona ou não, o que importa ou não. É preciso ter um propósito claro e mostrar confiança nas equipes locais para que elas se abram e digam o que estão pensando, sem medo dos executivos culparem o mensageiro. Também é preciso confiar na curiosidade genuína do líder sobre a situação e em seu interesse em aprimorar a experiência dos clientes com produtos, serviços e processos melhores.

Liderar de baixo para cima significa (1) que observamos as questões locais e apoiamos a sua resolução para mostrar que nos importamos e (2) que as soluções são construídas *com* as pessoas, não contra elas. Soluções baseadas no *gemba* integram a aprendizagem na prática com respostas centradas em pessoas. O objetivo final de liderar de baixo para cima e resolver problemas concretos é descobrir quais são os desafios reais, não os que gostaríamos de enfrentar. Melhorar a situação localmente nos ensina a enxergar quais são os problemas de verdade. E isso ainda desenvolve capacidades, pois as pessoas envolvidas no *kaizen* afinam suas habilidades e adquirem outras novas. As diversas ferramentas *lean* são métodos de autoestudo para alavancar a aprendizagem na prática.

Melhorar a situação localmente envolve reestruturar nossa maneira de *pensar* além dos nossos modelos de como nos organizar para fazer as coisas acontecerem em grande escala. As empresas modernas são um legado das burocracias do século XIX, influenciadas pelos sucessos militares e reformas de Frederico, o Grande. Em sua época, o fascínio de Frederico pela automação o levou a organizar seus exércitos como se fossem autômatos, ou seja, robôs.[2]

As pessoas foram transformadas em componentes mecânicos usando técnicas que hoje consideramos o padrão: regras, funções, decisões de cima para baixo, relatórios de baixo para cima (para informar as decisões tomadas pelo topo da hierarquia). Esse tipo de raciocínio leva a soluções com características diferenciadas. (1) Uma é a separação entre estratégia e execução; a primeira é elaborada por relatórios e análises isoladas, sendo distribuída entre as tropas e executada apenas depois de ter sido refinada, debatida e "vendida". (2) Outra é que *designs* organizacionais "livres de pessoas" são colocados em prática independentemente do indivíduo que ocupa a função relevante, ou seja, não importa a sua personalidade, conhecimento individual, motivação, ânimo ou ética pessoal.

Frederick Taylor é lembrado como o articulador desses dois princípios para o mundo dos negócios, batizando-os de Administração Científica. Ele foi o primeiro de uma longa linha de consultores de gestão a oferecer conselhos sobre como o estudo detalhado do trabalho pode levar a um novo nível de desempenho com as melhores práticas. O trabalho dos gerentes seria basicamente garantir a conformidade com esses novos padrões, elaborados por especialistas. Essas ideias eram bastante populares em uma época em que a mão de obra da indústria americana se expandia com ondas de imigrantes que falavam muitos idiomas diferentes. O método taylorista da administração moderna manteve muitas dessas características. A consequência infeliz desse modo de pensar é que, apesar da escolaridade média dos trabalhadores de hoje ser superior ao que era um século atrás, ainda comunicamos às pessoas que não se espera que elas "pensem", apenas "ajam", o que faz os trabalhadores voltarem para casa no final do dia de trabalho entediados ou até irritados com a sensação de não terem valor.

O desafio seguinte, durante a Segunda Guerra Mundial, foi treinar um exército de operárias mulheres para fabricar munição para os soldados no *front*. O incrível programa Training Within Industry (TWI, Treinamento Dentro da Indústria) foi o primeiro programa de treinamento industrial de larga escala a ensinar habilidades desse tipo com aprendizagem na prática.[3] Ele empregava métodos científicos para treinar trabalhadores e supervisores a executar tarefas (métodos de trabalho), a treinar outros para fazer o mesmo (instrução de trabalho) e a trabalhar em equipe (relações de trabalho). Também se baseava em três critérios importantes: simplicidade, usabilidade e padronização. Apesar de incrivelmente bem-sucedido, o TWI foi praticamente esquecido quando a mão de obra original retornou dos campos de batalha.

Quando o TWI chegou ao Japão pós-guerra, Taiichi Ohno usou-o como base para o seu próprio treinamento do STP. Mas ele levou essas ideias além, usando-as como alicerce para um sistema que, além de ensinar os funcionários a fazer seu próprio trabalho, os ensinaria a melhorá-lo. Como veremos mais adiante, os elementos inter-relacionados do STP criaram a estrutura para um entendimento mais profundo do trabalho e como ele poderia ser melhorado para criar valor adicional aos clientes.

Assim, as soluções do pensamento *lean* são (1) elaboradas pela aprendizagem na prática e (2) projetadas para serem centradas nas pessoas: elas evoluem com as pessoas em si. Os líderes *lean* descobrem ao lado das próprias pessoas o que significa "melhor" e tiram conclusões gerais, em vez de chegarem com uma história pré-pronta a ser imposta à equipe da linha de frente. Os líderes *lean* fazem coisas *com* as pessoas, não *para* as pessoas.

Aprenda na prática

A primeira habilidade de um líder *lean*, seja ele líder de uma equipe de cinco pessoas ou de uma empresa multibilionária, é liderar o *kaizen* pessoalmente. Isso envolve recrutar e engajar os demais a seguirem você na mudança que todos descobrem ser necessária e fazê-los se esforçar nessa direção.

Essa abordagem contrasta com os modelos tradicionais de liderança, nos quais alguns poucos indivíduos brilhantes, munidos de visões estratégicas grandiosas e uma força de vontade ímpar, convencem todo mundo, sem exceção, a seguir o plano à risca. Esse tipo de liderança voltada à mudança depende da estratégia e da execução. O líder e seu séquito inventam um plano estratégico e então se valem de uma equipe (sempre bem remunerada) para impor as mudanças aos demais.

Os custos dessa abordagem tradicional vão além dos custos financeiros; ela tende a desperdiçar capital humano. Nessa abordagem, a grande massa de funcionários quase nunca se envolve. Forçados a mudar sem entender os benefícios para a organização ou para si, muitos baixam a cabeça e torcem para a onda passar sem arrastá-los. No fim, a maioria acaba obedecendo, mas com o mínimo de cooperação. Não por acaso, as mudanças resultantes ficam longe de funcionar como o esperado. Os fracassos das iniciativas de mudança tendem a ser atribuídos muito mais à resistência operacional do que a equívocos estratégicos, quando, na verdade, toda a abordagem à mudança deveria ser questionada.

A visão do pensamento *lean* sobre a mudança se baseia no comprometimento individual com o autodesenvolvimento. Quando as pessoas entendem o porquê das mudanças e têm autonomia para contribuir de um modo que faça sentido para elas, a mudança (e mais, a adaptação) pode acontecer continuamente a um custo muito menor e com muito menos resistência. A mudança é vista como uma habilidade individual, desenvolvida diariamente pelo *kaizen* como parte de situações de trabalho rotineiras. A experiência mostra que, quando desenvolvem o hábito das mudanças frequentes em pequena escala, tornam-se muito mais capazes de lidar positivamente com mudanças maiores quando isso se faz necessário.

Acima de tudo, essas abordagens à liderança representam um desafio à ascensão da burocracia. Ainda não inventaram uma maneira de ampliar a escala de uma organização sem montar alguma burocracia, pois as pessoas precisam ter alguma clareza sobre funções, cadeia de comando, procedimentos, departamentos e escopo estável das tarefas. Mas em algum momento todas as burocracias se tornam inevitavelmente obcecadas pela permanência das suas próprias estruturas e sistemas, às custas do foco nos clientes reais, que têm problemas concretos e presentes, e do foco nas condições de negócios claras e imediatas. Voltando-se para dentro, a burocracia se deteriora. Procedimentos estanques passam a importar mais do que os resultados do procedimento. Os limites entre os departamentos provocam lutas pelo poder, o trabalho vazio passa a ser hábito. A abordagem tradicional para combater essa burocratização é mudar a política no alto da hierarquia e deixar essas mudanças se disseminarem pelo resto da organização, mas a verdade é que elas raramente alcançam o nível do trabalho que agrega valor.

A liderança *lean* luta todos os dias contra esses desafios burocráticos ao sustentar a aprendizagem e o *kaizen* local dentro das atividades cotidianas. No pensamento *lean*, o objetivo do líder é envolver todos os funcionários da sua organização no aprimoramento do seu trabalho. Mas como? Sabendo o que exigir e como exigir. Isso significa sempre praticar o *lean* de forma visível, todos os dias, e manter as pessoas focadas em uma estratégia de melhoria clara, baseada nos seguintes princípios:

1. Melhorar a satisfação do cliente.
2. Melhorar o fluxo de trabalho.
3. Facilitar que as tarefas sejam feitas corretamente na primeira vez.
4. Melhorar os relacionamentos.

Essas direções de melhoria são praticadas pelos líderes *lean* com as seguintes atitudes:

1. *Veja pessoalmente.* Em vez de escutar o que as pessoas têm a dizer na sala de reuniões, vá à fonte e veja os fatos em primeira mão ao lado dos clientes que usam o produto ou serviço e das pessoas que fazem o trabalho. No processo, você pode assegurar que todos concordam sobre o problema antes de adotar soluções precipitadas. Observações e discussões melhores levam a resultados melhores.

2. *Coloque os problemas em primeiro lugar.* Os líderes que fazem questão de colocar os problemas em primeiro lugar e não culpam ninguém por eles existirem são prova viva do respeito pelas pessoas e pelas suas opiniões e experiência. Escutar sem culpar, esforçando-se para ouvir seu ponto de vista (por mais esquisito ou tendencioso que seja), é uma atitude que alicerça a confiança mútua.

3. *Tente, veja, pense, tente, veja, pense, para aprender mais rápido.* Busque ativamente novas ideias, e sempre que alguém aparecer com uma, incentive-o a

tentar algo em pequena escala, em algum lugar qualquer, com os materiais disponíveis ou os recursos que conseguir arrebanhar, para ver qual é o impacto disso, e então refletir sobre o ocorrido. Depois da tentativa, você se compromete a ajudá-lo a convencer seus colegas e obter o financiamento (se necessário) para ampliar a escala no momento certo. Ao incentivar pequenos passos e apoiar as pessoas durante o esforço de aprender na prática, é possível envolver a equipe em algo sem sucumbir à tentação de investir em ideias não testadas. Facilitar a vida dos funcionários que testam ideias no local de trabalho é mais do que uma atitude: é uma habilidade e um trampolim para a sua própria descoberta da realidade do ambiente de trabalho.

4. *Intensifique a colaboração*. A qualidade da solução de problemas, das iniciativas e da capacidade de se realizar avanços reais está fortemente ligada à qualidade da colaboração. A colaboração é a capacidade de trocar ideias, absorver perspectivas diferentes, levá-las adiante e estabelecer breves diálogos até que algo difícil finalmente dê certo. Para colaborar melhor, as equipes precisam ter mais clareza sobre o propósito do que devem fazer e confiança de que a equipe é um ambiente seguro para se expressar, propor novas ideias e questionar problemas existentes.

Ao apoiar pessoalmente as equipes na melhoria dos seus próprios métodos de trabalho, os líderes entendem em primeira mão os desafios maiores que a sua organização precisa enfrentar e como proceder com isso.

Quando John Bouthillon assumiu a presidência da empreiteira da família, a PO Construction (POC), o CEO anterior havia levado a organização a 100 milhões de euros em vendas… e zero de lucro. Devido à crise financeira de 2009, no seu primeiro ano, a empresa sofreu uma queda de 40% nas vendas. O interesse de Bouthillon pelo *lean* fora atiçado pela leitura de artigos sobre a capacidade de resistência da Toyota e por *O Modelo Toyota*, o *bestseller* de Jeff Liker.[4] Por conhecer a empresa nos mínimos detalhes, ele enxergava todos os desperdícios envolvidos na construção de prédios de apartamentos. Bouthillon se convenceu de que o *lean* era o caminho para a reviravolta da empresa. Em uma conferência *lean*, ele convenceu um *sensei* a ajudá-lo a provar que a construção civil poderia ser menos arriscada e gerar menos desperdício. O problema é que ele não fazia ideia de como fazê-lo (e, para ser justo, o *sensei* também não; o *sensei* não sabia nada sobre construção e relutou em ajudá-lo).

John estabeleceu a rotina de visitar quatro canteiros de obras por semana, visitando todos os seus canteiros a cada dois meses, em média. Com a visita de um após o outro, logo ficou evidente que uma das maiores diferenças entre a construção civil e a indústria tradicional era a natureza evolucionária de qualquer canteiro: o ambiente em si mudava de um dia para o outro à medida que o edifício crescia, desde as primeiras escavações até a construção da estrutura, e depois com o reboco, pintura, instalação do piso e dos acabamentos. As técnicas *lean* não pareciam intuitivamente aplicáveis.

A segunda grande diferença em relação à indústria era a forte dependência de terceirizados para funções especializadas. Na maioria dos canteiros de obras, Bouthillon descobriu que seus engenheiros passavam a maior parte do tempo nos escritórios, analisando planilhas eletrônicas para satisfazer as demandas da matriz por relatórios, e em brigas jurídicas e contratuais com os seus terceirizados. Na verdade, ficou evidente que a história da construção civil se baseava em negociação e execução. Pressupunha-se que se sabia tudo sobre como construir um edifício, então o importante mesmo era (1) negociar o menor preço e depois (2) controlar a execução. Não surpreende que o resultado fosse um ambiente de trabalho problemático, repleto de conflitos e desconfiança, o que dificultava incrivelmente a reflexão sobre os problemas técnicos e a busca de soluções mais inteligentes.

Para explorar essas questões de forma mais ampla, Bouthillon escolheu enfrentar a segurança e a ordem nos canteiros de obras. O primeiro passo seria exigir que seus engenheiros passassem mais tempo na obra em si e desenvolvessem uma cultura 5S, uma ferramenta *lean* que se concentra em *ordenar* e eliminar o que não é útil, *arrumar* a área de trabalho antes de começar a obra em si, *limpar* antes e depois, *padronizar* as três práticas anteriores no trabalho normal e então *sustentá-lo* com o envolvimento disciplinado da administração do local. Essa abordagem revelou quanto tempo os trabalhadores gastavam procurando materiais e ferramentas durante o seu dia de trabalho e quanto o retrabalho era considerado natural devido a problemas de comunicação ou falta de planejamento detalhado do dia de trabalho.*

---

*O 5S é uma ferramenta *lean* para ajudar os operadores a melhorar seu fluxo laboral com a melhor organização do ambiente de trabalho. Os 5Ss são, na verdade, cinco passos. (1) *Seiri* (separar) e eliminar: analisar todos os objetos na área de trabalho e perguntar se são úteis ou não, e então eliminar tudo que não for útil. (2) *Seiton* (organizar): descobrir o melhor lugar para guardar todos os objetos úteis e definir esse espaço. (3) *Seiso* (limpar): garantir que tudo que está em uso encontra-se em bom estado e foi limpo depois de utilizado. (4) *Seiketsu* (padronizar): desenvolver as rotinas que mantêm o local de trabalho em perfeito estado enquanto se realiza o trabalho. (5) *Shitsuke* (sustentar): manter o apoio e o interesse da gerência para garantir que o local de trabalho se mantenha em perfeito estado e de acordo com o 5S em todos os momentos. O 5S não é um exercício de "arrumação", e sim uma disciplina mental de criação diária de adaptação a um propósito em que o ambiente apoia um trabalho fácil e de alta qualidade. O 5S é uma disciplina *lean* fundamental, com o propósito mais abrangente de desenvolver a confiança mútua entre a gerência e os funcionários à medida que os trabalhadores assumem maior responsabilidade pelo próprio local de trabalho (e o organizam como acreditam ser melhor) e os gestores assumem a responsabilidade de dar às pessoas os meios de que precisam para serem eficazes.

Liderar de baixo para cima levou Bouthillon a formular duas estratégias iniciais a serem aplicadas por todos os seus gerentes de unidade:

1. Controlar o espaço de trabalho para que se possa trabalhar com segurança.
2. Fazer certo na primeira vez ou corrigir imediatamente (em vez de esperar até o momento oportuno para corrigir o problema).

Acontece que, devido à natureza variada e mutante dos canteiros de obras, não havia um jeito fixo de realizar ambos os princípios. Bouthillon perguntou aos seus gerentes o que essas duas estratégias significariam, de acordo com a especificidade de cada canteiro e a fase em que estavam do projeto.

Com os fornecedores em mente, Bouthillon começou a argumentar com cada um dos seus gerentes de unidade que era preciso uma abordagem mais colaborativa para se trabalhar com os terceirizados, na busca de soluções técnicas inteligentes em que ambos os lados, empresa e terceirizado, sairiam ganhando em termos de tempo gasto ou esforço despendido. Isso envolvia pedir aos gerentes que analisassem minuciosamente o primeiro trabalho realizado pelo terceirizado, de modo a estabelecer regras básicas de segurança, expectativas de qualidade e um ponto de melhoria específico no qual colaborar. Bouthillon também adotou uma abordagem mais estratégica a essa questão, investindo em terceirizados de cada especialidade diferente para aprender internamente quais problemas eles enfrentavam e buscar oportunidades para todos saírem ganhando.

Ele descobriu que duas questões importantes enfrentadas pelos terceirizados eram que (1) o trabalhador anterior às vezes não completava totalmente a sua tarefa e precisaria retomá-la, causando problemas técnicos para o próximo funcionário no fluxo de trabalho, e que (2) como os terceirizados trabalham em velocidades diferentes na construção, os mais rápidos não querem ser atravancados pelos mais lentos à sua frente, e, como resultado, atrasavam o envio das suas equipes para o canteiro de obras para criar margens de segurança, o que ampliava consideravelmente o tempo de atravessamento total do projeto.

Passo a passo, Bouthillon formulou suas duas estratégias gerais seguintes:

3. Finalizar o trabalho por completo antes de sair da área.
4. Controlar melhor a transferência de trabalho de especialidade para a seguinte.

O impacto de mudar a abordagem dos gerentes à administração dos projetos foi incrível. Nos primeiros anos, a empresa reduziu o tempo de atravessamento dos projetos em 20% (em média; nem todos os gerentes participaram do esforço com a mesma disposição). Assim que, apesar de ter perdido bastante em termos do valor das vendas, a empresa agora estava dando lucro e conseguiria reaver as vendas perdidas.

No nível do canteiro de obras, essas iniciativas "estratégicas" quase nunca parecem grandiosas. Além de exigir que as equipes de gestão da unidade desenvolvessem e sustentassem sua abordagem 5S no espaço de trabalho, a principal ferramenta de transformação de Bouthillon foi a humilde folha de análise da solução diária de problemas, na qual os gerentes exploravam com as suas respectivas equipes um problema por dia, no seguinte formato:

Data	Problema	Causa	Contramedida	Impacto

Eles solicitavam que os engenheiros juniores descrevessem o problema, analisassem a causa (e descobrissem o que faltava para atender a norma do setor), elaborassem uma contramedida e verificassem o impacto dessa ação corretiva. Nada demais. Mas nos canteiros em que o gerente entendia a natureza exploratória dos exercícios e os usava para descobrir os pontos fortes e fracos da capacidade técnica da equipe e para instruí-la sobre como entender melhor o seu trabalho, os resultados foram espetaculares.

Um aspecto não investigado, mas que deixou Bouthillon especialmente interessado, foi o surgimento de soluções mais inteligentes para a eficiência energética da construção como um todo. Em busca de formas mais simples de realizar o trabalho, os engenheiros também encontraram maneiras mais eficientes de construir o edifício e de trabalhar, duas das quais chegaram a ser patenteadas, algo que nunca havia acontecido na empresa. Isso permitiu que o CEO formulasse o quinto item da sua estratégia geral:

5. Melhorar a eficiência energética.

À medida que os resultados cumulativos de muitos *kaizens* foram ficando evidentes, a POC projetou um novo edifício que teria 20% menos consumo de energia, usando métodos de construção tradicionais de forma mais consciente. Nesse caso, vemos que melhorar todos os processos e técnicas existentes e combiná-los de forma inteligente pode levar a resultados radicalmente melhores e a novas ideias inesperadas. Mais uma vez, essa conquista não ocorreu por alguém ter decidido tudo de antemão e investido em "fazer acontecer". Ela ocorreu à medida que Bouthillon foi elaborando progressivamente a sua estratégia para aprimorar o modo como edifícios normais eram construídos. Vários tipos de ideias de melhoria foram se acumulando até finalmente serem reunidas em um resultado revolucionário.

Bouthillon continuou a visitar canteiros de obras todas as semanas e percebeu que, quando os gerentes de projeto enfrentavam abordagens questionáveis, eram instados a explicar como suas escolhas ajudavam a trabalhar com mais segurança, acertar na primeira vez, preparar-se melhor para o próximo terceirizado, melhorar a transferência e aumentar a eficiência energética do edifício ou da construção. À medida que eles trabalhavam nessas questões ao seu próprio modo, muitas vezes entendiam algo que não haviam compreendido com a sua primeira abordagem. Liderar de baixo para cima é uma maneira de elaborar a estratégia enquanto se desenvolve competências ao lado das pessoas que realizam o trabalho de fato.

Mas ainda resta uma pergunta: como garantimos que esses diversos esforços de melhoria não se difundam demais, que, como no caso de Bouthillon, haja uma convergência que leve a resultados financeiros positivos? Como vimos, a direção de melhoria não é aleatória. Temos 60 anos de tradição *lean* que nos ajudam a guiá-la, que é onde entra o esforço para aprender profundamente as ferramentas *lean*.

Procure soluções centradas em pessoas

"A grandeza das pessoas emerge apenas quando são lideradas por grandes líderes", explica Akio Toyoda, atual CEO da Toyota. "Na Toyota, dizemos que todo líder é um professor desenvolvendo a próxima geração de líderes. Essa é a sua função mais importante."[5]

As corporações modernas, por mais que adorem falar em funcionários empoderados e que "as pessoas são o nosso ativo mais importante", baseiam-se essencialmente em soluções *livres de pessoas* que todos conhecemos muito bem: as regras representam leis corporativas inflexíveis, não diretrizes a serem adaptadas caso a caso. Os cargos são posições funcionais sem nenhuma relevância pessoal. A hierarquia existe para garantir a conformidade. Os gerentes tomam decisões, a "mão de obra" executa. Os sistemas de informação coletam e compilam os "números" financeiros certos que levam naturalmente ao melhor processo de tomada de decisão. E contratos formais são essenciais para se gerenciar os relacionamentos.

Essas ideias, que somos ensinados a considerar perfeitamente normais e parte do senso comum, levam a uma solução de problemas independente das pessoas. Os problemas de uma empresa (ou, além dela, de uma sociedade) são resolvidos independentemente das pessoas que compõem a organização. Depois que uma solução independente das pessoas é decidida, a próxima pergunta é como fazer as pessoas se conformarem com essa solução, o que nos leva a insistir na "gestão da mudança" apropriada e na aceitação. A equação é resolvida pela alta gerência sem levar em conta as pessoas e, desse modo, precisa ser aplicada por uma combinação de incentivos, persuasão e pressão.

O pensamento *lean* rompe definitivamente com essa mentalidade. Toda solução envolve pessoas. Na verdade, como as soluções emergem pelo impacto cumulativo da melhoria local e dependem da construção das habilidades necessárias para o desenvolvimento de capacidades, as soluções são *fundamental e inalienavelmente centradas em pessoas*. A própria personalidade de cada indivíduo, o envolvimento com o seu próprio autodesenvolvimento, iniciativa e criatividade formam a semente da qual nascem novas capacidades e que, pela combinação de novas capacidades, permitem a emergência de novas soluções. As pessoas não são o problema. Elas são a solução.

Ser *centrado em pessoas* significa voltar-se para as pessoas com bastante frequência e aceitar que sua personalidade, experiência, conhecimento, motivação, ética e, acima de tudo, sua criatividade são elementos que desenvolvem profundamente a solução final do problema que estamos lidando. Como as soluções *lean* dependem do desenvolvimento de capacidades, e estas são habilidades institucionalizadas, as pessoas importam enquanto pessoas, não meras engrenagens em uma máquina. Ser centrado em pessoas envolve confiar nas pessoas para ver como elas entendem o desafio, quais problemas vivenciam, que ideias têm e, em última análise, em qual direção gostariam de ver a organização como um todo avançar. Na prática, isso envolve:

- Demonstrar interesse frequente pelo que as pessoas têm a dizer, e não apenas pelo que se gostaria que elas dissessem. Ir ao local de trabalho para vê-lo em primeira mão é a técnica que alicerça todo o pensamento *lean*, pois não pode haver interesse sem prova desse interesse. Ir até o local de trabalho e ver tudo pessoalmente é prova de que você *se importa*.

- Entender que algumas das coisas que você diz calarão fundo nas inseguranças enraizadas das pessoas à sua frente (causadas pela sua percepção do ambiente, pelo que acreditam estar disponível ou não para elas, por aquilo com que se sentem confortáveis ou não, etc.) e que essas inseguranças, racionais ou não, não serão divulgadas. Criar um ambiente física e psicologicamente seguro é um pré-requisito para conversas colaborativas.

- Entender que cada indivíduo tem a sua própria opinião sobre como as coisas são e como deveriam ser, sobre onde a empresa está como um todo e aonde deveria ir, concorde você ou não com essas opiniões. Você pode forçar as pessoas a fazerem algo contrário as suas próprias convicções, mas se realmente quiser que contribuam, precisará antes reenquadrar as ideias delas. Para isso, é preciso construir um relacionamento e ter confiança mútua, o que nasce de expressões frequentes de interesse e diversas explicações sobre o que você está tentando fazer e, em especial, deixar espaço para que também possam pensar e experimentar com as suas próprias ideias. Você ficará surpreso. Não há jeito mais efetivo de recrutar alguém para uma causa do que reconhecer a sua contribuição pessoal para ela.

- Descobrir as pessoas com as maiores habilidades de aprendizagem na prática e conectá-las a outras pessoas, em outros departamentos, para cultivar o trabalho em equipe. Em seguida, promovê-las como forma de fortalecer o potencial de aprendizagem das equipes de gestão para ampliar a capacidade de toda a organização de crescer e aprender.

"Centrada em pessoas" não significa de baixo para cima: os líderes lideram e têm um impacto desproporcional sobre a direção e o modo como o trabalho é realizado. Mas os líderes explicam e escutam, apoiam e ensinam, e aceitam que cada situação específica é absorvida de forma diferente pelas pessoas no mundo real, onde tudo acontece. Ser centrado em pessoas envolve pensar diferente sobre nossos reflexos organizacionais tradicionais, o que se reflete no vocabulário específico do pensamento *lean*; diferente porque a mentalidade por trás disso difere dos hábitos de comando e controle incutidos entre os gestores tanto na faculdade quanto na sua experiência profissional progressa. Em suma, a ideia fundamental da prática *lean* se resume a: *para fazer as coisas melhor, é preciso antes tornar as pessoas melhores.* O pensamento convencional nos leva a decidir a solução em termos abstratos, planejar a sua implementação, organizar-se de acordo com esse plano e finalmente preencher o quadro funcional com pessoas que serão direcionadas e controladas. O pensamento *lean* não busca esse tipo de otimização estática, preferindo o progresso dinâmico. Primeiro escolhemos nossos aliados, as pessoas que enfrentarão o desafio ao nosso lado. Depois elas nos dizem como desejam se organizar e como vamos nos coordenar para enfrentar o desafio. Isso deixa claro que a qualidade da solução depende diretamente do conhecimento, discernimento e liderança das pessoas envolvidas no problema (sempre é assim, mas o pensamento alheio às pessoas tende a mascarar esse fato).

Infelizmente, não somos ensinados a buscar soluções centradas em pessoas e, mesmo quando já deveríamos ter aprendido a lição, nosso reflexo é resolver o problema em nossas mentes e então confiar nos mecanismos burocráticos para implementar a ideia. Por exemplo, quando Jacques adquiriu uma empresa menor para completar a sua linha de circuitos de direção, ele imediatamente achou que precisaria "enxugar" a empresa recém-adquirida. Tendo conseguido dar a volta por cima no seu negócio tradicional, ao lado do seu diretor de operações (Frédéric Fiancette) e seu diretor de *lean* (Eric Prévot), ele solicitou que o segundo passasse algum tempo na nova empresa e estabelecesse os mesmos padrões. O CEO da empresa adquirida, ainda se recuperando da mudança de gestão, simplesmente não entendia o porquê. Era uma empresa pequena, com apenas 40 funcionários, metade na montagem e metade no *design* de produtos e administração. Eles seriam pequenos demais para o *lean*. A empresa tinha receita de 6 milhões de euros, 1,1 milhão em estoque e desempenho de 86% em entregas dentro do prazo.

Concentrado em lançar um novo produto, o CEO deixou o diretor de *lean* realizar as oficinas de *kaizen* sem prestar muita atenção. Mas com a aplicação das técnicas *lean* ao trabalho em fluxo, as vendas aumentaram em 20% com o novo produto, o estoque permaneceu em 1,1 milhão e o giro de estoque saltou de 2,8 para 3,6. Infelizmente, além da entrega dentro do prazo não ter melhorado, os operadores começaram a reclamar, primeiro discretamente, depois com raiva, sobre a deterioração das condições ergonômicas da linha. A produtividade se acelerara, mas o trabalho ficara muito mais difícil. Em geral, a montagem usara as técnicas *lean* para melhorar o fluxo, mas o CEO, por dar um apoio distante, sem se envolver pessoalmente, não fizera nada em termos de qualidade ou de criar um sistema puxado.

Sendo assim, a equipe de gestão decidiu interromper todo o progresso, voltar atrás e trabalhar com o CEO e a sua equipe de produção (ou então não trabalhar mais). Para começar, eles voltaram aos princípios do fluxo, pacificando as linhas com um sistema puxado regular, e então trabalharam com cada equipe de operadores para resolver todas as questões ergonômicas. Eles convidaram um especialista em ergonomia para criar um sistema de medição que os próprios operadores poderiam utilizar. Além disso, estudaram diferentes cenários de trabalho, alternaram estações de trabalho, expandiram as habilidades da mão de obra e aumentaram a produtividade em 20%. Três anos após o início do *lean*, as vendas haviam aumentado mais 16%, para 9,3 milhões, e o estoque fora reduzido em 40%, atingindo 680 mil euros. O giro de estoque saltou para 8,5 e, mais incrível ainda, as entregas dentro do prazo saltaram para 96%, algo que ninguém imaginou que seria possível, dada a natureza de baixo volume e alta variedade do negócio.

Mais importante ainda, ao reenfocar uma abordagem à melhoria centrada em pessoas, a colaboração entre o *design* de produtos e a produção melhorou, e agora as soluções continuaram a aumentar, promovidas pelo engajamento de todos os funcionários. Pouco a pouco, a produção aprendeu a abandonar totalmente os lotes e a trabalhar apenas sob demanda, enquanto problemas de qualidade perenes foram resolvidos com a engenharia. Os operadores se coordenaram para trabalhar com a gerência em um sistema mais flexível de horários de trabalho, pois assim poderiam responder mais rapidamente a demandas pontuais. Em seguida, o trabalho de melhoria passou para a cadeia logística e para o trabalho mais direto com os fornecedores, o que mais uma vez levou a muitas ideias de melhoria imprevistas, resultado da colaboração mais intensa. No final, a empresa atingiu resultados semelhantes aos da adquirente (Tabela 3.1).

É sempre forte a tentação de aplicar aos outros o que se aprendeu e retomar um estilo "eu mando, você obedece" de estratégia e execução. Como veremos posteriormente, Prévot e Fiancette (Jacques já estava aposentado a essa altura) tinham uma longa experiência com a transformação de situações. Se Prévot não tivesse demonstrado uma resiliência incrível perante a resistência passiva do CEO da empresa adquirida, além de escutar as reclamações dos operadores na linha, a gerência poderia facilmente ter feito o que muitas outras empresas fazem: se deixado encorajar pelos resultados iniciais nas vendas e continuado a impor o progresso sem refletir. Nesse caso, Fiancette e Prévot reverteram para *encontrar* e entender que seus resultados de melhoria iniciais não mostravam as mesmas coisas que haviam visto nas suas próprias unidades (os produtos eram funcionalmente muito diferentes, assim como as pessoas e o histórico da empresa). O que fizeram foi *enfrentar* a questão e trabalhar na elaboração de um sistema de medição para ergonomia (algo que posteriormente exportaram para as outras unidades) e, dali em diante, *enquadraram* a situação usando o tamanho da empresa a seu favor, não contra. O pequeno porte significava que a principal dimensão de melhoria seria a colaboração intensa entre produção e engenharia (mais uma vez, algo que se revelou difícil nas áreas maiores e mais antigas da adquirente) de modo a *desenvolver* espetacularmente novas soluções inventadas com o CEO e em torno do pessoal de produção e engenharia, não

TABELA 3.1 Resultados de melhoria *lean* na empresa adquirida

	2009	2015	Ganhos
Vendas	6 milhões	11 milhões	+80%
Estoque	1,1	0,44	2X
Giro	2,9	15,5	+500%
Entrega no prazo	86%	99%	+15%
Vendas por pessoa	150.000	290.000	+90%
Atrasos	3 semanas	3 dias	7X

forçando-os a isso, mediante o desenvolvimento cuidadoso de capacidades de fabricação, engenharia e logística, causando um impacto enorme na própria criação e no *design* de novos produtos.

Os estudos de fusões e aquisições revelam um índice de fracasso entre 70 e 90% e, infelizmente, Jacques adquirira alguma experiência nessa estatística após uma aquisição medíocre.[6] Quando adquiriu essa nova empresa, ele tomou um cuidado especial para não oprimi-la com os seus próprios procedimentos, sistemas e cultura. Entretanto, na maioria das situações de aquisição, a força do nosso condicionamento burocrático é tal que acreditamos implicitamente que a empresa adquirida deveria simplesmente, e independente das pessoas, se ajustar às nossas estratégias (afinal, elas foram compradas para preencher uma lacuna no portfólio estratégico), nossos cargos (eles precisam se incorporar à hierarquia da empresa) e procedimentos (alguns dos quais são exigidos por lei, como a Sarbanes-Oxley), e, afinal de contas, obedecer ao que estamos mandando. O resultado é que em muitas aquisições de empresas técnicas, os engenheiros mais inteligentes vão embora e sobra apenas uma casca burocrática, esvaziada do seu núcleo sábio.

A Wiremold, a ex-empresa de Orry, adquiriu 21 empresas entre 1991 e 2001, e desenvolveu padrões pré e pós-aquisição. Um deles era que, no primeiro dia em que a empresa se incorporava à família Wiremold, os seus funcionários recebiam uma introdução de algumas horas sobre a Wiremold e sua estratégia *lean*, como foco nas dimensões de melhoria. Isso era seguido pela formação de algumas equipes de *kaizen*, que no dia da melhoria começavam a trabalhar em dois problemas significativos. Em todos os casos, foi a primeira vez que se pedia às pessoas que realizavam o trabalho que se envolvessem na identificação de problemas e contribuíssem para a implementação de contramedidas. Após alguns dias, ninguém mais duvidava de que a vida seria diferente dali em diante e que a sua colaboração e engajamento seriam fundamentais para o seu sucesso no novo ambiente e para o sucesso da empresa como um todo.

Lidere da base para o topo para enfrentar seus desafios reais

Uma parte fundamental de se obter resultados sustentáveis e consistentes com o pensamento *lean* é não cometer equívocos enormes que causam desperdícios. Aprendemos a falhar cedo, de formas rápidas e pequenas, para sabermos evitar os fracassos catastróficos depois. Pequenos equívocos fazem parte da aprendizagem na prática. Os erros grandes custam caro. O sucesso a médio e longo prazo depende bastante da capacidade dos líderes de enfrentarem as questões reais com as quais suas organizações estão lidando. O enfrentamento de problemas reais e impactantes é o espírito de vivenciar o *kaizen* diretamente. Trabalhar nos problemas com as pessoas à nossa volta para aprender sobre elas, seus pontos fortes e fracos, suas preferências e picuinhas, são aspectos do trabalho de forjar resultados dinâmicos melhores.

A abordagem centrada em pessoas do pensamento *lean* não significa algo abstrato ou um vale-tudo. Significa seguir a bússola do melhor fluxo para estimular curvas de aprendizagem e evitar soluções pré-prontas, o que pode envolver bastante garra e persistência por parte dos gestores. É um jeito completamente diferente de fazer o negócio crescer. Não se engane: isso certamente impõe bastante pressão aos funcionários para terem desempenho de alto nível, já que os líderes de equipe estão sempre pensando nos objetivos de alto nível, ao mesmo tempo em que responsabilizam as pessoas por atingirem resultados melhores. Eles desenvolvem a empresa futura um *kaizen* por vez, uma equipe por vez, todos os dias, em todos os departamentos, preservando a dinâmica de pequenas melhorias contínuas lideradas por pessoas.

Como conta Lionel Repellin, CEO da empresa que Jacques adquirira: "Eu não acreditava em nada dessas coisas de *lean*, pois não entendia como elas poderiam se aplicar a uma empresa como a nossa, pequena e técnica. Hoje sou forçado a admitir que nunca teria acreditado que os resultados que produzimos seriam possíveis, nem de perto. Aprendi muito, e o que mais me encoraja e me surpreende, após um começo difícil, é que as relações dentro da empresa estão melhores do que nunca". Os processos podem ser gerenciados, mas as pessoas precisam ser *lideradas* para que os desafios reais possam ser enfrentados, juntos, de baixo para cima.

CAPÍTULO 4

Enquadrar para aprender

Use as ferramentas e métodos lean *para promover o entendimento, o trabalho em equipe e a melhoria.*

Tendo visto como o próprio chão de fábrica poderia mostrar o caminho para a tomada de decisões diárias consistentes com as escolhas estratégicas mais gerais, Jacques (CEO), Fiancette (diretor de operações) e Prévot (diretor de TI) não tardaram em adotar o sistema de aprendizagem *lean* como sistema geral para estruturar a sua exploração:

1. Estabeleceram uma lista de indicadores-chave para exprimir os desafios de segurança, qualidade, tempo de atravessamento, produtividade, eficiência energética e moral em cada fábrica.
2. Construíram sistemas puxados para lidar com a variedade usando o planejamento melhorado com *takt time*, criaram células de fluxo contínuo e implementaram um sistema puxado interno de logística usando um trenzinho e *cartões kanban*.
3. Trabalharam com cada gerente de produção para interromper a linha a cada problema de qualidade e tornar os equipamentos e materiais progressivamente mais confiáveis para que a montagem fluísse cada vez melhor.
4. Trabalharam na estabilidade básica de cada setor de produção usando 5S, estabilidade da equipe e solução diária de problemas.

À medida que o trabalho progrediu e o fluxo de caixa melhorou, Jacques percebeu que o enquadramento das suas escolhas estratégicas estava ficando mais consistente e que, de certa forma, ele podia se comunicar com toda a empresa, desde o conselho até o chão de fábrica. Primeiro, precisava entregar um amplo catálogo de produtos no dia seguinte, ao mesmo tempo em que mantinha os estoques baixos usando uma cadeia logística mais extensa. Tendo percebido, por exemplo, que a China expedia um contêiner de componentes por mês, a equipe de logística montou uma operação de *cross-docking* na China para compor o conteúdo do contêiner de acordo com a procura, reduzindo de uma vez só o estoque total em cerca de 20%.

Segundo, Jacques precisava entregar peças de alta qualidade, não apenas usando inspeção final e rejeição de produtos defeituosos no ponto de teste, mas com autoinspeção em todas as estações de trabalho (e solução de problemas de maquinário) e posteriormente com inspeção na fonte, junto aos fornecedores. Isso levou a um problema de engenharia mais profundo, de projetar produtos mais tolerantes a peças fundidas de menor qualidade dimensional sem afetar o desempenho do produto montado.

Terceiro, ele precisava continuar a usinar e montar as peças e encontrar uma maneira de mecanizar a montagem de modo a eliminar os problemas de ergonomia sem investir em robôs gigantes, que trariam excesso de capacidade (e custariam caro), o que levou ao problema ainda mais complicado de como programar mais produção usando usinagem local para reduzir o custo de produção geral, mas sem ser penalizado pelos altos custos trabalhistas do Ocidente.

Jacques estava enxergando o seu problema industrial com um entendimento mais profundo do que nunca. Ele começou a ver os problemas com mais clareza e pormenorizados e percebeu que cada um deles podia ser reduzido às atividades específicas no chão de fábrica, pois assim as próprias pessoas poderiam enfrentá-los pragmaticamente, resolvendo os problemas locais revelados pelo sistema *lean*. Em outras palavras, à medida que aprendiam a resolver seus problemas diários, as pessoas no *gemba* estavam mostrando a Jacques como resolver suas questões estratégicas maiores. Quando elas aprendiam, o CEO aprendia também. Essa epifania revolucionou completamente o entendimento de Jacques sobre o que uma organização de aprendizagem poderia ser. Nas décadas anteriores de experimentação com esse conceito, Jacques sempre separara o "trabalho" real da "aprendizagem" que ocorreria nas salas de aula ou nos "laboratórios de aprendizagem". Agora, porém, Jacques via como o sistema *lean* enquadrava as questões de uma forma que trazia a aprendizagem *para dentro* do trabalho diário. Tratava-se de uma aprendizagem operacional, por assim dizer. Jacques descobriu que as "ferramentas" *lean* do chão de fábrica eram, na verdade, laboratórios de aprendizagem trazidos para o cotidiano das operações, ajudando as pessoas a desenvolverem soluções todos os dias, em todos os departamentos, usando experimentos repetidos para atacar os desafios maiores.

Enquanto gestor, Jacques descobriu que estava se tornando cada vez mais exigente com os problemas e mais gentil com as pessoas. Ele deixou de aceitar respostas do tipo "não dá" – pois o problema tinha que ser resolvido –, mas tinha paciência para experimentar coisas diferentes até encontrar uma solução que funcionasse, curioso sobre o que emergiria do processo no final das contas e esperançoso por uma surpresa (tanto positiva quanto negativa, pois ambas são formas de *aprender*). Ao acelerar a velocidade da mudança prática no chão de fábrica, Jacques ganhou confiança para desenvolver um jeito prático e direto de moldar a empresa, com mais colaboração de todos e muito menos resistência passiva. As ferramentas *lean* revelavam progressos específicos no chão de fábrica, onde ele podia ajudar quando demonstrava interesse, encorajava os participantes e removia os obstáculos burocráticos quando estes apareciam pelo caminho.

"Dê-me uma alavanca e um ponto de apoio e moverei o mundo", Arquimedes teria dito. O mundo muda, sim, e muda por uma combinação de ideias e ferramentas. O que é um telescópio sem a teoria da gravidade? A prensa móvel sem a ideia da teologia pessoal? Ou a Internet sem a ideia de uma World Wide Web conectando todas as páginas? As ideias são os pontos de apoio, as ferramentas são as alavancas sobre as quais o mundo se move. O pensamento *lean* pode mudar o mundo se entendermos a ideia de fazer melhor e usar as diversas ferramentas *kaizen* do *lean* para isso.

Essas grandes ideias são chamadas de *enquadramentos*. Os enquadramentos estruturam o modo como entendemos uma situação complexa e alicerçam nossa aprendizagem para nos direcionar rumo ao próximo passo (são literalmente como a moldura do quadro através do qual vemos o mundo). Contudo, o enquadramento não diz o que você vai encontrar. Ainda é preciso usar seus próprios olhos. Para entender a essência do pensamento *lean*, é fundamental que esses diversos conceitos, popularmente interpretados como ferramentas poderosas, sejam encarados como *enquadramentos*. Não são instrumentos para resultados rápidos, são métodos de engajamento, entendimento e, sim, enquadramento. O *just-in-time*, por exemplo, é um enquadramento que afirma que devemos fazer apenas o que é necessário, quando necessário e na quantidade necessária. Taiichi Ohno burilou por muitos anos a ideia de *kanban* (cartões para cada recipiente) para fazer com que o enquadramento funcionasse. Depois que o *kanban* foi aperfeiçoado, o enquadramento do *just-in-time* pôde ser explorado em muito mais detalhes.

Na verdade, o Sistema Toyota de Produção (STP) é um sistema com alguns poucos e poderosos enquadramentos: satisfação do cliente, qualidade integrada, *just-in-time*, trabalho padronizado, *kaizen* e estabilidade básica. Dentro da Toyota, o STP também é chamado de "Sistema de Pessoas Pensantes". Relembrando seu treinamento com Taiichi Ohno, Teruyuki Minoura, um executivo da Toyota, conta: "Não acho que ele estava minimamente interessado na resposta. Só estava me fazendo passar por uma espécie de treinamento para me fazer aprender a pensar".[1] O sistema nasceu por tentativa e erro na solução de problemas práticos e na satisfação das necessidades da empresa.[2]

Foi apenas ao desenvolver uma série de técnicas vagamente interligadas e transformá-la em um sistema completo que eles conseguiram disseminar sua influência por toda a empresa, explica Minoura. Ainda assim, os veteranos dos primórdios do ensino do STP avisam insistentemente, nas palavras de outro *sensei*, que o risco de um sistema de ferramentas é "criar uma imagem do Buda e esquecer de incorporar a alma nela".[3] Sem a ferramenta, a ideia não passa de uma fantasia; sem a ideia, a ferramenta leva ao entendimento errado.

O segredo para se enquadrar as questões difíceis produtivamente é evitar as soluções globais e enfrentá-las sem se sobrecarregar. Aprende-se a ser disciplinado e a depender da *estrutura*, ou seja, de um arcabouço teórico para expressar os desafios em componentes concretos e de dimensões aceitáveis, seguindo uma longa de tradição de outros que fizeram o mesmo no passado. Dominar o sistema de aprendizagem *lean* é fundamental para se enquadrar as questões que enfrentamos de jeitos que os outros consigam entendê-las.

O STP é, basicamente, uma vasta estrutura mental para ensinar as pessoas a pensarem diferente, partindo do pressuposto de que você não pensa até criar um novo jeito de agir, você age até criar um novo jeito de pensar. O STP define desafios e exercícios para ajudá-lo a entender seu próprio negócio de um jeito diferente. É um método de aprendizagem, não uma planta baixa organizacional. Além disso, é um método de aprendizagem projetado para ensinar todos os funcionários a participarem da estratégia geral da Toyota. Por consequência, para entender totalmente a importância do STP, é preciso enxergar o seguinte:

- a abordagem geral da Toyota à vantagem competitiva no mercado automotivo;
- como as ferramentas do STP ensinam cada funcionário a participar da criação dessa vantagem competitiva na sua função cotidiana: não apenas para criar valor, mas para *agregar* valor.

Quando visitam operações da Toyota, a maioria das pessoas se impressiona com a incrível flexibilidade das linhas de produção (lidando com um modelo após o outro sem usar lotes), com a produtividade do pessoal (quase todas as pessoas que você vê seguem um ciclo-padrão com fluidez; sem esforço, mas também sem interrupções), com a rapidez com que as linhas respondem às preocupações dos operadores (o sinal de *andon* se ilumina uma vez por minuto, mais ou menos) e com a quantidade de sugestões que os funcionários oferecem (99% das quais são aceitas e implementadas). Sem sombra de dúvida, a Toyota criou um sistema industrial superior, com maior disciplina na segurança e maior atenção à qualidade, um sistema que também é visivelmente mais flexível e produtivo. A tentação é interpretar esse sistema industrial usando nossos termos tayloristas tradicionais e concluir precipitadamente que a Toyota possui engenheiros de manufatura que projetam processos melhores, e uma linha de gestão mais disciplinada (olá, cultura japonesa!) que executa esses projetos de forma mais rigorosa e interpreta o STP como uma vasta máquina de monitoramento-padrão.

Mais uma vez, não estamos defendendo que a Toyota é uma empresa perfeita: claramente, ela não representa melhores práticas que devem ser obedecidas às cegas. Pensar assim seria o mesmo que voltar à noção taylorista de que algo projetado em outro lugar pode ser aplicado como se fosse um molde pré-pronto. Estamos dizendo que, 25 anos após o estudo original, a Toyota ainda é o maior concorrente no seu setor e que, no processo, a montadora se tornou líder mundial e levou a General Motors à falência. O mais incrível é que a Toyota conseguiu dar lucro em todos os anos desde 1951, com exceção de 2009, quando toda a indústria automotiva entrou em colapso (menos carros novos foram vendidos do que carros antigos foram transformados em sucata).

É interessante observar que, para um dos seus altos executivos, a conclusão do período de 2009 foi que a Toyota estava apta a obter lucro com as suas fábricas apesar de operarem a 80% da capacidade... mas a crise financeira global reduziu os volumes a menos de 70%. Assim, a empresa precisava aprender a construir fábricas tão flexíveis que fosse possível operar com rentabilidade a 70% da capacidade total. Outro desafio audacioso. A meta não é ser rígido e perfeito, é nunca se satisfazer e estar sempre batalhando para encontrar uma maneira melhor. O resultado, como explicou o professor Hirotaka Takeuchi, é que a Toyota parece repleta de paradoxos e contradições, como seu próprio estilo de vida, em comparação com as nossas ideias sobre o que seria um sistema "perfeito".[4] O sistema da empresa apoia a criatividade humana, em vez de restringi-la, o que permite que a Toyota fabrique automóveis rigorosamente todos os dias e absorva inovações revolucionárias regularmente, sem criar riscos para os clientes.

Desde o primeiro momento, a Toyota descreve o STP como um sistema de treinamento para engajar os trabalhadores na solução detalhada de problemas para aprofundar o seu entendimento da qualidade para os clientes e envolvê-los com o *kaizen* ao lado dos colegas e da empresa como um todo, de modo a encontrar maneiras de produzir maior variedade sem gerar tantos desperdícios. O pensamento *lean* leva à *rentabilidade sustentável* porque a rentabilidade é integrada ao crescimento por meio da melhoria contínua. Nesse sentido, *lean* não é um substantivo, é um verbo. O pensamento *lean* depende de sustentar o "enxugamento" contínuo das operações, desde o *design* de produtos até a fabricação, da cadeia logística ao apoio administrativo, trabalhando com as próprias equipes que agregam valor para criar mais valor enquanto se gera menos desperdício. É uma dinâmica, não um estado, e o STP é a estrutura que a Toyota criou para apoiar essa aprendizagem com desafios de ambições claras, respeito pelas condições de *jidoka*, trabalho em equipe com as condições de *just-in-time* e melhoria contínua no local de trabalho com *kaizen* e trabalho padronizado.

Como a Toyota escolheu competir?

Como Dan e seus colegas explicaram no seu estudo sobre a Toyota, a empresa desenvolveu seu sistema empresarial em resposta a três fortes restrições (ainda que em grande parte autoimpostas) nas décadas de 1950 e 1960:

- *Competição intensa*: o mercado automotivo mundial da década de 1960 era dominado pelas três grandes americanas. Tais montadoras batalhavam para sobreviver e faziam *lobby* junto ao governo americano para proteger os mercados internos. Indo de encontro aos desejos do Ministério da Indústria e Comércio Internacional, as montadoras japonesas do pós-guerra escolheram competir em uma linha completa de automóveis em vez de dividir o mercado entre si. O ministério acreditava que, devido ao restrito mercado automotivo japonês na década de 1950, haveria espaço apenas para uma fabricante por segmento. Em vez disso, a Toyota, a Nissan, a Mazda e a Mitsubishi decidiram competir totalmente, e o resultado foi uma pressão enorme para lançarem novos produtos com frequência para seduzir a população crescente de condutores japoneses.

- *Autofinanciamento*: em 1950, a Toyota quase foi a falência e teve que ser salva pelos bancos, que a forçaram a demitir trabalhadores e se reestruturar (separando as vendas da produção). Os líderes da Toyota juraram que nunca mais dependeriam dos bancos. Como a empresa lançava um novo modelo atrás do outro para acompanhar os concorrentes, isso significava que os novos modelos precisavam ser montados nas linhas de produção existentes, já que a empresa não teria os meios necessários para montar linhas exclusivas para um único produto, como no sistema Ford utilizado na época.

- *Análise de valor/engenharia de valor (AV/EV) com os fornecedores*: em contraste com a abordagem tradicional de pressionar fornecedores para reduzirem os preços, a Toyota percebeu que uma parcela enorme do valor dos seus carros dependia dos fornecedores. Por consequência, em vez de dispensar os fornecedores teceirizados, a Toyota pediu que eles inovassem. A empresa incorporou progressivamente seus principais fornecedores à cadeia logística *just-in-time*, incentivou-os a realizar projetos de AV/EV e dividiu com eles os ganhos resultantes.

- *Zero greves*: por causa das fortes greves que levaram ao colapso e à ressurreição da empresa em 1951, e que provocaram também o pedido de demissão de Kiichiro Toyoda, fundador da empresa, a liderança da Toyota se comprometeu com uma política de relações trabalhistas participativa, baseada nas relações dos gerentes de linha de frente com os sindicatos. A intenção era clara: nunca mais ter que enfrentar uma greve. Na expansão global, a política de nunca sofrer greves é observada com menos rigor, pois a empresa encontrou diversos sistemas sindicais diferentes pelo mundo, mas as greves ainda são consideradas algo a ser evitado quase a qualquer custo.

Assim, a Toyota se esforçou muito para encontrar uma forma de engenharia e manufatura de (1) propor novos produtos atraentes, a um ritmo regular, para cada segmento de mercado, ao mesmo tempo em que (2) montava os novos modelos nas linhas de produção existentes para administrar a variação das vendas, com base em (3) envolver todos os funcionários no desenvolvimento de um sistema adequado e produtivo de engenharia, abastecimento e manufatura de uma ampla gama de produtos. A partir dessa guerra por sobrevivência no mercado automotivo japonês da década de 1960, a Toyota elaborou uma abordagem inteligente à satisfação do cliente com qualidade, variedade e preço (que hoje os economistas reconhecem ser a ordem de preferência dos clientes em mercados hipercompetitivos).

A abordagem da Toyota à sustentabilidade das vendas é que (1) se você compra um Toyota, nunca deve se arrepender disso, para que (2) seu próximo carro também seja um Toyota, sendo que o modelo para as suas novas necessidades também estará na linha de produtos da empresa (3) a um preço razoável. Os líderes da empresa queriam resolver três problemas básicos: primeiro, como garantir a qualidade de todos os veículos no projeto e na produção? Segundo, como oferecer variedade (com qualidade) sem se onerar com custos de investimento insustentáveis? Terceiro, como oferecer qualidade e variedade produtivamente? A maioria dos fabricantes considera que a alta qualidade e a alta variedade geram custos adicionais e representam *setups* necessários entre si. Já a Toyota acreditava que a maior qualidade e a maior variedade deveriam ser compatíveis com os menores custos.

A qualidade era definida como atratividade com paz de espírito. Um carro da Toyota deveria ser bonitinho, agradável de dirigir e ter todos os recursos esperados, com maior robustez. Tal veículo deveria suportar uma quilometragem maior, sem precisar de consertos (o que garantiria um maior valor de revenda). Na compra de um Toyota, você não está adquirindo o estilo mais sexy ou o motor mais potente, está comprando "uma vida sem incomodação", que é a característica que a Toyota oferece com mais consistência do que todas as demais montadoras.

Para tanto, os líderes da Toyota chegaram à conclusão de que a qualidade não emergiria das inspeções (vistorie cada produto e exclua os de baixa qualidade), ela teria que ser *integrada* (sempre que tiver uma dúvida sobre qualidade em qualquer operação, pare e investigue-a em vez de continuar a montar e achar que todos os defeitos serão resolvidos na inspeção). Segundo essa lógica, se você permitir que produtos defeituosos avancem até a inspeção final para só então tentar eliminá-los, deixará passar algumas das falhas e não vai aprender nada, pois não estará enxergando o defeito no momento em que ele é *criado* no produto.*

Eles descobriram que a única maneira de aprender a resolver problemas de qualidade era identificá-los quando aconteciam na vida real. Só assim seria possível consertá-los. Isso significaria interromper a não qualidade no ato processual em que ela acontecia e no momento em que acontecia.

A qualidade integrada tem duas dimensões essenciais:

- *Robustez do design*: os recursos precisam comprovar a sua robustez antes de serem incluídos no produto final, o que significa depender de padrões de engenharia conhecidos ou uma abordagem cautelosa em relação à inovação. A Toyota tem a reputação de ser uma *fast follower* ("seguidora rápida"), porque segue o mercado em termos de inovação e porque toma bastante cuidado quando adiciona recursos inovadores, esperando até serem testados e dominados por completo. O enquadramento da qualidade integrada se aplica em todos os níveis do sistema, desde os mais amplos (não lance no mercado um recurso do qual não tem certeza) até os mais detalhados (não passe para o próximo trabalhador um serviço do qual você não tem certeza).

- *Parar a cada defeito*: na montagem, todas as operações são inspecionadas por um "toque final", e sempre que o operador tem alguma dúvida ou a inspeção automática da máquina indica um pequeno problema, a linha é interrompida e o problema é estudado para que se tenha confiança de que todos os problemas estão dentro do padrão. Isso, por sua vez, cria um enorme banco de dados do tipo de problema que podemos esperar a cada estágio do processo, que então alimenta os processos de engenharia e as *checklists* de treinamento e inspeção em fases subsequentes da montagem.

Integrar a qualidade em vez de inspecionar os defeitos coloca *o resultado acima da produção*: não adianta nada produzir rapidamente se uma grande porcentagem corre o risco de criar problemas junto aos clientes e venha a ser jogada

---

*"*Jidoka* incorpora o princípio de integrar a qualidade ao processo de produção, de projetar o trabalho para que as pessoas que fazem o produto tenham os meios e a mentalidade para demonstrarem vigilância constante do que é certo e o que não é", escreve Tom Ehrenfeld em seu artigo "*Lean Roundup: Jidoka*", *The Lean Post*, Lean Enterprise Institute (LEI) blog, 27 de outubro de 2016. Ver também *Lean Lexicon*, Lean Enterprise Institute, Cambridge, MA, 2014.

fora (ou retrabalhada) por ser considerada defeituosa. Toda produtividade fruto da velocidade é perdida com os esforços de inspeção de defeitos em um momento posterior. Melhor desacelerar o trabalho na primeira vez e consertar os problemas do que sofrer o ônus da inspeção e eliminação dos defeitos mais tarde. Para a Toyota, porém, esse sistema exige atenção diária, minuto a minuto, ao trabalho consciente. Para serem capazes de parar a cada detecção de defeito, os funcionários precisam *se importar* e buscar inconsistências para marcá-las, o que por sua vez envolve um relacionamento com a gerência no qual os problemas são bem recebidos e incentiva-se que os funcionários se expressem diariamente.

O segundo aspecto da abordagem de vendas da Toyota é a variedade. Hoje, assim como meio século atrás, a Toyota busca oferecer aos clientes uma linha mais completa (com a menor canibalização entre os modelos) para que, com a evolução dos seus estilos de vida, os consumidores sempre consigam encontrar o que precisam dentro da família Toyota. Essa mentalidade fundamental levou a empresa a criar uma marca de luxo a partir do zero (Lexus), para oferecer carros aos seus clientes mais bem-sucedidos (e competir com as marcas de luxo alemãs no mercado americano) e uma marca jovem (Scion) voltada a quem está adquirindo o seu primeiro automóvel (que ela decidiu descontinuar em 2016, tendo considerado que o experimento "fracassou").

O problema óbvio de produzir uma linha ampla é o custo de investimento. Na década de 1960, as indústrias acreditavam que o único jeito de conter os custos era adotar a abordagem de Henry Ford: especializar as instalações e linhas de produção, produzir grandes lotes e reduzir os custos unitários usando economias de repetição. A Toyota, entretanto, não tinha como investir em novas linhas e equipamentos para cada novo modelo. A competição acirrada no Japão forçou a empresa a desenvolver novos modelos com muita frequência; ela estava comprometida com o autofinanciamento do seu desenvolvimento e se recusava a usar empréstimos bancários para financiar novas instalações. O resultado foi que ela decidiu que todos os novos modelos seriam montados em linhas de produção já existentes.

Com a abertura de fábricas transplantadas da Toyota ao redor do mundo, uma unidade "jovem" aprendia a ter alta qualidade ao nível exigido de produtividade trabalhando primeiro em um modelo, depois lidava com as variantes desse modelo e finalmente adicionava mais um modelo, e assim por diante, esforçando-se para ter linhas flexíveis como as do Japão, capazes de lidar com diversas plataformas em sequência. O impacto na eficiência do capital foi considerável. As novas fábricas são projetadas para abranger o mercado básico com um único modelo, sendo que o volume extra é atendido pelas fábricas flexíveis japonesas, de modo que a Toyota nunca esteve em uma situação de excesso de capacidade estrutural (exceto no ano excepcional após o colapso financeiro), algo que assola todos os seus concorrentes. Na verdade, a empresa deu lucro em todos os anos da sua história, com exceção do desastroso 2009.

O terceiro elemento da estratégia de vendas da Toyota é o preço razoável. A Toyota consegue manter os custos baixos por causa do seu comprometimento com a qualidade. A simples escolha de não fabricar produtos defeituosos tem se revelado uma estratégia com excelente relação custo-benefício (na verdade, os custos relativos à não qualidade podem facilmente chegar a 2-4% das vendas na maioria das empresas que conhecemos, o que afeta diretamente sua rentabilidade). A empresa também tem maior produtividade de capital, pois produz alta variedade usando os mesmos equipamentos, o que torna as empresas *lean* muito mais eficientes em termos de caixa e capital.

O que está por trás de tudo isso é o *kaizen*. A qualidade integrada e a variedade com flexibilidade *mais* produtividade da mão de obra se resumem a resolver milhões de problemas técnicos detalhados. Para isso, a abordagem da Toyota é o engajamento de todos os seus funcionários no *kaizen*, ou seja, fazer melhor todos os dias. Por consequência, uma visão panorâmica do que a Toyota conquistou pode ser reduzida à organização de:

- *Um fluxo de valor* com a oferta de não apenas um modelo, mas uma variedade de modelos a um ritmo regular, para tentar aumentar a quantidade de clientes a cada nova geração.

- *Um fluxo de ideias* com o incentivo e apoio de sugestões oferecidas por todos os funcionários, em toda a empresa.

- *Um fluxo de trabalho* ao criar uma organização de trabalho que se aproxima cada vez mais do conceito de acertar na primeira vez, e fluxo unitário de peças para apoiar a variedade e produtividade, resolvendo assim o enigma industrial de descobrir como oferecer uma ampla gama de produtos de uma forma que tenha boa relação custo-benefício.

Desde a década de 1990, a Toyota adicionou outra dimensão à sua abordagem de vendas: emissões e eficiência energética. Profundamente envolvida com a eficiência energética em seus produtos e processos desde a década de 1980, a Toyota introduziu uma inovação radical nos mercados automotivos com o híbrido-elétrico Prius em 1997. Desde então, a empresa apostou toda a sua imagem de marca nos veículos com alto desempenho energético, tendo lançado recentemente o primeiro carro movido a célula de hidrogênio, o Mirai. No melhor estilo Toyota, a eficiência energética é buscada no *design* do produto e na melhoria dos processos, sendo que todas as fábricas têm metas estritas de zero aterro de resíduos e zero emissão de carbono.

Como o STP desenvolve a vantagem competitiva?

O sistema *lean* da Toyota proporciona modelos mentais para desenvolvermos soluções centradas em pessoas: espera-se que os funcionários pensem em maneiras de trabalhar melhor, de modo que apoiem a qualidade e a flexibilidade, reduzam os custos e aumentem a eficiência energética. Além disso, a soma geral das suas contribuições, tanto no nível dos gestores quanto da linha de frente, molda o sistema como um todo. Ainda assim, essa abordagem representa quatro grandes desafios, em contraste com todos os estilos administrativos anteriores:

1. Não é possível forçar as pessoas a terem ideias. Só se pode encorajá-las a isso e apoiá-las quando conseguem.
2. Não é possível dizer às pessoas que tipo de ideias devem ter. Só se pode mostrá-las qual tipo de sugestão se encaixa no escopo mais geral do que estamos tentando fazer.
3. Não é possível focar apenas em evitar os erros. Para se aprofundar nas questões técnicas isso até é útil, mas as pessoas também precisam de um espaço mental para a iniciativa e a criatividade.
4. Não é possível esperar que as pessoas experimentem e aprendam durante o seu trabalho diário normal se você não criar um espaço específico para que pensem e testem coisas novas.

O taylorismo nasceu da crença de que não se poderia esperar que alguém fizesse o trabalho e pensasse sobre ele ao mesmo tempo. A ideia de Taylor foi separar os trabalhadores braçais dos especialistas, que estudam o trabalho e escrevem qual é "a melhor maneira de todas" a ser imposta a quem trabalha. As pessoas se comportam como robôs humanos que obedecem ao programa de trabalho do engenheiro.

Esse enquadramento da organização como uma máquina com peças (pessoas) intercambiáveis foi aperfeiçoada no nível executivo na General Motors, onde os seguidores de Alfred Sloan obedeceram àquilo que Peter Drucker descreveu como "administração por objetivos". O trabalho do administrador não era especificado como trabalho de linha, e sim forçar a gerência média a tomar as decisões "certas", de acordo com a função executiva. Ao definir os objetivos financeiros e vincular a remuneração por desempenho ao cumprimento desses objetivos, as grandes empresas descobriram uma maneira de forçar os gerentes a tomar certos tipos de decisão, mesmo quando acreditavam que os resultados seriam questionáveis.

As organizações são motivadas por toda uma série de indicadores financeiros e pessoais, com as suas pessoas buscando objetivos de curto prazo que muitas vezes são contraproducentes e/ou contraditórios. A gerência média gosta de repetir: "Desculpa, sei que pode não ser ideal, mas preciso atingir essa meta para ganhar o meu bônus". Ou o gerente de vendas talvez queira oferecer aos clientes condições de pagamento mais generosas para ganhar a bonificação por vendas, enquanto a gerente financeira pode precisar reduzir o número de dias de contas a receber em aberto para ganhar o seu, o que cria um conflito organizacional (e pessoal).

Observe que nem o taylorismo nem a administração por objetivos promove a iniciativa real por parte dos trabalhadores ou dos gestores. A verdadeira dificuldade está em "orientar" as mentes das pessoas para que entendam o que se deseja delas, assim como dar visibilidade às oportunidades de melhoria no seu trabalho. Com o tempo, os líderes da Toyota desenvolveram um sistema para estruturar ambientes de trabalho que apoiam a tensão criativa entre onde queremos ir, onde estamos hoje e como deveríamos chegar lá. Isso permite que as pessoas que fazem o trabalho se orientem a qualquer momento em direção aos objetivos de melhoria, criem as condições para ela dentro do seu trabalho diário e entendam como realizar essa tarefa específica ao lado dos seus colegas de equipe.

Ambições

Para alcançar a vantagem competitiva, antes é preciso *almejá-la*. Pode parecer uma obviedade, mas muitas equipes executivas desenvolveram uma atitude tão reativa que abandonaram a ambição de serem melhores do que a concorrência. O primeiro passo do sistema de aprendizagem é injetar nova energia todos os dias em nos desafiarmos a sermos melhores, como atletas na pista de corrida. O segundo passo é descrever a ambição em termos de objetivos concretos que todos possam entender e ao qual todos possam aspirar.

"Melhor", no pensamento *lean*, começa por tentar conquistar o sorriso do cliente: mais valor ou a satisfação mais completa do cliente (para ser mais exato, alinhar a satisfação do cliente, o envolvimento dos funcionários e o benefício para a sociedade). Desse ponto de vista, o cliente não é um "consumidor" a ser espremido, ele é alguém a ser ajudado (1) a realizar o que deseja fazer, nos seus termos; (2) durante os tempos bons e ruins e quando precisa de você; (3) de uma maneira que considere valiosa (e com melhor relação custo-benefício) do que as ofertas da concorrência; (4) para que recompensem você financeiramente e permitam que prospere. Estima-se que um aumento de 5% na fidelidade dos clientes valha 25% em maior rentabilidade. Os clientes não são presas para serem abatidas, são amigos para a vida toda, a serem apoiados nas suas escolhas de estilo de vida.

A estrutura do STP define os desafios de satisfação do cliente em termos de *segurança, qualidade, custo, tempo de atravessamento, motivação* e *eficiência energética*. Em qualquer situação, podemos nos fazer as seguintes perguntas:

- *Segurança*: como reduzo os acidentes pela metade?
- *Qualidade*: como corto pela metade as devoluções ou reclamações dos clientes?
- *Custo*: como dobro a produtividade da mão de obra e reduzo pela metade os custos dos componentes?
- *Tempo de atravessamento*: como reduzo pela metade o tempo de atravessamento entre pedido e entrega (ou dobro o giro de estoque)?
- *Motivação*: como deixo os funcionários mais motivados, corto o absenteísmo pela metade e dobro as ideias criativas?
- *Eficiência energética*: como corto pela metade as emissões de carbono e uso de energia?

Se já enfrentamos os problemas e medimos os problemas, todas essas perguntas nos levam a uma resposta matemática. O resultado pode parecer impossível, mas acaba orientando o pensamento criativo. Se nos esforçarmos para levar os números a sério, naturalmente começaremos a listar os obstáculos que nos impedem de atingir esses objetivos, quase todos problemas com nosso nível atual de tecnologia ou de prática. Isso nos leva a encontrar temas promissores em termos de análise do valor (melhorar o valor dos produtos ou serviços em produção atualmente) e engenharia do valor (melhorar o valor de produtos ou serviços sendo projetados para ofertas futuras), com o valor determinado como a fórmula da função pelo custo.

Esses desafios formam um sistema na medida em que não podem ser considerados independentemente uns dos outros. De nada adianta aumentar a qualidade se isso também aumentar o custo, ou então reduzir os custos e causar um impacto negativo na qualidade. A ideia fundamental é que, ao melhorarmos todos os indicadores simultaneamente, teremos certeza de melhorar nossa posição competitiva, mesmo que não atinjamos todas as nossas metas mais ambiciosas.

Seja como for, ao medir esses valores para as suas atividades e usar a matemática simples de dividir os números ruins atuais pela metade ou dobrar os bons, é fácil criar seus próprios objetivos, em qualquer situação e qualquer posição, e ativar a criatividade: "O que preciso resolver para atingir esses objetivos?".

Condições

Os próximos dois enquadramentos principais do STP são a *qualidade integrada* (também chamada de *jidoka*) e o *just-in-time*. O enquadramento da qualidade integrada afirma que é melhor interromper o trabalho do que deixar um defeito avançar pela cadeia de produção (pare, resolva o problema e comece de novo), pois assim podemos identificar o problema quando ele acontece e enxergar os fatos no seu contexto e em tempo real. O *just-in-time* propõe fazer apenas o que é necessário, quando necessário e na quantidade necessária. Obviamente, esses dois enquadramentos se sobrepõem, pois fazer apenas exatamente os produtos necessários pressupõe que todos os produtos são bons (nada de estoque para compensar a eliminação dos produtos defeituosos após a inspeção), e ser capaz de verificar todos os produtos para não repassar itens com defeitos pressupõe fazer os produtos um a um, em sequência, ou seja, "na hora certa" (*just in time*).

Esses enquadramentos *lean* não são simplesmente uma questão de ideias. Eles também funcionam como uma estrutura para a aprendizagem. Como discutido anteriormente, o pensamento *lean* busca a aprendizagem na prática e a identificação de soluções centradas em pessoas. O resultado é que um aspecto exclusivo da técnica *lean* é criar as condições certas no local de trabalho para a aprendizagem prática no cotidiano. Esse provavelmente é o aspecto do *lean* mais difícil e trabalhoso de aprender, pois exige que se esteja mergulhado na tradição do STP, que levou décadas para desenvolver essas diversas técnicas.

Os dois pilares básicos da organização do local de trabalho são:

1. *Condições de jidoka*: criar um ambiente visual no qual seja possível realizar o trabalho corretamente na primeira vez, todas as vezes. Em condições de *jidoka*, qualquer pessoa que realiza algum trabalho é capaz de reconhecer que algo é questionável, pedir uma segunda opinião imediatamente e, se o problema for confirmado, parar para resolver o problema e voltar às condições-padrão antes de continuar, em vez de precisar contornar o problema.

2. *Condições de just-in-time*: coordenar todos os processos departamentais, humanos e de máquina para trabalhar continuamente, sem acumular estoques ou exigir excesso de capacidade. Nas condições de *just-in-time*, qualquer um sabe no que está trabalhando imediatamente e qual será o próximo trabalho, com apenas os materiais e equipamentos necessários à disposição para completar a tarefa, de modo a evitar a espera do trabalho ou o acúmulo de peças.

A meta do sistema de aprendizagem *lean* é ensinar indivíduos e equipes a produzir (1) qualidade (com segurança) (2) dentro do prazo, (3) com variedade crescente, (4) a um custo menor e com a melhor eficiência energética. As condições de *jidoka* e *just-in-time* são técnicas de visualização para fazer com que o ideal apareça visível e intuitivamente no local de trabalho, pois assim todos enxergam imediatamente se o trabalho está ocorrendo em condições normais ou anormais e todos podem ter ideias sobre como melhorar a situação e superar obstáculos. Todos esses "pilares" têm peças componentes específicas.

A questão mais importante sobre as condições de *jidoka* e *just-in-time*, e a mais difícil de entender, é que nenhuma dessas ferramentas representam melhorias em si. São técnicas que criam um ambiente de trabalho no qual todos podem se orientar para (1) fazerem seu trabalho direito e (2) tomarem iniciativas para melhorar das seguintes formas:

- *As condições de* jidoka *são voltadas para o treinamento individual dentro dos padrões.* Ao "pararem a cada defeito", operadores e técnicos têm oportunidades diárias para aprender melhor os padrões (está OK ou não?) e aprimorar suas habilidades de solução de problemas para voltar ao padrão quando surge um problema. Esse treinamento funciona nos dois sentidos: ao chamar a atenção para um problema, os operadores também podem ensinar os gestores (e engenheiros) a encontrar oportunidades para melhoria do valor.

- *As condições de* just-in-time *são voltadas para o incentivo do trabalho em equipe e à descoberta de novas oportunidades de* kaizen. Ao nivelar o sistema puxado o mais próximo possível do *takt time* e criar o fluxo contínuo, muitos problemas se manifestam como oportunidades para questionar o jeito como trabalhamos hoje e coordenar entre os diversos departamentos: programação, engenharia, produção especializada, cadeia logística, etc.

As condições de *jidoka* e de *just-in-time* sempre podem ser melhoradas, é claro; seja qual for o seu nível atual em ambas as condições, sempre é possível avançar. Você pode detectar melhor os problemas e pode reduzir o tempo entre pedido e entrega. Na realidade, todo ambiente de trabalho funciona em um determinado nível de *jidoka* (quando um equívoco é reconhecido como problema?) e *just-in-time* (quanto demora para se responder a uma demanda?). O segredo é reforçar constantemente essas condições para revelar problemas cada vez menores. Reforçar as condições de *jidoka* e *just-in-time* cria a dinâmica que melhorará o desempenho *se* as pessoas se envolverem com o aperfeiçoamento dos padrões e a melhoria dos seus próprios métodos de trabalho.

Vamos analisar as ferramentas em mais detalhes e ver como atuam como enquadramentos para aprendizagem.

Condições de jidoka

O segredo da qualidade e da produtividade na Toyota é a busca da qualidade integrada: todos os trabalhos são feitos corretamente na primeira vez. Em qualquer passo do processo, podemos verificar:

- A capacidade de fazer o trabalho corretamente, que é a probabilidade de o resultado não ter defeitos na primeira vez.
- A capacidade de detectar falhas no trabalho antes do problema ocorrer, que é a probabilidade de qualquer defeito ser identificado durante o trabalho ou, melhor ainda, antes (Quadro 4.1).

Nenhum processo jamais está em perfeita condição de *jidoka*, e em vez de tentar melhorar a capacidade desde o princípio, começamos pela melhoria da detectabilidade. Isso cria um espaço para os funcionários refletirem e então sugerirem como melhorar a capacidade sem investimentos aleatórios.

Em geral, pressupõe-se que o *jidoka* seja uma forma de garantia da qualidade: quando surge um problema, os operadores puxam uma corda ou apertam um botão, que acende um *painel andon* (um quadro sinalizador) e interrompe a linha. O líder de equipe corre para ver qual é o problema e, se a linha per-

QUADRO 4.1 Capacidade de detectar problemas

		Detectabilidade		
		Ruim: Impossível detectar se o trabalho está OK ou não OK	*Média:* Alguma detecção, mas o trabalho não OK ainda passa	*Boa:* Todo o trabalho ruim é detectado no processo
Capacidade	*Boa:* Todo o trabalho é feito corretamente na primeira vez, sem nenhum retrabalho.	Ruim	Média	Boa
	Média: Quase todo o trabalho é bem feito, mas há alguns defeitos ou alguma necessidade de retrabalho.	Ruim	Média	Média
	Ruim: É difícil trabalhar bem e muitos resultados são rejeitados ou retrabalhados.	Ruim	Ruim	Ruim

manecer parada, é acompanhado pelos supervisores e por outras pessoas acima dele na hierarquia. A meta é fazer a situação voltar ao padrão e colocar a linha de volta a funcionar assim que possível. Todas as interrupções da linha são examinadas e analisadas (com a busca sucessiva de porquês) até a causa-raiz ser identificada e uma contramedida ser elaborada. A primeira dimensão do *jidoka* é nunca permitir que um defeito conhecido seja passado adiante na linha.

O *jidoka* é um sistema dinâmico que nos ensina a produzir de forma eficaz ao (1) ensinar o funcionário a realizar o trabalho e (2) ensinar os gestores a remover todos os obstáculos que os impedem de acertar facilmente na primeira vez. O *jidoka* cria espaço para uma sequência de experimentos com cada produto ou trabalho isolado e para que a aprendizagem ocorra com os operadores individuais do processo. O *jidoka* tem quatro elementos básicos:

1. Uma definição clara do trabalho
2. Uma maneira de interromper o trabalho e pedir ajuda sempre que surge uma dúvida
3. Dispositivos mecânicos para verificar se o trabalho ou os equipamentos estão OK ou não
4. Uma análise sistemática das interrupções e a separação adicional entre trabalho humano e trabalho de máquina

A responsabilidade principal dos gerentes de linha é garantir o sucesso da sua equipe, e também o da empresa, ao treinar pessoalmente os funcionários para realizarem trabalho produtivo, o que significa ensiná-los as normas e padrões de trabalho e a pensar sobre como melhorá-lo. O foco primordial dos gerentes está em ajudar os funcionários a trabalharem produtivamente. Eles devem se perguntar: "Do que essas pessoas precisam para trabalhar com confiança e acertar de primeira todas as vezes?". Assim, espera-se que os gerentes trabalhem diariamente com os seus subordinados diretos para criar confiança nos funcionários, primeiro em si mesmos, depois uns nos outros. Também se espera que os gerentes aprendam com as diversas dificuldades que os membros da equipe identificam. As ferramentas do *jidoka*, desde o simples quadro de análise da produção horária e a humilde lixeira vermelha para destacar as peças com defeito até exemplos mais sofisticados, como o botão ou corda de *andon* e o painel *andon*, existem para apoiar observações e conversas com funcionários que agregam valor em todas as oportunidades.

A primeira questão que os funcionários enfrentam é a seguinte: como saber se o trabalho que estão fazendo é bom ou ruim? Quando não somos capazes de avaliar a cada passo se o trabalho que fazemos é bom ou ruim, fica difícil avançar para o próximo passo com confiança. Os funcionários passam a viver em um estado de terror cotidiano, trabalhando o melhor que podem e ainda assim sendo xingados pelos gestores, aparentemente de forma aleatória, sempre que ocorre algum problema. Não é o melhor jeito de criar confiança mútua.

E por isso os padrões devem ser criados como mecanismos de entendimento (não de controle). Não são projetadas métricas distantes e irrelevantes para controlar, recompensar e punir; em vez disso, desenvolvem-se medidas em tempo real para controlar a qualidade, apoiar o *coaching* e enquadrar os problemas de forma produtiva. As questões de qualidade começam com as seguintes perguntas:

1. Existe algum padrão?
2. O padrão é claro e bem compreendido?
3. Alguns aspectos do padrão são difíceis de cumprir (ex.: um padrão para destros pode ser complicado para os canhotos)?
4. O padrão está errado em algumas situações?
5. Há algumas ideias sobre como melhorar o padrão?

Espera-se que os gerentes verifiquem e desenvolvam o entendimento de cada pessoa sobre o seguinte:

1. *Certo e errado do ponto de vista dos clientes:* o que dá sentido ao trabalho é ajudar os clientes a realizarem o que desejam com nosso produto ou serviço. Assim, o primeiro passo para conhecer bem o trabalho é entender claramente o que o cliente final considera um bom ou mau trabalho e o que isso significa para o seu próprio cliente imediato, a próxima pessoa na cadeia de valor.
2. *Fluxo contínuo ao longo de uma sequência de tarefas:* se quer cozinhar macarrão com confiança, você precisa saber que antes se ferve a água e depois se coloca o espaguete, em vez de atirar a massa na água fria para esquentar depois, e é preciso saber disso sem ter que perguntar ao chefe de cozinha. Autonomia também significa saber o que fazer depois que a massa está cozida: adicionamos molho de tomate ou óleo com manjericão? O parmesão ralado vai no prato ou é levado à mesa em um pote separado? Dominar o trabalho significa entender a divisão de qualquer tarefa em elementos separados e conhecer a sequência certa.
3. *Saber diferenciar OK de não OK para cada elemento:* a próxima parte de ser autônomo em qualquer função é conhecer os critérios de avaliação OK/não OK para cada tarefa. Isso também se aplica a qualquer trabalho criativo, não apenas à manufatura de produtos. No caso da escrita, por exemplo,

perguntamos: o argumento é convincente? Os parágrafos estão claros? As frases estão simples? Assim, os critérios devem ser compartilhados sem que um gerente ou inspetor se faça necessário a cada passo. Quanto tempo você deixou a massa cozinhando? O tempo não é o mesmo para o linguine e para o espaguete. E o cliente prefere *al dente* ou mais macio?

4. *Entender boas ou más condições do seu ambiente de trabalho:* todos dispõem das informações de que precisam para fazer um bom trabalho? As ferramentas estão funcionando corretamente? O ambiente de trabalho é funcional? Está limpo e organizado? O método de trabalho é claro? Quais são os bons e maus hábitos de segurança nessa estação? E assim por diante. A atuação lado a lado com os funcionários no ambiente de trabalho propicia conversas sobre como melhorar a engenharia de manufatura ou o *design* de software para facilitar o trabalho e então sobre como montar o produto ou serviço de modo que seja mais fácil acertá-lo de primeira. Ensinar os funcionários a assumir o controle e a propriedade do seu ambiente também é uma característica tradicional da motivação e da satisfação no trabalho, desde que a gerência os ajude nisso.

5. *Ter confiança para enfrentar problemas:* problemas sempre aparecem. A vida é assim mesmo. Ser autônomo significa ser capaz de enfrentar os problemas com serenidade e atacá-los com confiança quando os outros ficariam paralisados, deixariam o problema de lado ou tentariam apenas contorná-lo. O primeiro passo para se enfrentar um problema é corrigir o seu impacto de imediato, se isso for minimamente possível, o que muitas vezes exige alguma habilidade. Em seguida, o próximo passo é verificar as condições necessárias para cada elemento de trabalho a fim de identificar onde o problema se originou. Mais uma vez, isso exige conhecimento, pois o responsável precisa saber quais deveriam ser as condições apropriadas em termos de informações, treinamento, qualidade dos materiais e assim por diante. Os elementos básicos da solução de problemas são observar, avaliar quais condições estão deslocadas e saber como levá-las de volta ao estado em que deveriam estar... e então se perguntar por que a coisa deu errado. E de novo: por quê? E por quê?

A segunda dimensão crucial do conceito de *jidoka* destacada pelos engenheiros da Toyota é a *separação entre trabalho humano e trabalho de máquina*. Essa expressão significa projetar máquinas que possam trabalhar de forma autônoma, sem um ser humano servindo de babá. Quando, por exemplo, você prepara uma refeição da forma tradicional, usando um fogão de cozinha, trabalha várias panelas no fogo ao mesmo tempo e precisa ficar de olho em todas elas para garantir que o prato está ficando como quer. Não há separação entre o trabalho humano e o da máquina, pois a panela não funciona de forma autônoma. Um forno de micro-ondas, por outro lado, funciona com autonomia: você coloca o prato, aperta o botão e segue para a próxima tarefa. O forno cozinha o prato e apita quando está pronto, mas você pode retirar o prato finalizado quando quiser, sem ficar preso à máquina.

Os equipamentos autônomos são o segredo para se dar às pessoas liberdade para focar no seu trabalho. Sempre que as máquinas que utilizamos precisam da nossa atenção, como quando o computador pede uma atualização de repente ou tem problemas de compatibilidade, o fluxo do seu trabalho é interrompido e você corre o risco de cometer erros ou perder tempo. Tornar os equipamentos mais autônomos é uma verdadeira revolução no projeto e engenharia de equipamentos, pois, hoje, muitas máquinas e sistemas precisam de supervisão humana constante para fazerem o seu trabalho. As máquinas autônomas também permitem que você as insira em um fluxo de trabalho de modo que a pessoa guie o trabalho, não a máquina.

No fim das contas, é tudo uma questão de *confiança*. Criar condições de *jidoka* significa montar um local de trabalho onde as pessoas confiam que podem se concentrar no seu fluxo de trabalho, sabendo que o ambiente vai ajudá-las a aprender e a manter seus padrões de trabalho e que os equipamentos vão apoiá-las, não que elas precisarão apoiar os equipamentos. A confiança no local de trabalho é o alicerce do engajamento e das sugestões, e o *jidoka* nos proporciona um mapa claro de como melhorar as condições físicas para garantir uma maior firmeza pessoal.

A busca por um nível mais elevado de condições de *jidoka* é uma mina de ouro de oportunidades de melhoria que ajuda gestores e funcionários a enxergarem o que precisa ser melhorado concretamente no local de trabalho para contribuir para o nível geral de qualidade e produtividade.

Condições para o just-in-time

As condições de *jidoka* criam um ambiente no qual cada pessoa pode aprender os menores detalhes do seu trabalho enquanto realiza a atividade. O mecanismo *andon* de parada e então chamada para que outra pessoa examine qualquer problema que você encontra no trabalho é, antes de mais nada, um dispositivo de treinamento que permite que todos os funcionários confirmem o seu conhecimento e entendam os padrões durante o processo. As condições de *jidoka* são revolucionárias na medida em que não separam o trabalho da aprendizagem e, em vez disso, integram-na ao trabalho, criando um ambiente estimulante para ideias e sugestões.

As condições de *jidoka* se concentram principalmente na aprendizagem individual. O segundo "pilar" do STP, as condições de *just-in-time*, enfatiza o trabalho em equipe e a melhor aprendizagem para que todos possam trabalhar juntos através das fronteiras da organização. *Trabalho em equipe*, no sentido da Toyota, significa usar habilidades individuais para resolver problemas além dos limites organizacionais. As condições de *just-in-time* tratam de criar um espaço de trabalho colaborativo no qual a melhor coordenação permite uma produção que gera menos desperdício.

Contudo, a maioria dos empresários (e possivelmente toda a imprensa especializada) entende o *just-in-time* como um sistema de logística para fornecer bens o mais próximo possível do momento em que serão necessários de fato, o que só é possível se a demanda for estável ou as previsões forem precisas (como se alguém já tivesse encontrado qualquer uma dessas duas situações!). Por outro lado, Kiichiro Toyoda, fundador da Toyota Motors e o homem que cunhou o termo (já em inglês no texto japonês) afirmou que "as condições ideais para fazer as coisas são criadas quando máquinas, instalações e pessoas trabalham juntas para agregar valor sem gerar desperdício algum".[5] As condições de *just--in-time* pretendem melhorar a cooperação entre os departamentos funcionais. É verdade que a logística é uma característica importante do *just-in-time*, pois disponibiliza as ferramentas necessárias para melhorar essa cooperação, mas aqui, mais uma vez, é preciso garantir que não estamos confundindo a ferramenta com a ideia. A ideia é a cooperação perfeita e constante; a ferramenta, como tentaremos mostrar, é uma forma específica de logística.

O problema mais geral que o *just-in-time* tenta resolver é como aumentar a variedade para melhor se adaptar às preferências do cliente sem aumentar o tempo de resposta para a sua procura ou adicionar capital para lidar com a variedade; ou seja, capital de giro na forma de estoques e faturamento atrasado, ativos fixos na forma de mais área (para linhas dedicadas e armazéns) e mais equipamentos exclusivos.

No antigo negócio de Jacques, por exemplo, um dos setores de produção era preenchido por uma ou duas células com operadores isolados, cada qual produzindo apenas um produto. Como a demanda era variável e raramente tão grande quanto as previsões de venda indicavam, nenhuma célula ficava totalmente ocupada durante todo um turno. Por consequência, em um dado momento, alguns operadores estavam trabalhando nas células mais ocupadas, acumulando um estoque dessas peças, que então era transferido para outra célula, onde deveria reabastecer o estoque de outro tipo de peça. Esses estoques eram então transportados por uma empilhadeira até um armazém, de onde eram coletados quando necessário para atender os pedidos dos clientes. Para melhorar a produtividade, a engenharia de manufatura estava cogitando adotar células robóticas, capazes de construir algumas das peças sem montagem manual (mas ainda seria preciso ter alguém presente para embalar as peças). À primeira vista, era perceptível que menos de 20% da superfície e dos equipamentos estavam em uso em um dado momento. Quando se perguntava a um supervisor, ele estimava que 20% do tempo de trabalho total era perdido transferindo os operadores de uma célula para outra.

Jacques e seu diretor de operações, Frédéric Fiancette, introduziram na empresa o sistema puxado *just-in-time* de manter todo o estoque na célula e usar um trenzinho para recolher apenas o que os clientes precisavam a cada hora. Imediatamente, a improdutividade total do sistema ficou evidente: a obtenção de mais peças por hora por operador (o argumento era que alguns produtos estavam sempre em falta, então era preciso expandir a produção) se revelou exatamente a solução errada. E fazer isso mediante um investimento ainda maior nos processos automatizados parecia bizarro.

Quando o problema saltou aos seus olhos, o supervisor e o gerente da fábrica o enfrentaram e começaram a combinar duas estações de trabalho para fabricar dois produtos em uma só célula e abrir algum espaço para todos os estoques de peças que obstruíam a passagem nos corredores. Passo a passo, eles foram trabalhando no problema até as equipes de operadores ficarem nas suas células e todos os componentes serem levados a eles para fabricar os diversos produtos quando se faziam necessários (o que envolveu muito trabalho com a logística dos componentes).

Dois anos depois, metade do espaço havia sido liberado, quase todo o estoque sumira (abrindo ainda mais espaço no armazém) e a entrega dentro do prazo aumentara, levando o problema mais à frente no fluxo de valor, para a logística de recebimento. Não por acaso, o *just-in-time* também elevou a produtividade, pois agora os operadores trabalhavam a um ritmo constante, sem a incomodação de terem que se deslocar para uma nova célula após algumas horas. Isso foi possível graças ao trabalho de *jidoka* que o supervisor realizou com os funcionários, treinando-os nos produtos, resolvendo todas as questões nas células e se aprofundando muito mais no apoio à montagem com a engenharia de manufatura.

As condições de *just-in-time* preconizam a produção em termos de manufatura de produtos, um de cada vez. Ora, é óbvio que os produtos são feitos um de cada vez, você pode estar pensando. Na realidade, os executivos tendem a pensar nos produtos como sendo genéricos: deve haver um processo genérico que gera produtos genéricos, então eles tratam o processo como se fosse uma caixa preta. Fazer os produtos um de cada vez é uma revolução nessa mentalidade, pois cria o desafio de fazer exatamente isso: enfocar um único produto, depois o seguinte. Ao estabilizar o ritmo da produção para corresponder à procura real do cliente (*takt time*), criar um fluxo mais contínuo da sequência de trabalho (*fluxo contínuo*) e reduzir os lotes (*sistema puxado*), as condições de *just-in-time* levam os gerentes, engenheiros e funcionários a se concentrarem em cada produto individual, um por vez, e montar uma imagem mental das questões genéricas ao analisar cada problema específico, um de cada vez (e não o seu contrário, que é partir de ideias preconcebidas sobre os processos de produção ou entrega).

Takt Time

O *takt time* é uma das ferramentas mais poderosas, e uma das menos compreendidas, no nosso conjunto de ferramentas. Você sempre pode se decidir, mais ou menos arbitrariamente, por um *takt* (ou seja, um ritmo para qualquer atividade) e então visualizar um fluxo contínuo de produtos em condições ideais.

Todos conhecemos a ideia da taxa de produção: para garantir um determinado resultado final, precisamos realizar um certo número de trabalhos por hora. Por exemplo, se queremos escrever uma coluna semanal, precisamos escrever quatro colunas por mês. Isso pode significar, é claro, que não escrevemos nada nas três primeiras semanas do mês e então corremos para produzir quatro colunas na última semana. Assim, a taxa de produção mensal é atingida, ao custo de dedicar bastante tempo na quarta semana a escrever a coluna. Ao calcularmos um *ritmo* de tempo, não uma taxa, pensamos de um jeito diferente sobre os processos de entrega. Por exemplo, organizar-se para escrever uma coluna a cada sete dias é muito diferente de organizar-se para escrever quatro por mês: o agendamento será bastante diferente.

No início da década de 1960, os engenheiros da Toyota perceberam que para os chassis que estavam fabricando, muitas peças não chegavam a tempo e era impossível montar muitos carros na primeira metade do mês, enquanto era difícil cumprir o plano de produção no restante do período, depois que eles recolhiam as peças que chegavam intermitente e irregularmente. Nas palavras de Taiichi Ohno, eles perceberam que: "Se uma peça é necessária à taxa de 1.000 por mês, deveríamos produzir 40 peças ao dia por 25 dias. Além disso, deveríamos dividir a produção igualmente ao longo do dia de trabalho. Se o dia tem 480 minutos de trabalho, deveríamos ter uma média de 1 peça a cada 12 minutos".

No nível mais elevado, podemos estabelecer para nós mesmos um ritmo de introdução de novos produtos. Pense nos modelos de automóveis. A mentalidade clássica é que "precisamos de um novo carro que domine todo o segmento". A mentalidade *lean*, por outro lado, defende que "precisamos aprender com o modelo anterior e adaptá-lo ao presente para reter nossos clientes". São duas estratégias de engenharia bastante diferentes. A clássica e convencional é "ou tudo ou nada"; a *lean* é uma estratégia de aprendizagem.

Na verdade, a ideia radical por trás de um *takt* de lançamentos de modelos é um fluxo de novos modelos, de versões do mesmo carro, para reagir ao mesmo segmento de mercado, mas reinventar o carro para as novas gerações de modo a evoluir em contínua sincronia com o segmento em si. A Apple lança uma nova geração do iPhone mais ou menos anualmente, com uma nova versão do iOS ao mesmo tempo. Além de ser parte do aqui e agora, qualquer iPhone também é parte de uma cadência de novos produtos, cerca de um por ano, com as funcionalidades problemáticas sendo consertadas ou desativadas, enquanto os limites ou tecnologias são testados com novas funcionalidades.

Cálculo do takt time

Na produção, o *takt time* é calculado pressupondo-se que a lei dos grandes números harmonizará as variações ocasionais e que podemos começar com a procura média para calcular o ritmo da procura dos clientes em relação ao tempo de produção disponível:

$$\text{Takt time} = \frac{\text{tempo de produção disponível por dia}}{\text{demanda média do cliente por dia}}$$

A alma estratégica do *lean* da Toyota é (1) produzir qualidade (2) a um *takt time* (3) com variedade crescente na mesma linha de produção. Assim, para usar um exemplo clássico da Toyota, se a demanda geral por todos os modelos em uma linha é de 9.200 unidades por mês, e pressupormos 460 minutos de trabalho durante 20 dias, temos um *takt time* de 1 minuto: precisamos que 1 carro saia pronto da linha a cada minuto.

Contudo, a linha produz três modelos de automóveis: um sedã, um cupê e uma van. As demandas mensais por cada um desses modelos serão diferentes, e o mesmo vale para o *takt time* do produto. Por exemplo, se as demandas mensais são de 4.600 unidades para o sedã, 2.300 unidades para o cupê e 2.300 unidades para a van, o *takt time* se dividirá da maneira mostrada na Tabela 4.1.

Esse cálculo simples nos permite definir o consumo ideal. No nosso mundo simulado nivelado, os clientes saem com o seguinte padrão de automóveis:

Sedã, cupê, sedã, van, sedã, cupê, sedã, van, sedã, cupê, sedã, van, etc.

TABELA 4.1 *Takt times* para sedãs, cupês e vans

Produto	Demanda média mensal	Demanda por turno	Takt time
Sedã	4.600 unidades	230 unidades	2 minutos
Cupê	2.300 unidades	115 unidades	4 minutos
Van	2.300 unidades	115 unidades	4 minutos
Total	9.200 unidades	460 unidades	1 minuto

Assim, devemos nos esforçar para produzir os carros no mesmo padrão para ajustarmos o ritmo de produção tanto quanto possível ao ritmo das vendas. Obviamente, programar o trabalho de maneira tão sincronizada não é fácil, pois a maioria dos processos foi projetado para trabalhar em lotes. O padrão tradicional seria:

Sedã, sedã, sedã, sedã, sedã, sedã, cupê, cupê, cupê, van, van, van, etc.

Ao visualizarmos o *takt time*, criamos uma meta clara para o modo mais nivelado e flexível de trabalhar e agora sabemos como precisamos melhorar nossa programação de produção e a flexibilidade da nossa linha. O cálculo do *takt time* proporciona uma visão poderosa de como estamos ou não trabalhando de forma inteligente para evitar as perdas criadas pelo agrupamento do trabalho e pela aceleração ou desaceleração do trabalho em relação à procura real dos clientes. A cadência muda tudo, pois os processos foram dimensionados para produzirem com regularidade. A cadência cria um plano de capacidade em torno de funções regulares e permite que as demandas isoladas preencham o restante do tempo disponível.

Fluxo contínuo

Para produzir de acordo com o *takt time*, é preciso estar consciente de fazer as coisas uma de cada vez, concentrando-se em cada uma delas. A melhor maneira de fazer isso é o *fluxo unitário de peças*: qualquer peça ou produto montado é passado de mão em mão, como o bastão em uma corrida de revezamento. *Fluxo contínuo* significa que todas as atividades para fazer um produto ou prestar um serviço são organizadas de modo a nunca interromper o fluxo do trabalho. Não deveríamos ter que interromper a atividade e ir fazer alguma outra coisa para poder completar o trabalho como um todo.

O fluxo contínuo em qualquer operação permite que todos os indivíduos enxerguem todos os pontos em que o trabalho é ineficiente e onde as pessoas precisariam esperar ou interromperiam o fluxo se tivessem que passar a peça de mão em mão imediatamente. Os gestores costumam permitir que o estoque esconda isso: mesmo algumas poucas peças entre as estações de trabalho escondem a maioria dos problemas encontrados pelos funcionários a cada ciclo.

A Toyota identificou as quatro causas principais para entregas fora do prazo e acúmulo de estoques:

1. *Lotes grandes*: os lotes grandes são convenientes do ponto de vista do produtor, pois deixam as máquinas ou as pessoas trabalhando sem o incômodo de ter que mudar a produção, o que é sempre uma luta, como vimos na linha da Toyota na fornecedora de autopeças. O problema é que os lotes grandes garantem a existência de estoques, pois é preciso armazenar todas essas peças em algum lugar, mas não garantem a entrega, pois é improvável que você esteja fabricando as peças exatas que vai precisar para completar um pedido.

2. *Fluxos complexos*: atingir o objetivo simples de produzir hoje o que foi encomendado ontem, tanto na indústria quanto nos serviços, esbarra em dois obstáculos: o tamanho dos lotes (as pessoas estão ocupadas produzindo um lote maior do que foi planejado) e fluxos complexos. O segundo problema ocorre porque cada peça tem sua própria rota pelas instalações, de uma máquina para uma fila de espera, para outra fila e outra máquina, e assim por diante, assim como os pacientes em um hospital ficam caminhando de um lado para o outro, de um exame para uma fila, sem nunca seguirem a mesma jornada. Quanto mais complexo o fluxo, mais difícil é terminar tudo dentro do prazo e mais provável que as peças se acumulem nas várias áreas de espera.

3. *Falta de sincronização entre o ritmo de trabalho e o de vendas*: produzir hoje o que foi encomendado ontem deve soar como senso comum, mas contradiz a obsessão taylorista de que tudo e todos devem sempre estar se esforçando ao máximo. A intenção é que as operações sejam configuradas de modo a maximizar a produtividade: o número de peças, arquivos ou pacientes atendidos dentro do tempo disponível. Às vezes, isso pode significar que estamos produzindo uma peça do produto muito mais rápido do que os clientes a consomem, então o extra é estocado, enquanto outras vezes estamos correndo atrás da demanda. Essa segunda situação não deveria ser grave, pois as peças ficam guardadas no estoque, mas, devido à complexidade, muitas vezes sobram as peças de que não precisamos agora e faltam aquelas das quais precisamos imediatamente. Por consequência, os níveis pretendidos de entrega no prazo e produtividade nunca são atingidos.

4. *Problemas de transporte e logística*: de nada adianta reduzir os lotes usando *setups* mais frequentes se as peças também não forem coletadas mais frequentemente, o que foi a primeira lição da Toyota para o seu fornecedor,

como vimos no Capítulo 1. Os praticantes experientes do *lean* aprendem desde cedo que a produtividade está diretamente ligada à frequência e ao rigor do transporte e logística de peças. É um choque para a maioria das operações, que tendem a considerar a logística um meio de levar coisas de um lugar para o outro, e não como a principal ferramenta para se administrar de fato uma fábrica.

E, de fato, o processo de aprendizagem depende do rigor da logística: um planejamento nivelado para cada peça, *kanban* e logística de coleta regular em trens.

Planejamento nivelado

Um *planejamento nivelado* requer um compromisso em produzir a mesma quantidade todos os dias, por uma ou duas semanas, e então projetar o esperado às semanas seguintes. A demanda diária real do cliente deve variar, é claro, mas o pressuposto é que os clientes que não compram hoje comprarão amanhã, e que se comprarem um extra hoje, vão comprar um a menos amanhã. A ideia é eliminar as variações de volume das preocupações sobre produção por pelo menos uma semana ou duas, se possível, e identificar quais mudanças podemos esperar nas próximas semanas.

Mais uma vez, a meta dessa ferramenta é *visualizar* o plano mais estável de modo a enxergar que as variações de volume não são necessariamente as causas principais da variação na produção. O planejamento nivelado não nos ensina apenas a "nivelar" o planejamento. Ele nos ensina os outros motivos internos para a reprogramação da produção. Na verdade, você deve programar essas mudanças e questionar o porquê. A maioria delas resulta de decisões irrefletidas de outras partes do negócio. Criar (e se ater a) um plano nivelado ensina os gerentes de linha de frente a estabilizar as operações para que as equipes que agregam valor possam trabalhar no seu melhor nível e pensar em maneiras de fazer melhor em um ambiente mais estável. É uma capacidade crucial para se criar um ambiente de aprendizagem.

Sistema puxado com *kanban*

Um *kanban* é um cartão. Um *sistema kanban* é um sistema de cartões que materializa as informações para que possamos "pensar com as mãos, ver com os pés" os fluxos de materiais e de informações. Em geral, os fluxos de informações são muito mais difíceis de entender intuitivamente, sendo considerados "o sistema". Ao materializar as informações em cartões físicos (*kanban* digitais não fazem muito sentido, pois perdem o aspecto material), podemos compreender mais fácil e intuitivamente como as informações fluem através do sistema e quais causam quais ações. Existem dois tipos de cartão *kanban*:

- *Cartões de movimentação*: são como cheques com os quais se compra caixas de produtos ou peças. Um cartão é trocado por uma caixa. Materializar a demanda por todo o fluxo de entrega significa que nenhuma caixa pode ser "comprada" sem o cartão correspondente. Na prática, isso significa que se a célula de produção produz itens para o estoque sem a demanda específica do cliente, ela precisa guardar as caixas consigo, pois estas não podem ser empurradas para o próximo processo sem o cartão *kanban* de movimentação apropriado, ou seja, sem a instrução de compra.

- *Cartões de produção*: sempre que uma caixa é comprada (com um cartão *kanban* de movimentação), o cartão de produção que acompanha a caixa é enviado de volta para uma fila de produção. Isso materializa a programação de produção como se fosse uma fila física de clientes esperando para serem atendidos no balcão. Ao materializar a fila de produção dessa forma bastante concreta, enxergamos os problemas que a produção encontra para entregar dentro do prazo e também os diversos problemas causados pelo uso de lotes ou a inversão dos pedidos (imagine se o atendente no balcão decidisse pedir à pessoa atrás de você para ela passar na sua frente porque parece ser um cliente mais conveniente).

As instruções de compra e as de produção são organizadas usando-se um sistema de *kanban* de materiais que ajuda a logística a visualizar o fluxo de informações e de materiais ao longo de toda a operação, em todos os momentos, e assim enxergar onde ocorrem as esperas e analisar suas causas. Nesse sentido, o *kanban* está mais próximo da acupuntura (liberar os bloqueios nos fluxos de energia por todo o corpo) do que da cirurgia (reengenharia de uma parte do processo que não funciona). Como o *kanban* é a ferramenta que tornou o *just-in-time* possível, a raiz de todas as outras ferramentas *lean*, é importante entender o seu contexto histórico.

O Sistema Toyota de Produção não nasceu pronto em algum departamento pessoal, como os XPS ("Sistema [Nome da Empresa] de Produção") atuais da maioria das grandes empresas. Kiichiro Toyoda, o fundador da empresa, teve a visão de criar o *just-in-time*, mas seus esforços nesse sentido esmoreceram quando as forças armadas assumiram o controle da empresa durante a Segunda Guerra Mundial e devido às dificuldades do pós-guerra. Na década de

1950, Taiichi Ohno, um engenheiro mecânico, inspirou-se no modo como os clientes pegavam apenas os itens que queriam nas gôndolas dos supermercados americanos e inventou um jeito de adaptar isso às fábricas, experimentando com cartões de papelão chamados *kanban*.[6] Ohno era um engenheiro brilhante e chefe exigente e fez muitos inimigos, mas o valor do seu trabalho foi reconhecido desde o princípio por Eiji Toyoda, o verdadeiro líder da Toyota, que voltara de uma viagem de estudos à Ford com duas ideias fundamentais: primeiro, ele não entendera uma única palavra do jargão estatístico da Ford sobre controle de qualidade; e segundo, ele se impressionara muito com o sistema de sugestões da Ford (que a montadora estava prestes a cancelar, ironicamente). O *kanban* impõe uma disciplina drástica de trocar matrizes com frequência em processos trabalhosos, como prensas, para se produzir apenas o necessário e nada mais. Acertá-lo significaria que o trabalho árduo de engenharia precisaria ser combinado com o envolvimento do operador e suas sugestões para dar flexibilidade a equipamentos difíceis de manusear. Pouco a pouco, o "sistema de Ohno" começou a se espalhar pela Toyota, chamado de "sistema *kanban*", promovido por Eiji Toyoda. Taiichi Ohno foi promovido e passou a disseminar seu sistema *kanban* por toda a empresa.

Com a disseminação do *just-in-time* dentro da Toyota, ele logo encontrou resistência dos fornecedores, que entregavam quantidades grandes e irregulares de peças. Os executivos seniores da Toyota assumiram a missão de ensinar os CEOs dos fornecedores a reduzir estoques e aumentar a qualidade com a aplicação dos princípios da Toyota de produção *just-in-time* e qualidade integrada. À medida que a Toyota foi crescendo e se internacionalizando, surgiu a necessidade de colocar esse "sistema" no papel para que ele se difundisse mais rapidamente. Taiichi Ohno resistiu no começo, defendendo que seu sistema de ensino era orgânico e sempre mutante, mas acabou por ceder. Os primeiros folhetos do *Sistema Toyota de Produção* apareceram no final dos anos 70 e início dos 80 e se difundiram entre o grupo de fornecedores da Toyota. Taiichi Ohno escreveu o prefácio dos primeiros e afirmou explicitamente que o STP era baseado em "prática acima da teoria", e composto de atividades inter-relacionadas para ensinar as pessoas a enxergar e eliminar perdas de modo a reduzir custos e melhorar a qualidade e a produtividade. Ele via no sistema a aplicação da mentalidade científica à produção, afirmando que "no chão de fábrica, é importante começar pelo fenômeno real e buscar a causa fundamental para resolver o problema". A meta explícita do STP era treinar as pessoas para pensarem por si mesmas.

Taiichi Ohno raciocinou que o modo ideal de trabalhar seria uma peça por vez, na sequência correta, de acordo com a demanda do cliente. O trabalho não deveria ser programado de acordo com previsões, e sim agendado do mesmo modo como um supermercado administra suas gôndolas, com os clientes entrando e pegando o que precisam, com os produtos sendo reabastecidos em pequenas quantidades. Os engenheiros da Toyota tinham três metas em mente com relação à *missão* de todos os membros de equipe que agregam valor:

1. *Linha de visão*: como o membro de equipe que trabalha em uma máquina sabe se está ocupado produzindo a peça necessária agora ou uma peça que ninguém precisa imediatamente, enquanto outras peças estão faltando apenas porque a previsão errou qual seria a demanda (o que sempre acontece, mesmo que a previsão seja aproximadamente correta em sua média)?*

2. *Autonomia*: como os membros de equipe podem ter confiança sobre o que precisa ser feito agora e o que precisa ser feito a seguir? E como podem ter um jeito prático de requisitar os materiais necessários para realizar os trabalhos presentes e os próximos sem manter grandes quantidades de estoque e sem ter que interromper o seu ritmo de trabalho?

3. *Melhoria*: os cartões são usados para se aproximar cada vez mais do ideal do fluxo de uma só peça, tratando os trabalhos um a um, em sequência. Os cartões tornam isso possível porque são tirados do fluxo à medida que os problemas são resolvidos. A melhoria não é considerada apenas uma vitória para a empresa, ela também é um modo dos funcionários encontrarem satisfação no seu trabalho e dos gestores reconhecerem esforços de verdade para sustentar a motivação da equipe.

O que eles inventaram foi o *cartão kanban* (ou seja, cartões de papelão). Cada cartão corresponde a uma quantidade fixa de trabalho, e os cartões são colocados em frente aos membros da equipe, em ordem, para que saibam no que trabalhar agora e o que fazer a seguir, assim como os pedidos em um restaurante são colocados em ordem para o cozinheiro, que então prepara os pratos na *mesma ordem*. O propósito dos cartões de *kanban* é dispor da menor quantidade possível, para corresponder à realidade da demanda dos clientes tanto quanto possível. Se, por exemplo, os membros de equipe precisam lidar com toda uma pilha de cartões à sua frente, isso anula a própria ideia de se utilizar cartões.

O *kanban* não se aplica apenas à produção. Cyril Dané, por exemplo, é CEO da AIO, uma empresa que Jacques conhece bem, que fabrica dispositivos de suporte ergonômico para a Toyota e outras grandes empresas na indústria

---

*Somos gratos a Tracey e Ernie Richardson por esclarecerem nossas ideias sobre esse tópico em seu excelente livro, *The Toyota Engagement Equation* (McGraw-Hill, New York, 2017).

aeronáutica e automotiva. Os *karakuri*, como esses dispositivos são chamados, são dispositivos inteligentes de energia zero, desenvolvidos para melhorar o tempo de operação e as condições de trabalho para os operadores.[7] Usando apenas princípios físicos elementares, como a gravidade ou a elasticidade, projetar esses dispositivos é um desafio constante para as equipes, exigindo que pensem com as mãos e colaborem significativamente entre si.

Como todos os seus projetos precisam de algum nível de engenharia, Dané percebeu que tinha um problema de fluxo no seu departamento de *design*. Mas como isso se aplicava à carga de trabalho da equipe de engenharia? O ideal, para trabalhar nas melhores condições possíveis, seria enfrentar apenas trabalhos completos, um de cada vez, e realizá-los totalmente antes de começar um novo projeto. Guardar um trabalho inacabado e passar para outro e depois mais outro é improdutivo (há uma perda de tempo de até 20% cada vez que se faz isso) e, pior ainda, arriscado em termos da qualidade geral, pois há uma perda de continuidade e concentração. A parte brilhante do *kanban* é que ele nos força a limitar os trabalhos realizados em paralelo.

A realidade quase nunca coopera, e a gerência sempre surge com mais uma *tarefa urgente. Essa* é a questão. O *kanban* tenta separar uma fila de projetos e trabalhos por fazer (que é como um estoque de tarefas, em vez de peças produzidas de antemão) e o que está sendo feito. O problema, é claro, é que poucas tarefas podem ser concluídas de uma vez só. O *kanban* reconhece que a maioria das funções exige insumos e respostas de outras pessoas e simplesmente não pode ser realizada de uma única vez. Ao limitar quantos trabalhos pode-se ter em andamento ao mesmo tempo, você encontra maneiras de melhorar o fluxo do trabalho, tornando-o tão contínuo quanto possível, e resolve diversas questões de qualidade no processo.

Na prática, um *kanban* consiste em dois quadros brancos: um contém todos os trabalhos a serem realizados, sem priorização, e o outro contém todos os trabalhos em andamento, para limitar quantos se pode enfrentar simultaneamente (um por linha) (Figura 4.1). As regras do *kanban* determinam que você pode colocar um trabalho em produção (movê-lo do quadro esquerdo para o direito) apenas se uma linha for liberada. Nunca há mais do que uma determinada quantidade de trabalhos em produção simultaneamente (no nosso exemplo, são quatro no máximo).

O enquadramento de aprendizagem do *kanban* funciona ao visualizar o fluxo de informações para torná-lo intuitivo e substituir as decisões de programação baseadas em previsões sobre o futuro por decisões mais oportunas sempre que a informação passa pelas nossas mãos, como acontece com um cartão. O *kanban* é um dispositivo simples para controlar o fluxo de trabalho desde a

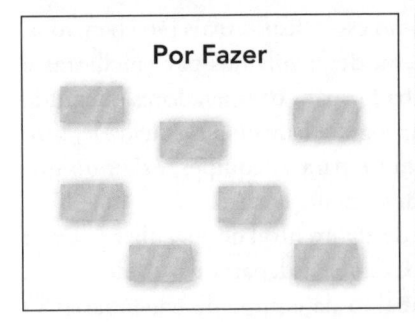

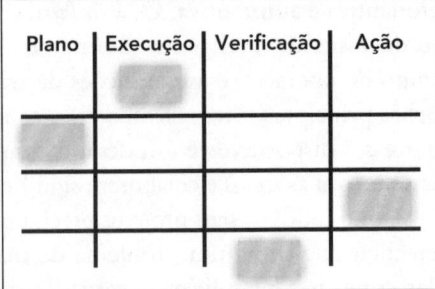

FIGURA 4.1 Quadro branco de *kanban*.

entrada em produção, permitindo que se analise cada trabalho isoladamente e se dê início ao processo de aprendizagem. Ele melhora o fluxo de trabalho, e a visualização das expectativas compartilhadas torna os membros de equipe mais responsáveis pelo seu trabalho.

O *kanban nunca* ocorre naturalmente, pois ele nos força a analisar e pensar em cada trabalho em separado, enquanto nosso instinto sempre é reagrupar e formar lotes e trabalhar o mais rápido possível. O *kanban* é o segredo da qualidade e da aprendizagem, e ele nunca é fácil. O *kanban* tem um impacto sobre a capacidade, pois os trabalhos são processados mais rapidamente, então a aceitação ou a fila de espera são resolvidos com mais rapidez, mas essa não é a função principal do *kanban*; ele não está aqui para resolver os seus problemas de gerente médio. O *kanban* existe para ajudá-lo a debater os trabalhos um de cada vez com os seus membros de equipe.

O *kanban* simples na empresa de Dané reduziu imediatamente a carga de trabalho acumulada nas mesas dos engenheiros e acelerou o fluxo dos projetos. Mas, acima de tudo, ele revelou onde os engenheiros estavam tendo dificuldades. Para aperfeiçoar o *kanban*, Dané solicitou ao líder de equipe de engenharia para que todos parassem sempre que alguém recebesse uma reclamação de um cliente, para que a equipe pudesse se reunir e conversar sobre o problema, o que a levaria ao próximo passo. Os engenheiros instituíram uma reunião diária para realizar *karakuri*. Todas as manhãs, por cerca de 20 minutos, um membro da equipe de engenharia apresentava para os seus colegas como estava enfrentando seu projeto atual, como ele se alinhava às expectativas dos clientes e o que a AIO estava tentando fazer em termos de produzir valor: melhorar a ergonomia e reduzir os custos para os clientes.

A reunião diária foi uma revelação para Dané: como agora os engenheiros analisavam os projetos um por vez, os problemas podiam ser analisados e debatidos de forma isolada e os padrões podiam ser elaborados cuidadosamente.

Isso levou a uma análise profunda do valor dos dispositivos de *karakuri* e a perguntas espinhosas sobre o que diferencia um *karakuri* "bom" de um "ruim". Ficou evidente que os engenheiros tanto da empresa quanto dos clientes tendiam a exagerar na engenharia dos seus projetos um caso gritante de processamento em excesso (uma das sete perdas de Taiichi Ohni), e que a *elegância* no *design* do *karakuri* era muito difícil de identificar.

A missão que Dané definiu seria reduzir os problemas ergonômicos em todas as operações industriais: as pessoas nunca deveriam se machucar no trabalho ou desenvolver doenças ocupacionais. O *karakuri* é uma parte importante para tanto, mas apenas se houver aceitação: os clientes precisam acreditar que ele é relevante e gostarem de trabalhar dessa nova maneira. Para atingir seu objetivo maior de mudar o modo como a indústria pensa sobre estações de trabalho, antes Dané precisava mudar a história interna da sua própria empresa e não ver os produtos como dispositivos genéricos. Seria preciso enfocar cada *design*, um a um, para que os engenheiros conseguissem (1) entender melhor a adaptação aos clientes e (2) aprender progressivamente a definir e dominar o que exatamente torna um *karakuri* inteligente e divertido para o usuário. A adoção de *kanban* de engenharia para se concentrar nos projetos individualmente abriu as portas para uma visão qualitativa completamente diferente do que o produto é de fato. O enquadramento mudou, passando de *designs* desnecessariamente complexos para suportes mais simples, inteligentes e robustos para os operadores.

Trens de coleta regulares

A Toyota converte o plano nivelado em coletas regulares, que podem ser de hora em hora ou mesmo a cada 20 minutos, simulando para a linha a necessidade real dos clientes pelas peças para montá-las na sua linha. Isso envolve três práticas fundamentais:

1. A célula de produção retém todos os seus produtos acabados e os mantém na célula, não em algum almoxarifado distante.
2. Os funcionários de logística vão e coletam o que é necessário para cumprir o plano de forma nivelada a cada 20 minutos (uma janela de concentração normal para cada pessoa), com um *kanban* de movimentação (cada cartão serve de cheque para "comprar" as caixas da célula).
3. Apesar de alguns processos exigirem o uso de lotes, os operadores da célula usam *kanban* para reabastecer seu estoque de produtos acabados na mesma ordem de coleta das peças (os cartões *kanban* de movimentação se transformam em *kanban* de produção em uma fila no processo de produção).

A puxada regular da logística cria uma programação horária do trabalho de cada célula, o que, por sua vez, suscita uma pergunta específica aos gestores: a equipe tem tudo de que precisa para realizar 100% do plano programado? A disciplina das coletas regulares nos ensina a analisar cada célula e nos perguntarmos se ela está atrasada ou adiantada e, mais uma vez, aprender a enxergar as condições de trabalho da célula:

- Todos os componentes necessários para fabricar a gama de produtos exigida, na quantidade exigida, estão presentes (a propósito, o trem também está fornecendo os componentes?)?
- O método-padrão para produzir peças de alta qualidade é conhecido por todos os operadores da célula?
- Todos os operadores estão presentes e foram treinados?
- Todas as máquinas funcionam tão bem quanto deveriam?
- A equipe está trabalhando em uma ideia de melhoria?

A tensão e a disciplina das coletas regulares são uma característica tradicional das condições de *just-in-time*. Elas transformam o local de trabalho ao criar um "puxão" visível para os trabalhos que atravessam toda a área, desde a entrega para o cliente até o fornecimento de peças (ou de informações). Os trens correspondem aos famosos prazos de fechamento dos jornais, mas a cada 20 minutos. Eles criam um ritmo de trabalho que revela cada acúmulo, cada atraso, cada estação paralisada. Ensinam como trabalhar de forma regular e eficiente e, acima de tudo, ensinam todos os departamentos a trabalharem em conjunto para entregar pendências uns para os outros, no prazo e sem deixar nada faltar.

Mas olhe além da logística. Em última análise, o *just-in-time* revela o quanto os diversos departamentos realmente estão ajudando uns aos outros a terem sucesso. Agora eles estão conectados e, para manter o fluxo, precisam se ajudar. Em vez de compensar os erros uns dos outros e esconder os problemas, eles devem criar uma harmonia perfeitamente orquestrada na qual cada departamento aparece na hora e os líderes dos departamentos conversam entre si sobre como facilitar a vida dos colegas para cumprir o prometido de forma coordenada.

Sendo assim, esse mecanismo, que muitos veem como um procedimento logístico, na verdade tem um objetivo sistêmico mais amplo. A eliminação dos desperdícios no nível da empresa é resultado da cooperação, na qual cada participante ajuda a fazer com que cada segmento tenha sucesso na sua parte, sempre acompanhando o ritmo dos demais. Fazer apenas o necessário, quando necessário e na quantidade necessária, ao contrário do que parece, não é uma simples meta logística, é uma meta de colaboração e ajuda mútua.

Ação: como gerenciar para aprender diariamente a manter a satisfação dos funcionários no trabalho

Uma lição fundamental do STP, muito repetida e sempre difícil de aprender, é que não se pode ter satisfação do cliente sem ter funcionários satisfeitos. Como todos sabemos, na vida real, a satisfação dos funcionários é difícil de definir, pois, primeiro, depende de cada indivíduo, e, segundo, as condições e os humores coletivos podem mudar rapidamente. Por seu viés pragmático, o *lean* se concentra basicamente em dois componentes da satisfação: *engajamento* com o próprio trabalho e *envolvimento* com a própria equipe:

- O *engajamento* advém principalmente da confiança na sua capacidade de trabalhar bem e lidar com os problemas diários que sempre aparecem (o estresse, por outro lado, nasce da sensação de não dispor dos recursos internos para lidar com os desafios do trabalho). O trabalho diário de elaboração de padrões e solução de problemas do pensamento *lean* ajuda as pessoas a aprimorarem suas habilidades, desenvolverem sua autonomia na solução de problemas inesperados e, em geral, sentirem-se mais confiantes quanto à realização do seu trabalho e mais interessadas na solução de problemas.

- O *envolvimento* nasce da sensação de que é possível trabalhar em uma equipe sem ter que "vestir a camiseta da empresa". É possível ser você mesmo, expressar seus sentimentos e enfrentar dificuldades, tomar a iniciativa e ser apoiado pelos colegas em vez de ser menosprezado ou ridicularizado. Para apoiar esse ambiente, a prática do *kaizen* em equipe possibilita que as equipes se apropriem das suas práticas de trabalho. Ao identificarem o potencial de melhoria de desempenho, revisarem o processo atual e experimentarem novas ideias, as equipes desenvolvem progressivamente a propriedade sobre seus próprios modos de trabalhar em conjunto, o que aprofunda o envolvimento de cada indivíduo com a equipe durante o próprio processo de melhoria.

Tanto o engajamento quanto o envolvimento, porém, exigem um reenquadramento radical da função do gerente. Os gerentes devem se tornar professores, e para isso devem transferir o foco de *decidir* (quem faz o quê) e *controlar* (verificar que algo foi feito) para *instruir* (entendemos como isso deve ser feito?) e *melhorar* (como poderíamos fazer melhor?). Essa mudança só é possível em condições de *just-in-time*, pois o sistema puxado elimina a necessidade de tomar decisões de programação sobre quem trabalha no quê, pois os cartões *kanban* dão autonomia a cada célula de produção de fluxo contínuo para que as equipes saibam o que precisam fazer (basicamente, atender aos pedidos de produção nos cartões *kanban*). Logo, a gerência da linha de frente se concentra em trabalhar com as próprias pessoas para eliminar os obstáculos que impedem que o trabalho flua continuamente.

A ideia básica é que, para satisfazer os clientes externos e internos, as pessoas precisam trabalhar de forma consciente, não impensada. Parte disso envolve a criação das condições de trabalho certas, usando *jidoka* e *just-in-time*. A outra parte é desenvolver a sua autonomia para entender melhor o seu trabalho e resolver seus problemas diariamente, pois assim a alta gerência pode cumprir a sua função de ajudá-los a solucionar as questões mais amplas enfrentadas pelas pessoas dentro do ambiente de negócios ou pela organização em si. A função dos gerentes de linha de frente é desenvolver a autonomia de cada indivíduo para cumprir bem o seu trabalho, assumir responsabilidade pelos problemas (ninguém passaria por uma criança presa em um buraco profundo sem tentar resgatá-la, e o mesmo se aplica a preocupações no ambiente de trabalho) e saber como ajudá-lo a resolver esses problemas. Assim como na medicina, o método de ensino é a "aprendizagem baseada em problemas". Desenvolver as pessoas significa ensiná-las a serem autônomas na resolução de problemas típicos: assumir a responsabilidade por agir quando o problema aparece e saber como resolvê-lo corretamente nos mais diversos contextos.

A abordagem *lean* é um tipo de *aprendizagem pela ação* (*aprender fazendo*).[8] A premissa básica é que a aprendizagem é o resultado de (1) instruções sobre o conhecimento existente e (2) perguntas para provocar descobertas pessoais. As instruções e os questionamentos ocorrem por meio da solução de problemas, com três tipos gerais:

1. Sabemos o que deveríamos fazer, mas algo acontece para impedi-lo, então o problema é corrigido ao reestabelecermos a situação ao modo como já sabemos que ela deve funcionar.

2. Não sabemos o que deveríamos fazer, ou descobrimos que o que sabemos não é adequado, então temos que descobrir o que deveríamos fazer para depois realinhar a situação.

3. Sabemos o que deveríamos fazer e estamos realmente fazendo, mas é possível imaginar uma maneira melhor de trabalhar (agregar mais valor, gerar menos desperdício) e vamos tentar maneiras diferentes de fazê-lo.

Em outras palavras, no pensamento *lean*, um trabalho é redefinido da seguinte maneira:

trabalho = atividade (com padrões) + *kaizen*

Os gerentes da linha de frente têm quatro enquadramentos básicos para ajudar as pessoas em seu próprio desenvolvimento, tanto como indivíduos quanto em equipes: *padrões, gestão visual, solução diária de problemas* e *kaizen*.

Padrões

De onde vem nossa confiança de que sabemos desempenhar uma tarefa? Como sabemos o que sabemos? Alguém lê mesmo o manual? No trabalho, assim como no resto da vida, tendemos a nos virarmos com os hábitos que adquirimos ao observar os outros se comportarem ou pela repetição de instruções bastante básicas, que é como aprendemos a usar qualquer novo aparelho ou brinquedo. Ninguém em sã consciência jamais busca aproveitar todas as capacidades de um novo software: nós naturalmente nos atemos aos poucos recursos de que precisamos para completar o trabalho de forma satisfatória e seguir em frente para o próximo passo.

No *lean*, os padrões não são procedimentos. Também não são regras. Eles são uma expressão de saber o que sabemos. Os padrões são o conhecimento do trabalho, em termos dos 4Ms:

- *Mão de obra:* habilidades básicas para realizar o trabalho com confiança.
- *Máquinas:* entender de que modo o equipamento funciona melhor.
- *Materiais:* o que precisamos saber sobre os componentes e elementos.
- *Métodos:* como o produto ou serviço é montado e como os elementos se combinam (ou não) para criar qualidade.

O trabalho do gerente é esclarecer e ensinar esses componentes básicos do conhecimento do trabalho para que todos os funcionários possam se autoavaliar, em uma escala de 0 a 10, e aprender a dominar cada elemento. Em ambientes em mutação constante, a parte mais importante da função do gerente é manter esse conhecimento atualizado e treinar as pessoas, e então treiná-las de novo. Em termos práticos, os padrões podem ser considerados o material de treinamento de que precisamos para trabalhar com confiança.

Gestão visual

Uma habilidade de gestão fundamental no pensamento *lean* é a *visualização*, ou seja, aprender a fazer os padrões ganharem vida no local de trabalho para que todos possam enxergar, intuitivamente, se a situação está ou não dentro do padrão, assumir responsabilidade pela solução do problema e, assim, aprender.

Para que seja mais fácil parar, levantar os olhos e lidar com os problemas assim que ocorrem, a cultura *lean* desenvolveu artifícios para visualizar os problemas como lacunas entre condições-padrão e fora do padrão. Primeiro vêm linhas simples e claras, desenhadas no chão para marcar que as caixas não estão empilhadas no lugar certo, mas esses sinais podem ser muito mais sofisticados, como tabelas de medição em equipamentos complexos. O corretor ortográfico do seu computador é um dispositivo de gestão visual: ele sublinha as palavras dúbias para que você pare um instante e pense sobre elas.

A gestão visual ajuda a revelar os problemas à medida que ocorrem (em vez de disponibilizar relatórios administrativos históricos, como gráficos de PowerPoint em murais!). Os padrões devem ser expressos de forma visual e intuitiva para que todos saibam se estão ou não em conformidade com eles, assim como as faixas brancas na estrada separam uma pista da outra e indicam onde você pode ultrapassar e onde não pode. A visualização é uma técnica exclusiva do *lean* que dá vida ao local de trabalho e facilita a responsabilização pelos problemas, pois eles saltam aos olhos visualmente. Por exemplo, a fila de cartões *kanban* em cada estação de trabalho (de produção ou de engenharia) deixa visualmente claro se estamos atrasados (os cartões *kanban* se acumularam) ou adiantados (os cartões *kanban* acabaram).

Solução diária de problemas

A gestão visual e o trabalho padronizado são os enquadramentos que destacam os problemas para que seja mais fácil aprender com a solução diária de problemas. A *solução diária de problemas* é o mecanismo básico que não permite que nos acostumemos com uma situação e renova nosso conhecimento ao investigar todos os dias como as coisas acontecem de fato, não como deveriam ter acontecido. Como exercício mental, uma vez ao dia, podemos pedir às pessoas para analisarem como um problema foi resolvido em termos de qual era o problema, sua causa, a contramedida e a verificação (Quadro 4.2).

Esforçar-se para visualizar um problema como "uma diferença entre a situação real e o padrão ideal" cria uma tensão mental entre a experiência da pessoa e aquilo que ela sabe, o que estabelece um circuito entre a memória de trabalho e a memória de longa duração, que é o segredo da aprendizagem nos adultos.

Além do mais, ao solicitar que a pessoa observe o problema e não apenas consulte o padrão (a documentação original da máquina, o procedimento existente, etc.), a mente se envolve com a investigação. Aprender padrões tem

QUADRO 4.2 Exercício de reflexão: como um problema foi resolvido

Problema	Causa	Contramedida	Verificação
Qual lacuna em relação ao resultado-padrão ocorreu devido a que aspecto do processo?	Qual desvio em relação a um padrão específico causou o problema? No que nossa teoria errou?	Como levamos a situação de volta às condições-padrão?	Deu certo? Quão certo? O cliente está satisfeito com a nossa resposta? Do que precisamos para investigar melhor?

menos a ver com aprendizado em sala de aula e mais com criar um intercâmbio entre a memória de trabalho e a memória de longa duração ao investigarmos uma situação, procurarmos os padrões existentes, refletirmos profundamente sobre as lacunas e sobre o que aconteceu e experimentarmos diversas soluções. O esforço de investigação, que é mais fácil e mais envolvente, é o que produz a aprendizagem em si.

Quando a investigação não revela um padrão relevante para a situação atual, um novo padrão pode ser elaborado na mesma hora para referência futura. A aprendizagem e a produção de padrões não são atividades estáticas a serem realizadas externamente, e sim uma parte essencial do desenvolvimento no trabalho para todos que buscam excelência no que fazem. A solução de problemas não é uma questão de resolver todos os problemas na esperança de que, um dia, todos os processos venham a funcionar perfeitamente. Isso é bobagem. Os problemas decorrem do desgaste no ambiente. Então, evidentemente, por mais problemas que se resolva, outros sempre vão surgir. A meta da solução de problemas usando padrões é desenvolver a competência e a autonomia de cada indivíduo para lidar com uma ampla variedade de situações de trabalho e aprender com elas (Quadro 4.3).

Trabalhar com padrões (conhecimento detalhado sobre elementos específicos do trabalho) e trabalho padronizado (domínio das sequências de elementos do trabalho e as habilidades básicas atrás deles) são a verdadeira fonte de qualidade e produtividade. O custo real é haver um grande número de pessoas realizando tarefas rotineiras o dia inteiro, todos os dias. Sempre que uma única tarefa dá errado, as consequências crescem exponencialmente em termos de custos, desde o tempo levado para consertar o defeito localmente até o cliente perdido caso ele chegue até o consumidor, ou desde o isolamento de defeitos até a sua correção. São custos enormes em nível macro, gerados pela nossa incapacidade de acertar o trabalho no primeiro instante e na primeira vez. Trabalhar com padrões é a contramedida fundamental para o excesso de custo, mas é difícil de executar, pois não pode ser imposto aos funcionários.

QUADRO 4.3 Como a solução de problemas com padrões ajuda as pessoas a se desenvolverem

Solução de problemas	Desenvolvimento de pessoas
Problema	Aprender a formular problemas é uma habilidade fundamental que envolve focar-se nos resultados, reconhecer que as coisas não deram certo e enfrentar o fato de que um erro ou acidente criou um desempenho abaixo do padrão, mas sem estigmatizar a pessoa.
Causa	Buscar a causa imediata é um exercício de observação do que realmente aconteceu e de investigação dos padrões existentes, ambas disciplinas fundamentais para o desenvolvimento de conhecimento programado e questionamento sobre descobertas, que são os elementos básicos do aprendizado na prática.
Contramedida	Buscar contramedidas imediatas para que a situação volte às condições-padrão é um exercício de criatividade e competência. Encontrar contramedidas inteligentes é um exercício de luta contra a fixação funcional e o pensamento causal, o que nos leva a identificar a verdadeira causa básica e o início dos cinco porquês.
Verificação	Estudar contramedidas para avaliar o seu impacto é essencial para o pensamento crítico e para se obter um entendimento mais profundo da causa raiz do problema, o que leva a novos padrões e a uma investigação mais profunda sobre os porquês.

Trabalhar com padrões é uma atitude profissional e consciente que exige motivação e disciplina, seja qual for o trabalho realizado ou a escolaridade do trabalhador. É por isso que engajar os funcionários na solução diária de problemas é uma abordagem tão poderosa; não para resolver todos os problemas, mas para reservar tempo para investigá-los individualmente e, de pouco em pouco, conscientizar todos sobre o trabalho e criar um entendimento sobre a importância dos padrões.

Kaizen

Na cultura da Toyota, o *kaizen* existe em basicamente duas formas: (1) solução de problemas para que uma situação volte ao padrão e (2) estudo de um processo para melhorar o padrão. Tendo estabelecido o elo entre solução de problemas e padrões, nos aprofundaremos mais no autoestudo e na melhoria real. O princípio básico da Toyota é: "Nenhum processo jamais é perfeito, então sempre há espaço para melhorar". O *kaizen* trata de buscar esse espaço e, no processo, aprender a se sair melhor no próprio trabalho e em nossos relacionamentos com os demais.

O processo de *kaizen* é tão importante quanto o seu resultado final em termos de melhoria real. O *kaizen* também envolve fortalecer o *capital humano* (conhecimentos e habilidades) e o *capital social* (relacionamentos e confiança) do grupo. Obviamente, se o resultado não for uma melhoria visível, o processo se torna uma farsa e a energia positiva se perde, então ambos devem ser considerados em paralelo. Se usarmos, por exemplo, os seis passos clássicos de uma atividade de *kaizen* no estilo Toyota, como descrito por Art Smalley e Isao Kato, veteranos da empresa, podemos analisar o componente de desenvolvimento de cada passo (Quadro 4.4).[9]

A maioria das ferramentas *lean* clássicas, como a *troca rápida de ferramentas* (Smed, *single-minute exchange of die*), *manutenção produtiva total* (TPM) ou

QUADRO 4.4 Os seis passos clássicos do *kaizen*

Passo do *kaizen*	Desenvolvimento de pessoas
1. Identificar uma oportunidade de melhoria de desempenho.	Enfocar uma medida de desempenho específica e tentar melhorá-la visivelmente de modo a aprofundar o entendimento sobre os resultados em termos de segurança, qualidade, custo, variedade e eficiência energética.
2. Estudar o método de trabalho atual.	Esclarecer a abordagem de trabalho atual e identificar a sequência-padrão, os diversos padrões necessários em pontos difíceis, os problemas óbvios e as ideias para melhoria rápida.
3. Investigar novas ideias.	Desenvolver a criatividade com a geração de várias alternativas para se realizar o trabalho de uma maneira diferente, explorando novas ideias e perspectivas distintas obtidas de outros contextos.
4. Propor um novo método e uma forma de testá-lo e conquistar a sua aprovação.	Aprofundar o entendimento da organização e a agilidade na preparação de experimentos rápidos, além de identificar quem deve ser convencido e como se obter a aprovação para seguir em frente e implementar o novo método, se necessário.
5. Implementar o novo método e acompanhar os resultados.	Aprender a mudar a maneira como as coisas são feitas e examinar com cuidado para ver se o novo método realmente leva a uma melhoria de desempenho.
6. Avaliar o novo método.	Manter o resultado em perspectiva e escutar os diversos pontos de vista (especialmente outros departamentos afetados) para se ter uma ideia completa do desempenho do novo método e do que deveria ser alterado para garantir que a nova maneira de trabalho não venha a regredir e a retornar aos hábitos de sempre.

solução de problemas (A3), na verdade são aplicações específicas do *kaizen* genérico a tópicos recorrentes. O método Smed, por exemplo, se concentra em um modo de estudo específico de troca (*setup*) de ferramental, enfocando a distinção entre tarefas *externas* (máquina ainda em operação) e *internas* (máquina parada) durante a troca. Da mesma forma, a TPM parte do estudo das causas básicas da perda do tempo de maquinário, como tempo ocioso, configuração e ajustes, pequenas paradas, lentidão, defeitos de inicialização e defeitos de produção. Apesar do STP ser explicitamente um método de aprendizagem e não um plano-mestre organizacional, seu uso na Toyota durante várias décadas teve um impacto transformador inegável sobre as práticas de gestão. A gestão do local de trabalho para incentivar o espírito de *kaizen* teve dois efeitos radicais em especial:

1. *O sistema puxado gerencia o fluxo de trabalho, não os gerentes da linha de frente.* Em um local de trabalho tradicional, a primeira diretriz é manter os trabalhadores ocupados, seja como for, e adaptar-se às mudanças de programação diárias geradas pelo sistema de planejamento. A função do gerente da linha de frente é quase sempre decidir quem faz o que e controlar se o trabalho está sendo executado. É fácil para o gerente se tornar o gargalo das decisões da área de trabalho, e ele pode estar tão focado na produção que qualquer interesse pelos resultados ou pessoas acaba se perdendo. Com um sistema puxado, as equipes são estáveis e o fluxo de trabalho segue o fluxo dos cartões *kanban*, com o mínimo possível de mudanças na programação, de modo que os trabalhadores são autônomos em termos de saber o que fazer.

2. *A função dos gerentes da linha de frente é instruir e melhorar, não decidir e controlar.* Como o processo é programado pelo sistema puxado, as atribuições do gerente da linha de frente passam de "decidir e controlar" para "instruir e melhorar". A primeira responsabilidade de qualquer gerente em um sistema *lean* é treinar seus subordinados, e as condições de *jidoka* e de *just-in-time* criam o ambiente para isso. A função dos gestores é garantir que todos conheçam e mantenham os padrões e apoiem o *kaizen*, seja na forma de sugestões individuais, de solução diária de problemas de desempenho ou atividades de autoestudo em grupo. O controle é integrado ao *just-in-time* e ao *jidoka*, pois quando ocorre atraso ou se enfrenta problemas de qualidade, a célula cria uma perturbação visível no fluxo puxado. Assim, a atenção do gerente se concentra em apoiar a solução de problemas nas dimensões de mão de obra, máquina, material e métodos.

Para ser *lean*, é preciso pensar *lean*

É impossível evitar: para aprender a pensar *lean*, você precisa dominar o sistema de aprendizagem *lean* e as interações entre satisfação do cliente, *jidoka*, *just-in-time* e *kaizen* do trabalho padronizado. Com o passar dos anos, vimos muitas pessoas incorporarem uma ferramenta ou um aspecto específico e reduzir o sistema a um único elemento na tentativa de não empreender o esforço de aprendizagem. Os resultados são medíocres, quando muito, e alguns são fracassos desastrosos. O sistema é um sistema por criar um espaço intelectual específico para enquadrar nossos desafios de forma *lean* (Figura 4.2):

- Como melhorar a adaptação ao propósito para resolver as necessidades dos usuários
- Como aprofundar o domínio técnico para acertar na primeira vez
- Como expandir a colaboração para que o trabalho na linha flua com a demanda
- Como criar confiança na realização do trabalho e desafiar os funcionários a melhorá-lo
- Como criar confiança entre gestores e equipes estáveis com o necessário para ter sucesso todos os dias

O sistema foi desenvolvido durante décadas de tentativa e erro, e se manifesta nas ferramentas específicas que precisamos aprender e dominar, não apenas nas suas operações, mas também no seu propósito.

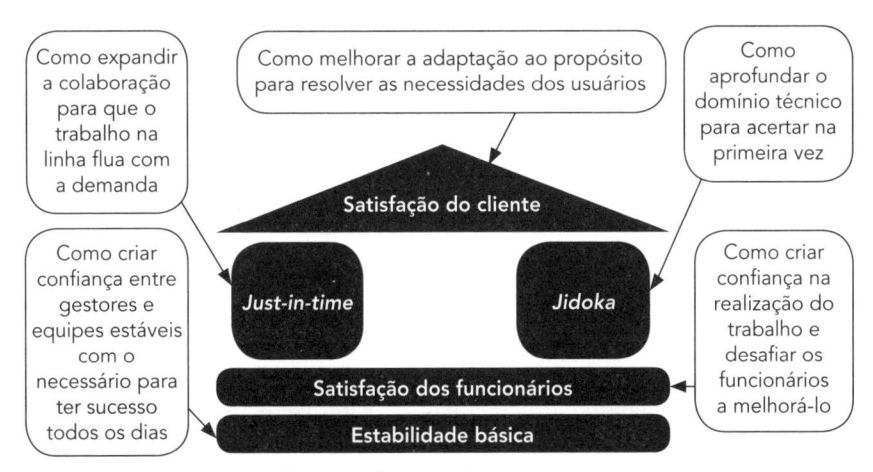

FIGURA 4.2 O sistema de aprendizagem *lean*.

Os executivos que enfrentam o esforço de aprendizagem e expressam seus desafios de negócio nos termos do sistema *lean* se impressionam constantemente com a sua capacidade de enxergar claramente coisas que eram incapazes de entender, apesar de estarem debaixo dos seus narizes.

No pensamento *lean*, liderar de baixo para cima pela prática de "ver por si mesmo" no *gemba* e aprender a liderar o *kaizen* em primeira mão nos guia em direção à descoberta dos nossos problemas de verdade e então ao seu enfrentamento com a criação de indicadores-chave de desempenho que nos ajudam a comunicar esses desafios para o restante da organização. Em seguida, usamos os enquadramentos do sistema de aprendizagem *lean* para avançar do enfrentamento de nossos desafios à sua formulação em termos *lean*, assim como construir as condições de aprendizagem *lean* necessárias para se buscar soluções centradas em pessoas. A beleza dessa abordagem é que, como a aprendizagem na prática ocorre no local de trabalho, com pessoas reais enfrentando problemas reais, os resultados de curto prazo nunca deixam de aparecer.

Pequenas "vitórias" devem marcar a trajetória inicial desse caminho de aprendizagem. Fazer com que cada pessoa se concentre em cuidar melhor dos seus clientes e resolver problemas operacionais gera resultados de curto prazo significativos, tanto financeiramente quanto em termos de engajamento das pessoas, mesmo que o quadro geral continue obscuro. A estratégia *lean* equilibra as necessidades de hoje (resultados de curto prazo visíveis) com as de amanhã (vantagem competitiva sustentável). Como disse um *sensei*: se cuidar apenas de hoje em detrimento do amanhã, não haverá amanhã, mas se cuidar apenas do amanhã em detrimento de hoje, também não haverá amanhã.

Após encontrar os problemas, enfrentar desafios e enquadrá-los ao modo *lean*, o próximo passo é engajar toda a organização no trabalho de criar soluções coletivas para a vantagem competitiva. Para usar uma metáfora orgânica, se os resultados de desempenho são os frutos do nosso trabalho, os enquadramentos *lean* da satisfação do cliente, qualidade integrada, *just-in-time* e *kaizen* de trabalho padronizado são os galhos da árvore, enquanto o tronco é aquilo que os veteranos da Toyota chamam de "estabilidade básica" (o alicerce sobre o qual o Sistema de Pessoas Pensantes se sustenta e onde as raízes, as capacidades extraídas das competências individuais, alimentam o restante da árvore).

As soluções específicas da Toyota podem não ser apropriadas para o seu próprio departamento, empresa ou setor. O conjunto de enquadramentos de melhoria da Toyota também pode não ser, mas é um ponto de partida incrivelmente poderoso. Quando é difícil entender bem qual é a situação, o Sistema de Pessoas Pensantes da Toyota cria uma base sólida para dar início à exploração e à investigação sobre como construir nossos próprios enquadramentos de aprendizagem, sendo que a alternativa seria fazer apostas enormes e arriscadas. Você pode não encontrar respostas imediatas quando aplica os enquadramentos de aprendizagem *lean* da Toyota à sua própria situação, mas estará desenvolvendo um alicerce para a aprendizagem.

Em todos os casos que nós quatro encontramos, essa abordagem se revelou absolutamente essencial, pois os líderes que adotam esses enquadramentos e se apropriam deles com a sua aplicação no *gemba* crescem e aprendem a desenvolver seu próprio jeito de pensar baseado no *gemba*. Confiar e praticar essa abordagem é comprovadamente melhor do que os modelos convencionais de sucesso. Conhecer os enquadramentos do pensamento *lean* até o último detalhe não é um fim em si mesmo, e sim um primeiro passo necessário para se adquirir o pensamento *lean* e, em última análise, desenvolver seus próprios enquadramentos de aprendizagem para desenvolver soluções ao lado de todos os funcionários.

CAPÍTULO 5

Organizar para aprender

Os líderes podem criar a capacidade de mudança passo a passo em toda a organização.

Enquanto avançavam no seu entendimento sobre o *lean*, Jacques e Frédéric Fiancette viam como os princípios do sistema lhes proporcionavam dimensões práticas para explorar o seu próprio chão de fábrica e, no processo, revelar os pontos cegos que tinham sobre suas operações. Eles aprenderam na prática como a dinâmica do *kaizen* e do trabalho padronizado fazia emergir novas maneiras de resolver problemas antigos. O seu progresso criou um novo problema: alguns departamentos avançavam muito mais rapidamente do que outros. A parte mais intrigante era que, à primeira vista, todos os gerentes de departamento pareciam igualmente comprometidos com o *kaizen* e com a melhoria. Alguns dos que mais falavam sobre isso ainda eram os mais lentos. No início, o *sensei* lhes repreendeu por não fazerem *kaizen* o suficiente. Eles se defenderam, e demonstraram um *kaizen* atrás do outro, mas o desempenho geral não melhorou.

Com o tempo, Jacques e Fiancette conseguiram ver como ganhos individuais, descobertas pessoais e melhorias locais eram multiplicados (ou obstruídos) pelo modo como a organização estava estruturada. Alguns dos gerentes conseguiam aprender com o *kaizen* que suas equipes realizavam e recorriam a essas lições para alterar os procedimentos dos seus departamentos. A mentalidade mais comum entre os gestores que aprenderam além de qualquer melhoria tangível era a disposição de perguntar por que esse trabalho era necessário em primeiro lugar. Eles passaram a ver os desperdícios, ou defeitos, ou problemas, como consequências de políticas, práticas e procedimentos equivocados (ou simplesmente ignorantes). E usavam as conclusões dos diversos *kaizen* como base para mudar o modo como administravam.

A experiência de Jacques com aprendizagem organizacional fez com que ele alterasse gradualmente seus valores de líder. A prioridade passou a ser a capacidade dos seus gerentes de resolver problemas em diversas situações – resultado do *kaizen* constante –, e não sua capacidade de apagar incêndios.

Jacques começou a enxergar que quanto mais incêndios seus melhores bombeiros apagavam, mais se deflagravam. Não trabalhar na melhoria fundamental apenas os levava a sobreviver mais um dia, depois outro, sem esperança de melhorar a situação. E para criar um ambiente que realmente valorizasse essa nova situação, ele precisava que a empresa se organizasse em torno de competências compartilhadas: desenvolver os indivíduos assim como melhorar os procedimentos que conectam o seu trabalho. Fiancette parecia nascido para isso, guiando pacientemente seus gerentes de chão de fábrica no processo de enfrentar os pontos fracos das suas áreas e trabalhar melhor juntos usando o sistema puxado.

Jacques descobriu o prazer de ver as pessoas se desenvolverem em suas jornadas de *kaizen* pessoalmente (alguns com mais rapidez do que outros), mas também moderou suas expectativas de que todos tirariam conclusões gerenciais do *kaizen*. Esses resultados o deixaram um pouco desanimado com a ideia geral do *kaizen*. Mas, acima de tudo, ele reconheceu a diferença entre desenvolver novas soluções junto às próprias pessoas que fazem o trabalho e lidar com as consequências da execução de decisões impostas de cima. Ele assistiu sua organização se adaptar e evoluir com a energia da aprendizagem e o *kaizen* em vez de resistir à reorganização ou reforçar a disciplina processual.

Algo que não se discute muito é o fato das organizações não terem como passar de "tradicionais" para "*lean*" da noite para o dia. Algumas áreas da organização avançam mais rapidamente do que outras, e esse ritmo desnivelado cria uma pressão significativa sobre os sistemas de apoio da empresa. Na Wiremold, por exemplo, durante os primeiros anos, algumas partes do processo de produção já haviam se convertido para fluxo e programação puxada, enquanto outras ainda dependiam do MRP para a programação empurrada da produção de lotes. Durante a transição, a empresa precisava abranger dois modos diferentes de operar e acabou criando "gambiarras" no sistema existente para acomodar ambos métodos. Por óbvio, isso criou uma condição de curto prazo que poderia ser chamada de caos organizado. Mudar equipamentos de lugar para criar fluxos e sistemas puxados pareceu fácil em comparação a adaptar software e outros sistemas que apoiavam os processos tradicionais de produção em lotes. No final, os sistemas de TI, negócio e contábeis se tornaram os maiores obstáculos à transformação *lean*.

Com o desenvolvimento do sistema puxado de ponta a ponta, desde nivelar a procura dos clientes, transformá-la em *takt time* e puxar o trabalho por meio das células de produção até sincronizar as mensagens de pedidos para fornecedores e também facilitar o seu trabalho, Jacques e Fiancette agora enxergam a importância das equipes e do trabalho em equipe no chão de fábrica. As sugestões e ideias de *kaizen* nasciam das equipes de alto desempenho, apoiadas e incentivadas pelos gestores que haviam "comprado" a ideia. O novo conhecimento se aplicaria ao nível departamental à medida que os gerentes extraíssem as lições do *kaizen* e alterassem seus próprios procedimentos. O fluxo de ideias se transformou em um fluxo de mudanças.

Jacques percebia agora que aprendizagem não existe; o que existe é apenas a prova de aprendizagem. Prova de aprendizagem significa mudar para melhor. Essa maneira mais eficaz de trabalhar e de abandonar as que geram desperdício precisa se expandir ponto a ponto e não, como ele acreditava até então, por mudanças globais nascidas de epifanias externas ao ambiente de trabalho. A mudança era um processo de aprendizado, não uma transição de fase misteriosa. Para cada departamento, o CEO e o diretor de operações estabeleceram uma estrutura clara para a mudança, apresentada no Quadro 5.1.

QUADRO 5.1 A estrutura para a mudança

Departamento	A qual departamento isso está relacionado? As pessoas se organizam por departamentos e estão preocupadas apenas com o que acontece no seu próprio departamento: quais hábitos de trabalho mudarão e quem se responsabilizará pelo quê. A mudança ocorre no nível dos departamentos.
Desafio	Qual é o desafio geral, por que este é o desafio claro e imediato no contexto de negócio atual e qual é a direção para melhoria?
Medida	Qual indicador melhor representa esse desafio e mede se, dia após dia, estamos melhorando na solução deste problema ou, pelo contrário, se a situação está piorando? Apenas um indicador.
Mudanças anteriores	Liste as mudanças anteriores no nível macro, geralmente uma por ano. • Quatro anos atrás mudamos esta política. • Três anos atrás reorganizamos este fluxo de trabalho. • Dois anos atrás adquirimos esta nova tecnologia. • No ano passado mudamos a maneira como trabalhamos com os fornecedores. • E assim por diante.
Mudança atual	Em qual mudança o departamento está trabalhando hoje, de "antes" para "depois"? Por que o departamento está realizando a mudança e o que espera ganhar com isso?
Questões remanescentes	Liste os problemas remanescentes não resolvidos com todas as mudanças anteriores realizadas no departamento, incluindo questões que nunca foram completamente solucionadas e que precisam de mais *kaizen* para que todos fiquem satisfeitos com a estabilização das mudanças.
Próxima mudança	Qual mudança imaginamos realizar a seguir, após sermos bem-sucedidos com a atual?

Após encontrar seus problemas, enfrentá-los e enquadrá-los de modo que todos na organização o entendam, como a mudança é desenvolvida com os próprios funcionários? Uma maneira simples de analisar essa questão é pelo cultivo de bons "hábitos". Por exemplo, você pressupõe que tem hábitos eficazes que promovem o seu desempenho e outros ineficazes e geradores de perdas, que o prejudicam. Como esses hábitos são seus, é provável que tenha uma ligação forte com todos eles, mesmo que tenha perspicácia o suficiente para reconhecer que alguns dos seus hábitos são ruins. Mudar qualquer hábito é difícil.

Alguns hábitos são puramente individuais, mas, sobretudo no trabalho, os hábitos tendem a evoluir no nível da equipe. Os hábitos das equipes são uma interpretação local dos hábitos da empresa, que por sua vez nascem dos hábitos do ramo de atuação; em algum ponto, os hábitos do ramo refletem a cultura nacional (mas com o aumento das transnacionais, os hábitos dos ramos e até os das empresas praticamente transcendem as culturas nacionais). O *sensei lean* argumentaria que essa pirâmide inteira foi construída sobre uma base sólida comum a todos: a natureza humana.[1]

Como os hábitos são difíceis de mudar, onde deveríamos aplicar o ponto de apoio da mudança? Os hábitos pessoais são incrivelmente difíceis de mudar por si. No outro lado do espectro, a natureza humana (ou mesmo a cultura nacional) tende a não mudar muito. As equipes, no entanto, são o ponto onde a maioria dos hábitos de trabalho se origina, exatamente por causa da natureza humana.

As equipes humanas são definidas naturalmente pelo seguinte:

1. *Limites*: é importante entender quem faz parte da equipe e quem não faz. Os grupos de projeto em que algumas pessoas raramente compareçam não são equipes. São grupos. As equipes sabem como demarcar os limites entre aqueles que pertencem à equipe e aqueles que não pertencem (o que explica em parte por que ser aceito em uma nova equipe pode ser um trabalho tão árduo).

2. *Líderes*: qualquer equipe de seres humanos tem um líder. A liderança em uma equipe normalmente se expressa nas dimensões duplas da competência e da confiança. Um líder visto como alguém que sabe o que faz é considerado forte. Um líder que não sabe o que fazer em situações difíceis é considerado fraco (não importa muito se ele está certo ou errado, desde que faça sentido e confie em si mesmo). O líder que inspira confiança na ideia de que está cuidando de todos os indivíduos da sua equipe e que se importa profundamente com o que acontece com eles é considerado caloroso. Já um líder que usa as pessoas para os seus próprios fins (mesmo que

seja a missão da organização) é considerado frio. Essas duas dimensões têm uma tensão: líderes fortes demais podem comunicar frieza; os calorosos demais podem parecer fracos. Os líderes de equipe natos são aqueles que os colegas da equipe consideram fortes e calorosos. Eles não precisam ser as pessoas mais competentes, mas é preciso que sejam vistos como gente que sabe o que faz. Eles também precisam se dar bem com todos, pelo menos até certo nível, e precisam da percepção de que estão cuidando dos interesses de todos os membros individuais da equipe, mas ainda colocando o bem comum da equipe à frente de questões pessoais.

3. *Hábitos*: todos os grupos humanos naturalmente produzem hábitos, em geral de forma arbitrária, que distinguem um grupo do outro. Os hábitos (ou as normas) são o que os grupos e as equipes fazem. Os hábitos podem ser produtivos ou improdutivos. Em geral, os hábitos tendem a ter uma perspectiva interna, mas podem ser direcionados externamente, para clientes e parceiros. Os hábitos perduram, mas podem ser alterados exatamente por serem tão arbitrários. Mudar os hábitos em uma equipe leva a mudanças nos hábitos pessoais de forma relativamente inconsciente (que é o que acontece com as pessoas quando mudam de emprego ou de equipe), mas toda mudança de hábito precisa ser discutida e defendida.

4. *Clima*: as equipes são compostas de pessoas, e as pessoas têm humores, tanto individual quanto coletivamente. A energia individual costuma se transformar na vitalidade da equipe, ou no contrário, o abatimento. Assim como os humores pessoais, o clima pode ser dividido em traços, ou seja, tendências estáveis, como o traço positivo de confiança mútua no trabalho ou acreditar que se pode ser honesto e genuíno, ou o traço negativo de sofrer o desprezo sistemático dos outros membros da equipe. Os traços muitas vezes são consequência dos hábitos, mas podem nascer igualmente da dinâmica interpessoal. Os humores são mais superficiais e mudam mais depressa, mas afetam as equipes de alto desempenho assim como as de baixo, e mesmo as melhores têm seus dias ruins. Pode parecer bobagem falar em humores, e eles podem parecer distantes das preocupações urgentes da alta gerência, mas eles absolutamente compõem a realidade diária das equipes, então vale a pena lhes dar atenção.

Voltando das férias de natal no início de 2008, JC Bihr tinha um problema grave. Na verdade, tinha vários problemas graves. Após completar seu doutorado em metalurgia em meados dos anos 1990, Bihr foi abordado por relojoeiros suíços para criar a Alliance MIM, uma *start-up* que desenvolveria peças mais baratas com uma nova tecnologia: *moldagem por injeção de pós metálicos* (MIM, *metal injection molding*). O MIM é mais barato e mais ecologicamente correto para peças de alta precisão, pois é uma tecnologia aditiva (o pó metálico é misturado com pó de plástico e injetado da mesma forma que as peças plásticas, então o plástico é removido por extração térmica e a peça é polida) em vez de ser subtrativa, como na usinagem normal (esculpir a peça a partir de blocos metálicos). Como os acionistas estavam basicamente atrás de preços mais vantajosos, Bihr buscou outros caminhos para o desenvolvimento, e encontrou a aplicação perfeita: teclados para telefones de luxo. Ele teve a sorte de convencer uma grande fabricante de telefones de luxo de que poderia fabricar os dígitos para o teclado. O resultado foi um crescimento anual de dois dígitos da noite para o dia. Ele convenceu os membros do conselho (quase todos relojoeiros) a continuarem a investir na empresa, mas teve dificuldade para estruturar uma cadeia logística capaz de cumprir as suas promessas. A certa altura, sua lista de pedidos em aberto continha mais de um ano de produção, e nenhum pedido de janeiro havia sido entregue em julho. Para piorar, a qualidade estava se deteriorando, com um índice de devoluções de quase 20%.

De 2002 a 2007, a empresa cresceu exponencialmente, sextuplicando suas vendas. Durante os últimos meses de 2007, Bihr se preocupou com duas questões distintas. Primeiro, em termos operacionais, ele simplesmente não conseguia acompanhar a demanda. A entrega dentro do prazo melhorou em 30%, e havia 36 dias de vendas em estoques de peças acabadas, 26 dias de vendas de trabalho em processo (WIP) e 53 dias de vendas de peças moldadas. Era um pesadelo operacional. A segunda grande preocupação de Bihr era a Apple e o lançamento do iPhone. Seu principal cliente era uma subsidiária da Nokia, que famosamente não se sentia ameaçada pelo iPhone, um produto que a empresa não considerava um telefone "de verdade" (reza a lenda que ele não passava por um teste infame, o da queda de um metro e meio de altura). Grande fã de tecnologia, Bihr foi se preocupando cada vez mais. Afinal, seu modelo de negócio era usar peças MIM para substituir as peças usinadas tradicionais, então ele entendia muito bem o que significava ser substituído.

Sentindo a pressão, Bihr voltou-se para o sistema *lean* para resolver seus problemas de qualidade e de cadeia logística. Ele encontrou um *sensei lean*, que imediatamente fez com que enfocasse a qualidade, estabelecendo uma conversa diária sobre devoluções para resolver os problemas de qualidade um a um. Sua equipe de gestão descobriu que muitos dos problemas podiam ser resolvidos simplesmente conversando sobre eles com os próprios operadores. Como o processo era complexo (com prensas, fornos, polimento, etc.), ele não se prestava facilmente ao fluxo, mas, aumentando a flexibilidade como podia, conseguiu atender suas entregas atrasadas. Até o final de 2008, a empresa saiu do vermelho e melhorou suas entregas, mas então a crise financeira estourou e os pedidos despencaram 70% em oito meses.

Com o advento do iPhone, a transformação do seu negócio seria radical. Os telefones com teclados desapareceram, e o restante do seu negócio se mudou todo para o Extremo Oriente. A empresa precisou se reinventar completamente, fabricando outros tipos de produto, e teve que se esforçar muito para não cair na armadilha de ter um cliente dominante ou um único produto novamente. Bihr buscou mercados em dispositivos médicos e na indústria aeroespacial, nos quais o foco nos detalhes é essencial, e mais uma vez a sua experiência crescente com o pensamento *lean* e a colaboração entre engenheiros e operadores fez a diferença. Nesse estágio, a sobrevivência da empresa era determinada pela capacidade de convencer novos clientes e pela capacidade dos engenheiros de inovarem, enquanto o foco da produção estava simplesmente em correr atrás do prejuízo e sobreviver.

Após dois anos de colaboração intensa com clientes e engenheiros, a Alliance se recuperara financeiramente, mas com mais clientes e uma gama maior de produtos, o que tornou o *kanban* e o Smed (redução dos lotes) características centrais para a estratégia da empresa. A única maneira de satisfazer um grupo mais amplo de clientes e produzir mais peças com a mesma base de equipamentos seria se flexibilizar rapidamente. A qualidade começou a melhorar e a taxa de devoluções caiu para 5%. Nesse momento, o CEO decidiu expandir os experimentos iniciais com *kanban*, na esperança de liberar espaço o suficiente para instalar máquinas especializadas para peças aeroespaciais.

O *just-in-time* foi introduzido de cima para baixo pela gerente de logística que, tendo treinado a si mesma, introduziu todas as ferramentas, explicou-as para as pessoas e impôs o processo, criando resistência interna apesar de ela ser apoiada firmemente pelo chefe, o gerente de operações. Ainda assim, as taxas anuais de devolução caíram pela metade e as entregas dentro do prazo aumentaram para 92%. O estoque de WIP foi dividido por 6 e os estoques caíram para menos de três dias. Esses resultados espetaculares podem ocultar a quantidade de sofrimento interno criado pelo *just-in-time* em termos de dificuldades na produção para apoiar as trocas (*setups*) frequentes. As crises eram constantes e havia uma necessidade crescente de trabalho em equipe, que simplesmente não estava acontecendo na empresa, ainda muito departamentalizada.

A migração de um sistema de lotes grandes para um sistema no qual os operadores preparam as peças para coleta a cada meia hora teve consequências que afetaram toda a organização. Antes, a fábrica era administrada pelos técnicos que definiam as ferramentas, executavam testes iniciais nas peças e então deixavam a produção trabalhar com lotes que podiam representar meses de demanda dos clientes. Agora, os operadores precisavam aprender a assumir boa parte das tarefas de definição e preparação para lotes de produção muito menores. Isso significava modificar as ferramentas existentes, modificar a forma como os engenheiros de fabricação projetavam as ferramentas e treinar todos para trabalhar melhor com os padrões.

Para criar a estrutura organizacional para apoiar o sistema puxado, Bihr e seu gerente de RH seguiram o exemplo da Toyota e reorganizaram a fábrica em células de produção de três a cinco operadores, cada uma com um líder de equipe. O líder de equipe não tinha poder hierárquico, sendo apenas a pessoa que melhor conhecia o processo ou os produtos. Seu objetivo era ajudar os operadores a determinar se a qualidade estava boa ou não. Ele era a primeira linha de defesa da qualidade. Se o líder não sabia, ele chamava o gerente de produto diretamente ou o gerente de qualidade. Em torno dessa equipe, especialistas com algum conhecimento sobre as máquinas em si estavam sempre à disposição da equipe. Eles reconfiguravam as máquinas quando uma nova peça entrava em produção e executavam a manutenção. Em cada departamento, foram designados instrutores para criar *dojos* (treinamento do movimento dos operadores) e realinhar todos os desafios em relação ao trabalho-padrão.

Bihr e suas equipes se inspiraram nas escolas de culinária, onde todas as receitas são divididas em 40 movimentos básicos. Normas que antes eram complexas agora foram modificadas para caberem em uma única página (Figura 5.1).

Contudo, apesar da necessidade de se concentrar nas pessoas ter ficado clara desde os primeiros passos com o sistema puxado, o CEO sabia que a Alliance continuava a ser uma empresa baseada em engenharia. À medida que as mudanças foram sendo implementadas, ele reconheceu que havia uma tensão crescente dentro das equipes e entre os engenheiros e os funcionários de produção. O absenteísmo, historicamente baixo, havia duplicado, e o pavio de todos parecia ter sido encurtado.

Bihr se afastou um pouco e conversou sobre o problema com a sua gerente de RH (que mudara o nome do seu cargo para "gestora de pessoas") e com o restante da equipe administrativa. Assim, ele reconheceu a tensão que o sistema puxado e o *andon* estavam impondo ao chão de fábrica ao criar uma sensação de urgência e importância em cada entrega interna de peças: qualidade certa na hora certa. Eles também perceberam que, ao criar a estrutura de equipes estável para apoiar a adoção do fluxo puxado, haviam escolhido os melhores técnicos para serem os líderes de equipe. Uma das suas melhores operadoras anunciou de repente que estava renunciando à função de líder de equipe, o que foi um choque para todos.

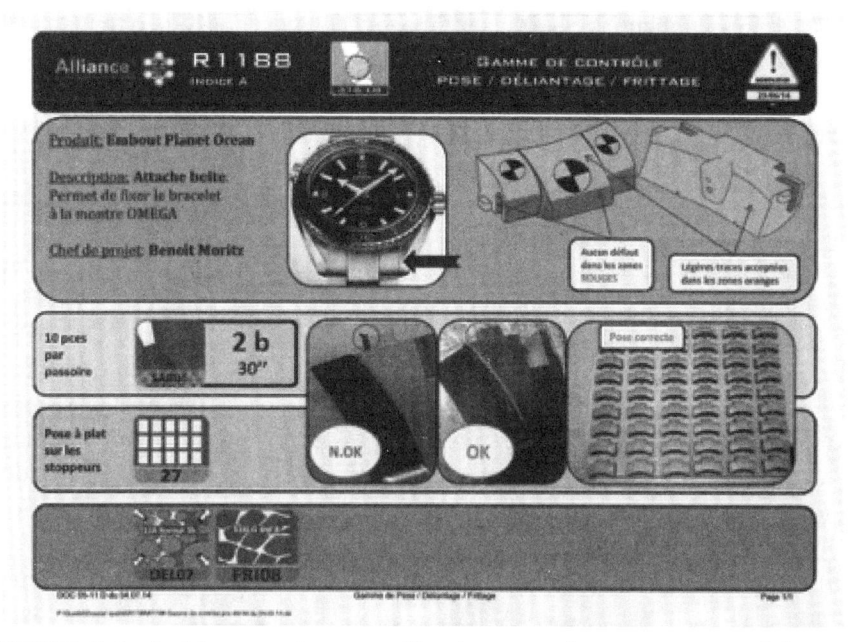

FIGURA 5.1 Padrões complexos modificados para caber em uma única folha.

"Nós moldamos nossas ferramentas", Bihr gosta de dizer, "e então nossas ferramentas nos moldam". Quando enfrentou esse problema, ele percebeu que seria preciso reenquadrar a função de líder de equipe. Em vez de "a pessoa mais competente para resolver os problemas técnicos e permitir que o sistema puxado funcione perfeitamente", ele precisaria de "líderes naturais que soubessem apoiar a equipe nas melhorias e no trabalho diário". O CEO também teve uma epifania: o progresso determinado pelo sistema puxado fora tão grande que não seria preciso que ele funcionasse perfeitamente todos os dias, como uma máquina. Naquele estágio, a diferença organizacional não seria tão grande. O que ele precisava mesmo era parar e revelar todos os problemas antes ocultos que agora poderiam ser explorados em profundidade para reduzir a produção de defeitos que ainda eram detectados na inspeção final e as dificuldades de ferramental nas trocas (*setups*) de produção. As paradas e os "soluços" na administração do sistema puxado não deveriam ser evitados ou rejeitados, deviam ser acolhidos e explorados. Em retrospecto, tudo isso parece óbvio, mas para um especialista em tecnologia brilhante como ele, abandonar a visão mecânica sobre o sistema puxado e adotar uma mais orgânica, que considerava as pessoas na sua dimensão pessoal, foi uma verdadeira revolução mental.

Dando seguimento a essa ideia, Bihr agora entendia que todo o treinamento em *dojo* dos operadores fazia sentido dentro dos relacionamentos e que seria necessário encontrar progressivamente líderes de equipe que fossem bons tecnicamente, mas, acima de tudo, que tivessem bons relacionamentos com seus colegas e que conquistassem o seu respeito pelas suas qualidades humanas. Em outras palavras, seria preciso encontrar um meio-termo entre as habilidades técnicas e as de liderança.

Hoje, Bihr está há um ano sem acidentes de trabalho e há 210 dias sem devoluções dos seus clientes médicos (que são muitíssimo exigentes). A entrega dentro do prazo subiu para 94,2%, *versus* 89% no ano passado. Os novos clientes hoje representam 15% da sua base de clientes. Os defeitos internos foram reduzidos pela metade. As vendas subiram 10%, com 10% menos pessoas no total. Bihr atribui todos esses resultados ao sistema puxado, com o entendimento claro de que ele precisou ser apoiado por equipes fortes e líderes de equipe astutos para ser sustentável. Sim, o sistema puxado é uma ferramenta organizacional para melhorar a coordenação entre os departamentos, revelar problemas para os gestores resolverem e dar os meios para que cada equipe cumpra 100% da sua programação horária. Mas essa arquitetura para melhoria, essa espinha dorsal das fábricas, só funciona se o desenvolvimento orgânico e centrado em pessoas das equipes seguir o ritmo. As pessoas em si realizam o processo, o sistema puxado apenas o revela.

Bihr fundou sua empresa para mudar a história da metalurgia e convencer o mundo a trocar os processos metalúrgicos extrativos pelos aditivos. Originalmente, Bihr construiu a empresa em torno das suas próprias decisões de engenharia. Os gerentes de projeto estavam lá para administrar os projetos e a fábrica para executar suas ideias. Isso funcionava bem enquanto ele lidava com algumas peças bastante lucrativas, mas quando o mundo mudou ao seu redor, Bihr teve que mudar a si mesmo para poder crescer, usando uma gama mais ampla de produtos e variações radicais no volume. Isso significou mudar de forma radical, como vemos na Figura 5.2.

Claramente, essa mudança nasceu da prática do pensamento *lean*, mas, como JC Bihr descobriu da pior maneira, aplicar as técnicas da Toyota pode ser uma faca de dois gumes quando não há um comprometimento profundo com a compreensão do seu propósito real. O problema do *sensei* é que (1) os líderes só aprendem quando começam a fazer as coisas com as próprias mãos, mas (2) aplicar as ferramentas sem reflexão constante ("*hansei*", no linguajar do *lean*) leva a decepções e erros dolorosos. No caso de Bihr, ele aprendeu que o propósito principal do *just-in-time* é *revelar* problemas, não resolvê-los. Nos primeiros dias, aparecem problemas tão óbvios que, sim, podem mesmo ser resolvidos pressionando a engenharia e a produção diretamente. Mas quando os alvos fáceis são derrubados e os problemas mais óbvios do processo geral são resolvidos, a natureza dos problemas muda, tornando-se mais variada e detalhada. Nessa fase, Bihr e sua equipe de gestão aprenderam arduamente que a formação de equipes – o processo de desenvolvimento de equipes por meio do treinamento constante de todos os operadores e a elaboração de padrões por parte dos líderes de equipe e dos gerentes de produção – é essencial para o sucesso.

Nas palavras simples de um *sensei* ex-Toyota, o *lean* se baseia em "fluxo contínuo – parar para resolver um problema – fluxo contínuo – parar". Organizar-se para aprender significa montar uma estrutura baseada em equipes para promover a solução de problemas de modo a reagir em tempo real a todos os problemas revelados pelo sistema puxado, que podem então ser reduzidos progressivamente para nos aproximarmos ao máximo do *takt* do cliente e do fluxo totalmente contínuo.

Assim, a mudança *lean* ocorre organicamente em empresas seguindo um arco fácil de identificar:
- As equipes geram hábitos de trabalho.
- Grupos de 30 geram procedimentos para simplificar esses hábitos.
- Os líderes de clãs (300 ou mais) estabelecem políticas, principalmente durante crises, quando os procedimentos normais são alterados devido a circunstâncias excepcionais.

Esse processo nunca é uma tendência natural. Muitas vezes, os líderes alteram as políticas para melhorar as situações ou para que elas se adaptem melhor às suas necessidades (quase sempre ambos), o que cria a necessidade da gestão da mudança de procedimentos na gerência da linha de frente. A resistência vem dos hábitos das equipes, estáticos demais para se mexerem. Uma abordagem de cima para baixo imporia essas mudanças de procedimento usando especialistas, com base em estudos de eficiência.

O pensamento *lean*, por sua vez, se concentra em acolher de braços abertos a estabilidade (padrões) e a mudança (*kaizen* significa literalmente "mudar para melhor") no nível das equipes, que é onde o trabalho acontece de fato. O motor das mudanças *lean* funciona da seguinte forma:

1. Os líderes enquadram o problema que precisa ser resolvido (mas não a solução) em termos que os membros da equipe consigam entender.
2. Os gerentes de linha de frente incentivam e apoiam equipes (guiadas pelos líderes de equipe) na exploração de novos hábitos correspondentes e na

```
┌─────────────────────────────────────────┐
│         Encontre um novo cliente.       │
│                    ↓                    │
│     Execute o projeto para criar a peça.│
│                    ↓                    │
│       Force as mudanças na produção.    │
└─────────────────────────────────────────┘

┌─────────────────────────────────────────────────────┐
│    Desenvolva equipes de engenharia e produção.     │
│                         ↓                           │
│ Melhore a flexibilidade do processo da engenharia   │
│                 para a produção.                    │
│                         ↓                           │
│   Reaja rapidamente às novas demandas dos clientes. │
└─────────────────────────────────────────────────────┘
```

FIGURA 5.2   Crescendo e se adaptando.

adoção de modos mais eficazes (que criam menos desperdício) de se trabalhar.

3. Os gerentes de linha de frente tiram conclusões sobre essas inovações no nível da equipe e alteram os procedimentos dos seus departamentos.
4. Os líderes investigam todas essas mudanças de procedimento, destacam aquelas que melhor respondem aos problemas e solicitam aos gerentes de linha de frente e às equipes que estudem as respostas mais interessantes para tentarem algo por conta própria e melhorarem a situação.

À medida que esse processo de difundir conhecimentos por meio de cópias e aprimoramentos (*yokoten*, no linguajar do *lean*) ocorre por toda a empresa, a mudança orgânica se amplia e cria uma transformação definida pelo desempenho, algo que, do exterior, costuma ser descrito como uma cultura baseada em desempenho.

Kaizen e respeito por pessoas

A ideia principal do *kaizen* é a satisfação dos funcionários. Sim, claro, o *kaizen* é essencial para reduzir os excessos de custo causados por equívocos, mas o verdadeiro desafio dos líderes *lean* é engajar todos os indivíduos no seu trabalho para que gostem mais do seu dia. Os executivos *lean* se comprometem profundamente e têm a intenção real de desenvolver as pessoas para que realizem todo o seu potencial. Isso significa, é claro, esperar que elas mudem.

A mudança é ao mesmo tempo emocionante e assustadora. Todos sabemos que as coisas mais interessantes estão fora da nossa zona de conforto, mas sair dessa zona é... desconfortável. Quando tentam algo novo, muitas pessoas sentem que os desafios envolvidos estão além da capacidade dos seus recursos internos – um sinal claro de estresse e ansiedade. Além disso, a frustração duradoura leva facilmente à raiva e, ocasionalmente, a problemas de comportamento.

Liderança é basicamente uma questão de reduzir o medo e aumentar a animação, o que significa reforço constante de que não há nada de errado com o fracasso, que ele é algo a ser buscado como parte do processo de aprendizagem, e que as mudanças acontecem com as pessoas, não contra elas.

Do ponto de vista da própria pessoa, quatro obstáculos precisam ser superados para que o próximo passo seja realmente possível:

1. *Assumir responsabilidade*: ninguém passaria por uma criança debruçada sobre um poço sem puxá-la para trás. Contudo, é fácil passar por lixo atirado na rua e não se sentir responsável por recolhê-lo e atirá-lo em uma lixeira, pois isso é trivial demais. Por outro lado, achamos que resolver o aquecimento global está além da nossa capacidade pessoal. O primeiro passo para mudar é assumir responsabilidade pela mudança, o que inevitavelmente parece esquisito ou difícil demais. Como podemos estimular as pessoas a assumirem a responsabilidade?

2. *Explorar caminhos incertos*: problemas complexos não costumam ter respostas simples, e encontrar a maneira certa de resolvê-los tende a envolver uma exploração mais ampla para analisar possíveis soluções. Isso, em si, não é natural, pois muitas vezes parece inútil investir tempo na investigação de opções que provavelmente não darão resultado algum. Explorar pode ser divertido, mas também pode ser frustrante ou até meio estapafúrdio. A segunda questão é como tornar a exploração algo recompensador, apesar das primeiras respostas óbvias provavelmente não serem as corretas.

3. *Superar reveses*: os sucessos são divertidos, mas os reveses podem ser extremamente dolorosos. Quando tentamos fazer algo de novo, os reveses são inevitáveis e, para falar a verdade, parte do processo de aprendizagem: encontrar o que não funciona é tão valioso quanto dar sorte e encontrar o que dá certo. Contudo, não há como negar que o fracasso tem um custo emocional (especialmente quando é público), e sempre enfrentamos a tentação de desistir rápido demais. A terceira questão é como manter a pessoa focada na próxima tentativa, depois na próxima, e aprendendo tecnica-

mente com cada falha ao mesmo tempo em que se ataca o próximo ponto para se distrair da dor do anterior.

4. *Antecipar o próximo passo*: como os resultados sustentáveis são dinâmicos, buscar sempre o próximo passo é um elemento motivacional crucial para se realizar este passo. Um dos primeiros equívocos no *lean*, por exemplo, era considerar o sistema puxado como sendo o "passo final", pois essa ideia tornava a criação do sistema quase impossível. Por outro lado, quando líderes como JC Bihr percebem que o sistema puxado é o início da jornada em busca da "perfeição", eles chegam ao sistema rapidamente, pois estão atentos ao que o sistema puxado vai ensiná-los para que possam continuar na sua jornada. Quando acham que estão trabalhando na última etapa necessária, as pessoas demoram uma eternidade e o resultado é decepcionante. O prazer de estar sempre em busca do próximo desafio é algo que precisa ser apoiado em todos os momentos.

O *kaizen* ocorre no contexto dos relacionamentos, pois nenhum homem é uma ilha. São raras as pessoas que inovam por conta própria, às vezes de forma espetacular, pois precisam lutar contra a pressão do conformismo em seu próprio tempo. Por mais festejadas que sejam, mesmo durante suas próprias vidas, a pressão para se adequarem às normas coletivas do presente nunca acaba, *ao mesmo tempo em que esses inovadores alteram a normas grupais*. Pouquíssimas pessoas têm a capacidade e a resistência necessárias para serem figuras transformadoras nesse nível. Para a maioria de nós, enfrentar nossos pares para efetuar uma mudança é incrivelmente difícil. Como o sistema de aprendizagem *lean* se baseia exatamente nisso (pequenas mudanças contínuas), precisamos entender a estrutura do *kaizen* em equipe para facilitar essas mudanças para as próprias pessoas.

Os líderes *lean* de todos os níveis têm modos pragmáticos de apoiar essa mudança. Acima de tudo, eles dão familiaridade à ideia de desconforto e a tornam quase confortável. Ao esperar que todas as equipes sempre trabalhem em um tópico de *kaizen* contínuo, os líderes estabelecem que a mudança gradual é a *norma* da equipe. Melhorar dentro da equipe remove parte da pressão de ter que lutar contra todo o universo para defender suas ideias, especialmente quando a equipe é responsabilizada (e reconhecida) pelos gestores por inventar novas maneiras de trabalhar.

Os líderes também reconhecem que os mentores têm uma importância imensa para todos os aprendizes. Os mentores podem ser líderes de equipe ou então instrutores de habilidades específicas. Claramente, ter alguém reconhecido no seu ambiente profissional, alguém que se importa de verdade com o seu desenvolvimento e que pode incentivá-lo e dar dicas sobre como superar dificuldades, faz uma diferença enorme para a sua motivação e o seu progresso. No pensamento *lean*, os mentores guiam a solução de problemas não tanto para a redução de erros (a obsessão de qualquer abordagem tradicional à excelência operacional) quanto para apoiar novas ideias e descobertas.

Os líderes de equipe também usam as ferramentas *lean* como mecanismos de *coaching*. Essas ferramentas foram projetadas para dividir os problemas típicos em passos simples, que facilitam o trabalho em equipe para resolver problemas. Quanto à geração de novas ideias, equipes tendem a funcionar melhor. O debate que ocorre dentro da equipe que escolheu uma nova tarefa para si é o segredo para a criatividade e para a ligação súbita dos pontos, fatores que fazem toda a diferença.

O *kaizen* baseado em equipes depende da confiança mútua. Para ter bom desempenho em organizações de grande porte é preciso saber como a organização funciona, com quem conversar e se é possível confiar nessas pessoas para fazerem a sua parte do trabalho. Se você não confia na organização que existe, naturalmente passará a questioná-la e tentar fazer o que precisa usando caminhos paralelos, o que cria mais resistência e caos organizacional. Sem algum nível de institucionalização das melhorias na organização, a situação retorna à média mais cedo ou mais tarde. Como produzir essa confiança? Fazendo os gestores enfocar incessantemente a prática do respeito pelas suas pessoas.

No *lean*, respeito não é só ser simpático ou bem-educado (ambos são ótimos, mas nem todos os gerentes podem ser simpáticos e promover mudanças ao mesmo tempo). Respeito significa se importar profundamente com a satisfação de todos os clientes e com o sucesso de todos os membros da equipe. Em termos práticos, significa se comprometer com o seguinte:

1. Proteger as pessoas de lesões físicas e de assédio.
2. Garantir que todos entendam o propósito do seu trabalho e tenham os meios para executá-lo bem.
3. Esforçar-se ao máximo para entender seus pontos de vista, ver os obstáculos com os seus olhos e ajudá-los a resolvê-los.
4. Treinar, treinar e treinar mais para desenvolver nas pessoas habilidades básicas e de solução de problemas, aumentando sua autonomia para cumprirem melhor o seu trabalho.
5. Criar oportunidades concretas para que as pessoas transformem suas ideias em ações e melhorem o modo como trabalham, individualmente e em

equipe, incluindo sugestões individuais, círculos de qualidade e projetos de melhoria interfuncionais de gestão.

6. Ajudar as pessoas a transitarem pela organização e apoiá-las no desenvolvimento de suas carreiras e no seu sucesso pessoal.

A ideia *lean* do respeito pelas pessoas significa demonstrar confiança absoluta de que todos os funcionários podem realizar o seu potencial e desenvolver as habilidades básicas cognitivas e não cognitivas de que precisam para trabalharem bem e então desafiá-los constantemente a refletirem mais a fundo sobre o que fazem (ao mesmo tempo em que os apoiamos quando esbarram em obstáculos que não conseguem superar).

Como observou Akio Toyoda, no entanto, a ironia de um sistema baseado no desenvolvimento de pessoas é que o respeito pelas pessoas começa quando as questionamos, o que muitos veem como uma crítica. Sem essas críticas, não se tem ciência dos problemas, não há uma tensão saudável para resolvê-los, não há uma luta para descobrir uma maneira melhor. Não há progresso. A confiança mútua é essencial justamente por esse primeiro passo ser tão difícil, e a crítica é boa dentro dos limites de um relacionamento sólido, em que há uma intenção genuína, aceita e reconhecida de fazer as pessoas progredirem. Sem esse laço, muitas pessoas reagem mal às críticas, pois elas infelizmente são consideradas desrespeitosas. Para evitar isso, é importante que os desafios ou críticas sejam direcionados ao sistema ou ao processo sendo analisado, não às pessoas que realizam o trabalho.

O crescimento ocorre quando enfrentamos resistência. Atletas treinam. Inovadores burilam até que a coisa funcione. O *kaizen* combate a inércia organizacional. Organizar-se para a aprendizagem significa criar a estrutura social que vai apoiar os indivíduos e as equipes que enfrentam a resistência do *status quo*. O líder de equipe é a pedra fundamental desse esforço.

Líderes de equipe

"Como vocês estão organizados?" é uma pergunta que Freddy Ballé faz frequentemente aos gerentes no chão de fábrica. Quando eles começam a detalhar o organograma, Freddy os corrige: "Não, eu quero saber como os seus operadores estão organizados. Como este senhor ou esta senhora estão organizados? Eles fazem parte de uma equipe estável? Quem é o seu ponto de referência? Quem é responsável pelo seu sucesso?". Invariavelmente, a pergunta revela como a mentalidade organizacional desvinculada das pessoas cria o melhor organograma possível para então preenchê-lo o melhor que pode com os gerentes que estão disponíveis. Poucos organogramas se aprofundam até as pessoas que realmente agregam valor. Elas são consideradas um "departamento", um "recurso", mas não pessoas. No pensamento *lean*, entretanto, o *kaizen* e o respeito pelas pessoas dependem do líder de equipe e do gerente de linha de frente.

O líder de equipe é o alicerce do desempenho da equipe. Os líderes de equipe não têm responsabilidades administrativas. Eles são funcionários que agregam valor com uma missão um pouquinho maior. Eles são os indivíduos que dão o primeiro passo e fazem algo primeiro para liderar a equipe na sua missão, usando as ferramentas *lean* em nível de equipe. Entre outras tarefas, os líderes de equipe são responsáveis por:

- *Responder aos chamados dos membros de equipe:* sempre há alguém disponível quando se encontra uma dificuldade. Contudo, os funcionários acabam procurando o líder de equipe se ele é considerado competente e simpático e se acreditam que é do seu interesse pedir ajuda ou conselhos ao líder de equipe.
- *Respeitar os procedimentos de segurança:* os líderes de equipe sabem explicar os procedimentos de segurança e estão sempre trabalhando na conscientização sobre segurança. Os líderes de equipe chamam a atenção para a diferença entre bons e maus hábitos e conversam sobre acidentes recentes. Todos os membros de equipe são responsáveis pela sua própria segurança, mas o líder de equipe tem um papel importante em sustentar a atenção à segurança.
- *Conhecer o trabalho padronizado para as tarefas na sua área:* os líderes de equipe são capazes de demonstrar para o cliente final e também para a próxima pessoa no processo como o trabalho padronizado apoia pontos específicos da qualidade. O trabalho padronizado não visa a criação de hábitos, mas sim a formação de um método claro para testar os nossos hábitos frente a um padrão, usado como ponto de referência. Ao demonstrar o trabalho padronizado na sua própria prática, os líderes de equipe estabelecem essa referência. Ao explicar pontos específicos sobre como manter o trabalho padronizado, os líderes conscientizam suas equipes sobre a qualidade.
- *Encorajar o quarto S do método 5S:* os líderes de equipe lideram cada membro de equipe em manter os padrões do ambiente de trabalho decididos pela equipe como base para o trabalho padronizado. Os líderes de equipe têm um papel essencial na relação entre como o ambiente de trabalho é organizado e a capacidade de todos de manter os padrões de trabalho.

- *Destacar áreas para mais kaizen e liderar as atividades de melhoria:* a função do líder de equipe foi desenvolvida originalmente na Toyota à medida que Taichii Ohno escolhia os operadores que realizavam os melhores *kaizen* e os distribuía pelas outras células para serem líderes de *kaizen*. Com o tempo, essa função evoluiu mais na direção do treinamento e da sustentação dos padrões de trabalho, mas a missão fundamental do líder de equipe continua a ser a de identificar perdas e liderar melhorias.

As equipes *Lean* e os líderes de equipe operam dentro do contexto de condições de *just-in-time* e *jidoka*, que determinam com enorme precisão como cada célula deve operar. Ainda assim, é importante entender que a tensão criada pelo sistema puxado se resolve em melhorias reais apenas por meio da ação de liderança dos líderes de equipe. São eles que estão na linha de frente enquanto os gestores tomam as decisões importantes nas reuniões. Os líderes de equipe estão sempre lá quando os gerentes não estão. Eles são os guardiões finais dos padrões e do *kaizen*. Ao modelarem o trabalho padronizado na prática (e serem capazes de explicá-lo), eles dão aos outros funcionários um ponto de referência no qual podem confiar. Quando enxergam e chamam a atenção para as perdas e lideram atividades de redução de perdas, eles criam o espaço mental para que os outros funcionários participem e sejam criativos. Os líderes de equipe têm a função essencial de transformar o respeito por pessoas em realidade em meio ao dia a dia das operações.

Estabilidade básica

Para serem capazes de apoiar cada funcionário, as equipes e os líderes de equipe devem encontrar seu lugar de direito no fluxo de valor da organização: quem trabalha com quem para atender quais clientes? O propósito dos fluxos de valor é eliminar o labirinto, criar menos esperas em partes do sistema e ajudar a visualizar quais produtos precisam sair da linha após a primeira ordem de produção vinda da demanda do cliente. Nas organizações tradicionais, cada processo é otimizado diariamente pelo sistema de gestão central. Isso significa que os fornecedores e os clientes internos de uma equipe podem mudar à medida que o trabalho flui por uma sequência ou outra. Isso é desestabilizador e torna muito mais difícil formar boas relações de trabalho com os colegas de outras equipes. A Figura 5.3 mostra como seria um fluxo de trabalho típico.

Para estabilizar o trabalho das equipes entre funções, é desejável, tanto quanto for possível, criar *fluxos de valor*: cestos de produtos que andam juntos e fluem através das mesmas equipes. Isso significa estabelecer qual equipe faz qual trabalho. Essa aparente perda de flexibilidade é, na verdade, um ganho. Quando todas as equipes podem absorver qualquer trabalho, o sistema de TI sempre pode alterar a rota quando há um problema, o que elimina a pressão de solucionar os problemas de cada equipe. Se os roteiros são fixos, os gestores precisam dar às equipes os meios necessários para trabalhar, além de precisarem apoiar a solução diária de problemas. A flexibilidade se desenvolve à medida que as próprias equipes aprendem a lidar com mais produtos dentro do seu fluxo estável, como vemos na Figura 5.4.

Contudo, os fluxos de valor não eliminam a necessidade de se ter departamentos especializados. Os departamentos funcionais são essenciais para sustentar e cultivar a aprendizagem especializada, e quase todas as tentativas de "reengenharia" (ou seja, organizar-se em torno de processos, não de especialidades técnicas) fracassaram. O fluxo de trabalho entre as equipes é estabilizado, no entanto, para que cada equipe trabalhe diariamente com:

1. Uma lista estável de produtos
2. Fornecedores internos conhecidos
3. Clientes internos conhecidos
4. Uma lista estável de equipamentos

O departamento atua como uma central de competências, sendo que a responsabilidade número um do chefe do departamento é treinar todos os mem-

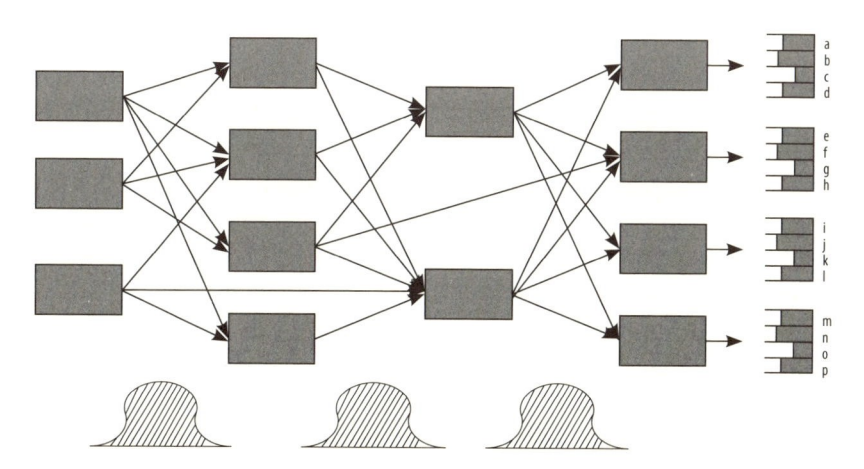

Fonte: Toyota, Divisão de OMCD.

FIGURA 5.3 Um típico fluxo de rotas de trabalho.

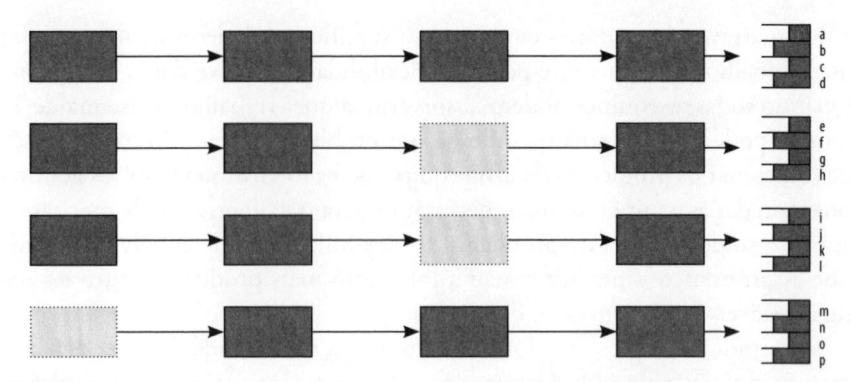

FIGURA 5.4 Fluxo de rotas de trabalho usando fluxos de valor.

bros da equipe, com o apoio do seu respectivo líder. O líder de equipe precisa dominar os padrões de trabalho e ser bem quisto pelas equipes.

Promoção de gerentes pela sua capacidade de aprender

Para resumir a dinâmica do *lean*, começamos pelo desafio de liderança para melhorar o fluxo. Isso revela obstáculos e destaca problemas que precisam ser resolvidos. Com a implantação de condições de *just-in-time* e *jidoka*, esses problemas são enquadrados de uma forma concreta que permite que os funcionários no nível de equipe enfrentem o problema:

- *Just-in-time*: um trabalho está sendo puxado, mas ainda não está pronto, ou então está pronto mas não há onde colocá-lo, pois ficou pronto antes de ser puxado.
- *Jidoka*: pare, aponte e chame em vez de deixar um trabalho duvidoso passar para a próxima etapa, ou se tiver uma dúvida enquanto trabalha, ou se um dos componentes levados a você parecer fora de padrão. Reações imediatas deixam a análise mais intimamente ligada ao ponto de causa raiz.
- *Quadro horário de análise de produção*: os líderes de equipe descrevem os obstáculos que impedem a equipe de cumprir seus objetivos horários para esclarecer o problema e compartilhá-lo com os gestores, pois assim há um consenso sobre quais são os problemas antes que se tente resolvê-los.

Tendo enquadrado o problema dessa forma, as próprias equipes expressam o que isso significa por meio do quadro de análise da produção, e podem resolvê-lo por (1) solução de problemas e redução da diferença em relação ao padrão quando este é conhecido ou (2) realização de *kaizen* quando um novo padrão precisa ser desenvolvido. Em ambos os casos, a equipe muito provavelmente desenvolverá um novo modo de trabalhar e mudará seus hábitos.

Contudo, essa mudança de hábito só é possível e sustentável se os gerentes de linha de frente a apoiarem com a solução da questão ambiental que possibilita o novo hábito. Além disso, esse novo hábito acaba beneficiando a empresa como um todo apenas se e quando os gerentes de área alterarem o procedimento no nível do departamento, levando em conta e apoiando o modo novo e melhor de trabalhar.

Assim, espera-se que os gerentes entrem na jogada e indiquem os problemas para as suas equipes e líderes de equipe. Obviamente, espera-se que eles apoiem os líderes e as equipes nos seus esforços para resolver o problema. Porém, ao final da resolução, os gerentes também devem ser capazes de aprender com os esforços de solução de problemas ou *kaizen* e aprimorar seu próprio modo de trabalhar. Sem essa última mudança, muitas das melhorias do chão de fábrica se deterioram rapidamente. Os gerentes precisam sintonizar o sistema para apoiar o novo modo de trabalhar, tanto em termos de procedimentos quanto de incentivos. Trata-se de uma mudança de postura completa, deixando de dizer às pessoas como fazerem seu trabalho melhor (pressupondo que se saiba como) para descobrir com elas o que significa "melhor" no contexto atual (e tornar o novo modo sustentável e o melhor possível).

Para ter sucesso no *lean*, os gestores devem ser capazes de ensinar, pois o desenvolvimento de seus subordinados é a sua responsabilidade número um, mas também devem ser capazes de aprender. Se não o forem, o benefício de todos aqueles esforços de *kaizen* simplesmente desaparecerá à medida que as forças contrárias advindas de incentivos e procedimentos já existentes forem se reinstalando. Mudar é difícil. Todo novo modo de trabalhar deve ser apoiado com muitos e muitos ciclos de prática até se tornar um novo hábito. Essa é a missão essencial do gestor no pensamento *lean*. Tornar-se *lean* não é apenas uma questão de mudança, mas sim de criar a capacidade de mudar várias e várias vezes.

Para dar início às mudanças, os gestores devem construir o engajamento com cuidado, passo a passo, ao fazerem melhor, identificarem espaços claros para o pensamento autônomo e encorajarem as pessoas a assumirem responsabilidade:

1. *Apoiar a gestão visual*: para fins de motivação e autonomia, os funcionários precisam saber imediatamente se estão ou não estão tendo sucesso. O *kai-

zen enriquece a gestão visual, e essa técnica deve ser aprendida por toda a hierarquia como parte do princípio *jidoka*. Antes de tentarmos melhorar a linha, vamos visualizar o que está OK *versus* o que não está OK para podermos criar um espaço de debate com os operadores. Mais uma vez, a gestão visual não é uma solução livre de pessoas, é uma abordagem centrada em pessoas que tem o objetivo de fazer observações melhores e promover conversas melhores com as próprias equipes.

2. *Engajar indivíduos na solução de problemas de desempenho diários*: semelhante ao ensino da medicina, a forma mais poderosa de engajar funcionários experientes com o próprio desenvolvimento é fazê-los resolver problemas de desempenho diários. Mas cuidado, a ideia aqui não é resolver todos os problemas no processo para que, algum dia, por mágica, o processo seja eficiente por estar totalmente livre de problemas. Esse é o pior tipo de fantasia, pois como a maioria dos problemas ocorre devido a mudanças no ambiente, nenhum processo estará livre de problemas; ele só terá problemas novos. A meta de resolver os problemas, um por vez, é desenvolver o entendimento das pessoas sobre o próprio trabalho ao expressar o problema, refletir sobre as causas fundamentais, experimentar contramedidas e estudar cuidadosamente o impacto das suas iniciativas. O verdadeiro objetivo da solução diária de problemas é a sugestão individual, na qual uma pessoa tem espontaneamente uma ideia sobre como melhorar o trabalho, algo que pode compartilhar com os colegas e que eles podem aceitar – a prova definitiva do reconhecimento profissional.

3. *Apoiar o estudo da equipe sobre seus próprios métodos de trabalho e iniciativas de melhoria*: todas as equipes naturalmente produzem normas. Por um lado, essas maneiras de se comportar dentro da equipe regulam como os membros interagem e, por outro, distinguem essa equipe das outras. Solicite que cada equipe escolha um tema de *kaizen* por vez para guiar o processo de produção de normas. Peça que as equipes (a) identifiquem um potencial de melhoria de desempenho; (b) estudem o método de trabalho atual (várias ferramentas *lean* permitem que isso seja feito caso a caso, como 5S, fluxo e leiaute, controle estatístico de processos – CEP ou SPC –, Smed e TPM); (c) pensem em novas ideias; (d) desenvolvam um plano para experimentá-las e para envolver as partes interessadas necessárias na organização a fim de obter a contribuição de especialistas, as autorizações que se fizerem necessárias e assim por diante; (e) tentem usar medições como forma de registrar o impacto das novas ideias; e (f) avaliem como ajustar a ideia ainda mais ou mudar o padrão caso ela dê certo. Esse sistema

contínuo de fazer com que cada equipe enfrente seus próprios métodos de trabalho é o impulso fundamental para que se possa fazer as coisas melhor. De uma só vez, ele constrói competência e união da equipe e desenvolve autonomia e a motivação de fazer parte de uma equipe de alto desempenho. (Mas é preciso fazer um alerta: essas equipes não são "autodirigidas". Elas fazem parte de um fluxo de *just-in-time* e têm objetivos inerentes à sua hierarquia. Elas são "autoaprimoradas".)

4. *Liderar projetos de melhoria de ponta a ponta do fluxo de valor para desenvolver novas soluções*: projetos de *just-in-time* de ponta a ponta muitas vezes vão além de um único departamento, ou mesmo de uma única unidade, quando analisamos cadeias logísticas inteiras. Os projetos de *just-in-time* oferecem oportunidades de cooperar além dos limites organizacionais e de estabelecer um propósito compartilhado em toda a cadeia logística, o que, por sua vez, leva a acordos muito melhores, nos quais todos saem ganhando, além de reduzir o total de desperdícios. Aumentar o nível de *just-in-time* usando um fluxo de ponta a ponta tem três efeitos. Primeiro, isso muitas vezes *aumenta* os custos em algumas áreas – por exemplo, com a criação de uma unidade de reembalagem no setor de recebimento para expedir as embalagens dos fornecedores em unidades menores a serem entregues à linha pelo trem. Segundo, ao aumentar os custos, eles revelam desperdícios: por que o fornecedor não consegue fornecer a embalagem correta para chegar à linha em embalagens menores? Terceiro, a combinação do aumento local dos custos e a revelação de desperdícios destaca as necessidades de *kaizen* sem sombra de dúvida. A tensão inerente do *just-in-time* também leva à redução do tempo de atravessamento do *kaizen*, o que desenvolve ainda mais os recursos humanos.

As organizações devem apoiar a aprendizagem, não atrapalhá-la. Ainda assim, a maioria das organizações é estruturada para retratar a natureza de estratégia, execução, comando e controle da mentalidade convencional. Que tipo de organização podemos construir para retratar o pensamento *lean* e a estratégia *lean*? Como vimos, não há por que abandonar o modo natural como os seres humanos se organizam, com hierarquias, especialidades e equipes de linha de frente, mas podemos interpretá-los de uma maneira diferente para sustentar o pensamento *lean*:

- Primeiro, enquanto líder, você pode aprender a visitar pessoalmente cada local de trabalho e encorajar e apoiar a melhoria do fluxo por parte das equipes de linha de frente. No início, a iniciativa não precisa ser muito estruturada ou especialmente eficaz, mas é importante mostrar às pessoas que as coisas podem ser mudadas imediatamente usando uma abordagem de tentativa e erro.

- Em seguida, você pode estabelecer progressivamente a gestão visual e a medição correspondente do local de trabalho por todas as áreas. Isso exige um investimento mais pessoal, pois essas técnicas precisam ser aprendidas (a Toyota tem 60 anos de tradição nessas ferramentas) e ensinadas. A gestão visual é o aspecto físico dos princípios *lean* de valor, *jidoka* e *just-in-time*. Ela cria o tipo certo de estrutura para que todas as equipes, de todos os tipos, pratiquem o *kaizen* todos os dias e em todos os lugares.

- As melhorias geradas pelo apoio ao *kaizen* e pelo seu direcionamento usando gestão visual nos levam a perguntas mais amplas e novas oportunidades para aprender e para levar o negócio por novos caminhos. Por exemplo, para criar melhorias de produtividade e fluxo, é necessário realizar mudanças físicas. Nesse estágio, o segredo é trabalhar de perto com os líderes locais para ver aonde eles gostariam de ir, como isso se adapta às suas próprias dimensões de melhoria e quais passos específicos poderiam sair dessas conversas. Ao mesmo tempo, essa abordagem à melhoria centrada em pessoas abre a organização para novos desafios e intensifica a estrutura corporativa por meio da confiança mútua e da colaboração mais próxima.

Mais uma vez, o passo fundamental é mudar a visão que você tem de si mesmo: de alguém que usa outras pessoas como ferramentas para atingir resultados específicos para alguém que estimula colegas autônomos e competentes que vão ajudá-lo a desenvolver soluções para atingir os objetivos que você definiu. Sim, o desempenho superior nasce do progresso dinâmico, não da otimização estática, mas isso também significa deixar de lado a necessidade de controle direto e buscar, em vez disso, estar no controle da dinâmica. Enquanto líder, isso significa encontrar a felicidade de se aprender com a aprendizagem da própria equipe. À medida que ela encontra maneiras locais de fazer melhor, quais desafios de mudança (e oportunidades de melhoria) isso torna acessível no nível da liderança? É aqui que o *lean* fica realmente divertido.

CAPÍTULO 6

Uma nova fórmula para o crescimento

Uma estratégia lean *multiplica o valor dinamicamente ao longo do tempo.*

Agora que examinamos como o pensamento *lean* molda a maneira como as organizações são administradas e lideradas, vamos ver como o *lean* representa uma forma fundamentalmente diferente de pensar sobre estratégia – as decisões e ações que as empresas tomam, além dos sistemas contábeis e financeiros usados para apoiar essas ações e que servem de indicadores para o que a empresa valoriza. Como a Toyota e outros grandes exemplos do *lean* revelam, a estratégia *lean* opera segundo uma fórmula alternativa de crescimento a longo prazo – uma soma do crescimento bruto com a redução sistemática das despesas líquidas, o que cria oportunidades dinâmicas que os outros não têm como igualar.

    O aspecto contraintuitivo dessa abordagem fica evidente quando ela é comparada com as ideias tradicionais de que os líderes devem traçar estratégias grandiosas para conquistar novos mercados. Na verdade, o segredo do crescimento *lean* é ter um pé no chão e o outro nas nuvens. Um alto executivo americano comentou o seguinte sobre aprender a trabalhar com seu chefe japonês: "Quando reagia a um problema específico com uma solução específica, ele me perguntava: 'Qual é o princípio geral que atua aqui?'. Mas quando reagia com uma solução geral, ele perguntava: 'Qual é a sua solução específica?'". Essa relação interativa entre problemas específicos e detalhados e suas contramedidas e o pensamento de alto nível sobre princípios é algo que Freddy Ballé aprendeu com seu próprio *sensei*. Como viemos a descobrir, a aprendizagem intensa ocorre durante esse exercício de avançar dos menores detalhes para a visão mais global e então retornar das características superficiais à teoria e à superfície de novo.

Aprender de baixo para cima significa trabalhar a partir de problemas específicos, buscar contramedidas locais e refletir sobre as consequências mais gerais ao lado das próprias pessoas, usando experimentos de melhoria repetidos. Contudo, esses esforços de *kaizen* pequenos e graduais não são uma série de ações aleatórias; são parte de uma estratégia maior: uma estratégia *lean*.

Uma *estratégia* é um plano de alto nível para se obter vantagem competitiva em condições de incerteza. Nesse sentido, a estratégia para fazer o negócio crescer é clara. Ela se baseia em três intenções estratégicas principais:

1. *Desafie-se a cortar o ruim pela metade e duplicar o bom.* Seja qual for a situação atual, desafie-se a encontrar os controles operacionais necessários para melhorar radicalmente o desempenho do seu negócio. Quando enfrentamos os problemas mais importantes e escolhemos dimensões para melhoria, podemos oferecer aos clientes e à sociedade alternativas atraentes que os concorrentes serão forçados a seguir. Desafiar-se além da necessidade mínima de "manter-se no jogo" é o segredo para administrar a própria curva de aprendizagem e pressionar os concorrentes no processo (por precisarem correr atrás do prejuízo, eles terão mais dificuldade e acabarão gastando mais para administrar a própria curva de aprendizagem).

2. *Crie uma cultura de "problemas em primeiro lugar".* Os problemas são o material cotidiano que os gestores *lean* usam para administrar suas áreas, desde problemas de negócio expressos na forma de desafios a obstáculos detalhados no nível do local de trabalho encontrados pelos funcionários. Os problemas são aquilo com o que o *lean* trabalha. Os gestores são ensinados a irem à fonte para encontrar os fatos e escutar diretamente o que os clientes e colaboradores têm a dizer. Eles precisam admitir que não sabem tudo e devem estar dispostos a questionar e derrubar seus pressupostos de longa data sobre como as coisas funcionam. Também são ensinados a visualizar as questões e perguntar o porquê várias e várias vezes, até as causas raiz emergirem e as contramedidas serem implementadas. Isso significa que as informações desfavoráveis devem ser acolhidas, não ocultadas, e que os gestores devem agradecer aos funcionários pelos problemas que trazem à luz, não culpar o mensageiro e ignorar ou desprezar as suas preocupações. Isso também significa que as iniciativas de melhoria devem ser cultivadas e apoiadas e que os gestores devem aprender a aprender com elas.

3. *Liberar capacidade para desenvolver novos produtos e/ou serviços.* Ao solucionar problemas que geram desperdício, você libera capacidade (pessoas, máquinas e espaços) para conseguir crescer sem precisar adicionar novas capacidades. À medida que o negócio cresce e esse crescimento é satisfei-

to usando os recursos existentes, o único custo adicional significativo da nova unidade de venda é o seu conteúdo material. O cálculo tradicional do *retorno sobre investimento* (ROI) multiplica a *eficiência operacional* (ou seja, a margem) pela *eficiência do capital* (ou seja, os ativos usados para criar o produto). A estratégia *lean* muda o enquadramento financeiro de como melhorar o ROI ao resolver problemas usando experimentos de *kaizen* contínuos, o que leva à aprendizagem contínua, e então às melhorias simultâneas contínuas na eficiência operacional e do capital. Essa capacidade liberada cria espaço para lançar novos produtos e testar inovações sem o risco financeiro de ter instalações de produção exclusivas. O aumento da flexibilidade (e solução de todos os problemas consequentes) mediante a eliminação dos desperdícios é o segredo para sustentar concretamente o crescimento com um fluxo constante de novas ofertas inovadoras.

Quando Art Byrne foi trabalhar como CEO na ex-empresa de Orry, a Wiremold Company, ele explicou a estratégia, em parte, da seguinte forma: "Tornar-se um dos 10 maiores concorrentes do mundo no quesito tempo". Ele também definiu as seguintes métricas e objetivos estendidos:

- 100% de atendimento ao cliente
- 50% de redução anual dos defeitos
- 20× de giro de estoque
- 20% de aumento de produtividade anual
- 5S e gestão visual

A ideia dessa abordagem superdesafiadora é promover o *kaizen*. O *kaizen* é o motor da estratégia *lean*, e o tempo é a sua moeda. Atingir esses objetivos extremos não é algo que aconteceria em uma campanha isolada, com a simples otimização da situação atual. Seria preciso uma nova maneira diferente e permanente de pensar e agir. Mas esses desafios não surgiram do nada. O *kaizen* não é aleatório. Com o pensamento *lean*, não se sabe a forma da solução por vir, mas se sabe por onde começar a procurar. Vinte e cinco anos de iniciativas *lean* confirmam a abordagem da própria Toyota:

- Uma maior percepção de qualidade promove as vendas (e reduz os custos).
- A intensidade dos esforços de *kaizen* reduz os custos totais.
- O lançamento de novos produtos (a partir da capacidade liberada e maior flexibilidade) é o segredo para o crescimento sustentável.
- Tempos de atravessamento reduzidos aumentam as margens e geram caixa.

Usando esses quatro pressupostos como ponto de partida, o sucesso da Wiremold foi espetacular. O valor da empresa aumentou em 2.467% em 10 anos, as vendas mais do que quadruplicaram, o lucro bruto saltou de 38 para 51%, o giro de estoque aumentou de 3× para 18× e o lucro antes de juros, impostos, depreciação e amortização (EBITDA) aumentou de 6,2 para 20,8%. Essas melhorias financeiras espetaculares surgiram de esforços concretos no chão de fábrica; por exemplo, aumentar as trocas (*setups*) de máquina de 3 por semana para 20-30 por dia e melhorar a produtividade em 162% usando células de fluxo contínuo. A soma das melhorias do chão de fábrica e de engenharia reduziram o tempo de atravessamento de 1-6 semanas para 1-2 dias (o atendimento aos clientes melhorou de 50 para 98%), o que levou a melhorias financeiras.

Esses pressupostos fundamentais não são estratégias a serem executadas; são marcos para promover o *kaizen* por parte das equipes. O grande passo mental que os gestores precisam dar para atingir resultados como esse é perceber que as decisões executivas não existem para "atingir os números" definidos pela contabilidade atual, mas sim para criar (e cultivar e apoiar) oportunidades de *kaizen*. Desde o início do pensamento *lean*, tentando imaginar como atingir metas incrivelmente ambiciosas, os primeiros engenheiros *lean* perceberam que seria preciso acelerar o *kaizen* das equipes em vez de buscar soluções mais perfeitas. Isso, por sua vez, os levou a tomar algumas decisões que, do ponto de vista da otimização estática, parecem anti-intuitivas:

- Interromper todo o processo em vez de deixar as peças duvidosas passarem e serem verificadas na inspeção final. Quando uma estação de trabalho encontra um problema, todas as demais também são interrompidas. Com certeza parece fazer muito mais sentido continuar trabalhando, tirar as peças problemáticas da linha e verificá-las depois, quando for mais conveniente. Sim, seria sensato, mas no enquadramento *lean* da melhoria, não haveria pressão real para analisar a questão de imediato, entendê-la e voltar à produção normal após consertá-la. A interrupção da linha toda, investigando profundamente as condições problemáticas reais onde e quando elas ocorrem, com todas as pessoas envolvidas tendo uma probabilidade muitíssimo maior de estarem presentes, permite-nos aprender com a situação.
- Programar as mudanças de engenharia de acordo com o que a produção consegue absorver e programar novos produtos nas linhas existentes para conseguir fabricar modelos diferentes sem precisar apostar em um único grande lançamento a fim de dominar o mercado. Parece que faria mais sentido buscar grandes volumes de venda imediatamente para recuperar os custos de desenvolvimento, mas volumes grandes significam recursos

de produção exclusivos e apostas enormes em clientes volúveis, em vez de lançar vários modelos diversos, montados nas mesmas instalações de produção, e esperar para ver quais deles agradam aos clientes (e quais não).

- Esforçar-se para reduzir os tempos de troca (*setup*) de produção para abreviar os tempos de atravessamento e diminuir os estoques de modo a produzir os menores lotes possíveis. Parece mais sensato usar os equipamentos na velocidade máxima para reduzir o custo das peças, e depois armazenar as peças em armazéns para usá-las quando necessário, mas os pioneiros do *lean* descobriram logo no início que a redução sistemática dos estoques leva a mais *kaizen*, pois todos os obstáculos ao fluxo contínuo precisam ser resolvidos e todas as máquinas precisam ser melhoradas para que possam ser mais confiáveis e flexíveis.

- Fazer com que todos os funcionários tenham múltiplas habilidades, usando o treinamento constante com trabalho padronizado para criar linhas de fluxo contínuo, e não depender de mestres que se especializam nos problemas "difíceis". Treinar todos o tempo todo em vez de contratar pessoas já treinadas pode parecer uma despesa desnecessária, mas isso permite a produção *just-in-time* (JIT) e reduz os custos totais no fluxo inteiro.

- Cooperar mais intensamente com os fornecedores usando o sistema puxado *just-in-time* para reduzir os custos totais e dividir as economias a fim de gerar confiança em soluções nas quais todos saem ganhando, dando retorno na inovação colaborativa junto aos principais fornecedores. Obviamente, isso confronta a ideia de sempre encontrar o fornecedor mais barato e trabalhar com dois ou três fornecedores idênticos para reduzir os preços, mas os benefícios obtidos ao se integrar perfeitamente as inovações, eliminando-se os problemas de qualidade e garantindo-se as entregas imediatas compensam as vantagens de preço que talvez possam ser obtidas com o uso de práticas autoritárias junto aos fornecedores.

Todas as decisões de negócio *lean* fazem o mais perfeito sentido quando vistas através do enquadramento simples de "encorajar o *kaizen*". Quando as pessoas concordam sobre o problema com base nos fatos vistos ao lado dos clientes ou no local de trabalho, elas inventam uma maneira melhor de trabalhar e, em geral, isso aumenta as vendas, pois eleva a percepção de qualidade. O desenvolvimento do fluxo gera caixa, pois reduz os estoques e as filas de pedido, diminuindo o custo total, pois se elimina muitas perdas, o que leva à investimentos mais inteligentes em tecnologia, entendendo-se a necessidade real, e não a necessidade máxima, de despesas e de capital. O espírito do *kaizen* promove o ciclo de encontrar, enfrentar, enquadrar e desenvolver que cria soluções mais inteligentes. Assim, as escolhas dos gestores devem logicamente criar situações melhores para o *kaizen*.

Não estamos, de maneira alguma, sugerindo que é preciso abandonar a contabilidade financeira. Em vez disso, é preciso enquadrá-la em termos diferentes. Em vez de analisar os elementos financeiros independentemente uns dos outros, o pensamento *lean* destaca as relações dinâmicas entre esses elementos e as quantidades físicas por trás deles.

Todos os líderes *lean* que conhecemos precisaram convencer gestores financeiros que acreditavam que o custo total baixava quando se reduzia o custo unitário de qualquer coisa. Esses gestores acreditam piamente no senso comum sobre as finanças: creem que ao controlar os custos no orçamento, linha por linha, o lucro aumenta, e que reduzir os preços e transformar os produtos em *commodities* melhora as vendas (e os volumes, reduzindo os custos unitários, aumentando a rentabilidade). Para eles, as pessoas são um custo e devem ser substituídas pela automação. Nessa visão de mundo, sempre há algum país mais barato para onde terceirizar a produção e reduzir os custos de compra unitários.

Ao fim e ao cabo, eles acreditam que as operações não importam de verdade, desde que os custos sejam reduzidos continuamente, pois o valor, expresso pelo preço das ações, não é criado internamente, mas sim por mecanismos de financiamento, pela satisfação dos clientes e pela realização de um bom trabalho. Os pensadores *lean*, no entanto, sabem por experiência própria que (1) vendas maiores provêm da percepção de maior qualidade, (2) mais caixa provém do fluxo mais rápido, (3) os custos diminuem com a disseminação e velocidade do *kaizen* e (4) o uso mais eficiente do capital provém da redução constante dos tempos de atravessamento e da liberação de capacidade.

O que estamos vendo aqui são duas visões de mundo muito distintas. Uma é a visão *lean* de que os custos totais de operação diminuirão por consequência da energia e do dinamismo do *kaizen* realizado por todos, em todas as partes, todos os dias. A outra é a gestão financeira, na qual os custos dos produtos e serviços são reduzidos quando controlados linha por linha nos sistemas contábeis.

Essas duas visões de mundo se opõem até o nível mais detalhado, como o custo de corrigir todos os defeitos de imediato em vez de inspecioná-los no final do lote; no nível da gestão, como o custo de investir tempo na capacitação constante dos funcionários e fazê-los participar dos esforços de *kaizen* em vez de tratar as pessoas como um custo a ser otimizado em todos os momentos; e no nível dos investimentos, como no uso de máquinas pequenas e flexíveis para acompanhar ao máximo a demanda, em vez de comprar máquinas cada vez mais poderosas e mantê-las funcionando a toda velocidade por breves períodos de tempo para reduzir os custos unitários (e produzir lotes enormes). Existem diferenças até mesmo no nível filosófico, pois o pensamento *lean* vê a empresa como um esforço coletivo a ser expandido de dentro para fora para satisfazer os clientes, engajar os funcionários e beneficiar a sociedade, enquanto a gestão financeira acredita que o único propósito real da empresa é ganhar dinheiro para os acionistas. Estas representam duas abordagens radicalmente diferentes ao "valor": clientes fiéis, conquistados com educação e inovação, *versus* maior preço das ações, obtido com medidas de engenharia financeira, como recompras de ações, fusões, aquisições e mudanças de jurisdição tributária. Os líderes *lean* precisam aprender a navegar pelas duas visões de mundo. Os gerentes de produção *lean* têm controladores financeiros. Os gerentes de *design* de produto *lean* precisam lidar com compradores financeiros. Os diretores de operações *lean* têm CEOs financeiros. Até os CEOs *lean* têm que lidar com membros do conselho com uma visão de mundo financeira. A estratégia *lean* é clara: consertar a qualidade, melhorar o tempo de atravessamento e aumentar a flexibilidade para gerar valor que os concorrentes não conseguem gerar. Mas isso é algo que precisa ser explicado em termos financeiros.

Por tentativa e erro, a Toyota criou um método concreto de buscar esse objetivo, que ela explica como um crescimento de mercado pela conquista dos sorrisos dos clientes ao oferecer-lhes paz de espírito e o produto que procuram em todas as fases das suas vidas; pela produtividade advinda da integração da qualidade (e prevenção de retrabalho e outros custos da não qualidade); e pela busca da eficiência do capital com o *just-in-time* (melhor sincronização das unidades, equipamentos e pessoas para criar valor enquanto se gera menos desperdício). Para isso, é preciso engajar as pessoas para obedecerem aos padrões e se envolverem no *kaizen*. A ideia funciona porque o progresso dinâmico sustenta o desempenho geral superior, mas como comunicar isso a um gerente financeiro que almeja a otimização pontual para a contabilidade do mês que vem?

A resposta mais comum, quando apresentada com o escopo dos resultados *lean*, é a seguinte: "Que tipo de investimento isso exige e qual é o retorno sobre esse investimento?". A maioria dos executivos só se convence ao ver o retorno calculado até a última casa decimal. Fiéis aos pressupostos tayloristas sobre os quais a maioria dos negócios se estrutura, seus líderes buscam investir em um projeto de implementação que reduzirá os custos para aumentar as margens, especialmente se for possível ver o impacto sobre os custos em cada linha do orçamento. O mapa tornou-se o território: a contabilidade gerencial não é mais o método que os contadores usam para calcular o lucro, mas sim a realidade na qual a maioria dos gestores acredita.

No nível dos negócios, a promessa do *lean* é que, se você engajar as pessoas na melhoria do fluxo de trabalho e reduzir todos os lotes para se livrar das esperas, o caixa e as margens vão melhorar (vamos ser ambiciosos e, por exemplo, duplicar o giro do estoque a cada dois anos e tentar duplicar as margens). Contudo, essa promessa não faz muito sentido quando se busca reduções de custo pontuais nos livros contábeis. Em algum momento você precisa mudar de ideia enquanto gerente financeiro, que foi exatamente o que aconteceu com um de nós (Orry). A história da Wiremold é célebre, tendo sido discutida por Dan e Jim Womack em seu famoso *A Mentalidade Enxuta nas Empresas*, mas a perspectiva especial do diretor financeiro foi praticamente ignorada até hoje. Enquanto contador e diretor financeiro, Orry é testemunha de como a prática do *lean* no chão de fábrica mudou radicalmente sua perspectiva sobre a contabilidade e as finanças e, no processo, o levou a ser o cofundador do movimento da Contabilidade *Lean*.

Em 1987, no cargo de diretor financeiro da empresa, Orry estava muito feliz em poder informar o melhor ano nos 87 anos de história da Wiremold por qualquer métrica financeira tradicional: vendas, lucro, ROI, qualquer medida. Quando a empresa analisou esses resultados, os líderes perceberam que um dos fatores que contribuía para o fato é que eles praticamente não tinham concorrentes estrangeiros para ameaçar sua posição de líder de mercado na categoria. Contudo, viam que isso estava prestes a mudar, e imaginavam que quando os produtos dos novos concorrentes estrangeiros entrassem no mercado, provavelmente haveria uma pressão para reduzir seus próprios preços. Se a Wiremold quisesse manter seu nível atual de rentabilidade, seria preciso melhorar a qualidade e os custos. A qualidade do produto final que chegava aos clientes era alta, mas era também resultado de um processo trabalhoso de inspeção e muita sucata interna. A Wiremold estava longe de ser um produtor de baixo custo.

O resultado foi que, quando a Wiremold decidiu implementar o *just-in-time*, em 1988, como a maioria das empresas ocidentais da época, as pessoas acreditavam que este seria um programa de gerenciamento de estoques usado para melhorar o giro de capital que, "de alguma forma", teria um impacto positivo nos custos. Mas eles realmente não sabiam o que estavam fazendo quanto à implementação do JIT.

Orry lembra: "Éramos tão ignorantes que estávamos implementando um novo sistema de programação de MRP ao mesmo tempo em que tentávamos implementar o JIT, sem perceber que os dois eram incompatíveis: o MRP é um sistema de programação 'empurrado' [fabricar de acordo com a previsão] e o JIT é um sistema 'puxado' [fabricar de acordo com a demanda real]". Para começar a reduzir o estoque, eles mudaram as fórmulas no MRP para diminuir os níveis de estoque de segurança e os cálculos de tamanho de lote. Como nada havia mudado operacionalmente, começaram a encontrar níveis mais elevados de falta de estoque, e a entrega dentro do prazo para os clientes começou a decair, do nível histórico de 98% para menos de 50%. O resultado foi que os clientes pararam de pagar no prazo e a empresa começou a perder participação de mercado.

A Wiremold, como a maioria das indústrias, usava a *contabilidade de custo-padrão* como sistema de contabilidade gerencial. A contabilidade de custo-padrão é um sistema de contabilidade gerencial desenvolvido na General Motors no início da década de 1920, fortemente influenciada pela estrutura organizacional criada por Alfred Sloan (divisões e departamentos) e pelo trabalho de engenharia de Frederick Taylor (os engenheiros determinam a "melhor maneira", os gerentes a impõem, os operadores executam). Na época, o foco era que a contabilidade controlaria o estoque e informaria o custo dos produtos que eram produzidos em fábricas com lotes de alto volume e baixa variedade, de modo a definir os preços de venda e determinar a "rentabilidade" e o retorno sobre investimento (ROI) desses produtos e fábricas.

Desenvolve-se um *custo-padrão* para cada elemento de custo de um produto (material, mão de obra direta e custos fixos) e então, usando-se um sistema complexo de demonstrações transacionais, calcula-se mensalmente os desvios em relação ao padrão (chamados de *variâncias*), que devem representar os desvios em relação ao *ideal* (ou seja, o custo-padrão). Orry aprendera tudo isso em seus estudos sobre contabilidade. Era algo que auditara durante seus anos como contador e representava aquilo que ele acreditava ser o consenso. Apesar das demonstrações financeiras produzidas por essa abordagem serem incompreensíveis para quem não era formado em contabilidade, ele imaginava que não havia nada de errado nisso, pois era para isso que ele estava lá. O seu "trabalho" era "interpretar" as demonstrações para o resto da equipe de gestão. Era assim que o mundo da contabilidade funcionava.

O que Orry não percebia era que, entre o momento em que entrava na Wiremold, em 1978, e 1987, período em que todos os anos tinham sido melhores do que o anterior, ele nunca tentou usar as demonstrações financeiras para analisar por que isso estava acontecendo. Elas eram simplesmente painéis de vitórias passadas, como pouca utilidade para um diagnóstico. O "resultado final" confirmava que a empresa estava melhorando, e isso bastava. Agora que a situação estava despencando, quando ele tentou usar as demonstrações financeiras tradicionais para entender por que isso estava acontecendo, descobriu que elas eram totalmente inúteis. Aprofundando-se nas variâncias em relação aos custos-padrão, ele descobriu que elas não tinham qualquer informação útil a oferecer.

Para lidar com a frustração de não ser capaz de entender o que estava acontecendo no negócio, ele começou a utilizar meios alternativos de apresentar as informações financeiras. No início, esse experimento era uma tentativa de simplificar a apresentação das informações e torná-las mais transparentes. Todos os meses, os membros da equipe executiva recebiam as demonstrações financeiras tradicionais e a demonstração financeira simplificada, marcada como "informação suplementar", e pedia-se que eles opinassem sobre o novo formato, especialmente com relação ao que não havia ficado claro para eles. As novas demonstrações começaram a proporcionar uma imagem mais clara de como a empresa estava indo mal e por quê. No mundo da contabilidade *lean*, hoje esse produto é chamado de "Demonstração do Resultado do Exercício em Linguagem Clara" (em inglês, *Plain English P&L*) (Figura 6.1).

Em uma das suas primeiras reuniões, em 1991, Art Byrne disse a Orry: "A contabilidade de custo-padrão esconde os problemas e acaba escondendo as melhorias que fizermos. Precisamos parar de usá-la". Orry apresentou a Demonstração do Resultado do Exercício e perguntou: "O que você acha disso?". A partir desse momento, eles começaram a usá-la como a demonstração financeira primordial, o primeiro passo em um processo de muitos anos de desmontar o sistema de contabilidade de custo-padrão e abandonar o processo de calcular o "custo-padrão" dos produtos individuais. A partir daquele dia, passavam a usar a Demonstração do Resultado do Exercício do Fluxo de Valor para entender o estado dos lucros. Essa se tornou a sua principal ferramenta para "contabilizar o *lean*".

Todas as métricas que uma empresa usa refletem os problemas que ela escolhe enfrentar. A mensagem implícita em cada métrica é: "Eu sou o chefe, acho que isso é importante. Você, o funcionário, deve prestar atenção nisso e melhorá-lo". Nas empresas administradas por gestores que seguem a mentalidade tradicional, a maioria das métricas principais (também chamadas de *indicadores-chave de desempenho*, ou KPIs [*key performance indicators*]) é do tipo financeira. Orry percebeu isso quando Byrne definiu as métricas de alto nível e objetivos estendidos descritos anteriormente, nenhum dos quais eram métricas financeiras, apenas operacionais. A primeira e mais importante se centrava no cliente. A segunda, a produtividade, era o fator crítico para a maior rentabilidade. Anos antes, enquanto estudava para o seu mestrado, Orry escrevera um artigo sobre o tema da produtividade, e era algo que calculava todos os anos para a Wiremold em nível macro desde então. Por causa disso, Orry reconhecia claramente que a produtividade era um conceito físico. Apesar de sua educação

DEMONSTRAÇÃO DO RESULTADO DO EXERCÍCIO*

	Este ano	Ano passado	+(–)%
Novas vendas	100.00	90.00	11,1
Custo das vendas			
Materiais:			
Compras	28.100	34.900	
Redução (aumento) do estoque: conteúdo de material	3.600	(6.000)	
Total de materiais	31.700	28.900	9,7
Custos de processamento:			
Mão de obra da fábrica	11.400	11.500	(0,9)
Salários da fábrica	2.100	2.000	5,0
Benefícios da fábrica	7.000	5.000	40,0
Serviços e suprimentos	2.400	2.500	(8,0)
Sucata	2.600	4.000	(35,0)
Depreciação de equipamentos	2.000	1.900	5,3
Total dos custos de processamento	27.500	26.900	2,2
Custos de ocupação			
Aluguel/Depreciação de imóveis	200	200	0
Serviços para imóveis	2.200	2.000	10,0
Total dos custos de ocupação	2.400	2.200	9,1
Total dos custos de manufatura	61.600	58.000	6,2
Lucro bruto de manufatura	38.400	32.000	20,0
Redução (aumento) do estoque: conteúdo de mão de obra e custos fixos	(2.400)	4.000	
Lucro bruto (normas contábeis)	36.000	36.000	0
% de lucro bruto (normas contábeis)	36,0%	40,0%	

*Por Fluxo de Valor

FIGURA 6.1 Demonstração do resultado do exercício por fluxo de valor.

e de seu treinamento enfocarem a análise financeira, ele percebia que os valores financeiros (dólares, euros, etc.) eram, no fim das contas, apenas o produto de uma quantidade física vezes um preço ($ = quantidade × preço). As vendas são o resultado do número de produtos vendidos multiplicado pelo seu preço unitário, os custos de mão de obra são o número de pessoas empregadas vezes os seus salários, e assim por diante. E a produtividade é a relação entre a quantidade produzida e a quantidade de recursos usados para criar tal produção.

Quando Orry fez a conexão entre *lean* e produtividade, percebeu que a maioria das métricas nas quais a Wiremold deveria se concentrar era focada na parte "quantidade" da equação, pois todos eram capazes de afetá-la. Uma obviedade é que, como a produtividade é um conceito físico, se quiser melhorá-la, você precisa alterar fisicamente a relação entre os recursos usados como insumo e os produtos. A parte do preço da equação das vendas e qualquer insumo (materiais, salários, etc.), chamada de *recuperação dos preços*, era controlada por relativamente poucas pessoas, e é diferente do consumo de recursos. Daquele ponto em diante, a conversa sobre métricas se centrava nas perguntas "estamos fazendo as coisas certas?" e "como sabemos se estão criando melhorias?", não na tradicional "ganhamos dinheiro o suficiente?". Como demonstram os resultados, eles fizeram muitas das "coisas certas".

Uma métrica financeira importante para a maioria das empresas é o ROI, que é a medida da *eficiência operacional* (calculada como lucro como porcentagem das vendas) multiplicada pela *eficiência do capital* (giro calculado como vendas divididas pelo investimento total). É uma tentativa de avaliar, com um único número, como a gerência utiliza os investimentos para maximizar os benefícios. O cálculo de ROI mais utilizado é aquele representado no Modelo DuPont clássico (Figura 6.2).[1]

Esse modelo é um detalhamento sensato dos componentes do retorno financeiro sobre o investimento.

Contudo, esse modo de enquadrar o retorno sobre investimento pode facilmente incentivar que cada bloco seja pensado item por item. Os custos do sistema e o impacto sobre qualidades como o fluxo de uma peça só são descontados, ou mesmo ignorados. As vendas, por exemplo, podem ser consideradas independentemente do custo das vendas. Muitas empresas dão descontos para compras de alto volume para estimular as vendas, sem levar em conta o impacto sobre o custo de vendas de manter estoques em termos de (1) criar picos de demanda sobre equipamentos críticos, (2) armazenar produtos ou outras referências por consequência ou (3) organizar o transporte, estocagem e todas as outras atividades sem valor agregado relacionadas a manter estoques. Da mesma forma, o enfoque exclusivo no custo das vendas, como fazer compras baseadas exclusivamente no preço unitário, sem levar em conta qualidade, entrega ou uso de lotes, pode levar a problemas de qualidade e de entrega para o cliente, reduzindo as vendas.

O pensamento *lean*, por outro lado, analisa a relação *dinâmica* entre esses diversos elementos. As vendas e o custo das vendas andam juntos quan-

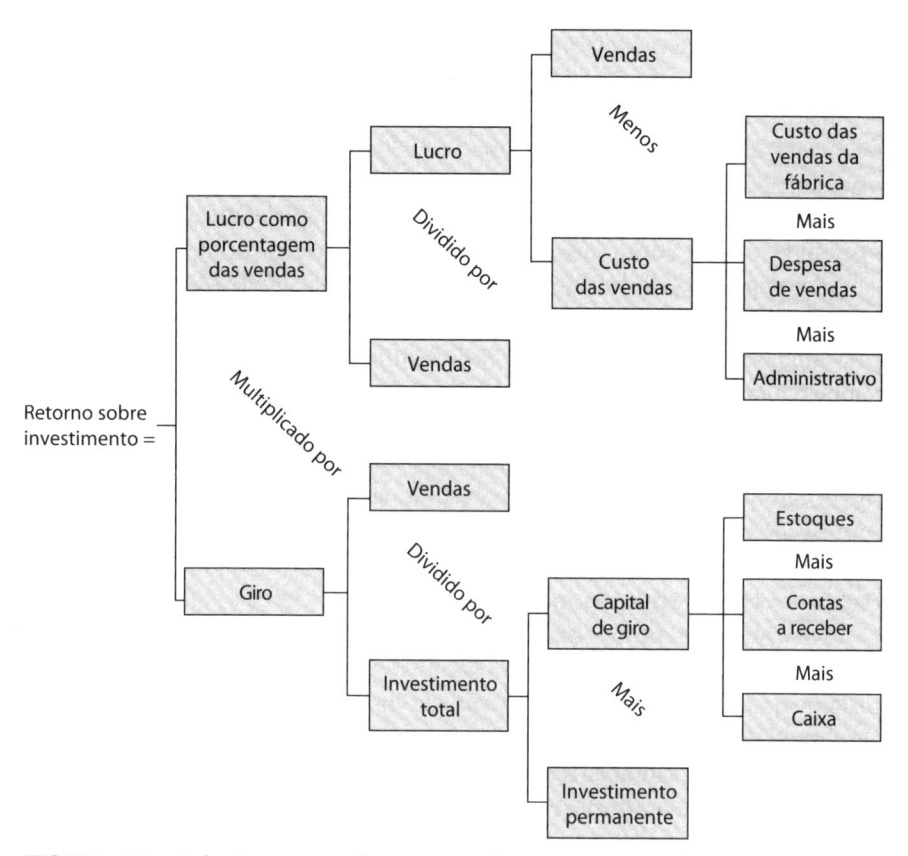

FIGURA 6.2 Relação entre os fatores que afetam o retorno sobre investimento.

do consideramos que as vendas são motivadas pela percepção de qualidade e que a qualidade vem quando é integrada ao processo, o que também reduz o custo das vendas. Já a redução do tempo de atravessamento afeta o índice de eficiência do capital (giro = vendas/investimento total), sustentando as vendas e reduzindo a necessidade por capital de giro (menos estoque, menos contas a receber) e por investimentos permanentes.

Aumentos de margem por meio da qualidade integrada

O argumento financeiro de que o *kaizen* leva a margens e lucros maiores convence aqueles que entendem a estratégia *lean*, mas é menos poderoso para quem pensa nos termos da gestão financeira tradicional. A realidade é que o *kaizen*, realizado pelas pessoas que fazem o trabalho, utilizando uma abordagem baseada em aprendizagem, é fundamental para melhorar o desempenho financeiro de uma empresa. Em suma, criar mais valor por meio da aplicação sistemática do *kaizen* leva inexoravelmente a... mais valor. A prática do *kaizen* e do *jidoka* não muda a fórmula do ROI, mas altera drasticamente nossa mentalidade sobre como influenciá-la positivamente. Uma estratégia *lean* age de modo a influenciar múltiplos elementos na direção certa (por exemplo, ela melhora a qualidade para aumentar as vendas e reduzir os custos e cria fluxo para aumentar as vendas pela redução dos tempos de atravessamento ao mesmo tempo em que reduz a necessidade de investimentos de capital).

Usando o maior banco de dados que encontraram, com os dados de mais de 25 mil empresas americanas, e medindo o desempenho como *retorno sobre ativos* (ROA), uma alternativa ao ROI, os pesquisadores Michael Raynor e Mumtaz Ahmed identificaram organizações com desempenho excepcional e buscaram regras estatísticas para explicar por que algumas empresas, ao longo do tempo, erguem os chifres acima da manada. O que eles descobriram é que as empresas excepcionais praticam todos os estilos. Após submeter os dados a diversos testes estatísticos, eles chegaram a três conclusões sobre o que diferencia as de melhor desempenho: (1) "melhor" antes de "mais barato", pois elas competiam em diferenciação e não em preço; (2) receita antes dos custos, pois priorizavam aumentar a receita acima de reduzir os custos; e (3) não havia outras regras, pois para mudar qualquer outro elemento é preciso seguir as regras 1 e 2.[2]

Parece bem simples, não? Mas Michael Raynor observou um problema fundamental nessa abordagem: ela é árdua. "As regras só funcionam se forem seguidas mesmo quando – e especialmente quando – você não deseja, ou quando consegue inventar motivos para fazer alguma outra coisa, pois está sendo puxado em outras direções por outros desejos ou outras considerações". Raynor argumenta que encontrar maneiras de se aprimorar para aumentar a receita é "complicado, estranho e arriscado". Reduzir os preços ou cortar custos, por outro lado, é "simples, familiar e confiável".[3]

Escalar a montanha é um problema complicado, com soluções estranhas, e é difícil até saber por onde começar. Parece arriscado. Por outro lado, para os gestores financeiros familiarizados com as pressões de preço dos clientes e concorrentes e com o corte de custos de linha em linha no orçamento, descer pelo caminho de menor resistência com a redução de preços e custos é um problema simples e conhecido, com uma solução familiar. O pensamento *lean* é uma abordagem estruturada para continuarmos na escalada, buscando receitas maiores por meio de produtos melhores, mas ela parece complicada, estranha e arriscada.

A base de custo total diminui de acordo com a intensidade do *kaizen*

Durante o último século ou mais, o taylorismo, caracterizado pela estreita divisão do trabalho e pela crença nas economias de escala, tem sido um fator importante na indústria. Ambas as ideias foram incorporadas ao sistema moderno de contabilidade de custo-padrão que a maioria das indústrias adota. O processo mental das economias de escala diz que "se pudermos produzir mais unidades em menos tempo, podemos reduzir o custo do item e, assim, justificar um preço de venda menor".

Para isso, as empresas precisam investir em máquinas cada vez maiores, capazes de rodar cada vez mais rapidamente. Quando essas máquinas são instaladas, estabelece-se um custo-padrão para as peças fabricadas em cada uma delas, com a mão de obra e os custos fixos determinados pela especificação nominal de produção por hora da máquina. Para que as operações evitem variâncias desfavoráveis no volume de custos fixos e mão de obra (algo muito ruim), a empresa precisa manter a máquina em funcionamento, mesmo quando a demanda é inadequada. A empresa cria estoques que precisam ser transportados, armazenados, segurados e assim por diante, com os custos relacionados divididos entre todos os produtos por meio de alocações de taxas de custos fixos. Também é preciso pagar por esse estoque, mas o custo do dinheiro deve ser tratado como um custo do exercício corrente e nunca aparece no custo do produto.

O pensamento *lean*, por outro lado, defende o seguinte: "Vamos construir apenas o que precisamos, o quanto precisamos e quando precisamos, e vamos usar um fluxo que evite trabalhos que não criam valor para o nosso cliente". Quando pensamos assim, percebemos que a maioria das máquinas gigantes (afetuosamente chamadas de "monumentos") são um exagero para a tarefa do momento. Percebemos que os engenheiros (na Wiremold, eles eram chamados de "engenheiros de catálogo") adoram comprar ou construir máquinas supercomplexas, cheias de pendurricalhos e engenhocas. Também percebemos que é preciso ter máquinas projetadas para realizar apenas a tarefa do momento e nada mais, o que reduz os investimentos de capital.

Durante a sua jornada *lean*, a Wiremold encontrou muitos exemplos de exagero nos investimentos. Em 1995, ela adquiriu uma empresa chinesa que fabricava filtros de linha. Ela possuía uma enorme máquina de soldagem por onda para soldar placas de CI, um componente usado em todos os filtros de linha e que precisava ficar em uma sala própria, com controle climático. As placas de CI primeiro eram montadas em outra área, embaladas e depois transportadas para a sala de solda por onda, onde eram armazenadas.

Quando necessário, as placas de CI eram removidas de suas caixas, processadas na máquina de solda por onda, reembaladas e estocadas. Algum tempo depois, eram levadas do armazenamento de estoque para a linha de montagem, tiradas das caixas e instaladas no produto final. Apenas um tipo de placa de CI podia ser produzida por vez para acomodar as configurações da máquina de solda por onda, então havia lotes enormes de placas de CI armazenados por toda parte. A execução do processo de solda por onda exigia de quatro a seis pessoas, pois era preciso colocar gente em ambas as extremidades da máquina de quase quatro metros de comprimento, enquanto outros indivíduos manuseavam os materiais. Para aumentar a flexibilidade, reduzir o estoque e melhorar a produtividade e a qualidade, a empresa construiu suas próprias máquinas de solda por onda, pequenas (cerca de 60 x 150 cm) e de fluxo de uma só peça, que se encaixavam diretamente na linha de fluxo de produção.

Assim que era montada, a placa de CI podia ser colocada diretamente na máquina de solda por onda e instalada no produto final em um fluxo ininterrupto. Essas máquinas pequenas, apenas do tamanho certo, foram construídas internamente, a um custo de cerca de 5 mil dólares cada. Elas permitiram que a empresa fabricasse e soldasse diversos produtos ao mesmo tempo, em linhas diferentes, o que aumentou incrivelmente a flexibilidade, produziu melhorias significativas no tempo de resposta aos clientes, melhorou a qualidade e reduziu os requisitos de estoque e espaço. Além disso, o processo exigia menos pessoas, liberando-as para lidar com o aumento subsequente da demanda dos clientes.

Uma das falácias costumeiras é a crença de que uma transformação *lean* envolve uso intensivo de capital. O próprio Orry acreditava nisso no começo, com base em uma má experiência anterior. A Wiremold tentara adotar o *just--in-time* antes, acreditando erroneamente que o JIT era uma técnica de gestão de estoques. Ela sabia que o JIT envolvia comprar e fazer produtos apenas quando exigidos (por quem era um mistério, já que a produção ainda era programada pelo MRP), então começou a reduzir os cálculos de tamanho de lote no seu sistema de MRP.

Naturalmente, quando ela fez isso, o esforço exigiu trocas (*setups*) mais frequentes das máquinas, pois os lotes de produção eram menores. Ela também ouvira falar que o tempo de *setup* das máquinas precisaria ser reduzido para permitir as trocas mais frequentes. Quando perguntou aos seus gerentes de manufatura quanto custaria para equipar as máquinas para trocas mais rápidas, eles consultaram os catálogos dos fornecedores e responderam com um preço elevado, pois a empresa tinha muitas e muitas máquinas. Como a quantia era muito maior do que a empresa poderia gastar, nada foi feito. Por causa dos lotes menores, das trocas mais frequentes (mas ainda demoradas) e do fato de descobrirem que as máquinas-ferramentas receberam pouca manutenção e não eram capazes de trocas mais frequentes devido ao trabalho de triagem necessário nas ferramentas entre os lotes de produção, a empresa começou a sofrer falta de estoque, e a entrega dentro do prazo para os clientes caiu de 98% para menos de 50%.

Quando Art Byrne assumiu o cargo de CEO, um dos primeiros eventos de melhoria *kaizen* tinha como meta reduzir o tempo de troca em uma prensa puncionadeira de uma hora e meia para 10 minutos, e ele pediu a Orry que fizesse parte dessa equipe de *kaizen*. Na época, como Orry ainda achava que era preciso conhecer o trabalho técnico sendo realizado para melhorá-lo, sua reação foi dizer "mas eu não sei nada sobre puncionadeiras, não tenho nada a contribuir para essa equipe". Porém, Orry ainda participou da equipe e, tendo atingido o objetivo, acabou percebendo que o *kaizen* é uma atividade de aprendizagem. Ele ensina, entre outras coisas, trabalho em equipe, além dos princípios e ferramentas da melhoria.

Até então, os engenheiros propunham soluções caras para reduzir o tempo de troca. Com ciclos de *kaizen* e dando a todos os membros da equipe espaço para refletirem sobre a situação juntos, as equipes reduziram o tempo de troca naquela prensa puncionadeira de 90 minutos para 5 minutos e 5 segundos... e gastaram 100 dólares de capital. Isso ensinou a Orry que as "soluções" propostas por "engenheiros de catálogo" nasciam de uma mentalidade equivocada. Ao contrário do que reza o senso comum, o custo real de tornar-se *lean* não envolvia despesas de capital significativas.

A fábrica principal da Wiremold em West Hartford, Connecticut, fabricava sistemas de tubulações de aço para cabeamento. Cada sistema era composto de canaletas de diversos tamanhos, chamadas de *pistas*, e de uma família de acessórios composta de caixas de tomada (redondas e retangulares), *joelhos* para fazer curvas, etc. A produção das caixas redondas, um dos acessórios de maior volume, era um exemplo típico de investimento excessivo. A Tabela 6.1 mostra um resumo da série de melhorias realizadas durante vários anos.

Isso não significa que as melhorias saem "de graça". Como vemos no exemplo da linha de caixas redondas acima, durante um período de diversos anos, a Wiremold gastou 72 mil dólares, quase sempre para instalar equipamentos com as dimensões certas em vez de maquinário de grande parte. Contudo, esse investimento facilitou ganhos significativos de produtividade (oito pessoas para uma), melhorias de qualidade, menos consumo de espaço, estoque reduzido e menor tempo de atravessamento, permitindo melhor atendimento aos clientes em um sistema *just-in-time* de verdade.

TABELA 6.1 Resumo da série de melhorias realizadas na fábrica principal da Wiremold

	Antes do kaizen	Após o kaizen 1	Após o kaizen 2	Após o kaizen 3	Após o kaizen 4	Após o kaizen 5
N° de operadores	8	4	2	2	1	1
Tempo de *setup*	5 horas	2 horas	45 minutos	30 minutos	30 minutos	15 minutos
N° de SKUs por dia	1	5	5	5	9	10
Área (pés quadrados)[a]	1.116	1.116	340	459	459	459
Controle de qualidade	0%	100%	100%	100%	100%	100%
Estoque de trabalho em processo (peças)	1.750	1.610	10	5	9	9
Distância até a estante de matrizes (passos)	Edifício contíguo	50	50	55	55	55

Observações:
Antes do *kaizen*, o recorte, a pintura e a montagem ocorriam fora da linha.
Kaizen 1: Transferir recorte e trefilação para a linha. Reduzir tempo de troca.
Kaizen 2: Reduzir tamanho das prensas, custo de 65 mil dólares. Reduzir tempo de troca.
Kaizen 3: Transferir operação de embalar para a linha com nova máquina de plástico termorretrátil, custo de 7 mil dólares. Reduzir tempo de troca.
Kaizen 4: Usar aço pré-pintado, eliminando a operação de pintura fora da linha. Adicionar mecanismo de transporte interligando as máquinas na linha.
[a] Sem contar a área de processos *offline*.

Um dos grandes equívocos sobre o *lean* é o pressuposto de que todas as melhorias criadas pelo *kaizen* vão aparecer imediatamente como um benefício nas demonstrações financeiras da empresa. Não vão. Alguns tipos de melhoria, como redução da sucata, do consumo de energia ou dos materiais, aparecem como economias de caixa imediatas. Os aumentos de produtividade que liberam capacidade, no entanto, não produzem um aumento imediato nos lucros, pois as pessoas e as máquinas ainda fazem parte da estrutura de custos da empresa.

Para transformar esses ganhos em lucros adicionais, a gerência deve usar essa nova estrutura de base para aumentar as vendas, reduzir as horas extras, conter a rotatividade de pessoal, internalizar a produção de itens atualmente terceirizados e assim por diante. Muitos esforços de transformação *lean* fracassam porque a gerência desiste após concluir erroneamente que os ganhos informados pelas equipes de *kaizen* eram mera ilusão. Ninguém os ensinou o que precisam fazer para transformar em lucro os ganhos de produtividade criados pelas pessoas que realizam o trabalho.

As vendas futuras são sustentadas pelo lançamento de novos produtos a partir de investimentos mais flexíveis

O *lean* é uma estratégia de crescimento, não de redução de custos. Em mercados hipercompetitivos, a estratégia de crescimento é convencer clientes mais fiéis a trabalharem conosco. Isso significa (1) convencer os clientes existentes a continuarem a trabalhar conosco e a recomprar nossos produtos ou serviços quando os renovam e (2) persuadir novos clientes a nos darem uma chance. Nesse sentido, o crescimento vem de vermos os clientes como amigos cujos problemas ajudamos a resolver (não como clientes que "adquirirmos" para podermos espremer), apoiando-os nos tempos bons e ruins e demonstrando que ganharão mais dinheiro se trabalharem conosco em vez de qualquer um dos nossos concorrentes.

A melhor forma de promover o crescimento é com o lançamento regular, e relativamente rápido, de novos produtos. Apesar do crescimento ser possível mediante o aumento da participação de mercado às custas da concorrência (um método caro, pois pode levar a guerras de preços), o melhor método é aumentar a participação no mercado com novos produtos, mais valiosos para os clientes, e agregar todo esse crescimento do mercado. Quando Art Byrne chegou à Wiremold, uma das primeiras coisas que fez foi estabelecer diversos objetivos, um dos quais era duplicar de tamanho a cada três a cinco anos, metade por crescimento orgânico e metade com aquisições seletivas. Na realidade, a empresa dobrou de tamanho em quatro anos, depois dobrou novamente em mais quatro, e estava prestes a dobrar uma terceira vez quando foi vendida, em 2000. A Wiremold se concentrava em melhorar simultaneamente a produção e o desenvolvimento de produtos. Ela percebeu que se os clientes não acreditassem que ela conseguiria cumprir suas promessas de qualidade e entrega, não escutariam história alguma sobre novos produtos.

O objetivo era "firmar a base" (ou seja, atendimento ao cliente, produção, logística, etc.) e acelerar o desenvolvimento de novos produtos. Ao "aprimorar a base", a qualidade melhorou e a entrega dentro do prazo melhorou de menos de 50% para mais de 98%. Agora os clientes estavam dispostos a escutar as histórias sobre novos produtos. Ao adotar o *desdobramento da função qualidade* (QFD), o ciclo de lançamento de novos produtos passou de anos para meses.

No processo, a empresa decidiu introduzir o conceito de *planejamento de custos* com a incorporação da ferramenta do *custo-alvo* ao processo de desenvolvimento de produtos. O método tradicional de desenvolver produtos só envolvia a contabilidade no processo depois do produto ter sido projetado, que era quando o seu custo seria determinado. E se o custo fosse alto demais, ocorria um período de retrabalho. O custo-alvo reconhece a realidade de que a maior parte dos custos de qualquer produto é determinada pelo seu projeto e, logo, exige que o custo desejado seja determinado no início do processo de *design* (preço-alvo de venda − lucro desejado − custo-alvo). Esse custo-alvo se tornou parte da especificação de engenharia. Assim, os engenheiros de projeto agora iriam projetar ajuste, forma, função e custo simultaneamente.

Com o tempo, a Wiremold melhorou sua taxa de lançamento de novos produtos, passando de 2-3 por ano para 4-5 por trimestre, e esses produtos eram projetados de modo a garantir o nível desejado de lucro. A Wiremold tinha uma meta de taxa de crescimento baseada no crescimento do PIB (típico da indústria elétrica nos Estados Unidos), mas agora a meta era o crescimento acelerado. Ela expandiu o tamanho da torta. E, sim, também roubou um pouco da participação de mercado dos concorrentes quando desenvolveu produtos que ofereciam mais valor para os seus clientes.

Um bom exemplo do uso de uma estratégia *lean* para se obter uma vantagem competitiva foi quando o National Electrical Code (a norma de equipamentos elétricos nacional dos Estados Unidos) alterou a sua especificação de dispositivos elétricos *poke-thru* por razões de segurança, mas estabeleceu uma data de implementação de dois anos. A empresa de Orry enxergou uma oportunidade nisso. Aquele já era um produto bastante lucrativo para ela, e a empresa era a líder do mercado. Assim, decidiu acelerar o desenvolvimento de um produto e lançou-o no mercado muito antes da data exigida, o que foi possível graças ao processo aprimorado de desenvolvimento de produtos.

O novo produto (1) atendia ao novo requisito de segurança, (2) era mais bonito e tinha novos recursos, (3) podia ter oito unidades instaladas por um eletricista no mesmo tempo que levava para instalar uma unidade dos produtos da concorrência e (4) custava menos, pois o novo projeto exigia dois terços a menos de mão de obra na montagem. Apesar de ter mais do que duplicado o preço em comparação com o produto substituído, a empresa começou a aumentar sua participação de mercado às custas da concorrência. Os arquitetos preferiam o novo visual e os novos recursos, os engenheiros de projeto relutavam em especificar um produto concorrente quando agora podiam atender o novo requisito de segurança e os eletricistas conseguiam completar o serviço e passar para o próximo em um oitavo do tempo.

A empresa de Orry ensinara seus vendedores a vender o "custo instalado" do produto, não o custo da unidade em si. Assim, apesar do preço de compra maior, o custo instalado para o proprietário do edifício era menor do que o de qualquer concorrente, um caso em que todos saem ganhando.

As vendas e o giro de estoque aumentam com a elevação da qualidade e do fluxo e a redução dos tempos de atravessamento

Ambos os exemplos, o da fábrica de placas de CI na China e o da fábrica de caixas de tomada redondas em West Hartford, ilustram a abordagem que a Wiremold empregou constantemente para reduzir o estoque, o que aumentou a eficiência do seu capital de giro. Quando máquinas semelhantes são agrupadas em áreas de trabalho funcionais (como estamparia, fresagem, perfuração, pintura e montagem) e apresentam tempos de troca longos, cria-se estoques enormes que precisam ser transportados entre as áreas funcionais. Quando as áreas funcionais são desmontadas e os equipamentos necessários são instalados em linhas de fluxo (ou seja, mais próximos entre si), o tempo de troca é reduzido e a necessidade de estoque diminui simultaneamente com o tempo de atravessamento. Em dez anos, o giro de estoque na fábrica de West Hartford aumentou para 18,0 giros. Contudo, o avanço no giro nos primeiros cinco anos foi o seguinte:

- 1990: 3,4 (ou seja, pré-*lean*)
- 1991: 4,6
- 1992: 8,5
- 1993: 10,0
- 1994: 12,0
- 1995: 14,9

Esse avanço no giro de estoque veio depois das melhorias, por *kaizen* constante, para a criação do fluxo. O *lean* não é uma estratégia de "ficar sem estoque", mas ele cria as condições, por meio de melhorias possibilitadas pelo *kaizen* constante, para elevação das vendas por meio da melhoria da qualidade, criando fluxo para reduzir os tempos de atravessamento e o custo do desperdício, liberando capacidade para sustentar o aumento das vendas e gerando caixa adicional ao reduzir a necessidade de estoque em todo o processo.

As organizações são dinâmicas. E praticamente tudo nelas encontra-se interconectado de alguma forma. Contudo, os gestores tradicionais, com viés financeiro, tomam decisões como se mudar alguma coisa (um procedimento, uma política ou o que seja) fosse uma decisão isolada. A interligação não é reconhecida ou é ignorada. O resultado é que a aplicação de mudanças no vácuo cria constantemente, na melhor das hipóteses, subotimização, e na pior, consequências negativas inesperadas. Uma estratégia *lean* se esforça para evitar essas armadilhas quando reconhece que a interligação existe, acredita que nada é "sagrado" e que tudo está sujeito a melhorias, e busca ativamente problemas que criam trabalho sem agregar valor algum para o cliente. Além disso, uma estratégia *lean* reconhece que é o conhecimento das pessoas responsáveis pelo trabalho que representa a força mais poderosa para a melhoria, que a aprendizagem acontece principalmente na prática e que investir no seu pessoal para melhorar suas habilidades de solução de problemas é a melhor forma de se criar vantagem competitiva.

Em última análise, a estratégia *lean* se baseia em criar *aprendizagem reutilizável*. Mais do que encontrar artifícios que funcionam em certo lugar e replicá-los por todos os lados, como se fossem métodos pré-prontos, ela se centra em aprender a abordar problemas típicos de uma maneira típica para encontrar soluções *lean* locais. Para tanto, é preciso um ponto de partida, uma direção para o progresso, experimentos repetidos no local de trabalho e gestores focados em aprender com esses experimentos.

O ponto de partida é instaurado pela cultura *lean*: onde quer que esteja, você pode criar para si o desafio de reduzir os tempos de atravessamento a fim de aumentar a consistência de entrega, segurança e qualidade. A agilização do fluxo do trabalho nos níveis de processo e individuais revela todos os problemas nas operações. Isso permite que você enfoque as questões técnicas reais que precisará melhorar para pressionar seus concorrentes. O sistema de aprendizagem *lean* que discutimos no capítulo anterior vai permitir que você insira essas perguntas para o cotidiano de trabalho, levando os próprios funcionários a começarem a perguntar: "O que essa melhoria significa para o meu trabalho diário?". Se você estiver organizado para aprender com gerentes que promovem, encorajam e apoiam o *kaizen*, e para tirar as conclusões certas disso, a aprendizagem local se integrará progressivamente aos produtos e procedimentos, o que deixará a empresa como um todo cada vez mais forte.

CAPÍTULO 7

Aprendizagem reutilizável para aumentar o valor continuamente

Para aprender a aprender, comece no ponto certo e siga uma direção de melhoria clara.

O *lean*, como revelam os capítulos anteriores, representa um modo fundamentalmente diferente de pensar, uma revolução cognitiva que altera o modo como organizamos, financiamos e agimos. Os elementos de uma estratégia *lean* são radicalmente diferentes do senso comum em tudo, desde uma fórmula diferente para o crescimento até uma maneira diferente de liderar e gerenciar. Em especial, os elementos de uma estratégia *lean* incluem:

1. Maior percepção de qualidade para promover as vendas
2. Intensidade dos esforços de *kaizen* para reduzir os custos
3. Lançamento de novos produtos como segredo para o crescimento sustentável
4. Tempos de atravessamento reduzidos como segredo para aumentar as margens e gerar caixa

Daqui em diante, analisaremos a estratégia *lean* na prática. Veremos como Fabiano e Furio Clerico, dois irmãos que administram uma operação de vendas e serviços, transformaram uma catástrofe em oportunidade quando tiveram que reestruturar a sua base de clientes, de empresas petrolíferas para independentes, com a prática da análise de valor e engenharia de valor, uma abordagem que permitiu que o seu *sensei*, Evrard Guelton, provocasse uma reviravolta na parte industrial do seu grupo corporativo. Com a FCI, Pierre Vareille e Yves Mérel mudaram radicalmente a história de uma empresa de eletrônicos de 1 bilhão de euros, reduzindo os custos operacionais mediante o aumento da qualidade e triplicando o valor da empresa no processo. Por fim, como vimos no caso da empresa do próprio Jacques, a estratégia foi a aplicação de uma ampla variedade de modelos, usando principalmente o *kanban*, um pouco de Smed e solução de problemas de qualidade. Mas a pergunta que ainda precisamos responder é "*como*?".

Acima de tudo, veremos a dinâmica de uma estratégia *lean* na orientação de uma empresa que transita pela complexidade, primeiro ao alinhar todos os elementos da organização em direção ao valor, e segundo pela atuação constante das tensões necessárias para reagir rapidamente e estar orientado ao que é produzido, não a resultados. Nos capítulos a seguir, compartilharemos casos de como as empresas praticam o *lean* em alto nível (voltadas para o Norte Verdadeiro) e de baixo para cima simultaneamente. O desafio constante para quem usa o STP completo como sistema é passar do concreto para o abstrato e então fazer o caminho inverso. Não se pode separar as ferramentas, mas a ideia aqui é que existe, por um lado, a estratégia de aprendizagem (alto nível), e por outro, o método de descoberta (a ferramenta) para fazer com que você avance de uma ideia para a outra.

O uso da estratégia *lean* para desenvolver a capacidade de aprendizagem a fim de reagir à incerteza

Basicamente, o pensamento *lean* é um método estruturado para *aprender a aprender*. Aceitamos que, como as mesmas condições nunca ocorrem mais de uma vez, não existem soluções replicáveis. Contudo, existem formas replicáveis de enfrentar certos problemas típicos: saber onde começar, procurar algumas soluções típicas e então explorar por tentativa e erro e observação. Uma estratégia *lean* envolve saber onde procurar momentos de aprendizagem para criar as condições para o *kaizen*, de modo que as melhorias beneficiem os clientes, desonerem os funcionários e reduzam os custos totais. Quando as equipes de liderança encontram essas situações distintas em níveis diferentes, sejam eles corporativos, de pequenos negócios ou departamentais, pode ser difícil saber por onde começar com uma estratégia *lean*.

Essa abordagem reconhece que o primeiro passo real para transformar a si mesmo e, assim, transformar a organização é encontrar um *sensei* com o qual possa trabalhar. Os *sensei* são raros. Os verdadeiros *sensei* geralmente pertencem a uma cultura de cadeia de alunos e mestres que remonta à equipe de engenheiros em torno de Eiji Toyoda e Taiichi Ohno, nas origens do STP. Os *sensei* aprenderam as ideias do *lean* e também a aplicação rigorosa de suas ferramentas quando eles próprios eram pupilos. Fazem parte de uma cultura oral de interpretação de diversas situações em termos *lean*, o que os torna especialmente valiosos, mas difíceis de acompanhar (os *sensei* estão divididos em linhagens, com diversas ênfases, de acordo com quem foram seus mestres).

Como parte da cultura pedagógica do *lean*, os *sensei* normalmente começam pedindo que você resolva problemas pequenos e bastante concretos, que parecem não ter muita relação com os problemas maiores que você sabe que tem. Para muitos, é uma experiência desconcertante, e quase sempre frustrante. Para o *sensei*, é um teste de sua determinação e de sua capacidade de avançar em problemas pragmáticos, e uma maneira de revelar o seu nível de entendimento da situação em termos reais. O *sensei* lhe ensina a usar algumas ferramentas *lean* concretas e o ajuda a construir todo o sistema *lean*, ferramenta por ferramenta, mas sem necessariamente lhe informar o destino total além de uma explicação bastante genérica dos princípios *lean*. Para realmente aprender por si, é preciso aprender fazendo. Se refletirmos sobre os diversos casos que estudamos em primeira mão, para onde o *sensei* está nos levando? Ele não está ensinando soluções, está ensinando a aprender:

1. *Limpe a janela.* Comece pela resolução dos problemas imediatos dos clientes e funcionários para descobrir quais são os principais problemas. No processo, monte a base visual do sistema de aprendizagem *lean* a fim de criar as condições para a aprendizagem na prática pelas próprias equipes.

2. *Construa o sistema de aprendizagem* lean *para melhorar o fluxo do trabalho de alta qualidade (para acelerar o* kaizen*).* Ao enfocar as quatro estratégias básicas de (a) integrar a qualidade a fim de reduzir os defeitos e, logo, aumentar as vendas, (b) acelerar o ritmo do *kaizen* e treinar as pessoas para resolver problemas de modo a reduzir a base de custos, (c) liberar capacidade a fim de abrir espaço para o lançamento de novos produtos e (d) reduzir os tempos de atravessamento para aumentar o giro de estoque, você revela os problemas detalhados e de alto nível que precisam ser resolvidos.

3. *Conduza múltiplos experimentos para aprender mais sobre processos técnicos centrais.* À medida que problemas técnicos centrais são resolvidos de uma forma melhor do que a concorrência, uma vantagem competitiva acaba sendo obtida. Quando os problemas destacados pelo sistema de aprendizagem *lean* ficam mais evidentes, o mesmo ocorre com as soluções originais da própria equipe, contanto que os gestores estejam atentos a novas ideias e saibam como cultivá-las e apoiá-las, para conduzir a organização na mesma direção.

O pensamento *lean* produz *aprendizagem reutilizável*: formas genéricas de encarar um problema e buscar uma solução única baseada nas ideias e experiências das pessoas diretamente envolvidas. Contudo, essa técnica pode causar desconforto entre os gestores, acostumados à ideia de *conhecimento* reutilizável (ou, em muitos casos, opiniões) e à replicação do que sabem em todas as circunstâncias.

Em grande parte, a diferença está na pergunta fundamental do filósofo David Hume: "Quantas instâncias eu deveria ter visto em primeira mão antes de poder generalizar?". O pensamento *lean* é profundamente empírico e exige muita prática antes que as generalizações mereçam confiança. A função do *sensei* é aprofundar a reflexão, apontando problemas que não foram percebidos antes (*encontrar*), insistir que sejam reconhecidos (*enfrentar*), discutir uma forma *lean* de abordar a questão (*enquadrar*) e desafiar as equipes de *kaizen* a continuarem tentando até que surja uma solução (*desenvolver*). Como, então, podemos adquirir essas novas habilidades de aprendizagem? Como começarmos justamente quando não sabemos por onde começar?

Da limpeza da janela à melhoria do fluxo de qualidade

Fabiano e Furio Clerico, respectivamente, CEO e diretor de operações do ramo italiano de vendas e atendimento de uma grande empresa de bombas de combustível, recorreram ao *lean* quando viram que perderiam uma parcela significativa do seu negócio no futuro próximo e não faziam ideia de como evitar isso. A empresa vende bombas de combustível para postos na Itália, além dos contratos de manutenção para os produtos. Tradicionalmente, as redes de postos de combustível pertencem principalmente às empresas petrolíferas, em uma mistura caótica de franquias e postos de propriedade direta delas, seguidas de algumas grandes empresas independentes, como redes de supermercados, e, finalmente, proprietários totalmente independentes que operam de um a seis postos.

A maior parte do negócio envolvia as petrolíferas, com amplos contratos de atendimento negociados centralmente com o departamento de compras do cliente, geralmente em termos de preço e acordos de nível de serviço. As petrolíferas eram extremamente variadas, desde preços baixos e serviço mínimo até preços *premium* e as mais altas expectativas em relação ao atendimento. Na época da crise financeira, o mercado italiano de serviços passou por mudanças abruptas. As petrolíferas baratas aumentaram ainda mais a pressão sobre os preços, montando um sistema de licitações (ao menos uma das empresas de serviço que obtiveram o contrato durante uma dessas situações de licitação foi à falência posteriormente), enquanto as petrolíferas *premium* começaram a liquidar seus investimentos em redes de postos de combustível. Com um problema após o outro, as vendas de serviços para empresas petrolíferas caíram 30% em quatro anos. A situação era desesperadora.

Fabiano e Furio estavam interessados no *lean* há vários anos e haviam experimentado vários projetos de consultoria, sem nunca encontrarem uma abordagem que realmente se adaptasse ao setor de serviços. Parecia que os consultores aplicavam ferramentas padronizadas e ocupavam o tempo de todos para produzir resultados apenas medíocres. Ainda assim, quando a pressão sobre os preços apertou de verdade e eles não enxergavam nenhuma oportunidade óbvia de reduzir os custos sem prejudicar o negócio, pediram a ajuda de Evrard Guelton. Guelton, recém-aposentado, era o diretor da unidade de manufatura que liderara uma reviravolta no projeto e na produção das bombas de combustível (produzidas na Escócia e na França) usando o pensamento *lean*. Enquanto distribuidores das bombas, os irmãos Clerico haviam sido testemunhas das melhorias de qualidade e entrega, além do reembolso do preço de transferência anual de 4% que haviam recebido sobre os equipamentos nos últimos anos. Estavam crentes que Guelton poderia ajudá-los atuando como seu *sensei*.

Sem nenhuma experiência no ramo de serviços, Guelton os convenceu a abordar o pensamento *lean* descobrindo primeiro qual era o problema real, melhorando as coisas como existiam na época em vez de tentar reagir aos preços baixos com o corte de custos linha por linha. Quais eram as fontes mais óbvias de desperdício? Uma caminhada pelo ambiente de trabalho revelou três oportunidades de melhoria imediata:

- A expedição era uma atividade crítica para enviar o técnico de manutenção ao posto certo para fazer o trabalho certo, que podia variar de acordo com a natureza do contrato e, obviamente, com o que ele descobria ao abrir a máquina. Havia uma excelente oportunidade de aprender com o enfrentamento de problemas nessa área. Quando questionado, o pessoal da expedição imediatamente disse que a coisa mais idiota que podia acontecer era enviar um técnico a um local e descobrir que ele não tinha como fazer o serviço por falta de peças ou informações ou por ter a especialização errada.
- Os diversos centros operacionais estavam abarrotados de máquinas velhas, nos mais variados estágios de deterioração, que precisavam ser guardadas lá para os clientes devido a diversas cláusulas contratuais. Isso ocultava vários outros problemas de organização resultantes de se trabalhar com manuten-

ção, além de ocultar a necessidade de peças de desmanche para substituir componentes que não eram mais fabricados. Refletindo-se sobre o problema de expedição de enviar a peça certa para o técnico certo, descobriu-se que o conserto dos componentes pelos técnicos podia ser descuidado e caótico e que eles usavam seus veículos para armazenar peças "por via das dúvidas".

- Os vendedores estavam acostumados a lidar com os compradores das petrolíferas, mas raramente visitavam os próprios donos dos postos. O atendimento era visto pela lente dos contratos, não pelo trabalho real de manutenção ou construção nos postos. Da mesma forma, os contratos de serviço eram analisados estatisticamente, e não como ferramentas para entender a fundo como os clientes utilizavam seus postos e do que precisavam de fato.

O CEO, Fabiano, começou a visitar postos de clientes para ver quais oportunidades de venda a empresa poderia estar ignorando. Furio, o diretor de operações, mergulhou nas questões de aprimorar o fluxo físico de componentes por meio do negócio e elevar o benefício das visitas dos técnicos. Para começar a enfrentar os problemas, eles mediram o conserto de peças para os técnicos em nível local, reduziram progressivamente a janela de entrega interna e analisaram todas as reclamações dos clientes nos escritórios de expedição. Melhorias rápidas nessas questões durante o primeiro ano de *kaizen* com as equipes abriram as portas para possibilidades intrigantes, mas as petrolíferas seguiram aumentando a pressão sobre os preços, e mais licitações foram perdidas devido aos preços irrisórios. A empresa dos Clerico acabou tendo que trabalhar em um contrato para o qual havia perdido na licitação, pois, afinal de contas, os postos de combustível ainda precisavam de manutenção.

Acontece que, em geral, os donos de postos independentes preferiam trabalhar com pequenos operadores locais, pois acreditavam que a abordagem "corporativa" dos empreendimentos de grande porte não era o seu estilo. Eles achavam que os técnicos não os escutavam, que suas preocupações específicas eram ignoradas pelos vendedores e que "qualidade" era sinônimo de mais papelada. Por outro lado, o trabalho da expedição também revelou que as preocupações com qualidade das petrolíferas envolviam principalmente a interpretação dos contratos, e não o que acontecia de fato nos postos. Os irmãos Clerico estavam descobrindo que clientes diferentes valorizavam elementos diferentes:

- *Petrolíferas* premium: acordos de serviço eram o mais importante, em relação a planejamento e procedimentos.
- *Petrolíferas de preços baixos*: essas empresas queriam reduzir as negociações intermináveis (e esperadas) ponto a ponto sobre o que o contrato incluía e o que excluía.

- *Proprietários de postos independentes*: os donos de postos queriam atendimento individualizado para garantir que seus postos operariam bem e continuamente, a fim de administrarem seus próprios negócios.

Os irmãos montaram um novo conjunto de indicadores que claramente separava a venda de equipamentos do atendimento em termos de total das vendas, problemas de segurança, reclamações dos clientes, giro de estoque, estoque nos veículos dos técnicos, tempos de atravessamento de entrega e custo dos componentes. No processo, perceberam que, ao seguir seus clientes corporativos, eles nunca haviam separado claramente os modelos de negócios de, por um lado, vender bombas de combustível, e por outro, administrar o negócio de serviços, pois as negociações de contratos muitas vezes misturavam ambos. Ao expandirem progressivamente o sistema de aprendizagem *lean* para resolver os problemas de desempenho diários, ao conduzirem grupos de estudo de *kaizen* em equipe e ao repensarem processos completos (sobretudo os relativos a faturamento, um problema especificamente italiano), eles restringiram progressivamente as dimensões de melhoria às seguintes necessidades:

- Escutar as necessidades e os estilos específicos dos proprietários de postos independentes e criar relacionamentos de confiança com cada um deles, reconhecendo que eles têm preferências diferentes e ideias diferentes sobre como administrar seus negócios.
- Desenvolver a flexibilidade dos técnicos para ser menos prejudicado pelo fato de um eletricista não poder realizar trabalhos mecânicos e vice-versa. Montando programas e áreas de treinamento exclusivas em cada centro operacional, eles se concentraram no domínio das operações mais frequentes, o que levou a possibilidades de cruzamentos (por exemplo, os eletricistas podiam aprender a troca filtros), redundando, por sua vez, em menos visitas a postos devido à falta de múltiplas habilidades.
- Aprender a fornecer peças no modo *just-in-time* para acelerar o seu fluxo contínuo pela empresa, o que levou, inesperadamente, ao desenvolvimento de uma linha de distribuição de peças para outros operadores de manutenção.
- Desenvolver uma nova oferta de atendimento ao "posto inteiro", incluindo a integração de verificações de trabalho e de sistema, para atender aos donos de postos que desejavam um "pacote completo".

As vendas para petrolíferas continuaram a escassear, mas devido aos esforços dos irmãos em expandir pacientemente as competências do pessoal da expedição e dos técnicos, a receita entre os independentes mais do que duplicou durante esse período (Figura 7.1).

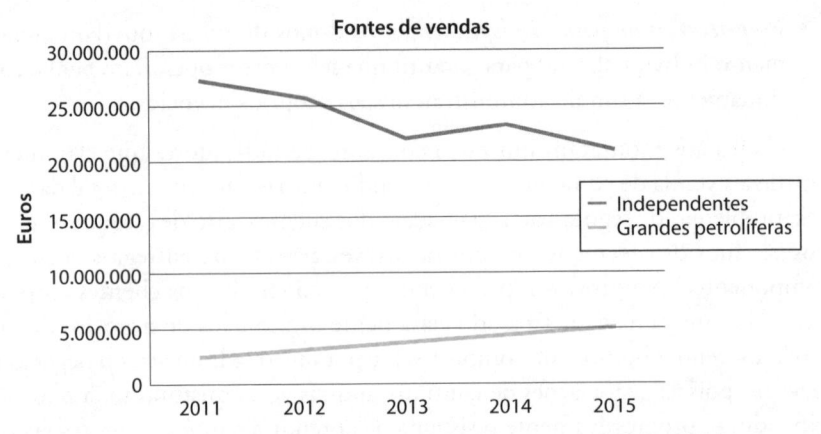

FIGURA 7.1 A receita das independentes duplicou entre 2011 e 2014.

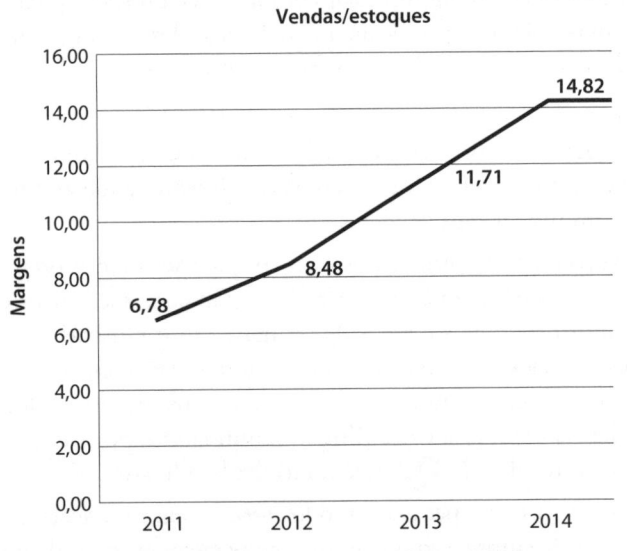

FIGURA 7.2 O giro de estoque duplicou entre 2011 e 2014.

Além disso, quando o giro de estoque duplicou entre 2011 e 2014, de 7 para 15, o mesmo ocorreu com as margens, que pularam de 8% em 2012 para 15,6% em 2015 (ver Figs. 7.2 e 7.3).

A empresa dos irmãos Clerico aprendeu que os "independentes", antes puramente ocasionais, haviam se tornado uma área de crescimento central e, o que é igualmente importante, uma área lucrativa. As vendas no setor independente não cresceram a partir de um processo simplificado de vendas e de

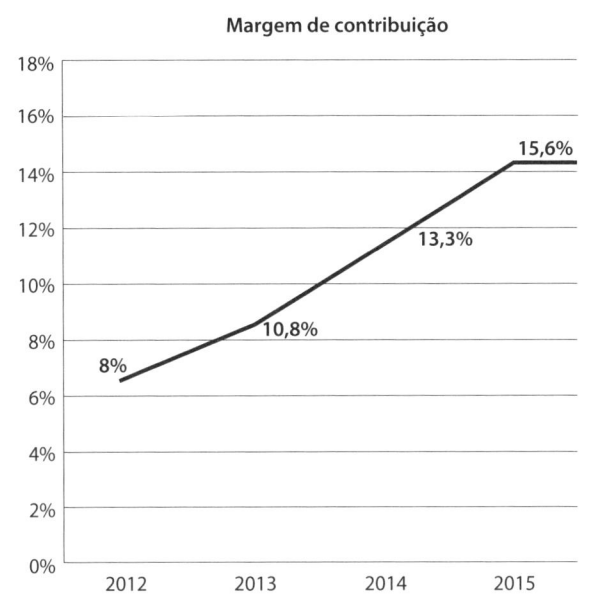

Capítulo 7 Aprendizagem reutilizável para aumentar o valor continuamente 171

Margem de contribuição

- 2012: 8%
- 2013: 10,8%
- 2014: 13,3%
- 2015: 15,6%

FIGURA 7.3 As margens duplicaram entre 2011 e 2014.

gestão da *pipeline* (ainda que ninguém argumente contra isso), mas de um entendimento diferente sobre valor. O sistema de aprendizagem *lean* permitiu uma investigação individualizada sobre o estilo de vida dos clientes, o valor que a empresa poderia oferecer a eles e as melhores maneiras de fazer engenharia desse valor (Quadro 7.1).

Para o CEO, o avanço revolucionário foi parar de pensar sobre as vendas por tipo genérico de contrato (os produtos que temos que vender) e começar a pensar em resolver problemas para os clientes individuais (oferecer e entregar valor). Essa descoberta alterou radicalmente como ele pensava no negócio como um todo: vamos começar pelos clientes, sem nos preocuparmos com

QUADRO 7.1 Investigação sobre os valores dos clientes

Estilo de vida dos clientes	Análise de valor	Engenharia de valor
Como os clientes administram seus postos, como ganham dinheiro com eles e como podemos ajudá-los a fazer isso e respeitar as suas preferências?	O que podemos fazer para ajudar mais os clientes dentro dos contratos existentes e do trabalho existente e como podemos eliminar desperdícios para reduzir nossos próprios custos?	Que novos recursos devemos oferecer aos clientes para ajudá-los ainda mais a desenvolver os seus negócios e melhorar nosso próprio desempenho?

mercados, *fronts*, recursos e todo o vocabulário tradicional do pensamento militarista do século XX. Os clientes aproveitam seus estilos de vida por encontrarem produtos e serviços convenientes que ajudam a resolver os seus problemas. A aprendizagem reutilizável seria pensar em cada cliente como um indivíduo em vez de pensar em termos de "clientes" em geral, e desenvolver flexibilidade no processo de entrega para se adaptar aos estilos de vida específicos dos clientes em vez de simplificar processos genéricos.

No *lean*, os irmãos Clerico encontraram uma maneira de se manterem concentrados no que importa enquanto líderes do negócio, sem se afogarem no turbilhão de problemas operacionais que surgem todos os dias. Assim, podiam refletir sobre questões fundamentais como: qual é o valor que a empresa agrega? Para quem? Quais desafios precisamos enfrentar para gerar esse valor? Que vantagem oferecemos aos nossos clientes em relação à concorrência? Como ajudamos nosso pessoal a fazer um bom trabalho todos os dias? Em quais tecnologias deveríamos investir? Em geral, que tipo de empresa gostaríamos de ser?

Quase todos os concorrentes que enfrentavam as mesmas mudanças abruptas estavam batalhando para simplesmente se adaptarem a fatores de mercado externos. A estratégia *lean* ajudou os Clerico a aprenderem a ser mais ágeis e liderar seu pessoal em direção à mudança mais rapidamente. Durante essa transformação, eles precisaram manter a empresa o mais estável possível para continuar a operar os contratos de serviço no dia a dia, sem grandes interrupções, ao mesmo tempo em que mantinham todos na empresa em contato com os clientes, desenvolviam novas habilidades e adotavam novas atitudes em relação ao trabalho a ser feito.

Em retrospecto, Fabiano e Furio destacam diversas práticas importantes que tiveram um impacto essencial no modo como a empresa trabalha:

- *Visitas ao* gemba *do cliente: manter-se em contato individual com os clientes.* Seguindo uma agenda regular de visitas às unidades dos clientes, eles eram capazes de se conectar com cada um e observar os fatos diretamente, o que gerou uma opinião independente do que a gerência média acreditava. Isso também os ajudou a perceber que antes pretendiam prestar um serviço genérico e que tinham dificuldade para se adaptar às demandas personalizadas dos clientes, ou mesmo de ouvir os pedidos referentes a essas demandas.

- *Treinamento em* dojo *técnico: refocar-se no trabalho, uma pessoa por vez, no que precisava ser cultivado e no que precisava mudar.* Os irmãos solicitaram que os gerentes para pegassem caronas regulares com os técnicos durante um dia para verem como o trabalho realmente se manifestava, e criaram salas exclusivas para treinamento, com um plano de capacitação regular para cada técnico. No início, eles se concentraram nas operações raras ou extravagantes, mas depois perceberam que teriam mais a aprender com as operações mais frequentes. Dessa maneira, foram capazes de delimitar quais seriam as mudanças de prática necessárias. Isso também abriu o caminho para o treinamento cruzado limitado entre as especialidades, reduzindo o número de viagens desnecessárias até os clientes.

- *Solução diária de problemas: estabelecer continuamente a linha de visão entre o valor personalizado para o cliente e resolver obstáculos nos nossos próprios processos.* Todos os dias, os líderes de equipe eram instados a investigar um problema de um cliente ou técnico no campo. A ideia não era eliminar todos os problemas dos processos (uma impossibilidade), mas sim aprender a explorar melhor os problemas e resolvê-los. Essa prática permitiu que as pessoas esclarecessem continuamente o seu entendimento de como o valor que buscavam gerar para os clientes se traduzia em decisões de trabalho diárias (em geral, problemas prosaicos, como acelerar a expedição de peças raras, problemas de cobrança, etc.). Essa prática convertia objetivos grandiosos em ações diárias.

- Kaizen *contínuo em equipe: desenvolver a responsabilização e a confiança da equipe e encorajá-la a continuar se esforçando.* No final das contas, as próprias pessoas resolviam a maioria dos problemas dos líderes. No nível estratégico, elas entendiam o que estavam buscando para conseguirem sobreviver na reestruturação do setor. Mas em sua maioria, as soluções em nível de processo foram encontradas pelas próprias equipes de cada centro de distribuição à medida que conduziram um *kaizen* depois do outro e descobriram novas maneiras de trabalhar. As equipes encontraram maneiras inteligentes de responder melhor aos problemas dos clientes ao mesmo tempo em que simplificavam seus próprios processos internos (às vezes, com resultados incríveis). O centro de distribuição de Milão, por exemplo, transferiu-se para um novo endereço, com metade da área (reduzindo o custo a um quarto), mas que ainda parecia menos apertado do que a unidade anterior, simplesmente devido ao *kaizen* contínuo realizado pelas próprias equipes.

- *Sistema de sugestões: acelerar o fluxo de ideias e reconhecer a contribuição de cada pessoa.* Ao ensinar os membros da gerência média a apoiarem o sistema de sugestão e a destacarem sistematicamente a sugestão do mês em cada um dos seus centros, eles conseguiram esclarecer um pouco a situação e começaram a reconhecer quem realmente contribuía para o negócio. A celebração das sugestões (a empresa conseguiu responder a 98% do que foi enviado) permitiu que os líderes acelerassem o fluxo de ideias em toda a organização e desenvolvessem um entendimento muito mais claro de quais equipes trabalhavam bem, em meio a uma atmosfera aberta e amigável e de iniciativas fáceis, e quais equipes continuavam problemáticas e não eram lugares tão bons assim para se trabalhar.

"Acreditamos que a nossa prática *lean* foi o segredo para o sucesso de nossa reviravolta", eles afirmam. "Durante esse período difícil, não só conseguimos manter nosso giro total, mas também aumentamos nosso EBITDA em 70% – devido aos resultados de *kaizen* para reduzir o estoque de produtos acabados em 70% –, as peças de manutenção em 30% e o estoque nos veículos dos técnicos em 35%. Reduzimos pela metade a metragem ocupada por produtos acabados e peças de reposição em todos os cinco centros de distribuição e abreviamos o tempo de atravessamento de entrega de vendas de oito semanas para seis e o tempo de atravessamento de entrega de peças de reposição de 15 dias para 5. Nosso índice de intervenção dentro do prazo passou de 80 para 95%. Se não tivéssemos aprendido o pensamento *lean* no *gemba*, talvez a empresa tivesse deixado de existir".

Aplicação do sistema de aprendizagem para reduzir a base de custos pela intensificação do *kaizen*

Depois que os problemas da empresa são esclarecidos em uma área local, os trabalhadores *lean* podem se concentrar em como guiar as melhorias em uma base de operações mais ampla. É aí que um sistema *lean* dinâmico cria uma estrutura para a aprendizagem geral. Pierre Vareille é um forte defensor do *lean* como estratégia de negócio. Ele assumiu o cargo de CEO do grupo FCI, uma empresa de conectores de 1,3 bilhão de euros, com 14 mil funcionários em todo o mundo, depois que a organização foi adquirida por um fundo de investimentos. Sua missão seria recuperá-la para revenda. Em quatro anos, ele aumentou as vendas em 40%, reduziu os custos de manufatura em 7% das vendas e aumentou a rentabilidade de forma espetacular principalmente pela injeção de uma cultura de qualidade integrada na empresa (Figura 7.4).

A rentabilidade avançou enquanto a empresa lidava com as consequências da crise financeira de 2008, multiplicando o valor para os investidores (Figura 7.5).

Na sua empresa anterior, uma fornecedora de autopeças, Vareille era famoso por ser o CEO que andava pessoalmente pelos estoques, lia o rótulo em uma bo-

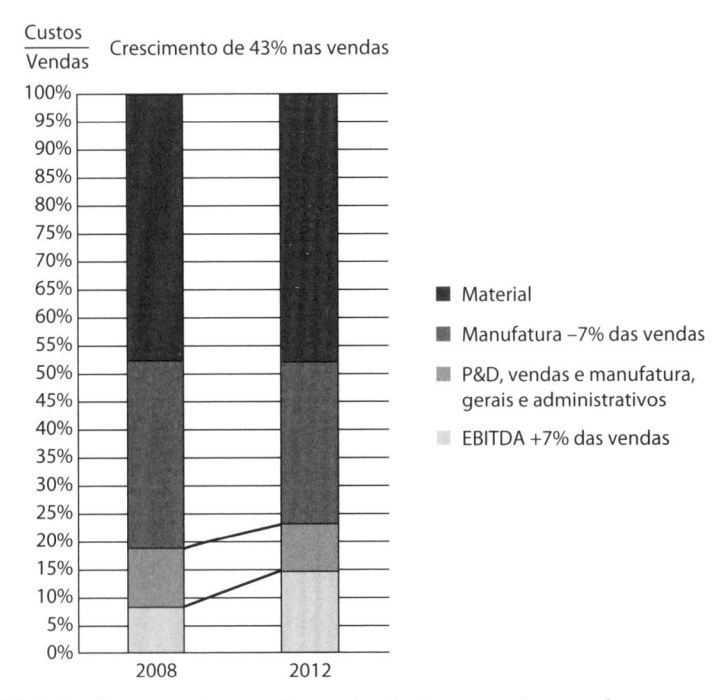

Capítulo 7 Aprendizagem reutilizável para aumentar o valor continuamente 175

FIGURA 7.4 Aumento das vendas, redução do custo de manufatura e aumento do lucro na FCI de 2008 a 2012.

bina de aço e perguntava "por quê?" todas as vezes que encontrava algum material parado há mais de um mês (anos, às vezes, para falar a verdade). Ele trabalhara com Freddy Ballé como *sensei* antes, e juntos desenvolveram (com o diretor *lean* Yves Mérel) o sistema *lean* da empresa anterior. A iniciativa *lean* na FCI começaria nas melhores condições possíveis: um CEO com experiência em *lean* comprometido com a ideia de aprender mais, um diretor *lean* experiente comprometido em melhorar em relação a experiências pregressas e um *sensei* com raízes firmes na tradição *lean* (seu próprio *sensei* trabalhara diretamente para Taiichi Ohno). Vareille assumiu o cargo de CEO em 2008, poucos meses antes da crise financeira estourar e abalar a economia mundial. Ainda assim, em quatro anos, quando o fundo de investimentos revendeu a empresa, ele triplicou o valor total do grupo.

Como se pratica o *lean* em uma empresa tão grande? Por onde começar? Se o *lean* é o antídoto à doença da empresa grande, ele não é muito mais difícil nas grandes multinacionais? Com 20 fábricas em quatro continentes e várias centrais de desenvolvimento, por onde começamos? As respostas são específicas de cada empresa, mas as perguntas continuam as mesmas: como

EBIDTA, Milhões de euros

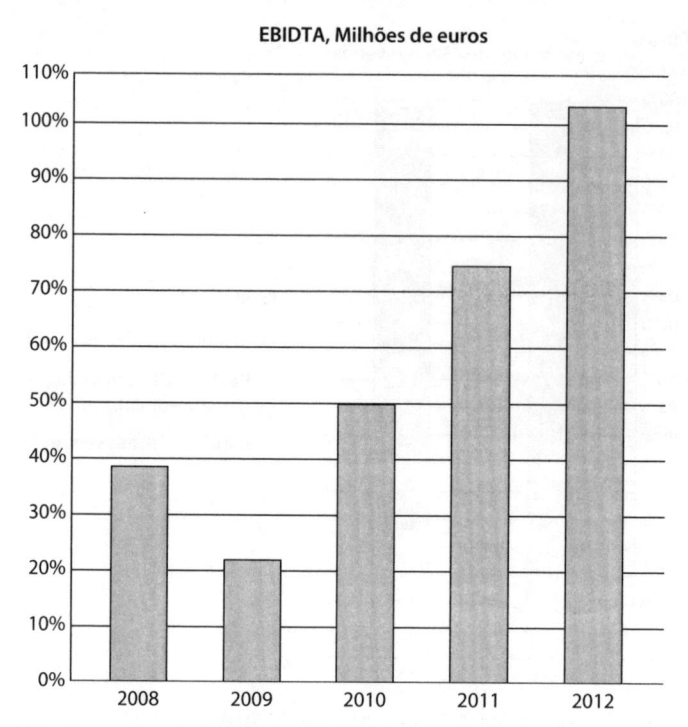

FIGURA 7.5 Aumento do EBITDA na FCI de 2008 a 2012.

melhoramos o valor para os clientes hoje mesmo? Como integramos valor para o cliente na próxima geração de produtos? Um estudo mostrou que a FCI era medíocre em termos de percepção dos clientes, e Vareille disse aos gestores do grupo no 1º semestre de 2008 que "nosso objetivo é nos tornarmos referência no setor em termos de participação de mercado, crescimento, lucro e empoderamento das pessoas". Sim, claro, todo CEO diz isso no seu primeiro dia no emprego. A pergunta importante é "como?". Mais uma vez, por onde começamos?

Para começar, Vareille visitou cada uma das 24 fábricas e o centro de P&D no seu primeiro ano no cargo. O senso comum no setor de conectores afirmava que a diferenciação vinha da inovação, e não das capacidades operacionais. Mas reunindo-se com os funcionários, desde operadores a gerentes de fábrica, Vareille chegou à conclusão de que o setor estava em mutação, pois novos concorrentes estavam aumentando a pressão competitiva sobre os fabricantes tradicionais. Ele concluiu que, além da inovação, a qualidade e o atendimento ao cliente

QUADRO 7.2 Objetivos e indicadores-chave de desempenho (KPIs) de Vareille

Foco	KPI de primeiro nível	Meta	KPI de segundo nível
Satisfação do cliente	Qualidade (reclamações)	Cortar reclamações dos clientes pela metade	Pessoas no quadro de qualidade
			Conformidade com auditoria 8D
			Peças por milhão (PPM) interno
	Atendimento ao cliente (gestão de processos de gestão, ou MPM)	Reduzir pela metade as entregas perdidas	Conformidade de vendas e operações
			Tamanho do lote de aquisição (frequência de recebimento)
			Tamanho do lote de produção (cada peça, cada intervalo)
Empoderamento das pessoas	Segurança (acidentes)	Cortar os acidentes em três quartos	Sugestões
			Absenteísmo
			Conformidade organizacional baseada em equipe
			Giro
Melhoria de custos e caixa	Cadeia logística (tempo de fluxo da fábrica)	Reduzir o tempo de fluxo pela metade	Envelhecimento do estoque
			Entrega indireta
			Tempo de fluxo do centro de distribuição

seriam os fatores centrais.[1] Sua principal dificuldade seria, então, fazer com que seus gestores, operando na Ásia, América e Europa, enfrentassem o problema.

Para tanto, Vareille criou alguns indicadores-chave de desempenho (KPIs) e informou aos seus subordinados diretos que iria simplesmente ignorar todos os demais indicadores usados pela empresa até então (a maioria dos quais variava entre as diversas unidades de negócio). Ele também informou que não administraria o negócio usando relatórios financeiros, pois se basearia na melhoria do desempenho operacional. O Quadro 7.2 mostra quais eram seus objetivos.

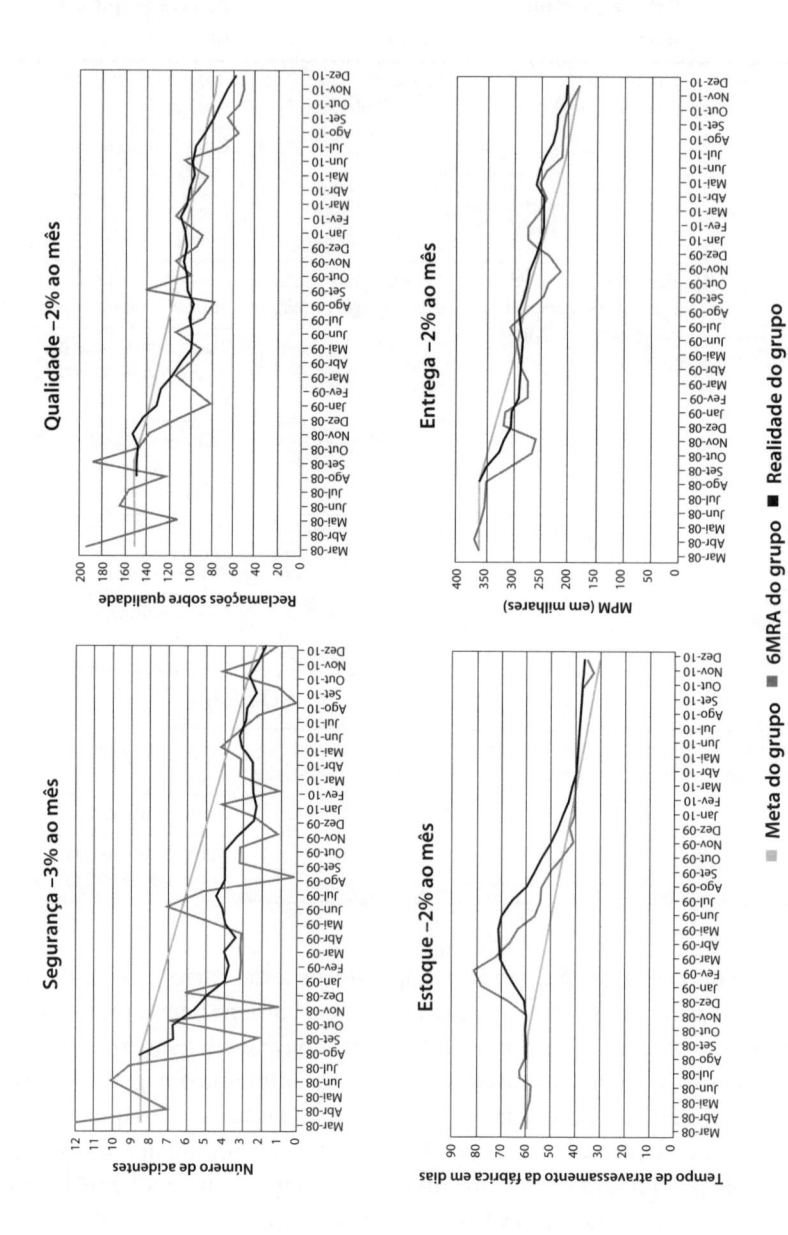

FIGURA 7.6 Resultados mensais dos indicadores-chave de desempenho da FCI.

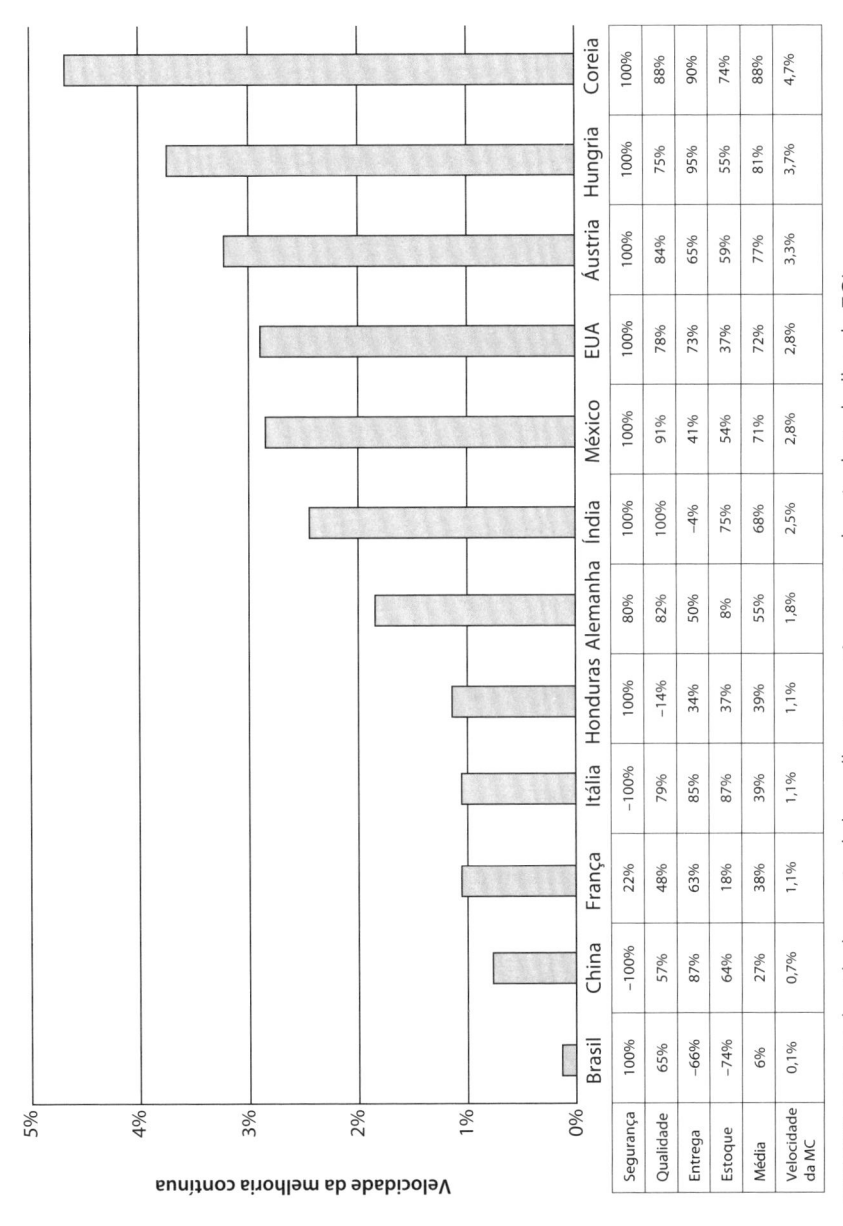

Capítulo 7 Aprendizagem reutilizável para aumentar o valor continuamente   179

	Brasil	China	França	Itália	Honduras	Alemanha	Índia	México	EUA	Áustria	Hungria	Coreia
Segurança	100%	-100%	22%	-100%	100%	80%	100%	100%	100%	100%	100%	100%
Qualidade	65%	57%	48%	79%	-14%	82%	100%	91%	78%	84%	75%	88%
Entrega	-66%	87%	63%	85%	34%	50%	-4%	41%	73%	65%	95%	90%
Estoque	-74%	64%	18%	87%	37%	8%	75%	54%	37%	59%	55%	74%
Média	6%	27%	38%	39%	39%	55%	68%	71%	72%	77%	81%	88%
Velocidade da MC	0,1%	0,7%	1,1%	1,1%	1,1%	1,8%	2,5%	2,8%	2,8%	3,3%	3,7%	4,7%

FIGURA 7.7 Velocidade variável da melhoria contínua entre locais de trabalho da FCI.

Acima de tudo, cada fábrica precisaria medir esses resultados mensalmente. O desafio não seria alcançar um objetivo no final, e sim avançar de forma nivelada, passo a passo (Figura 7.6):

- Redução de 3% no número de acidentes todos os meses em todos os locais
- Redução de 2% no número de reclamações sobre qualidade todos os meses em todos os locais
- Redução de 2% no número de entregas perdidas todos os meses em todos os locais
- Redução de 2% do estoque todos os meses em todos os locais

Nem todos os locais melhoraram no mesmo nível, obviamente, mas não era isso que Vareille almejava: ele estava tentando acelerar a aprendizagem e a melhoria, não buscando a otimização estática. E os locais reagiram de forma muito diferente entre si. Em uma medida composta da velocidade da melhoria contínua (MC), a Figura 7.7 mostra qual foi o resultado.

Da perspectiva dos clientes, o valor tem três dimensões: primeiro, desempenho, que é a funcionalidade prometida aos clientes (a maioria dos concorrentes apresenta níveis semelhantes de desempenho prometido); segundo, qualidade, que é quanto realizamos esse desempenho para o cliente ao longo do tempo; e terceiro, custo de uso, que é o custo total de se utilizar o produto, da aquisição, uso e manutenção até o descarte ou eliminação ao final do ciclo de vida do produto.

Comece com a entrega

Segundo o *feedback* inicial dos clientes, a promessa mais descumprida da FCI era a entrega. Os clientes precisavam manter grandes estoques de conectores apenas para se proteger contra a natureza imprevisível das entregas. Para melhorar a qualidade para os clientes, o primeiro problema que Vareille precisaria enfrentar era a qualidade do serviço.

Vareille e Mérel precisavam fazer os gerentes de fábrica entenderem como a questão era essencial para a empresa como um todo. Assim, concentraram-se em uma ferramenta simples para ajudar seus gerentes a entenderem os problemas detalhados na entrega: as áreas de preparação de caminhões. Uma área de preparação de carga (APC) é um quadrado pintado no chão da logística para preparar a carga de cada caminhão antes da chegada do veículo. Quando o caminhão chega, todas as peças estão fisicamente preparadas e ele pode ser carregado e então partir imediatamente. As áreas de preparação de carga são um dispositivo simples para controlar se todas as peças estão no caminhão antes dos clientes descobrirem o que está ou não presente na sua plataforma de recebimento.

Um quadro simples é colocado junto aos quadrados pintados no chão, como vemos na Tabela 7.1.

As áreas de preparação de carga parecem ridiculamente simples, mas a realidade é que o simples raramente é fácil. Os gerentes de fábrica e os seus gestores de logística muitas vezes hesitam – para não dizer resistem – à organização das APCs devido à imensa complexidade e atrito que isso revela. Na maioria das empresas, os seres humanos perdem o controle da expedição, que é determinado pelo MRP. Os caminhões são chamados quando o sistema indica que as peças estão disponíveis, as peças estão no estoque quando o sistema indica que foram produzidas e a entrega dentro do prazo é o resultado de uma mistura caótica de ciclos de *feedback* de programação e reprogramação, dos quais nenhum é compreendido de verdade por uma única pessoa sequer.

As áreas de preparação de carga são um exemplo visual da ideia *lean* de controle visual. As peças deixam de ser controladas por números na tela e passam a um controle físico, de caixa em caixa: as peças chegam na hora ou não chegam. Pede-se que a equipe de expedição conte os caminhões "bons" (todas as caixas estão presentes, exatamente, sem nenhuma faltando ou sobrando) e os "ruins" (caixas faltando ou sobrando). No início, o índice de caminhões bons é horrível, mas as pessoas vão melhorando, passo a passo. Cada veículo é analisado, um de cada vez, pelos próprios funcionários do setor de expedição.

O controle visual estrutura o ambiente físico de tal forma que todos conseguem entender o que precisa ser feito a cada momento. Os gerentes de fábrica não precisam estar pessoalmente presentes a cada instante do dia para dizer a todos que os caminhões devem ser completados exatamente e na hora certa, pois a área de preparação de carga faz isso para eles.

A regra básica da área de preparação de carga é: *salve o caminhão*. Quando se percebe que um caminhão está incompleto no ponto de acionamento do "fim do tempo de preparação", os gerentes precisam comparecer e salvar o

TABELA 7.1 Quadro para acompanhar os quadrados pintados no chão

Destino	Horário de partida	Zona de preparação	Fim do tempo de preparação	Status	Comentários

veículo, o que significa voltar à área de produção e, a fim de completar a caixa ausente (se os componentes estiverem disponíveis), parar tudo que esteja sendo produzido no processo. Em seguida, a gerência precisa realizar uma análise dos "cinco porquês" para descobrir por que o problema ocorreu e aplicar *kaizen* aos procedimentos operacionais que levaram ao problema.

Foi uma batalha, mas os gerentes de fábrica conseguiram e os resultados começaram a melhorar (Figura 7.8). Durante as suas visitas semestrais, Vareille sempre começava por uma visita à área de preparação de carga para demonstrar o seu interesse pelo atendimento ao cliente, desafiar as pessoas a fazerem melhor, escutar sobre os obstáculos que elas encontravam (muitos obstáculos vinham de outras áreas da empresa, às quais elas não tinham acesso, mas ele tinha) e apoiar suas iniciativas de melhoria.

Integre a qualidade ao produto

De modo similar, o segundo problema de qualidade mais impactante que Vareille ouvira dos seus clientes era o alto índice de defeitos. Determinados mercados, como o Japão, simplesmente não toleravam conectores com defeitos, e o custo da não qualidade era percebido imediatamente nas salas cheias de operadores debruçados sobre lupas para identificar e separar todos os produtos suspeitos, e esse custo saía diretamente das margens de lucro. Os outros mercados simplesmente reclamavam.

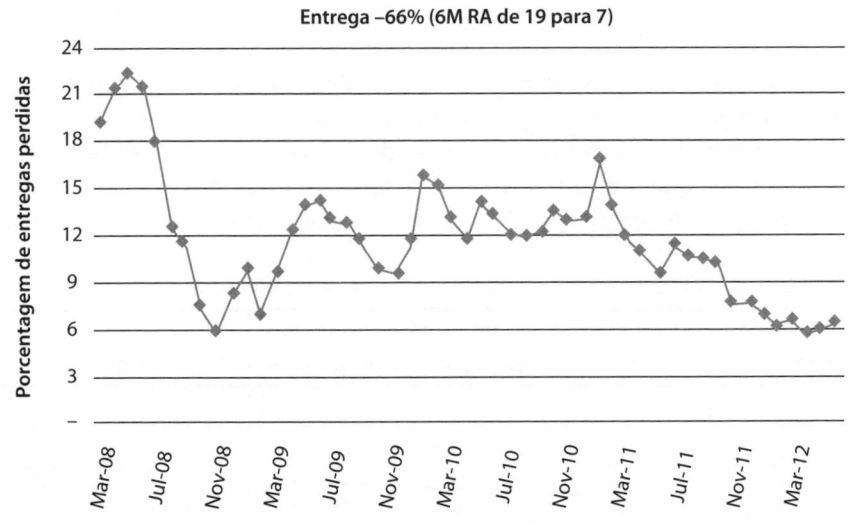

FIGURA 7.8 Melhoria dos resultados de entrega da FCI de 2008 a 2012.

Vareille e Mérel adotaram a mesma abordagem à visualização de problemas de qualidade para que as pessoas nas linhas se conscientizassem dos problemas que criavam para os seus clientes. O primeiro passo foi sistematizar a inspeção final na célula de produção em si com uma análise imediata de todas as peças defeituosas. A função do líder de equipe era realizar a análise imediata e verificar todo o recipiente para salvar a caixa, no espírito de "salvar o caminhão". O líder de equipe também chamaria o gerente assim que um problema real aparecesse.

Verificar todas as peças era muito caro, algo a ser feito apenas quando realmente necessário. A questão real era ensinar as pessoas quando usar um índice de verificação de 100% e quando não usar:

1. Se uma célula gerava uma reclamação de um cliente
2. Ela instalava um quadro com 100% de verificação
3. Verificação colocada no final do processo para informar os resultados à célula imediatamente
4. Até nenhum defeito ser identificado na taxa de inspeção de 100% e o quadro ser retirado
5. Até haver uma nova reclamação de um cliente, e assim por diante

A meta dessa ferramenta era desenvolver a responsabilidade pelo próprio trabalho entre os funcionários e investigar mais a fundo as peças defeituosas imediatamente. Em muitas fábricas, os quadros de qualidade levaram à reflexão aprofundada sobre como as peças defeituosas poderiam ser identificadas dentro do processo e o que fazer com relação a elas.

O próximo passo para a qualidade integrada foi *parar ao primeiro defeito*. Em uma fábrica piloto, Mérel tirou as três primeiras máquinas dentre 50 na oficina e pediu aos engenheiros que as reprogramassem para que literalmente parassem a cada defeito. O efeito imediato foi a redução da eficiência global do equipamento (OEE, *overall equipment effectiveness*) de 80 para 30%, com impactos significativos sobre a produção. Tendo enfrentado o problema, Mérel alocou todos os três engenheiros de manutenção a apenas essas três máquinas, torcendo para que o restante continuasse a produzir enquanto isso. Primeiro os engenheiros atacaram todos os probleminhas que alimentavam a parada no primeiro defeito, restaurando metade da OEE, e então partiram para os problemas maiores, aprendendo no caminho. Após um mês de trabalho árduo, essas três máquinas estavam de volta à sua OEE inicial, mas com níveis radicalmente maiores de qualidade. A seguir, Mérel atacou as três seguintes, e assim por diante, até abranger toda a área.

Para conseguir replicar esse experimento em todo o grupo, ele formulou um sistema para todas as fábricas do grupo no qual uma máquina ganharia uma medalha verde (um adesivo) se fosse reprogramada para parar a cada defeito, um vermelho se não fosse e um amarelo se parasse ao primeiro defeito em alguns casos, mas não em outros. Os gerentes de fábrica tinham então que elaborar um plano para que todas as suas máquinas passassem de vermelho e amarelo para verde, uma implementação clássica do *jidoka*: melhorar primeiro a detecção de modo a melhorar a capacidade.

Nesse setor, melhorar a entrega e a qualidade teve um impacto radical sobre as vendas, com um aumento de mais de 40% no período. Ao mesmo tempo, o sistema de aprendizagem levou a bastante aprendizagem local, o que reduziu os custos e alavancou as vendas em geral.

Apoie a aprendizagem local com o sistema de aprendizagem lean

Visto do alto, o programa *lean* que Vareille, Ballé e Mérel comandaram pode ser descrito da seguinte forma:

- Visitas do CEO para mostrar comprometimento e aprender com os problemas específicos enfrentados pelas equipes em diversos locais e situações
- Indicadores-chave de desempenho (não financeiros) para desafiar a velocidade do processo de melhoria contínua
- Sistemas de controle visual para compartilhar os problemas do chão de fábrica com todos e permitir reações rápidas
- Rotinas de gestão para descentralizar a gestão nas estações de trabalho
- Oficinas de solução de problemas para enxergar as perdas e fazer a melhoria contínua deslanchar

De acordo com a mentalidade administrativa tradicional, o programa *lean* é facílimo de interpretar como um processo de controle simples e direto: evitar erros e controlar as operações de forma mais estrita. Na realidade, ele não é nada disso. Trata-se de um programa de *educação*, no qual todas as pessoas da empresa podem se orientar e entender (1) como o desempenho é mensurado, (2) que o CEO se importa de verdade com o desempenho e está aqui para ajudar, (3) qual é a situação em campo, (4) as regras do jogo para evitar os erros e (5) que se espera que elas pensem bem e criem ideias e iniciativas para melhorar.

Como isso é visto de baixo para cima? O gerente de fábrica em uma unidade da FCI na China relatou como foi induzido ao programa *lean*.[2] Após uma visita pessoal do CEO para informar o que se esperava da unidade (aprendizagem rápida, especialmente na questão de melhoria da segurança), o gerente de fábrica, veterano de 13 anos na empresa em diversos cargos, fez um curso-padrão de nove dias, organizado em três sessões de três dias na Índia, Estados Unidos e China. Depois, pediu-se que ele encontrasse alguém para se dedicar exclusivamente à coordenação com a pequena equipe *lean* central comandada por Yves Mérel (sete pessoas para todo o grupo FCI).

Após o lançamento, a primeira tarefa do gerente de fábrica foi montar a gestão visual e, no processo, resolver muitos dos problemas de segurança que assolam todas as operações. Treinando seus subordinados diretos para implementar esses padrões visuais, o gerente de fábrica percebeu que precisaria responder com confiança perguntas recorrentes como: para que serve o *lean*? Quais as metas imediatas que estamos buscando? Como aprender o *lean* vai beneficiar a nossa unidade?

Cada padrão visual exigia a implementação de novas rotinas administrativas e, mais uma vez, isso exigia um esforço de treinamento consistente por parte do gerente de fábrica. A base dessas rotinas era a Reunião-Relâmpago Diária em todas as células de produção para conversar sobre os objetivos do dia e os problemas do dia anterior. Agora o gerente de fábrica passava um terço do seu tempo no chão de fábrica, conferindo se seus gerentes de linha tinham todos os recursos de que precisavam para alcançar seus objetivos. Seu problema principal era fazer seus próprios gerentes entenderem o novo pensamento sobre qualidade, que ele agora compreendia da seguinte forma: "Se identificar um defeito, pare de produzir. Pense sobre o que fez e como melhorar". Isso ia contra os hábitos existentes na fábrica. As equipes precisavam aprender que (1) quando ocorre um defeito, o reflexo deve ser parar de produzir e pensar e (2) os gerentes precisavam ir ao chão de fábrica para observar as coisas fisicamente, sem depender do que viam na tela do computador.

Conduzindo diversas oficinas ao lado de Mérel, o gerente de fábrica entendeu que a ideia desses eventos não era implementar uma nova maneira de trabalhar, mas sim ensiná-lo uma nova forma de analisar as suas operações (veja o Quadro 7.3).

Tendo entendido essa mudança de foco fundamental, ele percebeu que precisaria usar o programa como uma abordagem de aprendizagem, usando as oficinas de melhoria como ferramenta fundamental para envolver suas próprias equipes, de modo a entender o que seria esperado delas em termos de eliminação de desperdício e do pensamento dos "cinco porquês". Ao lado do gerente *lean* da área, o gerente de fábrica elaborou um plano para garantir que todos os funcionários da fábrica se envolveriam com pelo menos uma oficina ao ano, o que levou a um aumento considerável no número de oficinas de *kaizen*, como vemos na Figura 7.9.

186 A Estratégia Lean

QUADRO 7.3 Análise de operações para desencadear aprendizagem

	Análise	Para entender isso
Leiaute e 5S	Análise da variação do tempo de atravessamento para visualizar as principais fontes de variação na disposição do leiaute, no controle diário da zona e no equilíbrio do trabalho dos operadores	A principal fonte de desperdício é o atrito de diversas fontes que impede as pessoas de verem claramente como devem se organizar para que a produção seja contínua e ininterrupta.
Resposta de qualidade rápida	Análise individual dos defeitos pela listagem dos fatores em potencial, testando todas as hipóteses para melhorar os padrões de trabalho	Todo defeito é inserido no produto por uma ação impensada ou equívoco técnico e apenas o teste rigoroso de hipóteses pode revelar os problemas de qualidade.
Smed	Análise de vídeo das trocas (*setups*) de ferramentas para diferenciar as atividades externas (a máquina ainda está operando) das internas (a máquina está parada), transferir as atividades internas para externas e reduzir os ajustes finais	Lotes grandes são a segunda fonte de todos os males (a primeira é deixar peças defeituosas passarem), porque quanto maior o lote, mais difícil é enxergar os defeitos, e os estoques acabam por abarrotar o sistema e atrasar a entrega dentro do prazo.
TPM	Análise diária da leva de produção por causa dos desperdícios de produção, como interrupções, lentidão, trocas, defeitos e assim por diante, a fim de melhorar o uso da máquina por meio da melhor manutenção	Equipamentos são uma fonte importante de variação no tempo de atravessamento quando são mal compreendidos e mantidos. Para apoiar o sucesso das pessoas, precisamos separar o trabalho humano do trabalho de máquina para liberá-las das restrições dos equipamentos.

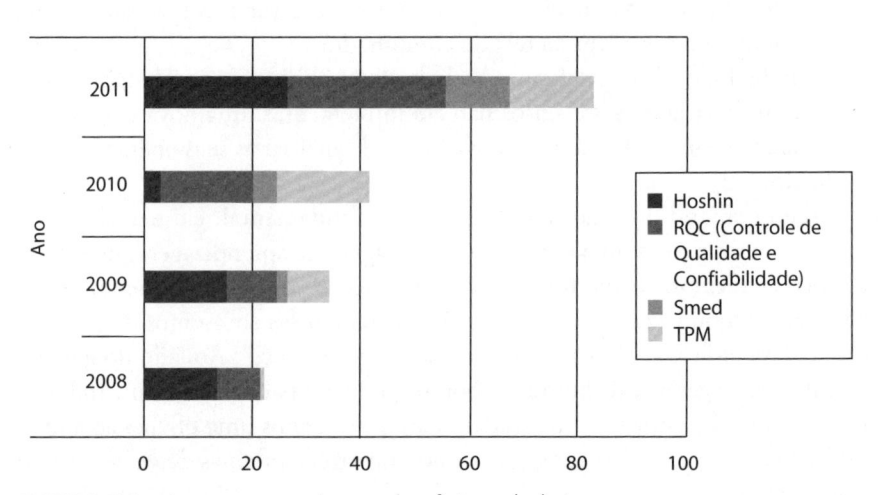

FIGURA 7.9 Aumento no número de oficinas de *kaizen*.

QUADRO 7.4 Mudanças necessárias nos hábitos de solução de problemas

Hábito antigo	Hábito novo
Administrar a fábrica a partir do escritório, tomando decisões com o comitê de gestão a partir de relatórios.	Administrar a fábrica do chão de fábrica, desafiando as equipes do nível de trabalho a resolver problemas específicos e convencer a alta gerência a apoiá-las nos seus esforços.
Dizer aos clientes: "É assim que funciona e estamos fazendo o melhor para atendê-lo, então seja paciente".	Escutar as reclamações dos clientes, fazer o necessário para resolver os seus problemas imediatos e aprofundar-se nas causas raiz dos nossos problemas operacionais internos.
Pagar pela inspeção de lotes para resolver os problemas de qualidade enquanto a produção avança a todo o vapor.	Pagar pela parada a cada defeito para resolver os problemas de qualidade e desafiar os gerentes da linha de frente a resolverem os problemas à medida que aparecem.
Manter grandes estoques de produtos acabados e componentes para realizar as entregas.	Usar a produção em pequenos lotes e recorrer aos fornecedores com frequência para tornar a cadeia logística mais flexível e, assim, realizar as entregas.
Chamar especialistas que imporão novos processos e exigirão execução disciplinada por parte da gerência média de modo a treinar as pessoas.	Envolver as pessoas em atividades de melhoria e exigir rigor no teste das hipóteses e questionamento dos porquês de modo a treinar as pessoas.

No início do programa, havia ocorrido um acidente na fábrica, a média das reclamações dos clientes era de 1,5 ao mês, as entregas perdidas chegavam a 4%, o tempo de atravessamento era de cerca de 65 dias e o tempo para a troca (*setup*) de peças era de uma semana, em média. Dois anos depois, a fábrica não havia sofrido acidentes desde o início do programa, as reclamações caíram para 0,6, as entregas perdidas para 0,5% e o tempo de atravessamento para 26 dias, enquanto o tempo entre trocas de produção caíra para 2,5 dias.

Isso ilustra o processo de mudança do pensamento *lean*: as ferramentas existem para ajudar cada líder local a mudar a sua própria história à medida que entende melhor a sua situação e os seus problemas e começa a criar um relacionamento diferente com a equipe que agrega valor. Quando cada gestor muda a história da sua área, surgem novas oportunidades globais para acelerar a aprendizagem no nível da empresa como um todo. A intensificação dos esforços de *kaizen* é típica de uma fábrica que avança rapidamente no programa *lean*. Contudo, as oficinas não criam o desempenho sozinhas se não impuserem a aprendizagem reutilizável. Em geral, os gerentes de fábrica da FIC precisaram alterar seus hábitos de solução de problemas em diversos temas, como vemos no Quadro 7.4.

Como as pessoas não podem ser convencidas com palavras e precisam ver para crer, a única coisa que os gestores podem fazer é criar oportunidades constantes para que ocorra aquele momento de "eureca!". Um ritmo mais intenso de eventos de *kaizen*, iniciados pelo próprio gerente, geralmente corresponde a uma aceleração do seu entendimento sobre a necessidade de aprender (e ensinar) na prática.

Como afirma Vareille: "O *lean* não é apenas uma maneira de melhorar as operações, é uma maneira de pensar sobre todos os aspectos do negócio. E mais, ele é uma estratégia completa e foi a minha estratégia para provocar reviravoltas em quatro empresas durante a minha carreira. O que descobri no *lean* foi um jeito de misturar o pensamento estratégico com ações concretas para liderar transformações em larga escala pelo desenvolvimento de todas as pessoas na empresa".

Condução de experimentos repetidos para ampliar a aprendizagem

Na ex-empresa de Jacques, Frédéric Fiancette, o diretor de operações, e Eric Prévot, o diretor de melhoria contínua, trabalharam muito bem com o seu *sensei* e implementaram muitas das ferramentas do sistema de aprendizagem *lean*, como enfocar a redução dos defeitos e a aceleração dos fluxos. Na verdade, apesar de em 2009 o volume ter caído para 79 milhões de euros (afetado pela crise da Lehman Brothers), o estoque era de apenas 8 milhões de euros (Tabela 7.2). Se o giro tivesse permanecido nos seis giros do ano anterior, o estoque teria ficado em 13 milhões; a simples mudança liberaria 5 milhões de euros em caixa do processo de produção (extremamente necessários na época).

Para fazer o sistema puxado funcionar, Fiancette, Prevót e Matthias Fumex (o gerente de planejamento) se esforçaram para nivelar a demanda dos clientes e aprender o conceito do *takt time*. Fiancette e sua equipe ainda não estavam

TABELA 7.2 Vendas, estoque e giro de 2004 a 2013

Ano	2004	2005	2006	2007	2008	2009	2010	2011	2012	2013
Vendas, milhões de euros	65	69	73	80	83	72	75	79	79	78
Estoque, milhões de euros	14	15	11	16	13	8	7	6,5	6,6	6
Giro	2,7	2,7	3,5	3,4	3,4	4,8	5,5	6,5	7,2	8,0

analisando o *takt time* real de cada produto, mas estabeleceram a necessidade de um determinado ritmo para produzirem uma quantidade fixa de grandes estoques todos os dias. Esse lote precisaria circular com a mesma cadência em todos os passos de produção na fábrica, o que criaria um fluxo constante de produtos desde a moldagem até os produtos embalados. Essa quantidade era específica aos tipos de produto.

Logo ficou evidente que as operações haviam acumulado todas as síndromes tradicionais: (1) estoques grandes, (2) nenhuma ideia clara sobre o ritmo das vendas, (3) sobreposição complexa dos fluxos de produção e (4) problemas de transporte e logística internos (na verdade, o departamento de logística fora praticamente ignorado durante o ano e estava em um estado desastroso de competência e moral). Para entender melhor o problema, Fiancette e Eric Prévot, o diretor de melhoria contínua, calcularam que, como costuma ser o caso, menos de 10% dos milhares de produtos representavam 50% do volume mensal total. Eles elaboraram uma breve lista deles e decidiram que os analisariam um a um, a começar pelos que tinham lotes de produção maiores. Assim, descobriram que dois ou três deles representavam a maior parte da produção em cada célula de montagem. Sem simplificar os fluxos, agora eles poderiam investigar o caminho de certos produtos antes de corrigir o sistema como um todo.

Ao puxar um produto após o outro, eles estruturaram a sua curva de aprendizagem à medida que cada nova tentativa criava a oportunidade de começar do zero e ver o que dera certo e o que dera errado, assim como Mérel implementara a parada a cada defeito em três máquinas por vez. A divisão de um problema repetitivo em pequenos passos em vez de apostar todas as fichas ao mesmo tempo é uma parte essencial da gestão da aprendizagem, pois permite o uso de ciclos repetidos de plano-execução-verificação-ação sobre o mesmo assunto e, logo, aprendizagem. Para esses poucos produtos, eles decidiram ajustar os tamanhos dos lotes para que correspondessem exatamente ao volume da demanda; a ideia era produzir todos os dias, com alguns poucos produtos com grandes lotes, exatamente a procura do dia anterior. Eles acreditavam que se produzissem esses grandes lotes, totalizando um volume cumulativo equivalente à metade da demanda da fábrica, seria possível estabilizar consideravelmente os fluxos. Mas agora a questão importante era definir qual seria o tamanho dos lotes.

Fumex, o gerente de planejamento, analisou o comportamento do maior lote e viu que a lei dos grandes números era aplicável: a variação como proporção do volume era realmente muito menor do que em outros tipos de produto. Assim, eles decidiram planejar para cada semana a demanda diária média da semana anterior e então forçar as células de produção a produzirem exatamente essa quantidade todos os dias. Em poucos meses, a entrega dentro do prazo melhorou em 20%. No final do primeiro ano, o giro de estoque havia melhorado em mais de 40%.

A lista de produtos que passam por um processo específico (um rol determinado de equipamentos) compõe um *fluxo de valor*. Na verdade, um fluxo de valor é representado pelo seu *takt time* total e um *takt time* de cada produto. Esse ritmo muda tudo, pois agora os processos são dimensionados visando uma produção regular. O ritmo gera um plano de capacidade em torno de trabalhos recorrentes e deixa que itens isolados preencham o resto do tempo disponível. O ritmo tem a vantagem adicional de revelar mais claramente os produtos que não estão em conformidade com um padrão regular. Trabalhando com o conceito geral de um ritmo regular, o gerente de planejamento embarcou em uma jornada *lean* de tentativa e erro que viria a melhorar continuamente o desempenho das fábricas, como vemos na Figura 7.10.

Contudo, esses resultados não foram obtidos por abordagens mecânicas que adotavam os novos processos sem considerar a contribuição das pessoas, aplicando a logística *lean* desde o início. Os resultados no nível geral da empresa apareceram devido ao progresso cuidadoso de Fumex no planejamento dos produtos e de Prévot na produção, seguido de perto por Fiancette enquanto diretor de operações. Foi o interesse deles que fez tudo funcionar. O interesse e a descoberta. Repetindo experimentos sobre o mesmo tema por vários anos, Fumex aprendeu o seguinte:

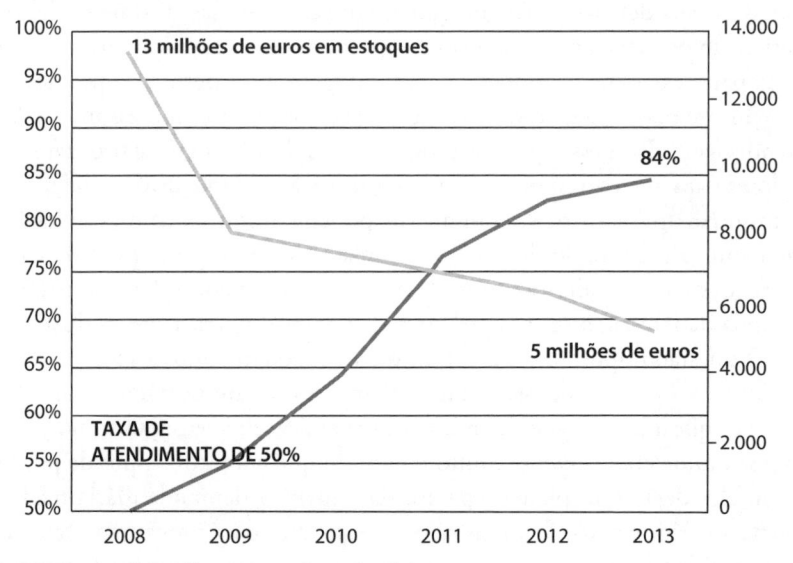

FIGURA 7.10 A melhoria contínua das fábricas.

- *Ano 1:* Foco em alguns lotes grandes, puxando-os por meio do processo de produção. Em poucos meses, o estoque de produtos acabados se reduz a um terço e a entrega dentro do prazo melhora em 20%. Contudo, apesar de uma produção regular de lotes grandes funcionar (devido à lei dos grandes números, o que os clientes não compram esta semana eles compram na seguinte), alguns produtos ficam para trás, pois os clientes os compram a intervalos pouco frequentes, mas em grandes quantidades.
- *Ano 2:* A capacidade de produção dedicada a produtos com grandes lotes é suficiente para satisfazer a demanda média diária, mas não basta para atender a um pedido grande e inesperado de produtos vendidos com pouca frequência a grandes clientes. Criação de uma nova categoria de produtos de "lotes médios" a serem mantidos em estoque e produzidos assim que o cliente pedir. Como a demanda não é frequente, a produção pode nivelar a reposição do estoque. Por consequência, o valor do estoque volta a subir um pouco, mas a entrega dentro do prazo melhora outros 15%. Contudo, agora fica evidente que essa abordagem não funciona para o mercado russo: o mercado é sazonal e o estoque necessário para atender o pico de demanda no verão é significativo, e nunca suficiente.
- *Ano 3:* Como o princípio do sistema puxado nivelado foi confirmado por muitos ciclos de experimentação, a ideia é tratar o mercado russo como um "cliente perfeito" que encomendaria o ano inteiro a mesma quantidade, criando, assim, um estoque calculado para corresponder às menores vendas históricas na Rússia. Dessa forma, quando a temporada de verão começa, a fábrica precisa produzir apenas as peças adicionais para a Rússia, em vez de produzir tudo às custas da capacidade para os outros mercados. A programação semanal segue as quantidades durante a temporada de baixa demanda, e então a demanda real durante a alta temporada. A entrega dentro do prazo aumenta mais uma vez em 20%, com os baixos níveis de estoque batendo recordes. Contudo, o nivelamento da programação da produção revela que os componentes chegam em grandes lotes irregulares, o que causa interrupções da produção e grandes estoques de componentes.
- *Ano 4:* Aplicação dos princípios do sistema puxado à cadeia logística para nivelar as entregas menores e frequentes. Renegociação dos contratos com os fornecedores para nivelar melhor as expedições, usando-se pequenas compras regulares com eles e assim por diante. Esse é um esforço contínuo nos anos 5 e 6, experimentando com *cross-docking* e relocalização de peças para aproximá-las da produção, ambos os quais alteram progressiva e radicalmente toda a cadeia logística.

A aprendizagem foi se acumulando conforme os mesmos experimentos práticos com o *takt time* iam sendo aplicados a casos cada vez mais difíceis. Fumex não aprendeu com a sua primeira tentativa, e sim com o entendimento mais amplo de se analisar o mesmo problema várias e várias vezes, em condições diferentes. No processo, ele se tornou muito mais autônomo na solução dos mais diversos tipos de situações inesperadas na vida real e desenvolveu um entendimento muito mais profundo do seu cargo de gerente de planejamento – algumas com consequências organizacionais, ao transferir a maior parte da equipe de previsão a fim de reforçar o departamento de aquisições e nivelar a demanda para os fornecedores. Escrever sobre os fatos após tudo ter acontecido faz esse processo de aprendizagem parecer suave e confiável, mas isso é uma ilusão em retrospecto. Na realidade, ninguém fazia ideia do que esperar a cada estágio. A curva de aprendizagem de Fumex precisava ser sustentada. Diversos mecanismos atuaram no processo:

1. *O sistema puxado em si era um professor rigoroso.* Os pesquisadores originais que analisaram o sistema puxado da Toyota achavam que o *lean* era "frágil", ou seja, que falharia sempre que qualquer acidente introduzisse uma grande variação no sistema. Essa mesma fragilidade é um ponto forte do sistema puxado, que é como girar um prato sobre uma vara: se você parar de girar a vara, o prato cai. Matthias Fumex precisou enfrentar o colapso de seu sistema puxado várias e várias vezes, e precisou descobrir qual decisão impensada levara a cada problema e qual equívoco oculto explicava a decisão.

2. *O líder se importava.* Fumex nunca estava sozinho nos experimentos: tanto o CEO quanto o diretor de operações estavam curiosos com o que poderia ser extraído dos sistemas atuais e apareciam regularmente para observar o progresso, conversar, escutar e aprender. Quando as pessoas não se sentem protegidas em caso de problemas e livres para experimentar, respaldadas pelos seus gestores (o gerente de fábrica monitorava cuidadosamente o que acontecia com o desempenho das entregas e os níveis de estoque), elas ficam excessivamente cautelosas, seguindo as ordens à risca e tentando ser discretas e não se destacar.

3. *O líder apoiava (e encorajava).* Enquanto aprendia a mudar os hábitos de programação e aquisição, Fumex não parava de esbarrar em barreiras causadas por questões inesperadas, resistência funcional de outros departamentos (como vendas ou produção) e resistência interna de sua própria equipe, que não queria mudar o modo como trabalhava ou pensar em novas possibilidades. Qualquer gestor pragmático lida com algumas dessas questões, mas quase nunca com todas, e o apoio da alta liderança é essencial para remover os obstáculos do caminho e resolver questões fora da alçada do gestor que

apenas o líder é capaz de resolver (muitas coisas são fáceis para o líder, mas quase impossíveis para alguém no sistema). O apoio da alta gerência também é essencial em termos de reconhecimento, especialmente quando algo novo está sendo criticado ou gerando resistência dos colegas; aprender leva tempo, e a motivação precisa ser mantida durante todo esse período.

4. *O foco permaneceu sobre o que funcionava e o que não funcionava.* Um papel fundamental para os líderes é ajudar os gerentes a se afastarem um pouco e fazerem constantemente as seguintes perguntas cruciais: o que funcionou? O que não funcionou? Os gestores naturalmente se empolgam com o argumento narrativo do que querem fazer, as barreiras em seu caminho e como tudo é tão injusto. O líder precisa reafirmar constantemente a racionalidade da aprendizagem: algumas coisas funcionam, outras não, e muitas são indiferentes. O desafio é seguir testando hipóteses, apesar da situação isolada poder ser confusa ou frustrante.

Durante todo esse longo processo de aprendizagem, Fumex aprendeu a ver seu cargo com outros olhos e a trabalhar com as suas ferramentas profissionais, como o MRP, além de desenvolver ferramentas específicas para nivelar o fluxo

QUADRO 7.5 Pontos de referência no espaço de pensamento *lean*

Onde procurar resultados	Como criar as condições para o *kaizen*	Desenvolver a autonomia de cada pessoa na solução de problemas
• Entregar mais depressa melhora as vendas.	• Pare e investigue todos os defeitos, não tente contornar os problemas.	• Desafie as pessoas a encontrarem seus próprios problemas e a terem vontade de melhorar.
• Reduzir os defeitos melhora as vendas e reduz o custo total.	• Melhore o fluxo de trabalho: atividades, operações individuais e informações.	• Apoie-as perante as dificuldades e não desista quando encontrar obstáculos.
• Reduzir o tempo de atravessamento melhora o uso da mão de obra e dos equipamentos e libera caixa.	• Explicite o trabalho-padrão para que todos comparem o que fazem a uma referência.	• Ensine-as a enquadrar as questões nos termos do sistema de aprendizagem *lean*.
• Liberar capacidade melhora o lançamento de novos produtos.	• Apoie as equipes e a estabilidade básica das suas condições de trabalho.	• Coloque seus experimentos em prática e desenvolva soluções maiores em conjunto, encorajando a exploração constante.

dos produtos acabados e programar a produção. Ele também aprendeu a trabalhar melhor com as compras e aquisições de modo a resolver problemas em toda a cadeia logística. Assim, novas ferramentas e técnicas acabam fluindo de montante a jusante até, espera-se, um dia, chegar aos fornecedores. De um princípio *lean a priori* até a análise cuidadosa dos casos nos quais cada experimento deu certo e dos casos em que não deu, o departamento de programação desenvolveu um conhecimento exclusivo, caso a caso, que sustentou uma curva de melhoria contínua, com uma razão de conversão de caixa de 200%.

As reviravoltas *lean* dependem da qualidade dos esforços de *kaizen*: faça as perguntas certas e as equipes inventarão formas novas e inesperadas de atuar sobre problemas difíceis. O desafio executivo é, obviamente, descobrir quais são as perguntas certas, e é exatamente isso que os *sensei* ensinam. Não existem duas situações realmente idênticas, mas o espaço de pensamento *lean* ainda é estruturado com pontos de referência, como boias visíveis que definem a raia de corrida em uma baía, como vemos no Quadro 7.5.

Obviamente, é importante saber em qual direção estamos indo. No próximo capítulo, veremos como a estratégia *lean* expande essa flexibilidade e inovação por meio de um ciclo virtuoso contínuo que transforma a essência da organização em todos os níveis.

CAPÍTULO 8

Acelere os ganhos

Os ganhos podem ser acelerados quando reinvestimos na melhoria de produtos tudo aquilo que aprendemos nas operações, e depois vice-versa.

Depois que sua empresa foi vendida e ele se aposentou, Jacques começou a refletir sobre uma questão fundamental: *o lean é sustentável?* Fiancette e Prévot continuaram a buscar a aprendizagem *lean* e tiveram resultados impressionantes por vários anos, mas, com o tempo, o aumento da pressão por parte dos novos donos para que a empresa voltasse às decisões financeiras tradicionais forçou ambos a desistirem e abandonarem a organização. Naturalmente, a empresa voltou rapidamente aos seus níveis de desempenho pré-*lean*. O interessante é que a adquirente se imaginava comprometida com o *lean* (parte do motivo para ter adquirido a Socla) em termos de otimizar os fluxos para obter resultados contábeis de curto prazo.

Os novos proprietários convocaram "especialistas *lean*" para acelerar a implementação da otimização do fluxo de acordo com os planos corporativos, usando eventos de *kaizen* para impor a história corporativa em vez de tentar realmente extrair ideias e iniciativas do pessoal na linha de frente. Sem nem perceber, os novos donos mataram a mágica do *kaizen*; os supostos fluxos otimizados pararam de funcionar como deveriam, sem serem sustentados pelo espírito *kaizen* de todas as equipes, todos os dias.

A Wiremold também foi adquirida por uma grande indústria no ano 2000. Na época, ela tinha pelo menos dois níveis de líderes *lean* fortes, mas nem isso bastou para sobreviver ao pensamento não *lean* de uma nova equipe de liderança, colocada no lugar pelo novo proprietário, que não acreditava no *lean*. Dois anos após Art Byrne e Orry se aposentarem, toda a alta gerência havia partido... não por terem sido demitidos, mas porque não podiam tolerar as coisas não *lean* que estavam sendo forçados a fazer (por exemplo, aumentar os tamanhos dos lotes de produção, acumular estoque e vender com base no preço e não no valor). A regra de ouro segue viva e ainda se aplica: quem tem o dinheiro faz as regras.

Infelizmente, as consultorias e empresas tayloristas tradicionais têm uma interpretação equivocada do *lean*, ignorando quase por completo o que ele tem de inovador, novo e, para sermos honestos, empolgante. Elas reduziram-no a apenas mais um programa de excelência operacional baseado em três esforços operacionais amplos:

1. Um programa de atividades de melhoria lideradas por especialistas, com frequência focada em "remover desperdícios para reduzir custos", raramente melhorando a qualidade ou reduzindo o tempo de atravessamento, com o propósito duplo de (a) gerar economias e (b) treinar as equipes do nível de trabalho para gerenciar o seu desempenho e resolver problemas.

2. Uso excessivo e impensado (ou seja, não consciente) de rotinas de gestão, como as reuniões diárias de cinco minutos e as práticas de manutenção do local de trabalho como o 5S (manter o local de trabalho sempre organizado)

3. Revisões de progresso e auditorias de maturidade para medir as economias acumuladas das atividades de redução de custos e o progresso na aquisição de "melhores práticas" em toda a empresa.

Apesar de hoje serem bastante comuns, esses programas "*lean*" são, por mais confuso que pareça, criticados pelos fundadores do pensamento *lean*, por serem extensões modernas da administração taylorista (e, assim, por ignorarem a meta crucial de fazer o trabalho fluir melhor em toda a organização e engajar os trabalhadores da linha de frente, não especialistas, na melhoria do próprio trabalho, de modo a melhorar a experiência do cliente). Eles também são criticados por veteranos do STP da própria Toyota, que os consideram rituais vazios de gestão, distantes do *gemba*, que é onde o trabalho acontece e onde a satisfação do cliente e a rentabilidade são criadas pela consciência dos funcionários que entendem o "ponto de processo", onde a ferramenta encosta na peça e agrega valor de verdade (em contraponto às diversas tarefas necessárias para se chegar a esse ponto de processo que não agregam nenhum valor direto à funcionalidade do produto ou serviço). Com a popularização desses programas e devido ao fato da sua sobrevida raramente ultrapassar dois a quatro anos, eles disseminaram a ideia de que o *lean* é fundamentalmente insustentável.

O *lean* é insustentável? Claramente, não existe algo que podemos chamar de uma empresa *lean*. Existem apenas empresas lideradas por pensadores *lean*. Trata-se de uma guerra de ideias. Quando essas pessoas vão embora e são substituídas por gestores financeiros convencionais, não por acaso, a mentalidade antiga restaura a maneira antiga de trabalhar. Ainda assim, a promessa do *lean* é de crescimento sustentável. A Toyota continua a se "enxugar", faça chuva ou faça sol, há 60 anos. Enquanto escrevemos este capítulo, ela continua a confiar no seu Sistema de Pessoas Pensantes para melhorar o desempenho dos automóveis ao mesmo tempo em que obtém reduções de custo espetaculares em novas instalações de produção, de até 40%, que também são menores, mais flexíveis (até oito modelos de automóvel por linha montados ao mesmo tempo e na mesma linha) e têm maior eficiência energética. A Toyota conseguiu tudo isso com a continuidade do *lean* nos mais altos níveis de liderança.

Como manter isso além dos indivíduos que compõem o sistema? Conversando sobre o assunto com Fiancette, Jacques percebeu que tinham a resposta para essa pergunta complicada, mas não o tempo para implementá-la na sua totalidade. A vantagem competitiva sustentável acontece apenas quando se fecha o ciclo: quando o valor liberado pela eliminação de desperdícios é devolvido para o cliente na forma de melhorias dos produtos e serviços. Ao basear-se na aprendizagem, o *lean* estabelece três círculos virtuosos dinâmicos: maior satisfação do cliente devido a produtos melhores, produtos melhores devido a processos de produção aprimorados e processos de produção aprimorados devido à ligação mais forte com os fornecedores e com as suas capacidades de inovação (Figura 8.1).

Desde o início do seu interesse pelo *lean*, quando solicitou que consultores tradicionais executassem projetos de produtividade, Jacques se interessara em ver o impacto do *lean* no desenvolvimento de produtos. Um dos projetos foi uma iniciativa de análise de valor para reformular um produto crítico. Esse projeto foi executado com a ideia tradicional de otimizar um projeto existente usando uma análise aprofundada do "valor", com longas sessões reunindo engenharia, produção e cadeia logística. O esforço foi extremamente demorado e exaustivo, decepcionando nos resultados ao reduzir os custos em 5% quando o objetivo era de 20%, mas foi muito interessante em termos de revelar o quanto os departamentos da empresa discordavam sobre o que significa valor.

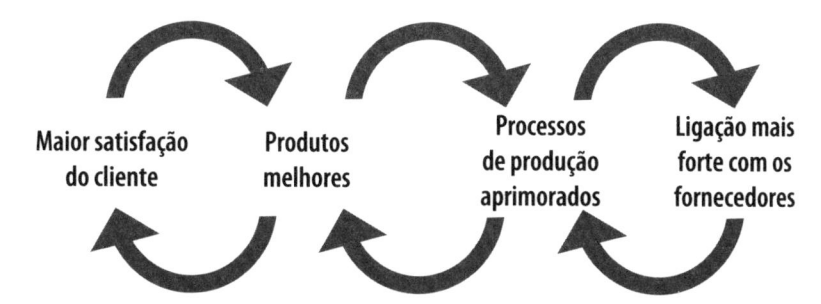

FIGURA 8.1 Os três círculos virtuosos dinâmicos do *lean*.

Depois que começaram a trabalhar com um *sensei* e a limpar a janela na produção, o *sensei* os estimulou a reiniciar o projeto de análise de valor. Usando a mesma lógica de *encontrar* aplicada no processo de manufatura, ele sugeriu enfocar algumas poucas melhorias imediatas para entender melhor o produto na prática. Inicialmente, cada uma das funções (engenharia, produção e compras) considerou os elementos do produto que achava que poderiam ser melhorados imediatamente da sua perspectiva especializada, e então se reuniram para ver se poderiam concordar sobre quais seriam as características óbvias a serem melhoradas.

O *sensei* lhes disse para limitarem o número de mudanças ao produto a fim de limitar o risco para os clientes na vida real; assim, eles logo concordaram com uma pequena lista de mudanças que beneficiariam cada função e provavelmente não afetariam negativamente o desempenho e a qualidade (na verdade, as mudanças deveriam melhorar ambos). O *sensei* também sugeriu que testassem as ideias com maquetes e experimentos, em vez de resolverem todos os problemas no papel, para então criarem protótipos. Os engenheiros produziram um conjunto de protótipos para testar as diferentes abordagens discutidas pela equipe do projeto. Em seis meses, a equipe finalizou um produto melhor, com uma redução de custo de 23%. Uma parte essencial desse sucesso se baseou nas mudanças de engenharia no chão de fábrica e na melhoria de análise de valor realizada na produção.

Infelizmente, Jacques já estava aposentado a essa altura, e Fiancette, apesar de perceber a importância do que havia acontecido, perdera a luta política com o departamento de vendas corporativas para abordar todo o catálogo dessa maneira em vez de tomar decisões financeiras sobre quais produtos manter e quais abandonar. Ainda assim, Jacques e Fiancette viram a resposta à pergunta sobre a sustentabilidade do *lean*. O crescimento sustentável e lucrativo é apoiado por um fluxo constante de produtos melhores que acertam em cheio no que os clientes desejam:

- *Encarar os produtos como fluxos de valor*: Em vez de buscar o objetivo de vender um produto perfeito que dominará todo o mercado, opte por entregar regularmente produtos melhorados que pressionam as ofertas da concorrência. Cada instância enfrenta um número limitado de mudanças para não colocar o desempenho e a qualidade em risco e faz com que o produto evolua de acordo com o que os clientes apreciam ou não. Na Wiremold, os líderes da empresa descreviam esse pensamento com a ideia de fazer nossos concorrentes "comerem a nossa poeira". Enquanto um concorrente copiava a última versão da Wiremold, a empresa já estava lançando a próxima.

- *Essa evolução dos produtos é apoiada pela evolução dos processos técnicos*: As características aprimoradas do novo produto teriam sido dificílimas de fabricar se os processos de montagem e pintura também não tivessem sido radicalmente aprimorados, permitindo que os engenheiros tomassem decisões de *design* mais inteligentes.

Uma empresa é pouco mais do que a soma dos produtos e/ou serviços que oferece aos seus clientes. A verdadeira meta do pensamento *lean* é injetar em *designs* melhores e em mais valor para os clientes o valor poupado com a eliminação de desperdícios nos processos de produção.

O pensamento *lean* é o segredo do crescimento sustentável, pois cria a base para:

- Melhores produtos individuais que são mais robustos e incluem mais recursos à medida que evoluem organicamente pela melhoria da mesma base de produtos, passo a passo, em um ritmo regular, acompanhando o que os clientes desejam (ou não).
- A oportunidade de promover alguns recursos realmente inovadores (e não "produtos" inovadores como um todo) em produtos estáveis, criando assim ofertas originais para clientes novos e confiáveis.
- Uma linha mais ampla e mais clara de produtos na qual os clientes encontram o que precisam, de acordo com o seu uso (o mesmo cliente pode muito bem comprar vários produtos diferentes), sem canibalização e protegendo a margem de cada produto individual.

Em *O Segredo da Toyota: Como a Toyota Se Tornou a Nº 1*, o livro inteligente e profundo de David Magee, o autor explica o famoso Sistema Toyota de Produção na indústria, mas também enfatiza algo mais que foi o segredo para o sucesso duradouro da empresa: carros melhores. "Quando os consumidores levam mais por menos", ele escreve, "normalmente ficam felizes. Muitos observadores do setor afirmam que a Toyota oferece aos clientes, em média, 2.500 dólares a mais em valor por veículo do que os concorrentes da mesma classe."[1] O mais incrível é que a Toyota lucra mais por carro, pois os clientes estão dispostos a pagar mais pelo valor percebido e exigem menos descontos. De acordo com a *Detroit News*, com base no lucro antes dos juros e impostos, a Toyota ganha em média 2.700 dólares a mais por veículo vendido do que os concorrentes. O fato da Toyota cumprir consistentemente a sua promessa de qualidade faz com que os clientes sempre voltem, o que sustenta o seu preço real, enquanto os esforços de *kaizen* constantes abrem espaço para a inovação real e reduzem a base de custo total.

Em sua autobiografia, *Toyota: Fifty Years in Motion* (Harper & Row, 1987), Eiji Toyoda, o arquiteto da Toyota que conhecemos, quase nunca menciona o Sistema Toyota de Produção. Todo o seu foco está em projetar e construir carros que as pessoas iam querer comprar, pois oferecem boa relação custo-benefício. Não que o STP não importe. O próprio Eiji Toyoda ampliou as ideias revolucionárias de seu tio-avô Sakichi (automação inteligente para que a máquina pare a cada defeito) e de seu primo Kiichiro (eliminação completa dos desperdícios pela fabricação apenas do que é necessário, quando necessário e na quantidade necessária) com a introdução do sistema de ideias criativas, inspirado pelo sistema de sugestões da Ford. Toyoda apoiava (e, muitas vezes, protegia) constantemente Taiichi Ohno no desenvolvimento da sua abordagem concreta de "fazer as coisas" da maneira exclusiva da Toyota, que viria a se tornar o alicerce do STP. Ele promoveu as filosofias das "melhorias diárias" e das "boas ideias, bons produtos".[2] Sua preocupação principal era sempre desenvolver pessoas melhores para que fizessem carros melhores. O Sistema Toyota de Produção é um sistema pedagógico que abrange toda a empresa a fim de ensinar as pessoas a melhorarem os processos técnicos para que os engenheiros disponham de ferramentas concretas para fazer carros melhores.

Em geral, as empresas tratam o conhecimento e a aprendizagem como um processo puramente coletivo, e pressupõe-se que a empresa, de alguma maneira, "aprende". Trata-se de uma mentalidade pouco consistente, pois não há evidência alguma a favor dessa ideia. Uma visão centrada nas pessoas em determinada empresa enxerga a organização como um grupo de indivíduos que trabalham juntos (mais ou menos) em prol de uma meta comum: ajudar os clientes com algum problema, cobrar por isso e ganhar a vida assim, mais ou menos lucrativamente. Cada um desses indivíduos pode aprender bem rápido, tanto práticas quanto fatos técnicos, e cada um também pode aprender a trabalhar melhor com os colegas para coordenar esforços que envolvam novos conhecimentos. Para quem vê de fora, pode parecer que o negócio todo está aprendendo... até alguém importante sair ou perder uma batalha política interna e toda a suposta aprendizagem se perder. Afinal de contas, a Xerox inventou o mouse e nunca o usou, a Kodak aperfeiçoou a fotografia digital e nunca a usou e assim por diante.

A centralidade das pessoas é especialmente importante no *design* de produtos. Cada era tem seus engenheiros visionários e talentosos, que criam incríveis invenções e então empreendem a construção de grandes empresas em torno delas. Não é difícil ver o que acontece quando eles vão embora: quase sempre a empresa decai, recorre ao *design* por comitê e perde rapidamente sua vantagem e, por fim, sua relevância. É preciso uma mente humana para *integrar* o inconsciente coletivo fugidio dos consumidores e os processos técnicos capazes de gerar novos produtos que caem no seu gosto.

A Toyota sempre entendeu isso e, desde o primeiro momento, atribuiu responsabilidade completa por qualquer novo produto a um único indivíduo, um "engenheiro-chefe" (EC) cuja responsabilidade seria conquistar o coração dos consumidores do segmento com a formulação do conceito certo e da arquitetura de produto adequada para se adaptar à contemporaneidade. O engenheiro-chefe é alguém totalmente responsável pelo sucesso do produto (incluindo a arquitetura de *design* do produto, não um "gerente de projeto"), mas sem autoridade sobre qualquer um dos engenheiros subalternos a seu chefe funcional.

Como uma pessoa aprende muito mais rápido do que um coletivo, esse sistema permite que a Toyota continue a trabalhar em alta velocidade para oferecer novos produtos ao mesmo tempo em que mantém a qualidade e continuidade de sua linha. Eiji Toyoda acreditava que apenas uma pessoa poderia ter a palavra final sobre decisões técnicas para se fazer um carro realmente incrível. Ele se baseou no sistema estabelecido por Kenya Nakamura, o primeiro engenheiro-chefe da Toyota, que desenvolveu o Crown, o primeiro automóvel de passageiros bem-sucedido da empresa, na década de 1950. Assim como Taiichi Ohno, Nakamura era famoso por ser exigente e irascível, e era um protegido de Eiji Toyoda. Os líderes da Toyota confiavam nos engenheiros individuais para entender instintivamente a experiência do cliente e transformá-la em parâmetros de projeto.

Os engenheiros-chefes são, acima de tudo, técnicos: projetam pessoalmente a arquitetura do produto. Eles têm uma influência imensa, mas nenhuma autoridade direta sobre os outros engenheiros (afora uma pequena equipe de assistentes). A ideia é que eles ficam responsáveis por projetar um modelo campeão e precisam usar funções especializadas como se fossem fornecedores terceirizados. Por consequência, o engenheiro-chefe também é responsável por definir os marcos principais de seu projeto, usando o método de gestão de marcos (assim, diferentes projetos podem ser gerenciados de formas diferentes). Os engenheiros-chefes precisam lidar com as alternativas difíceis entre incorporar novas tecnologias (quando acreditam que chegou a hora) e retornar a soluções-padrão conhecidas, mas sem graça. Os líderes funcionais precisam fazer malabarismo e lidar ao mesmo tempo com os experimentos em novas tecnologias e com o treinamento de todos os seus engenheiros nos padrões conhecidos.

Por consequência, os modelos da Toyota apresentam uma evolução muito mais idiossincrática do que os das outras montadoras (algumas concorrentes japonesas, como a Honda, seguem a mesma abordagem). O engenheiro-chefe primeiro deve praticar o "*genchi genbutsu*" – ou seja, ver os fatos pessoalmente na fonte – no *gemba* dos clientes, que é onde eles compram, usam e guardam seus produtos, para então tomar decisões sobre onde agregar valor e o que ignorar. Espera-se que os engenheiros-chefes conheçam os produtos existentes como a palma da sua mão para estabelecer uma lista clara e breve de quais problemas consertar (muitas vezes, a produção também está se esforçando para enfrentar as mesmas questões simultaneamente) e de onde o valor poderia melhorar.

Uma história clássica da Toyota é a do engenheiro-chefe Yuji Yokoya, que, tendo recebido a missão de projetar a minivan Sienna (SE) 2004, decidiu dirigir o Sienna atual e outras minivans por todos os estados dos Estados Unidos, todas as províncias do Canadá e pela maior parte do México. Ao longo de seus 85 mil km, ele concluiu que vários dos recursos precisariam ser melhorados, como decidir agregar muito mais valor nos assentos.[3] Ou perceber que as famílias americanas dirigem longas distâncias com os filhos na carona, implicando que o *design* do interior é muito importante. A geração seguinte do Sienna, entretanto, foi delegada a um novo engenheiro-chefe, Kazuo Mori, que achava que o carro precisava fazer curvas fechadas melhores. Para a versão 2011, ele se concentrou em um estilo mais esportivo e *cool* ("Do ponto de vista do motorista, o SE é muito legal", confirmou um jornalista[4]), enfocando alguns recursos específicos, como ajustes da suspensão para dar aos motoristas e passageiros uma sensação de mais firmeza.

Considere o *takt time* da evolução do produto

O outro componente central no desenvolvimento de valor para sustentar as vendas é ver cada projeto como um *fluxo de valor de produtos que prestam um serviço para os clientes*, e não como eventos isolados. O valor fundamental para os clientes evolui junto com os próprios produtos e serviços. Desenvolver mais valor significa, antes de mais nada, estabelecer um ritmo disciplinado de evoluções de produtos, da mesma forma como a Apple regularmente lança um novo iPhone. Esse "*takt time*" da evolução do produto é a espinha dorsal do desenvolvimento da formação de valor. Cada nova evolução é confiada a um engenheiro-chefe cuja missão é criar uma versão do produto que as pessoas adorem, e não apenas gostem.

Um exemplo de como os engenheiros-chefes e modelos de produto estão enraizados na Toyota aparece na evolução de um dos carros-chefe da empresa, o Corolla (Quadro 8.1). A estratégia geral para o carro em 11 gerações de modelos foi equipá-lo com os recursos do modelo superior ao mesmo tempo em

QUADRO 8.1 A evolução dos 11 modelos do Toyota Corolla

Geração	Engenheiro-chefe	Cotação	Contexto	Conceito
Primeira, 1966–1970	Tatsuo Hasegawa, ex-engenheiro chefe (EC) da Publica e primeiro engenheiro a codificar as expectativas e funções de um EC.	"Doutrina dos 80 pontos e conceito +α". Ser reprovado em uma nota não é aceitável, e atingir 80 também não é. Sem que um recurso +α atinja 90 pontos em algumas áreas, não é possível conquistar o coração do público.	A motorização está em alta no Japão.	A Toyota está adotando tecnologias jamais utilizadas em automóveis produzidos nacionalmente. Novos recursos e equipamentos são comparáveis àqueles instalados em modelos de mais alto nível.
Segunda, 1970–1974	Tatsuo Hasegawa, enquanto desenvolvia a segunda geração do Corolla, tornou-se responsável por gerenciar os ECs.		Em meio ao crescimento econômico acelerado, os consumidores japoneses estão começando a desenvolver gostos refinados.	A Toyota tem como foco "a sensação". A empresa expande rapidamente a linha de modelos esportivos.
Terceira, 1974–1979	Shirou Sasaki, após assumir a divisão de chassis, trabalhou para Hasegawa na divisão de planejamento de produtos e apoiou o desenvolvimento do Corolla até se tornar EC.	"Não tente ser aluno nota dez na área dos custos." O planejamento de custos leva você a criar um produto barato e vagabundo. O carro é um investimento para o cliente, então um produto melhor será adquirido com alegria, mesmo que seja ligeiramente mais caro.	As exportações estão se popularizando e há normas ambientais estritas referentes à emissão de poluentes, alinhadas com a Lei Muskie (Lei do Ar Limpo de 1970) nos Estados Unidos.	A Toyota melhora o desempenho para o motorista, função, conforto interior e silêncio de modo a criar uma base sólida para o desenvolvimento de um modelo futuro. A empresa desenvolve um veículo mais amplo, com qualidade maior interior. O foco está na sensação vivenciada pelo passageiro.

Continua

QUADRO 8.1 A evolução dos 11 modelos do Toyota Corolla (continuação)

Quarta, 1979–1983	Fumio Agetsuma, especialista no design de carrocerias do Corona e Mark II, participou da equipe do Corolla até tornar-se EC.	"Um design atraente é um design com originalidade de alto nível e que está à frente de seu tempo." Os projetos devem ter originalidade e expressar uma mensagem clara.	O Japão está se recuperando da crise do petróleo e o foco está na qualidade de vida.	A Toyota está produzindo um carro familiar de alto nível: "Recursos e status de carro de luxo com excelente economia de combustível". A visão de estilo e a perspectiva internacional da Toyota estão crescendo.
Quinta, 1983–1987	Fumio Agetsuma, após desenvolver a quarta geração do Corolla, continuou para enfrentar a quinta.	"O Corolla tem a responsabilidade contínua de ser o 'feijão com arroz' para diversas pessoas em países de todo o mundo." Ele enfatizou as áreas básicas que mais afetam os passageiros, mesmo que possam ser áreas mais discretas.	Estilos de vida mais abastados no Japão criaram a preferência por produtos de mais alto nível. A geração mais jovem explora uma gama mais ampla de estilos de vida e, por consequência, sua ideia de valor se diversifica.	A Toyota busca a tração dianteira para "tentar garantir a sua posição como veículo estratégico mundial, como um carro familiar de alta qualidade, e reforçar seu ímpeto competitivo internacional". "O FF é projetado para buscar estabilidade na reta a altas velocidades, excelente dirigibilidade e interior espaçoso."
Sexta, 1987–1991	Akihito Saito se envolveu com teste de vibração e design de chassis antes de juntar-se à equipe de desenvolvimento da quinta geração do Corolla, e então assumiu o comando do desenvolvimento da sexta geração.	"Ofereça uma experiência de alta qualidade." Os clientes buscam atenção, espaço amplo, emoção ao volante e tempo para a família. A experiência enfoca os sentidos (visão, audição, tato e olfato) para incutir alta sensibilidade à qualidade.	As necessidades do cliente têm mudado da satisfação da propriedade a aproveitar a vida e usar suas posses para melhorar seu estilo de vida.	A autorrealização é parte do desempenho do produto, além do transporte. O EC buscou o nível de silêncio e conforto na direção do Crown (luxo) com o apelo aos sentidos.

Continua

QUADRO 8.1 A evolução dos 11 modelos do Toyota Corolla (continuação)

Sétima, 1991–1995	Akihito Saito, após seu sucesso no desenvolvimento da sexta geração, permaneceu no cargo e tornou-se o líder de desenvolvimento da sétima geração do Corolla.	"A impressão que um carro dá é desenvolvida originalmente quando as suas funções essenciais e o seu desempenho superam significativamente as expectativas." Saito buscou "impressões que inspiram a alma".	A sétima geração chegou ao mercado quando a economia japonesa despencou.	A série Corolla era líder mundial em carros para famílias e a equipe buscou mais uma vez estar na vanguarda. Saito fez com que a equipe se concentrasse em parâmetros de desempenho fundamentais como dirigibilidade, curvas e frenagem.
Oitava, 1995–2000	Takayasu Honda começou trabalhando nos chassis e mais tarde se tornaria responsável pelo Corolla e pelo Sprinter. Tornou-se líder do desenvolvimento da oitava geração do Corolla após ter trabalhado nas quatro gerações anteriores.	"Comunique uma imagem saudável e esguia, com uma bela forma." Ele buscou reduções de peso significativas ao mesmo tempo que garantia a segurança, rigidez da carroceria e melhorias no consumo de combustível e silêncio.	Em 1995, a economia japonesa continuava em depressão e o foco era o desempenho econômico e ambiental.	O carro se tornou mais leve para aumentar a sua eficiência, o que significou melhorar a rigidez da carroceria. Bastante atenção foi dedicada aos aspectos ambientais, como a reciclagem e a redução das emissões do motor a diesel.
Nona, 2000–2006	Takeshi Yoshida começou no design de carrocerias e depois se encarregou do planejamento do Corolla. Após ser o EC do Soluna na Tailândia, juntou-se à equipe do Corolla e tornou-se o EC da nona geração.	"Comece do zero." A posição de "não pode fracassar" do Corolla fez com que os engenheiros desenvolvessem uma atitude excessivamente protetora em relação aos designs anteriores. Yoshida enfatizou o rompimento com o passado para construir um "novo padrão global para carros compactos".	No Japão, as vendas de novos veículos continuaram em queda devido ao mau estado da economia. A preferência dos clientes estava mudando, passando de sedãs para minivans.	Para reagir ao enfraquecimento da marca com uma reformulação radical, foi introduzido o desenvolvimento de grandes espaços para questionar os hábitos arraigados dos projetistas e buscar avanços revolucionários em embalagem, estilo e qualidade. As metas de desempenho anteriores foram atacadas agressivamente com novas tecnologias.

Continua

QUADRO 8.1 A evolução dos 11 modelos do Toyota Corolla *(continuação)*

Décima, 2006–2011	Soichiro Okudaira começou na Toyota com peças funcionais, como limpadores de para-brisa e trancas, e então mudou-se para os Estados Unidos para pesquisar tendências na tecnologia de segurança de colisões. Após tornar-se EC do Brevis e do Scion, assumiu o desenvolvimento da décima geração do Corolla.	"O único adversário do Corolla é o próprio Corolla." Sempre tentar incorporar fatores superiores em um carro que já é líder da sua classe.	A Toyota se transformou em uma empresa realmente global, o que mudou a mentalidade por trás do Corolla 40 anos após a primeira geração.	O foco foi direcionado à sensação positiva imediata que se tem ao entrar no carro e dar a partida. A Toyota planejava para o futuro, criando um veículo global, considerando o espaço interno para facilitar o uso no mercado americano.
Décima primeira, 2011–	Shinichi Yasui, tendo trabalhado na divisão de *design* de carroceria e na de planejamento, tornou-se o planejador de conceito para a décima geração do Corolla e então EC da décima primeira.	"Acredito que este novo modelo claramente respira o DNA do Corolla, herdado durante um período de 47 anos."	Para competir nos mercados mundiais, o Corolla precisa de mais emoção no sentido de conhecer alguém novo, marcar os últimos pontos de uma partida ou receber algo que supera as expectativas, como quando assistimos a um evento esportivo.	A Toyota melhorou drasticamente o desempenho de direção dinâmica (agilidade e economia de combustível) e produziu uma relação custo-benefício impressionante.

que ele continua a ser um automóvel para famílias. Esse conceito geral não mudou desde o primeiro modelo, em 1966. Ainda assim, todo engenheiro-chefe precisa encontrar um novo conceito para cultivar a relação entre o carro e seus clientes no seu contexto atual.

Cada nova geração de Corollas precisa agregar mais valor a um carro para famílias básicas em termos de atributos *top* de linha. Cada engenheiro-chefe também precisa revitalizar a marca com um novo modelo, avançando na mesma direção. Os engenheiros-chefes devem criar um "conceito" para o carro que atuará como declaração de intenção, permitindo que qualquer projetista trabalhando no projeto entenda a intenção do *design*. Esse conceito do engenheiro-chefe deve, de alguma forma, ligar a tradição do carro ao espírito dos tempos e servir de Norte Verdadeiro para todos os engenheiros.

O valor é desenvolvido à medida que cada nova geração realiza o seguinte:

1. *Oferece o mesmo valor fundamental*: cada geração de condutores procura um carro familiar acessível, com alguns recursos de luxo.
2. *Melhora ao oferecer esse valor de maneiras diferentes*: os recursos respondem às preferências de estilo de vida e gostos contemporâneos, que evoluem de forma imprevisível.

Um produto é um sucesso dinâmico se o *yang* dos novos recursos agressivos é contrabalançado pelo *yin* dos padrões estáveis de *design*. Esse equilíbrio é difícil de acertar. É possível perder de vista o propósito do produto, como ocorreu com um dos concorrentes europeus da Toyota. Uma montadora renomada pelo seu estilo audacioso, mas sofrendo com problemas de qualidade, escolheu responder com um salto de melhoria na qualidade, mas ao custo do estilo. O carro final era claramente melhor em termos de qualidade, mas foi um fracasso espetacular entre os clientes que buscavam um estilo que simplesmente não estava lá, enquanto os clientes em busca de qualidade não tinham motivos para pensar nessa marca. Também é fácil errar a mão quando se introduz novos recursos incertos que são pouco convincentes, como mostra o fiasco da Volkswagen, que tentou trapacear nos testes de emissão de poluentes.

O valor é desenvolvido por soluções centradas em pessoas

Os carros da Toyota não são exatamente famosos pelo seu *design* audacioso ou pela inovação radical. Pelo contrário, robustez e qualidade continuam a ser os principais fatores por trás do poder da marca. Na verdade, o carro é o produto da visão dinâmica do engenheiro-chefe combinada com o que o gerente-geral de cada função (engenharia de carroceria, interior, chassi, eletrônica, etc.) considera seguro ou prático. À primeira vista, pode parecer uma matriz organizacional clássica, mas não é o caso. Os engenheiros-chefe não têm autoridade direta sobre os projetistas individuais (apesar de terem bastante influência). Os engenheiros de *design* têm apenas um chefe, o gerente-geral do seu departamento. O engenheiro-chefe é um cliente de cada departamento e não pode exigir que algo seja feito de seu jeito. É preciso persuadir, não impor. Por outro lado, o engenheiro-chefe tem a palavra final sobre todas as decisões estratégicas relativas ao desempenho e à tecnologia.

Qualquer novo avanço é realmente centrado em pessoas na medida em que é fruto da mente do engenheiro-chefe, mas também se beneficia da tradição técnica da empresa, pois os padrões devem ser mantidos. Assim, o produto é o resultado de um diálogo entre a paixão por melhoria e reinvenção do engenheiro-chefe e o receio de desviar dos padrões por parte do chefe de departamento. Não é exatamente um conflito, pois os engenheiros-chefes reconhecem bem a necessidade de se aterem aos padrões de engenharia, mas há um debate contínuo sobre quais novos recursos devem ser incluídos no novo modelo e quais não devem mudar.

Grande parte da eficiência da Toyota em lançar produtos de sucesso no mercado regularmente nasce do fato desse debate ocorrer no início do processo de desenvolvimento, antes mesmo da fase de desenho. O engenheiro-chefe e os chefes de departamento precisam concordar sobre o que será flexível e o que será fixo antes do projeto detalhado, quase sempre com base em experimentos que o engenheiro-chefe terá conduzido com a sua equipe e com os fornecedores de modo a criar uma prova de conceito.

Os estilos de vida dos clientes mudam e, no caso do B2B, os contextos industriais também; assim, é preciso oferecer-lhes ajuda para resolver seus problemas em cada caso específico. O sonho seria um produto customizado para cada pessoa, mas, obviamente, isso é difícil de fazer a preços acessíveis. Porém, difícil ou não, isso é o ideal. A consequência de se acreditar nesse ideal é que, em vez de enfocar todos os esforços nos segmentos mais lucrativos, a estratégia *lean* tem uma resposta para cada segmento problemático e assumirá uma abordagem para tornar tal segmento rentável (Figura 8.2). Considera-se que todos os segmentos valem a pena, desde que resolvam um problema do cliente. E a empresa produzirá realmente mais valor – uma solução melhor – a um ritmo regular. Usando o nosso exemplo das bombas de combustível, com a imposição

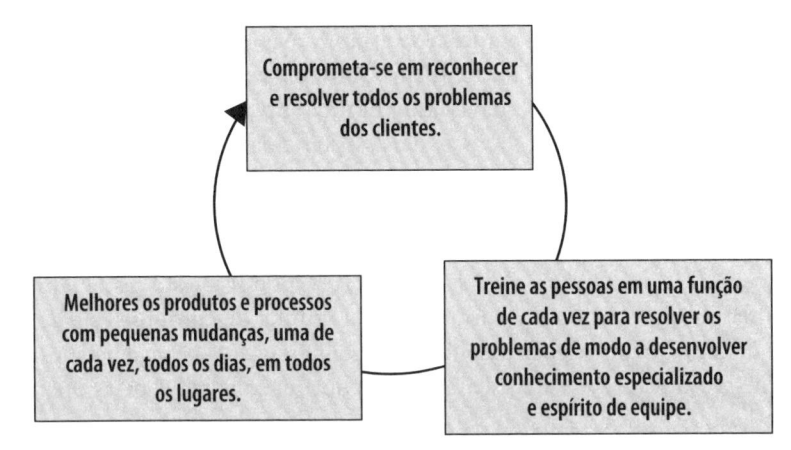

FIGURA 8.2 Uma resposta da estratégia *lean* para cada segmento.

[Diagrama cíclico com três caixas:
- Comprometa-se em reconhecer e resolver todos os problemas dos clientes.
- Treine as pessoas em uma função de cada vez para resolver os problemas de modo a desenvolver conhecimento especializado e espírito de equipe.
- Melhores os produtos e processos com pequenas mudanças, uma de cada vez, todos os dias, em todos os lugares.]

de um ritmo ao lançamento de novos produtos, uma estratégia *lean* estrutura o trabalho de engenharia em diversos níveis:

1. Resolver os problemas de qualidade dos produtos agora, usando soluções de engenharia (ou adicionar as opções exigidas pelos clientes)
2. Lançar novas versões dos produtos regularmente usando melhorias de engenharia para manter os clientes (postos de combustível) interessados em renovações
3. Reduzir o conteúdo laboral usando engenharia inteligente para reduzir os custos de manufatura
4. Realizar melhorias graduais nas funcionalidades críticas, como o medidor e a bomba, para manter a liderança no mercado
5. Gerar grandes avanços tecnológicos para inventar a bomba do futuro, com tecnologias como conetividade, telas VGA e diagnósticos usando Big Data

Soluções centradas em pessoas exigem aprendizagem na prática

Evrard Guelton, o *sensei* que ajudou os irmãos Clerico a executarem uma reviravolta no seu negócio de vendas e serviços, enfrentara a mesma questão com o seu próprio *sensei* na parte de produtos alguns anos antes, quando era chefe do departamento de manufatura e engenharia. Ele assumiu a parte de produção do negócio enquanto a empresa se estabilizava após uma série de fusões, aquisições e simplificações da lista de produtos, o que envolvia uma infinidade de decisões difíceis, pois não havia uma bomba única capaz de atender todos os mercados mundiais, com todas as suas especificidades locais e regulatórias.

Veterano da indústria *lean*, Guelton tinha uma ideia clara sobre o que fazer nas fábricas: ele daria um jeito de corrigir a qualidade e criar um fluxo em meio à confusão de opções e volumes. Não seria fácil, mas tampouco seria a primeira vez. Contudo, as perguntas que ele não sabia responder neste caso eram mais profundas: o que significava valor para uma bomba de combustível? E como eles poderiam ajudar o departamento de engenharia a lidar com a lista interminável de modificações a serem feitas, novas opções solicitadas pelas operações de vendas e serviços e a pressão para lançar novos produtos?

Durante os três anos anteriores, as vendas de bicos (que é como a empresa media suas vendas unitárias, pois uma bomba pode ter de um a oito bicos) estavam diminuindo continuamente, com seu pior ponto em 2003. Para os gestores da empresa, o bom senso afirmava que, especialmente nos mercados velhos e saturados da Europa, as vendas deveriam ser defendidas e a expansão real ocorreria nos novos mercados asiáticos. O último grande lançamento da empresa não fora bem aceito pelo mercado e a engenharia fora inundada por pedidos de consertos e modificações vindas do mundo todo. E as divisões de vendas e serviços estavam solicitando uma redução anual de 4% no preço de venda. Guelton nunca lidara com tamanha complexidade antes. Ele tinha certeza de que o *kaizen* revelaria os problemas reais na fábrica, mas não sabia por onde começar na engenharia.

Guelton enfrentava cinco perguntas diferentes:

1. *Quem são nossos clientes?* Os clientes são os usuários finais que pegam um bico no posto de combustível e enchem o seu tanque? São os gerentes dos postos, que distribuem e cobram pelo combustível? São as petrolíferas, donas de redes de postos, que defendem suas marcas (o logotipo no posto)? As organizações de vendas e serviços que precisam adicionar recursos especiais ao produto para vender no mercado local? A manufatura, que exige alterações no projeto para melhorar a relação custo-benefício da produção? Todas as opções acima? Entender os clientes reais sem fazer escolhas precipitadas é o primeiro passo para apoiar a qualidade.

2. *O que esses clientes dizem que querem?* Os líderes regionais de vendas e serviço tinham vários pedidos urgentes relativos ao que os clientes haviam solicitado para fazerem um novo pedido. Essas exigências chegavam o tempo todo, em alto e bom som, e nunca eram as mesmas em duas reuniões seguidas. O que

os diretores de vendas e serviço queriam mesmo era preços mais baixos. E todas as opções. E corrigir os problemas dos quais os clientes reclamavam. A lição dolorosa era que após dedicar tempo da engenharia no desenvolvimento de uma nova opção, algo que os clientes afirmavam ser absolutamente obrigatório (e sem a qual não fariam encomenda alguma), o resultado final muitas vezes era... não vender. O que as pessoas dizem que querem e o que compram de fato costumam ser duas coisas muito diferentes.

3. *O que esses clientes usam de verdade?* A maioria dos clientes tende a valorizar apenas algumas coisas entre as inúmeras possibilidades que qualquer produto ou serviço pretende oferecer. A dificuldade está em entender quais e quando. A Toyota, por exemplo, apostou todas as fichas em mobilidade e paz de espírito; seu pressuposto dominante é: o que os clientes esperam de um carro é segurança, facilidade de uso e confiabilidade. São pressupostos bastante fortes. Outras montadoras apostaram em estilo, experiências agradáveis ou prazer ao volante. Não que todas as funções não sejam importantes, mas produtos e serviços são coisas complexas e é preciso aceitar trocas. Descobrir o que os clientes usam de verdade em um produto é um enorme passo à frente para se entender o valor.

4. *O que os engenheiros querem fazer?* Os engenheiros não seriam muito bons no que fazem se não tivessem uma boa ideia do tipo de tecnologias que gostariam de desenvolver e por quê. A questão, obviamente, é se isso oferece o melhor valor para os clientes ou se é uma cega força do hábito. Steve Jobs era obcecado por caligrafia, expressar tecnologias com metáforas e filigranas de *design*, e suas obsessões se traduziram em muito tempo de engenharia dedicado a detalhes que os outros engenheiros não acreditavam ser fundamental para os clientes. Após sua morte, o iOS7 foi recebido com frieza pelos fãs da Apple, que acharam que o novo sistema operacional representava um retrocesso em relação ao estilo Jobs de estar sempre em busca da próxima fronteira. O que os engenheiros querem fazer importa muito, porque se eles entendem como os gostos dos clientes estão evoluindo, o resultado será um produto campeão. Se os engenheiros tirarem conclusões conservadoras (ou pior, equivocadas) sobre para onde os clientes estão indo, o resultado pode ser um produto que apenas segue os demais, sem liderar. Como Henry Ford brincou: "Se eu tivesse perguntado às pessoas o que queriam, elas teriam respondido 'cavalos mais rápidos'". Ford queria produzir carros para facilitar o trabalho dos fazendeiros. Gates queria um PC em cada escrivaninha. Jobs queria derrubar a barreira entre tecnologia e pessoas. A "imputação", ou seja, a capacidade de formar uma sólida opi-

nião de engenharia a partir das reações dos clientes frente a um produto ou serviço, é um valor ou recurso fundamental. Quando Guelton imaginou a reformulação de um novo produto que não estava tendo sucesso junto aos clientes, seu novo líder de produto tinha uma ideia forte de "simplificação" que tem afetado o *design* do produto até hoje.

5. *O que o seu ambiente quer que você faça?* Não era politicamente correto dizer isso na época, mas um dos motivos para o novo produto ter tantos problemas foi a ênfase no "bom" gerenciamento de projetos – a ênfase em uma abordagem burocrática de "completar a lista" ao desenvolvimento de produtos, usando o processo apropriado, revisões de marcos, aprovações da gerência e assim por diante, sem foco suficiente nos clientes ou no produto. As mudanças regulatórias também afetaram fortemente o desenvolvimento do produto, levando a campanhas de reforma súbitas e assim por diante, e o mesmo vale para algumas mudanças tecnológicas; o nível de etanol no combustível pode parecer inócuo do ponto de vista do usuário, mas afeta significativamente o sistema hidráulico.

A estratégia *lean* começa pela qualidade, depois estabiliza o tempo de atravessamento e então aumenta progressivamente a variedade. Guelton estava lidando com uma situação em que a qualidade era difícil de identificar e o tempo de atravessamento para construir uma bomba era impossível de estabilizar, pois a diversidade já era enorme, já que cada mercado tinha demandas específicas, sem nenhuma maneira de simplificar o problema. Sem um caminho claro para o futuro, Guelton decidiu que era preciso aguentar firme, aceitar o desafio da qualidade e descobrir onde estavam seus problemas reais. O primeiro passo foi entender e enfrentar o problema, dando início a diversas atividades de *kaizen* na produção e na engenharia para descobrir quais eram as questões mais fundamentais. A partir dessa série de atividades de melhoria, ele implementou diversas mudanças progressivas à unidade de negócio.

1ª Mudança: controlar todos os problemas de qualidade

A base industrial da empresa era uma mistura caótica, resultado de diversas aquisições e racionalizações. A produção se baseava na Escócia e na França, enquanto os especialistas em qualidade ficavam na Holanda, com pouca simpatia entre os grupos, pois até pouco tempo antes todos eram concorrentes. A primeira tarefa de Guelton foi criar um banco de dados completo dos problemas de qualidade, tanto dos clientes que reclamavam no campo quanto das equipes de qualidade; a qualidade na chegada media os problemas encontrados nas bombas que haviam sido expedidas das fábricas como estando em bom estado, mas que chegavam às unidades de vendas e serviço com defeitos visíveis.

Essa primeira grande mudança reenfocou a manufatura, e depois a engenharia, na solução dos problemas de qualidade. O primeiro impacto visível da mudança foi reforçar as inspeções de qualidade no controle final nas fábricas. O que Guelton descobriu quando se aprofundou nas reclamações dos clientes era que os problemas com as bombas pareciam infinitos. A máquina precisava operar em uma ampla variedade de condições, desde o frio gélido das cidades litorâneas do norte da Europa até o calor da África subtropical. Ainda assim, o seu primeiro passo foi trabalhar com o departamento de qualidade na Holanda para reunir sistematicamente as reclamações dos clientes e postá-las em um site. Ele também se concentrou na lacuna entre a inspeção de recepção no centro de distribuição holandês e o controle final na fábrica principal na Escócia. Em vez de aceitar o foco nos sempre fugidios 20% dos problemas, seguindo a distribuição de Pareto, ele montou um sistema de medição rigoroso para todos os problemas de qualidade.

2ª Mudança: limpar a janela na produção

Guelton contratou alguns consultores nos quais confiava para dar início às atividades de melhoria na fábrica. O objetivo era eliminar as fontes óbvias de variação e avançar progressivamente em direção ao fluxo contínuo. Essa tarefa, à primeira vista tão simples, era imensamente complexa, pois o tipo de trabalho em cada bomba variava bastante por modelo. Um modelo podia envolver pouco trabalho para, por exemplo, instalar a tubulação, mas muito na fiação, enquanto em outro modelo a situação seria o contrário. Como a demanda por modelos específicos era volátil, organizar o fluxo se revelou muito mais complexo do que o esperado. Ainda assim, foram conquistados alguns ganhos iniciais. À medida que as células foram se dedicando a atividades de melhoria, os problemas de qualidade começaram a ficar mais evidentes.

Assim que um fluxo rudimentar foi estabelecido no chão de fábrica, os gerentes de produção receberam a missão de criar "marcos de qualidade" (*quality gates*) rigorosos dentro do processo em si para controlar a qualidade por etapas do fluxo (à época, o quadro estava distante de uma linha). Essa medida teve o benefício de classificar os problemas de qualidade por tipo de trabalho e tipo de produto. Aprofundando-se nessa lista de problemas, muitos pareciam impossíveis de resolver (oxidação em condições climáticas difíceis) ou imprevisíveis (reclamações isoladas que podiam afetar muitas bombas, mas que ocorriam sob condições misteriosas, e desapareciam da mesma maneira). Todas as equipes de gestão consideram implicitamente que alguns clientes precisarão conviver com alguns problemas, pois (1) é o que fizeram no passado, (2) esses problemas não têm soluções fáceis e (3) sairia muito caro investigá-los. Uma coisa ficou muito clara nas sessões de *mea culpa* após o relatório sobre problemas de qualidade: era preciso que a produção e a engenharia aprendessem a conversar entre si. Para enquadrar o seu problema industrial, Guelton definiu que a colaboração entre engenharia e produção seria uma dimensão de melhoria essencial e urgente.

Logo no início do projeto de reformulação para estabilizar um produto importante, Guelton montou uma sala de comando no chão de fábrica e agendou uma reunião regular nas manhãs de terça-feira (com café da manhã grátis) para os engenheiros apresentarem à produção o que tinham em mente para o produto. Progressivamente, os engenheiros de produto e os supervisores do gerente de produção começaram a trabalhar juntos para resolver os problemas. Steve Boyd, o gerente de produção, se esforçou igualmente para melhorar o fluxo na fábrica, o que exigiu a solução de diversos problemas de qualidade. Como ocorre em muitos processos industriais, os produtos são montados usando-se uma sequência de fluxo razoável, mas são deixados de lado sempre que ocorre um problema, como uma peça faltando ou um defeito de qualidade. O produto defeituoso é mandado no contrafluxo, gerando caos. Boyd entendeu a mensagem sobre qualidade integrada e começou, passo a passo, a corrigir os problemas de qualidade a cada estágio do processo de modo a melhorar o fluxo. Isso, por sua vez, gerou um fluxo de problemas a serem resolvidos na engenharia, com os engenheiros já incrivelmente ocupados com a projeção do novo produto, além da customização para os clientes.

A questão foi enquadrada da seguinte forma: uma máquina pode ser montada do começo ao fim sem que um defeito seja identificado durante a montagem? Nos primeiros dias, foram encontrados vários defeitos em todas as máquinas. Após alguns anos de muito trabalho, as máquinas passaram a produzir com menos de um defeito por unidade, e então a qualidade aumentou. Os defeitos passaram a ser contados a cada 10 bombas de combustível e, em 2010, a cada 100.

3ª Mudança: atribuir responsabilidade sobre a qualidade dos modelos de bombas nominalmente aos engenheiros

A engenharia costumava receber queixas de uma infinidade de fontes: desenvolver novos produtos, pedidos de consertos rápidos dos líderes de vendas e serviço cujos clientes tinham problemas urgentes, novos recursos exigidos pelos gerentes nacionais que não teriam como fechar um pedido enorme sem eles, etc. Guelton não conseguia entender a complexidade e a variedade das demandas impostas à engenharia, mas progressivamente desenvolveu um sistema de engenheiros-chefes que teriam responsabilidade nominal por um conjunto de produtos. O primeiro pedido foi que coordenassem o apoio da fábrica para o "seu" produto, embora isso exigisse um trabalho conjunto com outros engenheiros especializados; por exemplo, o engenheiro mecânico responsável pelo produto A teria que repassar um problema de eletrônica no seu produto para um colega dessa área e acompanhar todo o processo de resolução do problema.

Guelton deparou-se com um problema complicado: como organizar a demanda por engenharia. Durante alguns meses, ele pediu que os engenheiros registrassem como organizavam seu tempo para tentar entender no que eles estavam dedicando os seus esforços, mas isso não ajudou a esclarecer a situação. Em geral, a engenharia lidava com quatro tipos fundamentais de pedidos: (1) evolução de produtos totalmente novos a serem oferecidos aos clientes, (2) novos recursos para aprimorar os produtos existentes, (3) customizações de acordo com demandas específicas do setor de vendas e serviços e (4) solicitações de mudanças de engenharia por parte da produção, para melhorar a qualidade da montagem ou simplificar a cadeia logística. Independente do ponto de vista que adotasse para analisar o problema, Guelton sempre acabava com uma carga de trabalho maior do que os recursos de engenharia disponíveis. O exercício de cronograma provara uma coisa: a lenda urbana de que quando a engenharia é exigida acima de 80% ela simplesmente para de produzir, não era lenda nenhuma.

Por fim, Guelton simplesmente organizou a engenharia em torno de líderes de produto. Os engenheiros seniores se tornaram responsáveis por uma linha de produtos e precisavam equilibrar as necessidades das solicitações por renovação de produtos, as opções de customização e as mudanças de produção. O sonho de produtos radicalmente novos foi deixado de lado por um tempo e cada um recebeu liberdade para tomar as próprias decisões. A natureza insolúvel do problema das prioridades logo emergiu. Dependendo de quem gritava mais alto, quais eram os relacionamentos dos líderes de produto e quais eram seus pontos fortes e fracos específicos, os engenheiros faziam escolhas muito diferentes em termos de quais problemas enfrentavam e quais evitavam. Ao contrário do que pode parecer, este não foi um mau resultado, nem de perto. Com o tempo, os problemas de qualidade foram corrigidos (o gerente de produção e o seu chefe, o gerente da unidade, sabiam mesmo gritar muito bem), recursos foram adicionados ou refinados e a customização avançou. A qualidade na bancada de testes melhorou radicalmente, passando de múltiplos defeitos por bomba para a medição dos defeitos por centena de unidades. E as vendas cresceram junto.

4ª Mudança: integrar as compras ao esforço de qualidade

Com o cenário ficando mais nítido, descobriu-se que muitos dos problemas de qualidade se deviam a mudanças nos fornecedores ou erros de comunicação com eles. Assim, solicitou-se que o setor de compras participasse das oficinas nas fábricas e do trabalho de apoio às fábricas na engenharia e que tivesse um papel muito mais ativo no desenvolvimento de fornecedores. Fazer o departamento de compras abandonar a sua função tradicional de pressionar o fornecedor por preços baixos e entender o custo oculto das entregas perdidas e da variação nas peças não seria um trabalho fácil, mas agora as concessões seriam analisadas de peça em peça, de acordo com o impacto do componente para a qualidade da bomba de combustível como um todo.

5ª Mudança: reconstruir a hidráulica do zero

Com o tempo, Guelton e seu gerente de engenharia, Laurent Bordier, perceberam que, pelo uso sistemático de padrões de produtos, listas de verificação e solução de problemas A3, os produtos estavam sendo aprimorados à medida que as dificuldades sofridas pelos clientes com os produtos se reduziam progressivamente. Contudo, os fundamentos do produto não mudaram muito, e eles não estavam mais próximos de projetar o "novo" modelo que o escritório central e as divisões de vendas e serviços exigiam. Observando e conversando sobre a arquitetura de *design* da bomba, eles passaram a encarar a máquina como basicamente um medidor (para que o posto soubesse quanto combustível você tirou) e uma bomba (para distribuir o combustível a uma boa velocidade através dos canos e da mangueira).

Isso pode parecer óbvio, mas quando você está se afogando em um milhão de probleminhas dos quais os clientes reclamam, nem sempre é fácil de enxergar o elefante na sala de estar. E era um elefante: Guelton e seu gerente de engenharia perceberam que a competência em hidráulica fundamental necessária para lidar com a funcionalidade central do produto havia quase desaparecido devido ao atrito normal, além das trocas de donos e reorganizações da empresa. Eles encontraram um problema crítico, uma lacuna em suas competências fundamentais que precisava ser enfrentado. Com isso, embarcaram em um projeto para recontratar e retreinar especialistas em hidráulica para melhorar radicalmente o desempenho do medidor.

Com o passar dos anos, devido a aposentadorias e diversas mudanças, e sob a pressão contínua para cortar custos, o número de engenheiros hidráulicos de classe mundial na empresa se reduzira a um, e mesmo este trabalhava apenas meio período. Mas, tipicamente, essa era uma situação que ninguém na equipe de gestão corporativa estava disposto a enfrentar. Pouco a pouco, Guelton veio a entender que, se boas bombas de combustível eram os frutos da sua organização, as raízes estavam morrendo e era preciso agir.

Por fim, ele questionou o CEO sobre o tema e, em uma série de discussões acaloradas, finalmente conseguiu convencê-lo a aprovar o orçamento para reconstituir o departamento de hidráulica, o que significaria encontrar e contratar especialistas na área, que estavam rareando no mercado de mão de obra. Essa nova equipe de hidráulica começou a trabalhar na melhoria do medidor da máquina, uma função fundamental para a bomba, pois media o combustível vendido aos condutores. A equipe de hidráulica conseguiu criar um medidor superior que assegurou uma vantagem competitiva visível para a empresa e aumentou as vendas, mas demorou muito mais do que o esperado, pois os problemas resistiam a ser resolvidos, e Guelton teve que se manter firme enquanto era atacado constantemente por "não cumprir com o prometido".

As vendas acompanharam a melhoria de qualidade, primeiro com a resolução dos problemas, depois com o ímpeto da melhoria de desempenho do novo medidor "sem deriva" (*no-drift*), lançado em 2010 (Figura 8.3). Contudo, os líderes da empresa seguiu atribuindo os resultados à estrutura de vendas e exigindo continuamente reduções de custos na engenharia. Guelton precisava manter-se firme e resistir sempre, o que não era fácil. Aprender na prática é complicado.

Até 2008, as vendas unitárias haviam aumentado 60% em relação à baixa de 2002, mas a empresa estava prestes a ser atingida em cheio pela Grande Recessão de 2009. Apesar de todo o avanço na solução de problemas de qualidade, nenhum produto "novo" saiu da engenharia para "salvar" a empresa. Tendo chegado à idade de se aposentar, Guelton continuou a ajudar, atuando como *sensei* do seu sucessor e do gerente de engenharia quando os três lançaram o novo medidor. O novo aparelho foi reconhecido como um medidor sem deriva superior ("deriva" se refere às quantidades crescentes de combustível que o medidor ignora à medida que envelhece) pelo mercado. As vendas foram às alturas. Até 2012, quando Guelton parou de trabalhar com a unidade de negócio, as vendas aumentaram mais 30% em relação a 2008. No melhor estilo *lean*, a maior parte desse crescimento foi absorvida pela fábrica escocesa, sem expansões. De 2009 a 2012, a produtividade aumentou 25%, enquanto a carga de trabalho caiu cerca de 30%. As vendas aumentaram, a produtividade também,

218 A Estratégia *Lean*

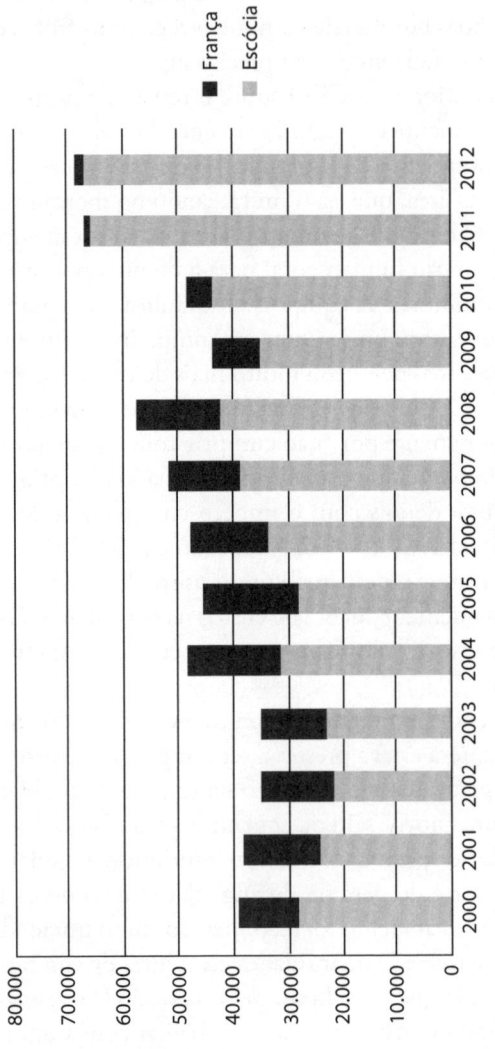

FIGURA 8.3 Elevação das vendas após a melhoria de qualidade e o medidor sem deriva.

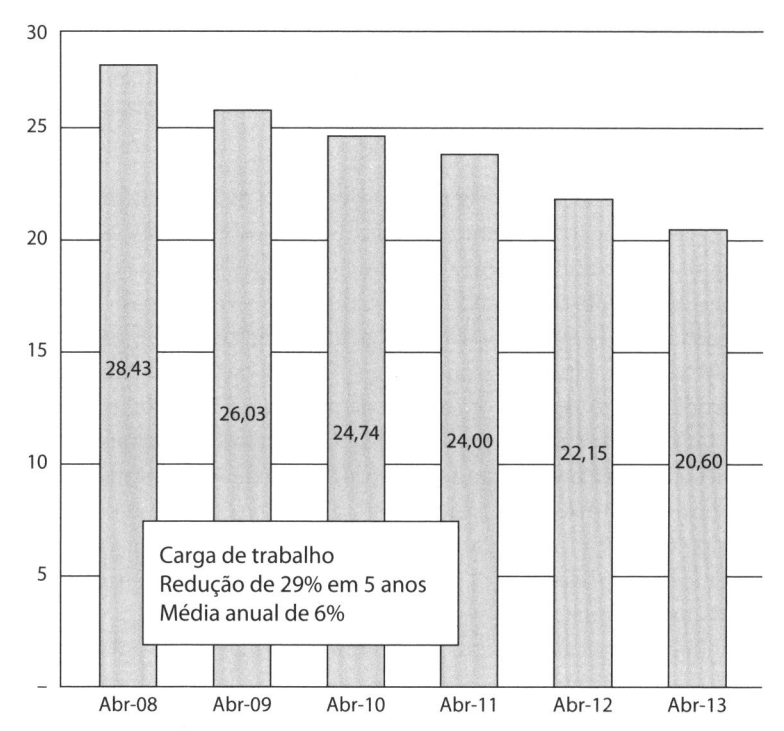

FIGURA 8.4 Cargas de trabalho: horas de mão de obra por produto.

Valores do gráfico (Carga de trabalho — Redução de 29% em 5 anos — Média anual de 6%):
- Abr-08: 28,43
- Abr-09: 26,03
- Abr-10: 24,74
- Abr-11: 24,00
- Abr-12: 22,15
- Abr-13: 20,60

o uso de capital melhorou e os custos estruturais dos produtos diminuíram, um resultado clássico do *lean* (Figura 8.4).

Por um lado, os líderes de produto seguiram se esforçando para resolver problemas e agregar recursos ou opções locais, uma a uma, atendo-se ao objetivo de redução anual de 4% do preço de venda. Era um processo caótico, às vezes recheado de conflitos, mas o valor do produto aumentou continuamente. O novo diretor do departamento de hidráulica renovado inventara um medidor melhor e agora estava preparado para enfrentar a bomba. Ambas as funcionalidades fundamentais do produto (medir e distribuir) e as diversas causas para atrito dos clientes estavam sendo abordadas pela colaboração intensa dos líderes de produto com os chefes das especialidades funcionais. Não é o que manda o gerenciamento de projetos tradicional, mas funcionou. O produto evoluiu em diversos níveis:

1. Renovação de modelos, estabelecida regularmente pelo ritmo da principal feira da indústria, com a inclusão ou alteração de recursos
2. Resolução contínua de todos os problemas de qualidade

3. Customização isolada para responder às exigências específicas dos clientes
4. Mudanças tecnológicas profundas se e quando inovações não implementadas são completamente desenvolvidas e testadas para poderem ser integradas aos produtos para os clientes

Como consequência, os líderes de produto e as equipes de engenharia estavam focados constantemente na solução de problemas específicos, individualmente, e os resolviam em termos de desempenho físico e manufatura, não apenas na tela do computador. Enquanto isso, o gerente de produção na fábrica escocesa continuou correndo atrás de maneiras de melhorar o fluxo e apoiar o *kaizen* das equipes de operadores. Passo a passo, a colaboração entre engenheiros no chão de fábrica, líderes de produto e engenheiros funcionais desenvolveu produtos melhores, montados nas linhas existentes, com as cadeias logísticas existentes (quando possível). A solução de problemas formal em questões conjuntas levou essas populações diferentes a se conhecerem e a se entenderem melhor, até aprenderem a trabalhar em parceria de verdade. Os benefícios adicionais para os clientes foram gerados com custos reduzidos, minimizando e eliminando o desperdício por todo o sistema.

Engenheiros dedicados a tipos de produto e à colaboração entre engenharia e produção levaram lentamente à resolução de outro problema que parecia insolúvel: criar linhas de fluxo para cada um dos produtos no catálogo. As variações imprevisíveis de demanda e a enorme variação na carga de trabalho entre as diversas opções tornavam praticamente impraticável ter linhas de produto exclusivas; originalmente, todas as bombas eram montadas pela área especializada no salão principal da fábrica. Ainda assim, progressivamente, à medida que a relação entre as opções e a carga de trabalho foi sendo melhor compreendida, criou-se uma linha de fluxo, depois outra, até a fábrica identificar os fluxos de valor de acordo com os produtos vendidos. O próximo passo seria misturar os produtos novamente para nivelar a carga em toda a linha.

A jornada *lean* não tem fim, pois o objetivo de praticar o *lean* no chão de fábrica não é "ficar enxuto", e sim continuar a aprender a "enxugar" mais o negócio. A ideia do pensamento *lean* é aprender a tomar decisões executivas para promover o *kaizen*. O *kaizen* leva ao aprimoramento dos processos técnicos pela melhoria do fluxo e pelo fazer certo na primeira vez. Processos técnicos de desempenho superior reduzem a base de custos total da empresa e oferecem novas oportunidades para os engenheiros melhorarem os produtos ou serviços. No processo, podemos fechar o ciclo e repassar essas melhorias de valor aos clientes quando enriquecemos os produtos e serviços. A melhor relação de custo-benefício, por sua vez, propicia clientes mais fiéis, elevando a rentabilidade.

Esse motor *lean* é poderoso, mas não funciona sozinho, e precisa de energia gerencial constante para seguir girando. A magia está em mudar a sua postura: em vez de dizer aos outros o que deveriam fazer para melhorar, você explora ao lado deles para descobrir o que, para eles, significa melhorar em sua própria situação. Fazer isso com sucesso exige que os gerentes administrem as curvas de aprendizagem individuais (e, depois, a coletiva) para aprenderem a guiar esse mecanismo centrado em pessoas.

CAPÍTULO 9

Do *kaizen* à inovação

Gerencie as curvas de aprendizagem usando ciclos de kaizen *contínuos para resolver melhor os problemas atuais com novas soluções*

Como melhorias técnicas paulatinas acabam levando a avanços tecnológicos revolucionários? Na verdade, a pergunta poderia ser feita ao contrário: como as revoluções podem *não* ser o resultado de um progresso paulatino? Uma mentalidade comum entre os gestores é que a melhoria das tecnologias existentes reforça a ligação entre elas, enquanto as inovações de verdade emergem do nada. Não é verdade. As inovações são o resultado de competências individuais que se acumulam progressivamente e formam capacidades organizacionais. Sem capacidades, as ideias inovadoras não passam de fantasia.

Como Jaques descobriu quando solicitou que sua equipe de engenharia desenvolvesse um produto revolucionário, a produção de coisas no mundo advém da combinação do conhecimento sobre engenharia com o *know-how* de manufatura. Se o salto for grande demais, a realidade contra-ataca. Se for pequeno demais, os engenheiros simplesmente manipulam tecnologias que já conhecem bem, buscando mudanças incrementais por meio de novas aplicações de seu conhecimento existente em vez de enfrentarem novas tecnologias com as quais não estão familiarizados. Os experimentos podem assumir duas formas:

- *Assimilação*: inserir novas informações no contexto do que já se sabe para ampliar o domínio do que é conhecido.
- *Acomodação*: alterar os pressupostos por trás do que sabemos (ou achamos que sabemos) para acomodar as novas informações.

Acomodar novas tecnologias exige determinação: tentar e tentar e tentar até a nova ideia dar certo. Por outro lado, aferrar-se a tecnologias existentes é abandonar experimentos após o primeiro revés. A Kodak não abandonou a busca por tecnologias digitais por não saber como fazê-la funcionar. Ela resistiu a essa trajetória porque os gestores não queriam investir tempo e esforços na criação de um concorrente interno à lucrativa tecnologia de filmes fotográficos. A empresa não soube enfrentar o desafio mais importante para qualquer organização: tornar a si mesma obsoleta antes que outro faça isso por ela.

A narrativa dominante atual sobre inovação é a de *ruptura e difusão*: algum gênio tem uma ideia inédita, trabalha com os amigos na garagem de casa e prova que ela funciona com um produto improvisado que demonstra todo o potencial da nova tecnologia, e que então atrai o financiamento para uma versão comercialmente viável, que toma os mercados de assalto e se dissemina cada vez mais à medida que as pessoas aprendem a integrar o novo aparelho às suas vidas e coordenam o seu uso com as outras aplicações com as quais já trabalham, e assim por diante. A disrupção é vista como o surgimento súbito de algo novo, o momento icônico em que Steve Jobs revelou o iPhone (não mais um telefone, e sim um computador pessoal que também faz ligações). Já a difusão supostamente se espalha ao longo da "curva de Gartner" de estardalhaço, com os primeiros adotantes elogiando euforicamente a nova geringonça e então as expectativas desabando do cume da exuberância irracional. A seguir, vem o progresso lento para fora do vale da decepção enquanto os usuários convencionais começam a adotar o produto recém-aperfeiçoado, escalando o aclive do esclarecimento em direção à planície da produtividade.

Como explicam os próprios inventores da teoria da inovação por ruptura, essa história da carochinha não leva em conta que o importante na disrupção é a curva de aprendizagem. A ruptura é um processo, não um evento.[1]

Nenhuma tecnologia nasce disruptiva – ela se torna assim à medida que os seus apoiadores aprendem a (1) melhorar o desempenho até que seja viável concorrer com as alternativas existentes no mercado e (2) definam o novo modelo de negócio que torna a nova tecnologia atraente para clientes e produtores do ponto de vista dos negócios, e não apenas por ela ser legal. A realidade da inovação é que ela sempre se baseia na aprendizagem lenta, determinada e cheia de garra.

O modelo mental tradicional de definir → decidir → desempenhar → confrontar explica boa parte de por que a ruptura é vista como um evento. Nesse modo de pensar, o grande capitão que guia o navio da empresa define as "lacunas de inovação" a serem preenchidas (ou um consultor faz isso em seu lugar), decide no que investir, promove o desempenho do projeto de inovação até novos produtos ou serviços emergirem e então se defronta com a recepção do mercado, que é, estatisticamente, de absoluta indiferença. Por exemplo, um estudo recente com cerca de 9 mil novos produtos que obtiveram distribuição ampla em uma varejista americana demonstrou que menos de 40% deles ainda eram vendidos três anos depois.[2] O escopo do desperdício é avassalador. Pensar a inovação usando a estrutura encontrar → enfrentar → enquadrar → desenvolver nos leva a uma visão muito diferente da inovação.

Primeiro, não se buscam "lacunas de inovação" a serem preenchidas e sim problemas dos clientes a serem resolvidos. Quando a Toyota começou a desenvolver a tecnologia híbrida de verdade, ela já era muito bem conhecida no setor, tendo sido deixada de lado por ser considerada comercialmente inviável. O interessante é que, na Toyota, os criadores do primeiro Prius também apostavam que o carro não venderia bem, mas acreditavam que este era um problema que precisavam resolver. A Toyota anunciou o seu Earth Charter ("Contrato da Toyota com a Terra") em 1992, definindo objetivos de desenvolver e vender veículos com o mínimo possível de emissões, e os engenheiros precisavam enfrentar esse desafio e entregar... alguma coisa.

Segundo, não se espera que o projeto, por maior ou bem financiado que seja, produza a inovação em si. Em vez disso, aprendemos a enquadrar o problema como uma questão de alternativas. A exploração por parte da Toyota do desafio do baixo nível de emissões incluiu o motor a hidrogênio (atualmente comercializado no Mirai) e o carro totalmente elétrico (testado com o Rav4 em uma *joint venture* com a Tesla e retirado dela), além de híbridos, biocombustível e gás natural (Figura 9.1).

Terceiro, nós entendemos que a inovação de verdade emerge da formação de soluções tanto com os engenheiros quanto com os clientes à medida

	Eletricidade VE	Hidrogênio VC	Biocombustível Motor a combustão interna	Gás natural Motor a combustão interna
CO_1 total (do poço às rodas)	Ruim a excelente	Ruim a excelente	Ruim a excelente	Boa
Volume de oferta	Excelente	Excelente	Ruim	Boa
Autonomia	Ruim	Excelente	Excelente	Boa
Tempo de abastecimento/ recarga	Ruim	Excelente	Excelente	Excelente
Infraestrutura dedicada	Boa	Ruim	Excelente	Boa

FIGURA 9.1 Características dos combustíveis alternativos.

que aprendemos juntos a fazê-la funcionar e também entendemos que o trabalho dos gestores é guiar e apoiar essa curva de aprendizagem. Reza a lenda que durante a primeira apresentação do Prius para jornalistas, os engenheiros de sistema ficavam no banco traseiro do carro, fazendo o software funcionar. Gerenciar uma curva de aprendizagem significa perceber que nem todos os problemas são "fechados" e que nem todos têm solução; alguns permanecem "abertos": não sabemos se eles podem ou não ser resolvidos. É apenas pela elaboração de diferentes modos de analisar as questões ao lado de terceiros que navegamos por um mundo de problemas abertos e começamos a aprender, de ciclo em ciclo (Figura 9.2).

Cada novo ciclo deve gerar um desempenho melhor. Nunca é fácil. No início, tendo que aprender algo do zero, temos dificuldade para investir no básico e nos fundamentos, mas depois vem um período eufórico de melhoria acelerada. Por fim, temos uma fase longa e interminável em que cada pequeno ganho de desempenho é fruto de muitos e muitos ciclos repetidos. Essa é a parte "domínio" da curva que diferencia os campeões olímpicos dos atletas de fim de semana. É aqui que o ajuste do produto ao mercado é essencial, exigindo garra e obstinação. Avançar por essa curva de aprendizagem é tanto uma questão técnica (descobrir novas ideias técnicas a cada ciclo repetido) quanto é humana e motivacional (persistir até ter sucesso). A inovação não acontece do nada. Ela nasce do trabalho. As grandes descobertas podem acontecer por

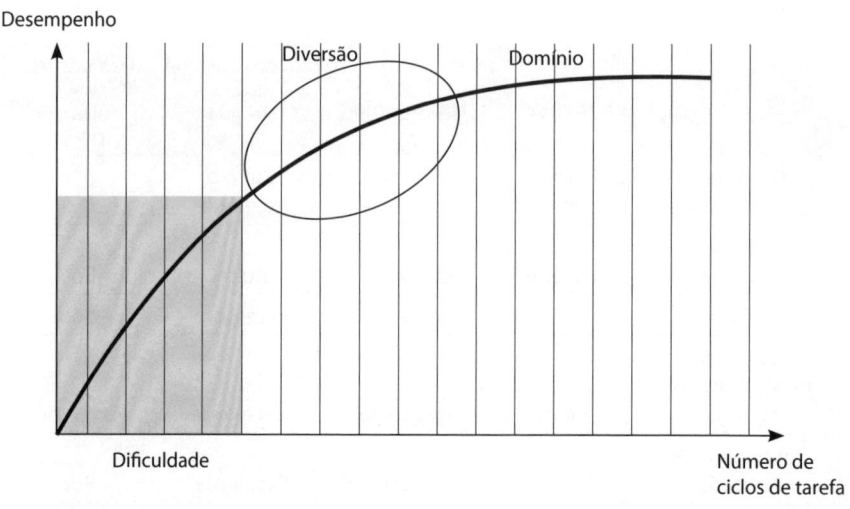

FIGURA 9.2 Uma maneira diferente de analisar os problemas.

acidente, mas ocorrem com aqueles que analisam o seu problema todos os dias durante décadas.

A teoria *lean* da inovação é, portanto, fundamentalmente diferente da narrativa superficial sobre "ruptura". O ponto de partida *lean* é a intenção de resolver um problema que os clientes têm hoje em vez de buscar coisas novas que uma nova tecnologia poderia fazer por eles. Depois que encontramos um problema crítico que poderíamos resolver melhor, o segundo passo é aceitar que realmente precisamos fazê-lo e que nenhuma das alternativas tecnológicas disponíveis nos permite isso. A aplicação incremental do nosso *know-how* legado não fará com que resolvamos esse problema dentro de um prazo razoável. Tendo enfrentado o imperativo de resolver o problema com novas ideias, agora enquadramos a questão em termos de pontos de partida alternativos viáveis para atacar o problema.

Nos termos da aprendizagem reutilizável, trabalhamos com (1) um ponto de partida e (2) uma direção clara para melhoria (desempenho do produto, qualidade e custo). O que sobra é administrar passo a passo os pequenos avanços pela curva de aprendizagem. Nesse estágio, obviamente, a proficiência com o *kaizen* torna-se uma capacidade organizacional fundamental, pois os engenheiros conhecem a abordagem gradual e sabem como desenvolver soluções progressivamente – e aprender.

Passar do *kaizen* para a inovação significa administrar a curva de aprendizagem. Uma curva de aprendizagem é a representação do relacionamento entre a experiência e a aprendizagem. A experiência cumulativa pode levar a uma aprendizagem profunda ou à aprendizagem zero se os aprendizes estiverem convencidos de que cada nova experiência prova apenas aquilo que já sabem. O desafio é liderar a aprendizagem incremental para chegarmos ao grande salto de aprendizagem. O líder *lean* administra passo a passo a curva de aprendizagem que une o *kaizen* ao processo de mudança da inovação de produto e método (Quadro 9.1).

A questão fundamental da inovação não é apenas a criatividade, mas também ter a capacidade de produzir mais qualidade e menor custo. O objetivo não é uma engenhoca que faz algo legal, mas sim resolver um problema para os clientes com o máximo de eficiência e eficácia. Os clientes apresentam níveis diferentes de tolerâncias para soluções. Alguns, os "primeiros adotantes", até gostam de coisas novas simplesmente por serem novas e estão bastante dispostos a perdoar problemas de qualidade e de custo em troca do privilégio de brincarem com algo diferente antes que os demais. Outros, por sua vez, não abandonam seu modo atual de resolver o problema até a alternativa ser claramente superior em termos de custo e qualidade. Da perspectiva do desenvolvi-

QUADRO 9.1 Gestão da curva de aprendizagem ponto a ponto

Gemba kaizen	Aprendizagem técnica	Melhoria de processo	Melhoria de produto
Ponto de mudança	Ponto de mudança	Ponto de mudança	Ponto de mudança

mento de novos produtos, isso significa que é preciso aproveitar a iniciativa dos primeiros de modo a fazer o produto evoluir até satisfazer os segundos.

Da perspectiva do valor para o cliente, um produto ou serviço inovador faz o seguinte:

1. Ajuda os clientes a fazerem melhor algo que querem realizar
2. De uma maneira que nunca foi feita antes e é
3. Agradável de usar, com boa relação custo-benefício
4. E, em última análise, beneficia toda a sociedade

Sem isso, nem mesmo as melhores ideias se transformam em produtos bem-sucedidos (pense no exemplo do Segway). A inovação é uma professora exigente, pois requer um entendimento profundo sobre os estilos de vida dos clientes e um entendimento igualmente profundo das possibilidades e evoluções tecnológicas, além da capacidade de produção (por exemplo, a soma das competências individuais) para cumprir o prometido. Obviamente, o problema é que as pessoas que dedicaram a vida a se tornarem especialistas no que os clientes gostam e em uma tecnologia específica tendem a ter as maiores dificuldades para enxergar os benefícios de uma abordagem alternativa. É por isso que a abordagem do *lean* à inovação se baseia em resolver os problemas atuais de forma melhor com novas soluções e em desenvolver essas novas soluções usando *kaizen* repetido e contínuo.

Como isso funciona em um ambiente de alta tecnologia? A Proditec, que conhecemos no Capítulo 2, é uma empresa especializada em máquinas de ponta para a inspeção visual de pílulas farmacêuticas. A empresa atende a uma necessidade urgente para os seus clientes: os *recalls* de remédios pelo FDA nos Estados Unidos têm aumentado devido a problemas de qualidade e muitos medicamentos controlados estão se tornando escassos. A inspeção final de pílulas ou cápsulas é um desafio fundamental para a indústria farmacêutica, sendo que a inspeção manual é cara e trabalhosa. A Proditec projeta e vende máquinas que tiram uma foto das pílulas em esteiras de alta velocidade, analisam essa imagem e ejetam as pílulas que não atendem aos padrões. É um processo bastante complicado em termos de mecânica (controle da trajetória das pílulas), visão (fotos de objetos pequenos e rápidos) e software ("enxergar" os defeitos).

Apesar de suas vendas estarem crescendo a uma taxa respeitável após sobreviver à queda drástica dos mercados financeiros em 2009, Riboulet chegou a três conclusões desanimadoras depois de trabalhar na limpeza da janela ao lado de seu *sensei*. Primeiro, as vendas mantinham-se em grande parte porque projetos aprovados, suspensos logo após a crise financeira, estavam finalmente sendo concluídos; isso ocorria porque as grandes empresas farmacêuticas estavam impondo controles de investimento muito mais estritos, o que tornaria a venda de máquinas de uso intensivo de capital muito mais difíceis. Segundo, Riboulet percebeu que suas vendas para clientes antigos estavam cada vez menores. Até vendia mais máquinas, mas nunca para o mesmo cliente. A empresa racionalizava isso argumentando que uma máquina era o suficiente para atender à necessidade de inspeção em cada local, mas o CEO não engolia essa explicação. Vendo as necessidades de inspeção nos locais dos clientes, ele se perguntava por que não compravam mais aparelhos, considerando o benefício que poderiam obter. Terceiro, novos concorrentes da Europa Oriental estavam alcançando o nível tecnológico das máquinas atuais. Riboulet começou a entender que, se antes a empresa se ocupara com o desenvolvimento de recursos especiais para responder à procura dos clientes, agora estava ficando para trás nas evoluções tecnológicas fundamentais.

Após uma viagem de estudo reveladora para o Japão, Riboulet continuou a trabalhar com o seu *sensei* e a enxergar progressivamente como a sua abordagem de liderança ao estilo definir → decidir → desempenhar → confrontar levara-o a patrocinar uma sequência de consertos para responder aos problemas dos clientes, sem nenhuma visão geral do impacto sobre a arquitetura do produto, que estava acidentalmente gerando desvio de produto (o equivalente ao "desvio de missão") e aumentando cada vez mais o diferencial competitivo em relação aos principais concorrentes do setor.

A solução diária de problemas com a sua equipe técnica "limpou a janela", o que gradualmente revelou desafios estratégicos cruciais que Riboulet e sua equipe precisariam enfrentar:

1. *Desafio de qualidade*: os produtos apresentavam um excesso de problemas de estabilidade no campo, o que prejudicava a capacidade dos clientes de usar as máquinas. Ao customizar continuamente os produtos para este ou para aquele cliente, além de consertar defeitos isolados, sem mais clareza sobre a arquitetura modular da máquina, a engenharia estava criando um caos de conectividade que precisaria ser resolvido para aumentar a qualidade.

2. *Desafio de desempenho*: os produtos haviam perdido terreno em capacidades centrais que exigiam novos avanços tecnológicos a fim de recuperar a liderança perdida para a concorrência, especialmente para as novas empresas no mercado, e para ter algo extra a oferecer aos clientes já existentes.

À medida que esses problemas foram ficando mais claros, o CEO percebeu que isso significaria administrar a curva de aprendizagem dos chefes dos departamentos técnicos para impedir que tentassem resolver os novos problemas com as tecnologias antigas que conheciam, como sempre acontecera no passado. Eles precisariam aprender novas habilidades, de verdade. Após vários anos de experiência com *kaizen* no chão de fábrica e mudanças pontuais, Riboulet começou a ver como isso se aplicaria igualmente bem aos seus problemas de tecnologia.

Um problema crucial para a gestão das curvas de aprendizagem em um ambiente tecnológico é que você nunca sabe de antemão exatamente de onde a solução virá ou qual forma irá assumir. Na verdade, muitas histórias de desastres nascem do raciocínio motivado: fixar-se em uma solução e construir o argumento a seu favor independentemente dos fatos, o que desacelera bastante o processo de aprendizagem. Resolver problemas não é uma questão de correr atrás e aplicar o que os outros já estão fazendo, mas sim um processo de explorar, testar e dominar. Riboulet percebeu que precisaria administrar uma curva de aprendizagem ponto a ponto para o seu diretor de visão, o seu diretor de software e o seu diretor de interface humana.

O modo-padrão de identificar pílulas com defeito era usar um sistema de iluminação anelar de ângulo baixo (*low-angle ring light*) com tubos de neon para criar uma sombra na superfície da pílula. As câmeras detectavam as bordas da gravura e o software as analisava. Essa abordagem exigia cerca de seis horas de configuração por um especialista para cada nova pílula inspecionada antes de cada lote de produção, e os defeitos menores nem sempre eram detectados. Para fazer com que os seus engenheiros aprendessem, Riboulet os focou em reduzir o desperdício óbvio para os clientes: o tempo de configuração (por que impomos isso aos clientes?). Ninguém sabia como fazer isso, mas cada chefe de equipe agora tinha uma meta clara e que implicava trabalho em equipe entre as suas especialidades, como vemos no Quadro 9.2.

Os esforços resultantes foram uma redução de 60% no tempo de configuração e uma máquina muito mais confiável. Contudo, pequenos defeitos ainda passavam sem serem detectados, e apesar de muitos componentes terem sido questionados, a tecnologia ainda era basicamente a mesma: melhoria, mas sem inovação.

Por causa desse trabalho, entretanto, as equipes técnicas de Riboulet entendiam melhor o que se esperava delas e como a capacidade de inovação da empresa dependia de sua própria competência individual e de sua vontade de

QUADRO 9.2 Metas de inovação na inspeção de pílulas

Líder da equipe de visão	Líder da equipe de software	Líder da equipe de interface humana
Meta: Estabilizar a iluminação para manter o desempenho de detecção ao longo do tempo.	Meta: Melhorar os desempenhos de detecção.	Meta: Melhorar a utilização.
Aprendizagem ponto a ponto: • Ponto de referência para a luz: ajustar a sensibilidade da câmera em tempo real para compensar as mudanças na variação luminosa. • Remover as variações luminosas ao passar de tubos de neon para luzes de LED, com maior estabilidade e duração.	Aprendizagem ponto a ponto: • Em vez de analisar cada pílula independentemente, identificar uma imagem de gravura-padrão e armazená-la. Durante a fase de separação, as gravuras de todas as pílulas são comparadas com a imagem-padrão. • Duplicar o número de placas de processamento para acertar a capacidade de processamento e explorar o mercado de placas mais baratas e confiáveis.	Aprendizagem ponto a ponto: • Usar a capacidade de processamento restante (da mudança da placa) para reduzir o número de parâmetros em um terço, criando configurações mais fáceis de usar.

continuar avançando nessas curvas de aprendizagem. O próximo passo acabou sendo chocante, como vemos no Quadro 9.3.

As máquinas resultantes podiam ser configuradas em questão de minutos – não horas – por um novato – não por um especialista –, o que levou a um ganho de desempenho enorme para os clientes. Defeitos minúsculos passaram a ser detectáveis – outra vantagem para os clientes. A qualidade melhorou com o aumento da robustez da máquina, pois as equipes trabalharam juntas e aprenderam a entender melhor o impacto cruzado dos elementos funcionais por meio de uma arquitetura mais clara e pelo domínio da interface.

Administrar uma curva de aprendizagem significa produzir *conhecimento* passo a passo. A tendência natural de todos os engenheiros é resolver o seu problema completamente mediante o ajuste de todas as variáveis conhecidas. Os engenheiros enxergam problemas complexos por um aspecto específico, assim como se levanta um objeto pesado segurando-o por uma alça, e eles então consertam esse aspecto do problema movendo a alça do estado existente para o desejado, muitas vezes ajustando todas as outras variáveis em relação àquela que usam como alça. Essa abordagem, como Riboulet descobriu a duras penas, é perigosa (eles sempre

QUADRO 9.3   Ganhos de desempenho obtidos para a inspeção das pílulas

Líder da equipe de visão	Líder da equipe de software	Líder da equipe de interface humana
Meta: Estabilizar a iluminação para manter o desempenho de detecção ao longo do tempo.	Meta: Melhorar os desempenhos de detecção.	Meta: Melhorar a usabilidade.
Aprendizagem ponto a ponto: • Ponto de referência para a luz: ajustar a sensibilidade da câmera em tempo real para compensar as mudanças na variação luminosa. • Remover as variações luminosas ao passar de tubos de neon para luzes de LED, com maior estabilidade e duração.	Aprendizagem ponto a ponto: • Em vez de analisar cada pílula independentemente, identificar uma imagem de gravura-padrão e armazená-la. Durante a fase de separação, as gravuras de todas as pílulas são comparadas com a imagem-padrão. • Duplicar o número de placas de processamento para acertar a capacidade de processamento e explorar o mercado de placas mais baratas e confiáveis.	Aprendizagem ponto a ponto: • Usar a capacidade de processamento restante (da mudança da placa) para reduzir o número de parâmetros em um terço, criando configurações mais fáceis de usar.
• Substituir a câmera por *laser* para obter uma imagem 3D real correspondente à variação de altura da superfície da pílula, sem depender mais das imagens de sombras.	• Simplificar os algoritmos de detecção usando análise avançada do formato da gravura.	• Continuar a reduzir o número de parâmetros em 80%.
Inovação: Uso de imagens 3D com *laser* Blu-ray	Inovação: Uso de placas de processamento de código aberto em um ambiente industrial	Inovação: *Design* plano ao estilo Google para a interface humana

dão um jeito, mas que nem sempre funciona no mundo real) e instável (porque as interfaces com os outros departamentos não são garantidas). Com a imposição da disciplina de mudanças pontuais, o CEO guiou os engenheiros do seu estado de conhecimento atual para a zona proximal seguinte (Figura 9.3).

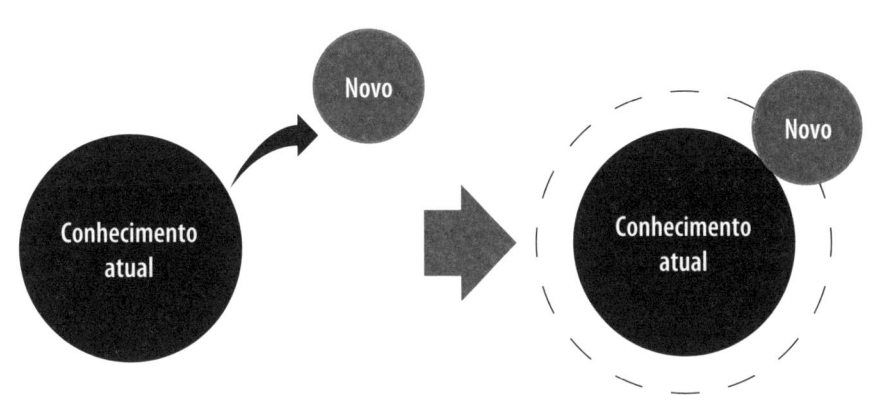

FIGURA 9.3 Passando do estado atual de conhecimento para a zona proximal seguinte.

Sem nenhum método de desenvolvimento de capacidade, a inovação não passa de fantasias e devaneios. E, em última análise, a capacidade não passa da soma das competências individuais. O segredo do desenvolvimento de capacidade está na produção de conhecimento, e não apenas de trabalho: consertar os problemas é apenas metade do serviço. Fica faltando ainda explicar o conserto (e como e onde ele se aplica). A aprendizagem reutilizável é um processo de avançar de um estado de conhecimento para o próximo, conhecimento este que pode ser passado de uma pessoa para a outra e de uma situação para a outra. Para serem reutilizáveis, os consertos e as novas aprendizagens devem se aplicar a diversas condições, e não a um único caso específico a um determinado contexto. Na terminologia da solução de problemas A3, o problema não está resolvido até o modelo causal ser esclarecido e validado.

Como Riboulet descobriu, ajudar as pessoas a avançarem na sua curva de aprendizagem significava pedir que resolvessem o mesmo problema várias e várias vezes, sob condições diferentes. Por exemplo, usar placas de processamento de código aberto com certeza representava um *know-how* novo para uma empresa que tradicionalmente projetava placas customizadas. Contudo, essa capacidade não surgiu de primeira. Foi apenas após múltiplas tentativas de resolver o mesmo problema, de novo e de novo, sob condições ligeiramente diferentes, que os engenheiros realmente aprenderam a usar e a lidar com as placas de código aberto, um *know-how* que agora poderiam replicar e repassar a outros engenheiros. A regra básica é que um problema (de larga escala) precisa ser resolvido cinco vezes consecutivas simplesmente para ser entendido e 10 para que a contramedida seja absorvida completamente.

A ideia não é aprender a resolver um problema específico mudando tudo, mas, pelo contrário, aprender constantemente com a mudança de uma coisa até que o conhecimento seja adquirido, e então entender como isso pode afetar outros elementos do sistema para que, em geral, produtos e processos evoluam de forma conjunta e a inovação se realize totalmente. Essa visão do processo criativo altera radicalmente o modo como os engenheiros são gerenciados e como os produtos são projetados (e reformulados). A inovação deixa de ser encarada como um fenômeno que acontece no vácuo quando damos sorte (e não quando somos azarados), e passa a ser percebida como o resultado de se encontrar uma direção com o uso das perguntas certas (por que os clientes gastam tanto tempo configurando as nossas máquinas antes de um lote de produção?) e promovendo tentativas de *kaizen* constante, deixando espaço para o caos limitado (que ainda assim é caos) de se aprender a aprender.

A inovação não é um devaneio ou uma fantasia. Tampouco é resultado do pensamento motivado e da administração por comando e controle. A inovação é um processo de aprendizagem que emerge da melhoria cotidiana do *know-how* técnico. A inovação de verdade envolve encontrar novas maneiras de resolver os problemas existentes. Problemas complexos raramente são fáceis de resolver, e a solução quase sempre envolve novas técnicas e novos modelos de negócio ou comportamentos sociais: a convergência da mudança técnica e social é a inovação. Trata-se de um processo. No lado técnico, esse processo é sustentado pelas empresas que adquirem novas capacidades (a habilidade organizacional de fazer alguma coisa). Essas capacidades se baseiam em competências individuais. O produto inovador de sucesso resulta de uma mistura de novas capacidades, elas mesmas fundamentadas na aprendizagem individual. O *kaizen*, a melhoria passo a passo, treina as pessoas a aprenderem e a sustentarem a energia de melhoria. De um ponto de vista *lean*, o *kaizen* é o combustível do processo de inovação e os novos produtos são o seu resultado.

Riboulet não resolveu seus problemas de inovação definindo quais eram suas maiores lacunas de inovação, reunindo seus melhores engenheiros em um laboratório especial, mandando que projetassem novas soluções e implementando-as. Isso é o que ele sempre fizera, e os custos de complexidade induzidos por essa abordagem estavam matando a empresa. Pelo contrário, ele aprendeu a se concentrar nos problemas reais, imediatos e concretos dos clientes para limpar a janela. Em seguida, fez com que seus técnicos enfrentassem os maiores pontos fracos no cotidiano do seu trabalho, depois enquadrou com eles os tipos de soluções buscadas para levar os produtos (e a empresa) adiante e então elaborou soluções passo a passo administrando a curva de aprendizagem.

Não é possível organizar-se para a inovação, ainda que com certeza seja possível organizar-se para impedi-la. A inovação nasce das novas ideias e dos novos experimentos que as pessoas inventam. É preciso uma revolução cognitiva para aumentar o fluxo de ideias e voltar-se ao Norte Verdadeiro de modo a obter uma direção clara dos tipos de desafios que estamos tentando resolver e dos tipos de solução que estamos buscando. Administrar as curvas de aprendizagem individuais em vez de controlar a adesão ao processo é a verdadeira revolução. É aí que o *lean* fica empolgante de verdade. E quanto mais gente inteligente entra na jogada, mais divertido é. Avançar juntos é o maior motivador que existe.

CAPÍTULO 10

Mude de ideia

Para criar trabalho com significado, analise a relação entre as pessoas e o seu trabalho e entre o seu trabalho e o uso dos clientes.

O progresso é mesmo a melhor motivação. Na mistura inevitável de sucessos e reveses diários, achar que avançamos alguns passos em direção a um objetivo com significado é algo que nos mantém na estrada. Por significado queremos dizer algo que faz sentido para você como indivíduo e como pessoa envolvida em um esforço coletivo: ter a oportunidade de fazer o que faz de melhor todos os dias para causar um impacto maior. O trabalho com significado é a sua própria recompensa. Por outro lado, as burocracias tayloristas, administradas pelos números, esvaziam o trabalho de significado, pois não levam as pessoas em consideração, criam inúmeros obstáculos frustrantes para quem quer fazer um bom trabalho, forçam as pessoas a ignorar seu bom senso profissional em nome do sistema e, em última análise, desconectam os funcionários dos seus valores e dos seus relacionamentos de apoio.[1]

O pensamento *lean* cria significado ao ligar o *kaizen* individual e de equipe aos desafios estratégicos do negócio como um todo. Contudo, isso exige uma mudança profunda na mentalidade dos gestores, no modo como pensamos sobre empregos, como vemos as pessoas e o trabalho e como enxergamos as empresas e os mercados.

Jacques sempre se orgulhara de ser um chefe progressista. Ele estava convencido de que se os funcionários estivessem satisfeitos com a própria vida, se sentiriam bem no trabalho, então foi pioneiro em todas as oportunidades legais para flexibilizar os horários de trabalho e criar sistemas mais cooperativos. Mas durante seus 30 anos como CEO, frequentemente se surpreendia e se frustrava ao ver que, em geral, as relações trabalhistas não eram significativamente melhores em sua empresa do que em tantas outras.

Quando começou a praticar as caminhadas pelo *gemba* para visitar todos os locais de trabalho da empresa sistematicamente, ele viu que os funcionários muitas vezes eram forçados a lidar com uma série de problemas não resolvidos, como trabalhos difíceis ou equipamentos pouco confiáveis. Ele viu também que alguns membros de sua gerência média que pareciam bons nas reuniões de administração não eram benquistos pelos funcionários. Além disso, descobriu que alguns dos indivíduos que os diretores achavam que não tinham alto potencial na verdade eram altamente respeitados pelas suas equipes. Por fim, percebeu que algumas das práticas de flexibilidade que ele defendera causavam um impacto negativo no trabalho em equipe. Por exemplo, os operadores podiam escolher a que horas do dia começariam a trabalhar e a que horas terminariam, desde que cumprissem o seu horário diário. Por causa disso, alguns indivíduos chegavam bem cedo e terminavam cedo, enquanto outros chegavam após deixar os filhos na escola e terminavam tarde. Quando Fiancette instalou o sistema puxado, ficou evidente que as equipes só eram produtivas quando todos estavam presentes (nenhuma surpresa), mas Jacques percebeu também que, quando algo dava errado, quem chegava tarde culpava os que chegavam cedo e vice-versa.

Com o tempo, ele entendeu que a sua política de adaptar a empresa às agendas individuais tivera o efeito contrário do que o esperado. Ele não estava desenvolvendo funcionários mais comprometidos ou mais leais. Em vez disso, estava incentivando-os a achar que a parte importante da sua vida começava quando o expediente se encerrava. À medida que começou a ver os resultados dos esforços de *kaizen* todas as semanas ao lado do diretor de operações, ele notou uma mudança: as pessoas estavam cada vez mais envolvidas com o seu trabalho e em cumprir os planos de produção. Elas se importavam mais. Tinham orgulho e ficavam alegres em mostrar as melhorias que haviam produzido, com a ajuda da manutenção. Tantos problemas administrativos foram revelados que Jacques e Fiancette precisaram adotar algumas mudanças drásticas, a começar por um plano para melhorar as habilidades administrativas dos seus gerentes de linha de frente. Sem querer, Jacques encontrara o verdadeiro segredo do pensamento *lean*. Não é uma questão de estudar o trabalho ou mesmo de estudar as pessoas. O importante é entender a *relação que as pessoas têm com o próprio trabalho* e o papel dos gestores no seu desenvolvimento.

A promessa do *lean* é que alinhar o sucesso dos indivíduos com o da empresa cria um modelo de negócio de desempenho superior. Ao apoiar cada funcionário no desenvolvimento de sua própria história e ajudá-lo com os objetivos gerais do negócio, você pode mudar a história da empresa e, ao pressionar seus concorrentes, a do setor como um todo. Desafiar a si mesmo para tornar-se líder de mercado (e forçar a concorrência a tentar alcançá-lo) é o segredo para o crescimento rentável e sustentável, mesmo em tempos de várias rupturas. O pensamento *lean* é um método estruturado para aprender a fazer isso.

Entretanto, considerando-se o vasto número de empresas que adotaram alguma forma de *lean*, é chocante quão poucas realmente transformam essa promessa em realidade. A "falta de comprometimento da liderança" é sempre o suspeito nº 1, mas, para sermos honestos, pelos exemplos que vimos em primeira mão, os líderes estão comprometidos e apoiam os seus programas *lean*; porém, isso não basta para fazer com que estes sejam bem-sucedidos além dos primeiros dias de se acertar os alvos fáceis. Pensando nos líderes que realmente tiveram sucesso com o *lean* e permaneceram com ele durante décadas, percebemos que todos têm uma coisa em comum: eles mudaram o modo como veem o trabalho.

O pensamento *lean* não enfoca exclusivamente o estudo do trabalho (taylorismo) ou o estudo das pessoas (como nos programas motivacionais) ou mesmo o estudo da administração financeira. Em vez disso, o pensamento *lean* se concentra em analisar especificamente a *relação* dos funcionários com o seu trabalho. Como eles entendem o seu trabalho? O propósito dele? O que sentem em relação a isso? Como lidam com os problemas que surgem? Eles sabem colaborar com os colegas? É difícil. Quando analisamos qualquer situação de trabalho, fomos treinados a analisar um dentre dois itens:

- *O processo*: por exemplo, quão bem ele flui, onde estão os obstáculos e qual é o custo?
- *As pessoas*: por exemplo, qual é a sua atitude, elas são competentes, estão motivadas, são experientes, como é a sua personalidade?

Mas é raro que analisemos o que as pessoas pensam e sentem sobre o trabalho – o balão de história em quadrinhos sobre as suas cabeças que explica o que elas vão fazer a seguir.

Essa mudança de perspectiva é o segredo para entender o pensamento *lean*. As pessoas não são máquinas. São seres autônomos que pensam, decidem e agem, influenciados pelos seus estados emocionais e pelo contexto em que se encontram. Em seus melhores momentos, as pessoas podem realizar feitos incríveis e serem meticulosas, prestativas, apoiadoras, dedicadas e criativas, além de divertidas enquanto colegas. Em seus piores, atitudes passivo-agressivas e de desamparo aprendido podem sugar a energia de qualquer situação de trabalho e sabotar qualquer tarefa. O modo como trabalham não é constante.

A cultura *lean* diferencia o potencial real (o que uma pessoa poderia fazer se sempre estivesse no seu estado ideal) do desempenho normal (o que realmente acontece durante um dia, semana ou mês). O pensamento *lean* também entende que, assim como um atleta, ninguém melhora esse desempenho além da própria pessoa. Não se corrigem pessoas. Você pode ajudá-las a entender melhor o que está acontecendo com elas, a aprender melhor estratégias de so-

QUADRO 10.1 Dar aos funcionários as habilidades cognitivas para que consigam enxergar o seu trabalho de forma diferente

Ferramenta *lean*	Para descobrir
Sete perdas	Todas as diversas atividades desnecessárias para o trabalho ser realizado, como corrigir defeitos, produzir antes do necessário, deslocar-se, transportar peças, trabalhar demais nelas, armazená-las ou esperar por trabalho
Trabalho padronizado	Como o trabalho é realizado em comparação com uma sequência ideal para identificar onde o trabalho real difere do que sabemos ser a melhor maneira atual de trabalhar
4Ms	Analisar lacunas no trabalho real em comparação com o trabalho padronizado por meio da observação do desempenho das máquinas, do nível de nosso treinamento para lidar com o trabalho, da qualidade dos materiais (e informações) e da eficácia do método atual para se realizar o trabalho
5S	Como o local de trabalho é organizado para podermos obedecer facilmente à sequência de trabalho padronizado e o que pode prejudicar isso: coisas fora do lugar, ferramentas guardadas no lugar errado ou em mau estado e ausência de rotina para limpar o local de trabalho após o uso
Fluxo unitário de peças	Foco em executar tarefas uma a uma para enxergar as dificuldades relativas a essa tarefa específica em vez de pensar de forma genérica em termos de um lote completo
Diagrama de espaguete	O caminho completo do trabalho de montagem (seja ele um produto ou um arquivo que atravessa diversos departamentos) de uma estação para a outra
Cinco porquês	A interação das causas sequenciais que criam um problema

lução de problemas e a tornarem-se mais resilientes e conscientes ao lidar com sucessos e reveses. Mas você não pode pensar e aprender por elas.

Por isso, é importante ver como as ferramentas *lean* tradicionais estão voltadas a dar aos funcionários habilidades *cognitivas* para que consigam enxergar o seu trabalho de forma diferente (Quadro 10.1).

De modo similar, a atitude básica de gestão de "problemas em primeiro lugar" é fundamental para modificar o modo como as pessoas abordam os problemas. Os problemas são a base material com a qual construímos a relação dos funcionários com o seu trabalho. Eles representam um desafio saudável para se responder produtivamente à realidade do que estamos fazendo. A atenção humana é, por natureza, propensa a se habituar: após experiências repetidas com a mesma situação, paramos de prestar atenção, não reagimos mais a qualquer estímulo e agimos por hábito. Essa é uma forma natural de aprender, e libera nossas mentes para fazer algo diferente, mas também leva a reações impensadas quando a situação não é bem o que esperamos. Mesmo quando são criticamente importantes, os problemas se tornam tão rotineiros que agimos como se não nos importássemos mais.

Os problemas são desagradáveis simplesmente porque perturbam o hábito: algo mudou, e a reação habitual é interrompida ou não leva ao resultado planejado. Como estamos falando de um hábito – uma ação inconsciente –, esse obstáculo leva a frustrações e a outra tentativa, com mais atenção, de se contornar a barreira. Além disso, outro elemento importante que motiva a atenção humana é a curiosidade. A mente tem uma curiosidade constante e aleatória. A atenção se perde porque estamos pensando em outra coisa, explorando, seja fantasiando ou analisando os fatos. O segredo do trabalho consciente é focar a curiosidade nos problemas vivenciados no trabalho. Os problemas são o nosso material básico para estabelecer novas formas de fazer as coisas, além de novas coisas a fazer.

Criar um ambiente de trabalho no qual os problemas são os elementos fundamentais da aprendizagem mais ampla e do desempenho superior é algo que exige uma liderança forte. Separar o trabalho das pessoas nos leva a atribuir os problemas a uma das seguintes causas:

- *Processos capengas*: há algo de errado com o modo como o sistema funciona, o que explica o problema como o resultado lógico de como a situação está configurada.
- *Pessoas descuidadas*: funcionários incompetentes não fazem o seu trabalho ou não pensam minimamente sobre a situação estar apresentando um problema.

Ambas situações podem ocorrer, mas, na nossa experiência, elas são raras. Em geral, as coisas dão mais ou menos certo. Os problemas surgem quase sempre porque algo no ambiente mudou e nem o processo nem as pessoas estão preparadas para lidar com esse caso específico. Ao entender que os processos de trabalho não são nada mais, nada menos do que aquilo que as pessoas fazem, e analisando como os funcionários se relacionam com o seu trabalho, enxergamos os problemas de outra perspectiva. Em geral, os funcionários são induzidos ao erro pelo seu ambiente de trabalho e reagem habitualmente a uma situação que merece uma resposta diferente, algo que processos rígidos demais (e piorados pelos sistemas de informática) não os deixam tentar.

Por outro lado, quando as pessoas são incentivadas pelos gestores a resolverem os próprios problemas imediatamente e recebem a oportunidade de modificar seus processos de trabalho junto aos colegas, sua relação com o seu trabalho se estreita. O simples ato de se importar com o seu ambiente aprofunda sua relação com o trabalho, assim como o seu entendimento sobre ele.

Nesse sentido, o *kaizen* é a principal ferramenta de estudo do pensamento *lean*. O *kaizen* é onde a relação que as pessoas estabelecem com o seu trabalho se torna clara e onde você, enquanto gestor, mais pode influenciá-la com as próprias atitudes (Quadro 10.2).

Essa mudança de foco tem consequências profundas e transformacionais para o papel da gestão. Tradicionalmente, a missão dos gestores é lidar com o trabalho, organizando as atividades de seus departamentos e elaborando planos de ação, que se resumem a resolver problemas no papel e então dividir a solução em ações a serem executadas pelos subordinados. Em seguida, devem gerenciar as pessoas, o que basicamente se resume a motivar (inspirar, apoiar, recompensar) e disciplinar (controlar, avaliar, punir) cada indivíduo sob a sua autoridade. Nessa visão, as pessoas são meros instrumentos para a execução dos planos, e não peças dinâmicas do sistema.

A mudança de foco da gestão para enxergar como as pessoas pensam sobre o seu trabalho e aprofundar o seu relacionamento com ele redefine a função significativamente:

- *O ambiente é propício à realização de um bom trabalho?* Ou o atrito dos obstáculos cotidianos à realização do trabalho é tão grande que as pessoas desistem de dar o melhor de si?
- *As equipes são estáveis e apoiadoras?* As pessoas mal podem esperar para encontrar os colegas de manhã? Elas sentem que podem ser elas mesmas, deixando de lado a "cara da empresa", discutindo as questões e tomando iniciativas com os colegas sem o risco de levarem a culpa ou serem criticadas?
- *Há uma linha de visão clara para visualizar um propósito maior e o plano geral?* Além de dar significado ao trabalho, um entendimento claro sobre os resultados desejados (em contraposição ao produto imediato) permite a tomada de decisões autônoma, iniciativas em condições inesperadas e aplicação da criatividade à melhoria que contribui para o resultado geral.
- *Elas conseguem aprender e progredir enquanto realizam o seu trabalho diário?* As pessoas encontram oportunidades para praticar as habilidades nas quais estão interessadas ou novas habilidades que desejam adquirir em um ambiente que reconhece seu esforço e sua dedicação e as orienta no aprofundamento do quanto dominam o seu trabalho?
- *Os líderes aprendem com as melhorias locais?* E eles demonstram para todos como os seus esforços contribuem para o bem comum? Sua contribuição e seu esforço são reconhecidos e recompensados de maneira justa?

QUADRO 10.2 O uso do *kaizen* para revelar a relação dos funcionários com o trabalho

Etapa	Raciocínio	Funcionários	Gerentes
Gestão visual para deixar intuitivamente claro o que é *versus* o que deveria ser	Encontrar	Observam o problema em vez de deixar a mentalidade habitual ignorá-lo	Questionam o grau de visualização e por que a situação desviou do padrão
Oportunidade para melhorar o desempenho	Enfrentar	Escolhem um aspecto do trabalho para descobrir como melhorar o seu desempenho	Perguntam: por que isso? Esclarecem a linha de visão entre esse aspecto do desempenho e os objetivos gerais do negócio
Estudar o método de trabalho atual	Enquadrar	Escolhem um método de análise para apoiar a curiosidade de investigar os detalhes de como as coisas realmente funcionam *versus* como achamos que elas funcionam	Perguntam: por que essa ferramenta de análise? Esclarecem o modo geral de analisar esse problema e aprofundar a busca pela causa raiz
Criar novas ideias	Desenvolver	Livram-se do hábito e pensam criativamente sobre maneiras diferentes de fazer o trabalho e lidar com as lacunas identificadas na análise	São tão interessados pelas ideias que não funcionam quanto pelas que dão certo (um experimento fracassado pode ocultar a intuição correta e um novo pensamento), então seguem tentando
Propor um plano de teste e aprovação	Desenvolver	Testam as ideias na prática e trabalham com colegas para obter a sua colaboração e comprometimento	Perguntam: você conferiu com fulano? Facilitam reuniões com especialistas ou pessoas importantes para convencê-los
Implementar e medir o impacto	Desenvolver	Realizam as mudanças nos processos de trabalho, com a equipe e apoio se necessário, e verificam o impacto disso	São interessados no processo de implementação e nos seus resultados, apoiam-no quando necessário e pensam em quais outros problemas isso revela
Avaliar o novo método	Desenvolver para encontrar de novo...	Distinguem o que deu certo (e será mantido) do que não deu e precisa de mais trabalho, e fazem recomendações sobre mudanças de procedimento	Apoiam a mudança de procedimento, pensam em outros problemas que precisam ser resolvidos para essa mudança "pegar" e consideram outros pontos em que a mesma aprendizagem se aplicaria

Em termos práticos, essa mudança de foco exige "um plano por pessoa": um diagnóstico de onde cada pessoa está posicionada em relação à sua função, com quais áreas ela sabe lidar autonomamente e qual zona proximal ela desenvolverá a seguir, aliado à designação para si de um problema que lhe permitirá expressar seus pontos fracos ao mesmo tempo em que amplia sua ideia de responsabilidade (sem esperar um passo grande demais, que poderia destruí-la). Esse tipo de liderança respeita profundamente as pessoas. Ela se esforça ao máximo para entender o ponto de vista de todos, desenvolve o potencial máximo das habilidades naturais de cada um e busca oportunidades dentro do trabalho cotidiano para vivenciar a alegria de criar novas maneiras e contribuir para a melhoria da equipe e da empresa. Assim como o treinador de um time de futebol, o desenvolvimento de cada atleta e a coesão da equipe são essenciais para o sucesso.

Mais radicalmente, essa abordagem exige a alteração do próprio roteiro de tomada de decisão. Se antes se partia da otimização da situação no papel para então alocar pessoas como ferramentas para a execução, agora a ideia é posicionar os indivíduos a fim de resolver os problemas por conta própria e apoiá-los na sua experiência de aprendizagem (às vezes fácil, outras vezes uma luta). O critério fundamental para uma decisão passa a ser se ela cria espaço para aprendizagem a um membro da equipe, ou para a equipe como um todo, e não resolver o problema por conta própria e usar as pessoas para fazer a solução funcionar.

A fim de transformar isso em realidade, o líder *lean* deve receber de braços abertos a sensação de perda do controle pessoal. Essa provavelmente é uma das mudanças na prática de gestão mais exigentes envolvida no pensamento *lean*, e que explica por que os gestores *lean* fazem tantas perguntas e dão tão poucas respostas. O sistema de aprendizagem *lean*, entretanto, proporciona aos gestores uma maneira concreta, prática e metódica de aprender a mudar de foco, abandonando o comando e controle e buscando a instrução e melhoria. As quatro palavras mais importantes no vocabulário do gestor *lean* são "O que você acha?".

No nível estratégico mais elevado, a mesma mudança de perspectiva profunda também é necessária: quando antes se analisava os mercados e as tecnologias com uma mentalidade estratégica estática de criar constantemente e então otimizar monopólios e monetizar recursos, agora o foco recai na *relação com os clientes*. As empresas do século XX foram projetadas para *extrair* valor dos seus clientes. O objetivo era ganhar dinheiro. Os meios eram explorações: incomodar os clientes para comprarem, forçar os trabalhadores a serem mais produtivos, pressionar os fornecedores a cortarem custos. Os mercados existiam para serem conquistados. O dinheiro era a única medida e tudo podia ser expresso em termos de crescimento das vendas, custos-padrão e rentabilidade.

O sucesso nesse jogo significava proteger as próprias inovações e criar processos rígidos a serem implementados ao redor do mundo, no melhor estilo Coca-Cola ou McDonald's. A missão dos líderes era encontrar produtos que fossem uma "galinha dos ovos de ouro", nos quais pudessem concentrar seus recursos, e convencer novos clientes de que esse produto era extremamente necessário, ao preço mais lucrativo para a empresa. Quanto mais cresciam as rendas dos clientes, mais cresciam as suas necessidades: sempre havia algum novo aparelho ou novo luxo a ser comprado.

As empresas bem-sucedidas do século XXI serão aquelas projetadas para *agregar* valor para os seus clientes. O mundo mudou. Os clientes dos países desenvolvidos já possuem de tudo, e a sua renda não está crescendo. Os novos mercados, para os quais muitas empresas fugiram em busca de novas oportunidades de crescimento, como o Leste Asiático, também estão se saturando rapidamente. Hoje, os clientes precisam ser convencidos a substituir produtos e serviços existentes, e não a adotá-los. Os custos de mudança são cada vez menores.

As informações são abundantes. Hoje, os clientes precisam ser convencidos a permanecer com o produto ou serviço da empresa. A extração não é mais sustentável. No novo século, o crescimento será sustentado pela *agregação* de valor às vidas dos clientes, e não pela extração do seu dinheiro. O segredo do sucesso no novo jogo é enfocar a retenção dos clientes atuais pela renovação constante da oferta e pela solução dos problemas para eles, de modo que possam sustentar o estilo de vida que desejam ter. Isso significa mais qualidade, mais variedade e menos custos todos os dias – o exato oposto das estratégias anteriores. Os clientes trocam de telefone celular porque a marca que preferem oferece um fluxo constante de aplicativos que consideram úteis, gratuitamente. Houve uma revolução: hoje quem manda no mercado são os consumidores, não os vendedores.

O pensamento *lean* guarda a chave para uma transformação muito mais profunda do que se acredita. A Toyota se desenvolveu organicamente enquanto um sistema para aprender a aprender de modo a lidar com as mudanças, enfocando o relacionamento que a empresa mantém com os seus clientes por meio do fluxo de produtos que oferece. O *lean* é o método para desenvolver essa capacidade na sua própria empresa. A ideia do *lean* não é deixar a sua organização atual mais eficiente, é transformar fundamentalmente o modo como os gerentes pensam, trocando o ciclo tradicional definir → decidir → desempenhar → confrontar pela abordagem *lean* de encontrar → enfrentar → enquadrar → desenvolver a fim de cultivar um negócio preparado para renovação constante e mudanças por meio da melhoria contínua. Não estamos buscando uma otimização do modo atual como as empresas estão estruturadas e são administradas, o que queremos é uma revolução total na mentalidade administrativa. Para entender a profundidade dessa transformação, precisamos nos afastar um pouco e considerar o quadro geral.

Nossas sociedades foram construídas com base em uma mistura caótica de mudanças técnicas, organizacionais e políticas. Lá no início do século XIX, por exemplo, o vapor se tornou a fonte dominante de potência (substituindo o vento e a água) nos países em rápido processo de industrialização. No mesmo período, a divisão do trabalho e a especialização das tarefas, descritos por Adam Smith em uma fábrica de alfinetes em 1776, criou oficinas nas quais os trabalhadores desempenhavam uma parte pequena e especializada do trabalho, em comparação com uma pessoa fabricando todo um produto, aumentando drasticamente a produção. As máquinas a vapor passaram a assumir algumas operações e a mistura de potência a vapor e divisão do trabalho possibilitou a criação das fábricas centralizadas, o que reduziu drasticamente o custo de produção de bens e criou imensos mercados de consumidores. Devido à industrialização, os centros urbanos cresceram exponencialmente nas primeiras décadas do século XIX, e o caos resultante provocou mudanças políticas enormes e acelerou a democratização, estabelecendo o nosso sistema atual de democracias liberais e estados de bem-estar social. Foi uma mudança incrivelmente rápida no nível da sociedade, mas ainda relativamente lenta no do indivíduo (ainda que tenha sido preciso se adaptar a uma ou duas grandes transformações sociais durante uma única vida).

Grandes avanços técnicos, organizacionais ou políticos acontecem rapidamente no registro histórico, mas não subjetivamente, levando pelo menos uma geração ou duas para se estabelecerem.

Uma melhoria organizacional conhecida foi a famosa linha de montagem móvel de Henry Ford. O trabalho era levado aos trabalhadores por uma esteira em vez de eles terem que ir até onde estava o produto. Vários elementos técnicos e organizacionais se combinaram para que isso fosse possível. Primeiro, a disponibilidade geral de eletricidade. Até então, as máquinas eram movidas a vapor, o que significava que precisavam estar alinhadas sob um eixo de transmissão. Já as máquinas elétricas podiam ser posicionadas ao longo do processo. Segundo, as peças precisavam ser padronizadas para que pudessem ser coletadas aleatoriamente em um recipiente e montadas sem a interferência de um ajustador. Terceiro, as tarefas dos operadores precisavam ser especializadas e padronizadas para que o trabalho fluísse de acordo com a velocidade da esteira, o que era possível graças à inovação organizacional de Frederick Taylor. A eletricidade foi usada inicialmente para a iluminação, então levou décadas para as fábricas serem reorganizadas e reformadas, passando dos eixos de transmissão movidos a vapor para máquinas à eletricidade. Isso levou uma geração… Hoje, estamos passando por uma transformação semelhante. Todos crescemos com computadores, mas, até aqui, vinham sendo usados para administrar empresas criadas para os negócios do século XX. A Internet foi inventada em 1989, o ano em que a Cortina de Ferro caiu. Empresas como Amazon.com, Apple ou Google foram as primeiras criadas em torno dos mecanismos de busca na Web. A Amazon.com criou uma cadeia de logística em torno do seu site, o iPhone e o iPad da Apple são plataformas portáteis para aplicativos e a Google está turbinando o seu mecanismo de busca. Essas mudanças de plataforma tecnológica estão chegando em um momento de saturação dos mercados e globalização sem precedentes. O resultado é que as empresas da Internet são criadas para agregar valor gratuito para os seus clientes de modo a convencê-los a recomprar. Enquanto as empresas do século XX eram projetadas para vender um Ford T preto para todas as pessoas do mundo, as do século XXI são projetadas para se renovarem constantemente a fim de continuarem atraentes para os clientes, que podem ser tentados a trocar de fornecedor a qualquer momento. É um mundo totalmente novo (Quadro 10.3).

As organizações com as quais crescemos foram criadas para equipar o mundo com produtos estáveis. A McDonald's, por exemplo, nasceu, primeiro, da especialização das tarefas quando os irmãos McDonald se concentraram em vender hambúrgueres, pois perceberam que essa era a fonte da maior parte do seu lucro, e depois de Ray Kroc, vendedor de máquinas de milk-shake para a hamburgueria dos irmãos, que decidiu franquear esses restaurantes pelo país. O sucesso paralelo do automóvel levou a mudança para os subúrbios, criando espaço para a expansão da franquia, e a busca obsessiva de Kroc por padronização e automação permitiu que os arcos dourados mantivessem a sua qualidade e equilíbrio de custos e se expandissem por todo o mundo.

O modelo dominante nesse período era patentear uma inovação para protegê-la, padronizar o processo, expandir-se para todos os mercados atacando-os ao estilo militar, com uma blitz de marketing, e então replicá-lo de forma idêntica. Os gestores pensavam em termos de linhas de produtos, vendidos para segmentos de clientes, entregues por cadeias logísticas especializadas em tarefas individuais, com os custos e a qualidade garantidos pela padronização extrema, e adotaram sistemas de TI para implementar essa ideia à medida que estes foram se tornando onipresentes. E o resultado foi incrível. O único lado negativo, algo que empresas como a McDonald's batalham até hoje, é que esse sistema não lida bem com a variedade. As cadeias logísticas são complexas, os processos são rígidos, a mudança é inerentemente problemática e a TI confunde a questão ainda mais.

QUADRO 10.3 Evolução da inovação técnica e organizacional e do *design* empresarial

Inovação técnica	Inovação organizacional	Design organizacional
Vapor	Divisão do trabalho	Hierarquia de cima para baixo
Eletricidade	Padronização dos processos	Estrutura funcional *staff-line* (linha e equipe de apoio)
Digital	Melhoria contínua	Fluxos de valor de equipes

As hierarquias lineares tradicionais tinham a desvantagem clara de criar departamentos funcionais com fluxos de informação defeituosos. Frederick Taylor inventara a ideia da "melhor maneira" que poderia ser definida pelos engenheiros e adotada como um processo padronizado. Ele partiu do pressuposto de que os trabalhadores não saberiam executar o trabalho e pensar sobre os próprios métodos da mesma forma que um engenheiro supervisor seria capaz. Sua solução foi amplamente adotada durante o século XX, e foram criados departamentos de apoio para administrar as hierarquias lineares, gerando as famosas e terríveis matrizes, nas quais cada pessoa tinha ao mesmo tempo um chefe de linha (divisão) e um chefe funcional (como vendas, logística, qualidade ou *lean*). Essas organizações eram obcecadas pela padronização dos processos, sendo que os departamentos de apoio muitas vezes também se comportavam como silos, resolvendo os seus próprios problemas da própria perspectiva, e onerando os gerentes de linha com restrições cada vez maiores.

O raciocínio da Toyota partia de um ponto de vista muito diferente. Os líderes da Toyota perceberam que, à medida que crescesse, ela desenvolveria o que chamavam de "doença da empresa grande": o foco passaria dos clientes para as preocupações internas. As questões burocráticas seriam mais importantes do que as realidades dos funcionários no ambiente de trabalho e a complacência promoveria investimentos desnecessários e escolhas já existentes. Em vez de se preocupar em ter a organização perfeita, os líderes da Toyota se comprometeram em manter o foco em agregar valor para os seus clientes e encorajar uma dose saudável de paranoia caso não atendesse as expectativas dos clientes e ficasse para trás das capacidades dos concorrentes. A Toyota desenvolveu um modelo com base na dinâmica constante, mostrado no Quadro 10.4.

Essa visão dinâmica do valor é apoiada pela prática contínua de encontrar, enfrentar, enquadrar e desenvolver, sempre buscando entender melhor a relação da empresa com os seus clientes e como esta pode ser aprimorada e aprofundada. A confiança fideliza os clientes e a fidelidade apoia o crescimento rentável.[2] Ao vincular o *kaizen* no local de trabalho ao valor para os clientes,

QUADRO 10.4 Modelo de negócio da Toyota baseado na dinâmica constante

Valor	Análise de valor	Engenharia de valor
Entender a experiência do cliente e garantir que se agrega valor de acordo com as preferências específicas dos clientes a fim de apoiar os seus estilos de vida	Melhorar produtos e serviços em produção atualmente a fim de aumentar o valor para o cliente e entender os problemas correntes no processo de entrega	Formular novos recursos e funções a fim de agregar mais valor para os clientes por meio da resolução dos problemas atuais usando soluções inovadoras e construindo capacidades futuras

a Toyota foi pioneira em um modelo de empresa absolutamente diferente, totalmente adaptado às condições de negócio da atualidade. A grande ideia de Alfred Sloan foi que não era preciso conhecer as especificidades de um negócio para administrá-lo, desde que os números fossem acertados. Isso criou um mundo em que as relações com o trabalho são mediadas pela contabilidade financeira e, em última análise, no qual as pessoas e os seus produtos são tratados como sendo vazios de significado – caixas pretas a serem compradas, vendidas e refinanciadas.

O pensamento *lean* é um modelo competitivo mais poderoso exatamente porque as relações entre a empresa e os seus clientes e entre os funcionários e o seu trabalho estão no âmago do foco gerencial. É uma relação dinâmica que pode ser aprofundada todos os dias, à medida que problemas mais detalhados são resolvidos, e que pode evoluir todos os dias, à medida que o mundo vai mudando, e com ele as expectativas e necessidades das pessoas.

Conclusão

Rumo a uma sociedade livre de desperdício

As estratégias *lean* se encaixam melhor no mundo de rupturas — e disruptivo — do século XXI do que nas estratégias "matemáticas" ultrapassadas do século passado. Primeiro, o foco na orientação e na flexibilidade das equipes torna as estratégias *lean* mais ágeis e mais adaptáveis a circunstâncias em rápida evolução. Segundo, as estratégias *lean* são muito mais baratas, pois não envolvem altas apostas baseadas em visões do tipo "o chefe sabe tudo". A abordagem de expansão progressiva das capacidades usada nas estratégias *lean* reduz radicalmente a probabilidade de desperdiçar dinheiro em apostas enormes que não dão certo e arruínam a empresa. A estratégia *lean* envolve uma mudança de mentalidade revolucionária. Por mais de um quarto de século, a estratégia tem sido moldada pelas cinco perguntas principais formuladas por Michael Porter:

1. Como você responde ao poder de barganha dos clientes?
2. Como aumenta o nosso poder de barganha com os fornecedores?
3. Como reage à ameaça de produtos ou serviços substitutos?
4. Como lida com a ameaça de novos concorrentes?
5. Como luta por um melhor posicionamento entre os concorrentes atuais?

Os negócios que enquadram a estratégia usando essa mentalidade pensam em termos de maximização de poder e de posicionamento. Eles tratam a empresa como uma caixa preta cujas atividades são um *commodity*, uma variável constante, não dinâmica, na fórmula do crescimento. Buscam crescer usando fatores externos, sejam eles uma obsessão com sua presença no mercado global (quais divisões vender, quais empresas comprar, para adquirir presenças em mercados ou tecnologias), um olhar calculista na redução dos custos operacionais (afinal, se as atividades são *commodities*, deve haver uma maneira de fazer o mesmo com menos gastos) ou uma abordagem especulativa ao uso de engenharia financeira como forma de otimizar as partes da organização em mercados que mais parecem cassinos do que fontes de capital.

Nossa única resposta a isso é uma pergunta: isso tudo está dando certo para você? O resultado final dessa abordagem é, no mínimo, questionável. A durabilidade das empresas nunca foi tão baixa. Pela última conta, a sobrevida média das empresas no índice Standard & Poor's 500 caiu de 60 anos em 1960 para 25 em 1980 e hoje se reduziu a 18. Apesar das avaliações financeiras permanecerem altas, os EBITDAs (a medida de eficiência operacional) continuam a cair. Na melhor das hipóteses, a inovação se estagnou, e da perspectiva administrativa, os últimos 20 anos foram uma catástrofe. Estima-se que menos de 30% dos funcionários se sintam engajados, 82% deles não confiam nos seus chefes e 50% pedem demissão por causa dos seus gerentes, e acredita-se que 60-80% dos líderes atuem de forma destrutiva.[1]

Em seu poderoso livro *Makers and Takers* ("Fazedores e Tomadores"), a jornalista Rana Foroohar alerta que a ascensão do ativismo financeiro como fonte de uma parcela crescente dos lucros corporativos está, na verdade, desviando recursos, atenção e comprometimento daquelas organizações que melhoram o mundo ao fazer melhor.[2] Isso se alinha com a visão mecanicista e otimizadora dos lucros de Porter, segundo a qual os vencedores são os financistas que ganham com as jogadas corporativas e lucram no mercado sempre que uma empresa ou divisão é comprada ou vendida, independentemente do valor real criado pela empresa. Não surpreende que esse modelo estratégico tenha acompanhado o aumento do ativismo dos acionistas e a ideia de que o valor da empresa é definido pelo preço das suas ações, e não pelo valor que oferece aos seus clientes, sua rentabilidade a longo prazo ou a força das suas marcas.

Apesar desse ambiente, a Toyota passou a dominar o mercado automotivo porque segue uma abordagem radicalmente diferente. De acordo com analistas de Wall Street, a empresa tem uma "antiestratégia". Os líderes da Toyota optam por responder a cinco perguntas diferentes:

1. Como você aumenta a satisfação do cliente para gerar lealdade à marca?
2. Como desenvolve o *know-how* individual para aumentar a produtividade da mão de obra?
3. Como melhora a colaboração entre funções (e outros parceiros) para aumentar a produtividade organizacional?
4. Como encoraja a solução de problemas para envolver mais os funcionários e ampliar o capital humano?
5. Como apoia um ambiente que promove a confiança mútua e o desenvolvimento de grandes equipes para cultivar o capital social?

Nem a Toyota nem qualquer outra empresa com uma estratégia *lean* completa trata a organização e as suas atividades como uma caixa preta. Suas atividades são consideradas uma fonte dinâmica, generativa e orgânica de crescimento e renovação. São encaradas como a própria fonte da adaptação ao mercado, pois seguem os clientes de forma estreita e flexível, de inovação por parcerias com os fornecedores e de pressão constante na concorrência ao desafiar-se em questões técnicas fundamentais. A estratégia tradicional pressupõe que é possível imaginar um "plano" estratégico ideal e então comprar a "melhor prática" operacional para a sua execução. Nós, por outro lado, rejeitamos completamente essa distinção entre estratégia e execução: não se pode comprar essa qualidade via transações. É preciso cultivá-la, continuamente.

O modelo estratégico convencional enfatiza a visão grandiosa do líder e a disciplina da organização para executá-la. O melhor exemplo que vem à mente é Jack Welch e sua capacidade de transformar a GE, uma empresa antiga e conservadora, em uma "ação de alto crescimento", ao substituir 60% do negócio (sair da indústria e reenfocar serviços financeiros), eliminar 40% do quadro funcional e ganhar uma fortuna pessoal no processo. Desde então, a GE precisou voltar à indústria e, para isso, adotou... o pensamento *lean*.

A estratégia *lean*, por sua vez, parte de pressupostos radicalmente diferentes.

O primeiro deles é que a execução não é o resultado da aplicação de regras pela alta gerência, mas sim o desenvolvimento cuidadoso da autonomia e flexibilidade das equipes que agregam valor por meio de esforços contínuos de *kaizen*. O papel dos gestores é apoiar e sustentar o treinamento e a melhoria para que as próprias equipes encontrem, passo a passo, maneiras melhores de trabalhar e apoiar a missão da organização para satisfazer os clientes.

Segundo, a direção estratégica não é resultado apenas da visão arrojada do líder; ela nasce da conversa paciente com as equipes da linha de frente para descobrir como a intenção de alto nível pode ser colocada em prática com o desenvolvimento de capacidades cotidianas.

A estratégia *lean* depende do sistema de aprendizagem *lean* para elaborar uma maneira melhor, todos os dias, em todos os lugares, ao lado de todos.

Essa aprendizagem estratégica ocorre em três níveis:

- A agilidade baseada em equipes facilita a captação de sinais emitidos pelos clientes e a pronta reação para adaptar processos contínuos à preferência do cliente na vida real.
- As atividades de *kaizen* e a gestão das curvas de aprendizagem criam um ambiente de aprendizagem reflexivo, no qual os tópicos de desenvolvimento são enfrentados conscientemente para se reinvestir os ganhos da melhoria na aprendizagem técnica e no trabalho em equipe.

- Esses dois níveis de atividades de aprendizagem acumulam uma capacidade estratégica de aprender a aprender: como lançar experimentos no mercado e dar seguimento a eles caso funcionem ou voltar atrás sem prejuízos caso deem errado, mas também a habilidade de enfrentar questões difíceis e explorar novos terrenos para seguir oferecendo valores inéditos aos clientes.

Como é possível adquirir essa capacidade estratégica de "aprender a aprender"? Os CEOs que você encontrou nessa jornada conseguiram adquiri-la, assim como precisaram transformar suas estratégias após a ocorrência da Grande Recessão e durante a turbulência brutal do mercado nos anos seguintes. Foi preciso mudar de ideia e abandonar a mentalidade gerencial tradicional de definir, decidir, confrontar e desempenhar:

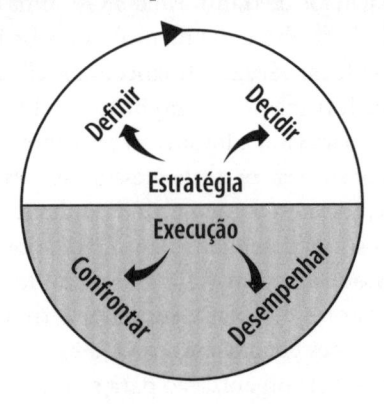

Eles foram forçados a aceitar a base do local de trabalho, usando o pensamento estratégico de cima para baixo, de encontrar, enfrentar, enquadrar e desenvolver:

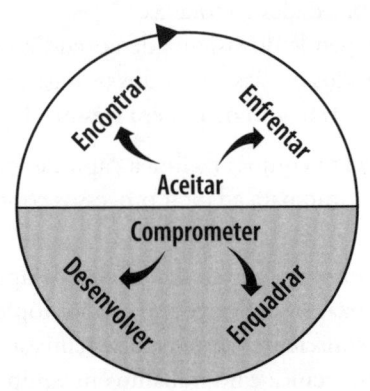

Isso, por sua vez, exigiu deles um comprometimento consciente com a aprendizagem. Nosso estudo de 20 anos sobre esforços de transformação *lean* demonstra que todos os CEOs que logram sucesso com o *lean* têm três características raras em comum:

1. *Eles encontram um* sensei: após experimentar com projetos e oficinas de melhoria, em algum momento eles procuram e encontram um *sensei* com o qual consigam trabalhar.
2. *Eles aceitam os exercícios que o* sensei *prescreve*: ainda que algumas tarefas não pareçam intuitivas ou não tenham uma relação óbvia com o que se considera urgente no momento, eles concordam em explorá-las e descobri-las, e envolvem-se em exercícios práticos para aprender com a experiência direta.
3. *Eles se comprometem explicitamente com a aprendizagem, para suas equipes e para si mesmos:* em algum momento, eles olham além dos resultados imediatos das atividades de *kaizen* (que seguem sendo importantes sinais de que as equipes respondem melhor a problemas) e buscam a aprendizagem (se o experimento deu certo ou errado, o que isso ensinou a quem e qual é o próximo passo?)

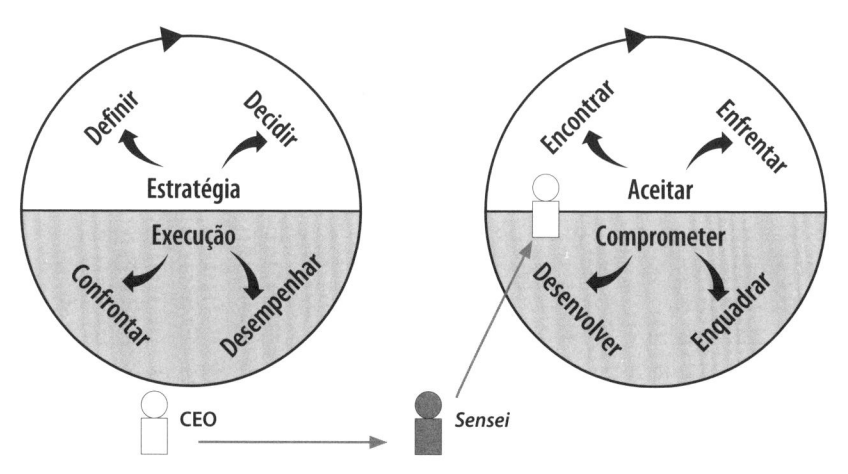

A necessidade por esse tipo de abordagem dinâmica e sistemática à estratégia tem se tornado cada vez mais urgente. Nos últimos dois séculos, as sociedades ocidentais têm educado suas elites na solução de problemas abstratos, em que as soluções ideais omitem os custos externos. Hoje, porém, os custos reais de se fazer as coisas não podem mais ser deixados de fora da equação.

Confrontada com um mundo em que os recursos são escassos, em que o acesso ao capital é limitado e sem quase nada além do potencial incrível da mente de cada funcionário, a Toyota reinventou uma maneira sóbria e econômica de competir, baseada em um estilo diferente de pensar. O modelo STP do pensamento *lean* determinava, para começar, resolver problemas pequenos à medida que surgissem, criar modelos causais abstratos e voltar a soluções concretas até novas descobertas surgirem. Continuar esse ciclo virtuoso com o passar dos anos e das décadas ajudou a gerar uma das organizações mais resilientes e produtivas do mundo.

Outro resultado foi um *sistema* melhor de pensar e agir. O modo consciente de resolver problemas reconhecia que empurrar o ônus dos problemas não resolvidos de um lado para o outro sempre produziria desperdício. Ele também reconhecia que o seu desafio sempre seria resolver o problema sem onerar os outros, sejam eles operadores, fornecedores ou produtores de recursos.

O progresso diário propicia uma excelente fonte de motivação diária, mesmo quando é difícil imaginar vitórias maiores para as pessoas ou empresas. O aprimoramento cotidiano ao lado dos seus colegas de equipe cria um espaço de motivação para os gestores e trabalhadores. Eles podem se reunir para comemorar seu bom trabalho juntos quando se esforçam para trabalhar melhor para os clientes e competir com os concorrentes, quando fortalecem o capital de fidelidade dos clientes, a produtividade da mão de obra e organizacional e o capital humano e social em vez de extrair mais valor de parceiros mais fracos.

Essa sensação de progresso e bem-estar pode ajudar a enfrentar problemas ainda maiores do que os imensos, mas triviais, desafios do trabalho cotidiano. Mais pessoas do que nunca buscam o ideal ocidental da felicidade pelo consumo material, mesmo em face dos três desafios dominantes: maior desgaste do meio ambiente, mercados cada vez mais saturados e o aumento das desigualdades estruturais. Todas essas forças afetam de alguma forma os nossos cotidianos. Deveríamos, como sugerem alguns, abandonar nossos estilos de vida e voltar a... a quê? Ou, como dizem outros, o melhor é ignorar o problema e imaginar que o mítico "livre mercado" vai resolver tudo?

Acreditamos que a estratégia *lean* oferece um caminho melhor. Ao analisar como cada um de nós, durante nossos dias de trabalho, fazemos escolhas que geram perdas ao mesmo tempo em que criam valor, podemos imaginar um caminho melhor e mais cheio de esperança: uma sociedade livre de desperdícios, na qual nós (todos nós) poderemos aproveitar a "prosperidade sem crescimento".[3]

Essa revolução começa conosco. Quando enfrentamos desafios globais aparentemente insolúveis, é fácil se sentir desamparado, baixar a cabeça e fazer tudo o que mandam. A adoção de uma estratégia *lean*, por outro lado, oferece-

-nos uma maneira de mudar o rumo da história geral ao alterarmos nossa própria história. O sistema de aprendizagem *lean* nos ensina a pensar diferente sobre casos prosaicos; de cabeça para baixo, por assim dizer, pois causa atrito onde se encontra com a mentalidade convencional. O *just-in-time* e o *jidoka* são como uma roupa justa demais, que aperta e pinica e mostra exatamente onde você precisa perder peso, e ainda sugere o programa de exercícios para conseguir isso. O pensamento *lean* nos liberta para pensarmos por nós mesmos e escrevermos nossas próprias histórias.

O pensamento *Lean* nos dá uma bússola que não diz o que fazer ou aonde ir, mas sim o que é para cima e o que é para baixo e em qual direção dar o próximo passo em busca do Norte Verdadeiro rumo a uma sociedade sem desperdício. Quando mudamos nossa mentalidade, mudamos a nós mesmos. Quando mudamos a nós mesmos, modelamos um novo tipo de comportamento, voltado à reconciliação: reconciliar o negócio com os clientes, as pessoas com o trabalho e a empresa com seus parceiros externos. Praticar o pensamento *lean* todos os dias, nas suas duas dimensões de entendimento técnico aprofundado e maior trabalho em equipe entre barreiras funcionais, também cultiva outras percepções sobre nossa competência e nossa confiança de que vamos resolver os problemas com eles, não contra eles – os dois pilares da confiança. Ao modelarmos a determinação de enfrentar desafios com coragem, criatividade e cooperação, desequilibramos os conflitos e influenciamos o espírito dos tempos. No processo, mudamos o mundo ao redefinirmos o que é possível quando todos se esforçam e trabalham juntos de forma consciente. Essa estratégia cria uma empresa mais resiliente (necessário na economia de hoje), mais inovadora (em todas as acepções e, sim, essencial, dado o modo como as empresas trabalham em todas as áreas, do digital ao restante) e mais despachada (melhor uso de capital, recursos e, sim, pessoas, em um momento em que as empresas precisam trabalhar melhor com seu próprio pessoal ao mesmo tempo em que criam menos desperdício).

Uma estratégia *lean* é ao mesmo tempo pessoal (aprender a aprender) e global (aprender a liderar). Nisso, ela oferece a esperança de que poderemos reenquadrar questões que hoje parecem impossíveis de enfrentar e que conseguiremos construir os relacionamentos necessários para enfrentar desafios aparentemente impossíveis e, avançando passo a passo, sairmos vitoriosos no final. Para avançarmos rápido, primeiro precisamos ir sozinhos, mas para irmos longe, precisamos ir juntos. Podemos refletir orgulhosamente sobre o que realizamos enquanto sociedade no passado e ter a confiança de que, se aprendermos a aprender, conseguiremos enfrentar os desafios de hoje e nos surpreender com as soluções que inventaremos amanhã.

Notas

AGRADECIMENTOS

1. Robert S. Kaplan and H. Thomas Johnson. *Relevance Lost: The Rise and Fall of Management Accounting*. Boston: Harvard Business School Press, 1987.

INTRODUÇÃO

1. Ver, por exemplo, Erik Brynjolfsson and Andrew McAffee, *The Second Machine Age*, W. W. Norton, New York, 2014.
2. Takahiro Fujimoto, *The Evolution of Manufacturing Systems at Toyota*, Oxford University Press, New York, 2001.
3. James Womack and Daniel Jones, *Lean Thinking*, Simon & Schuster, New York, 1996.

CAPÍTULO 1

1. P. Hawken, A. Lovins, and L. H. Lovins, *Natural Capitalism*, Little, Brown, New York, 1999.
2. James Womack, Daniel Jones, and Daniel Roos, *The Machine That Changed the World*, Rawson Macmillan, New York, 1990.
3. Detalhado em Art Byrne, *The Lean Turnaround*, McGraw-Hill, New York, 2012, and *The Lean Turnaround Action Guide*, McGraw-Hill, New York, 2016.
4. Ver Pascal Dennis, *Getting the Right Things Done: A Leader's Guide to Planning and Execution*, Lean Enterprise Institute (LEI), Cambridge, MA, 2006.

CAPÍTULO 2

1. H. Neave, *The Deming Dimension*, SPC Press, Knoxville, TN, 1990.
2. J. Shook, "How to Change a Culture: Lessons from NUMMI," *MIT Sloan Management Review*, January 2010.

3. Ver Orest J. Fiume and Jean E. Cunningham, *Real Numbers: Management Accounting in a Lean Organization*, Managing Times Press, Durham, NC, 2003.

CAPÍTULO 3

1. E. Simpson, *War from the Ground Up*, Oxford University Press, New York, 2013.
2. Descrito em Stephen Bungay, *The Art of Action*, Nicholas Brealey, London, 2011.
3. D. Dinero, *Training Within Industry: The Foundation of Lean*, Productivity Press, New York, 2005.
4. Jeff Liker, *The Toyota Way*, McGraw-Hill, New York, 2004.
5. Jeff Liker and Gary Convis, *The Toyota Way to Lean Leadership*, McGraw-Hill, New York, 2012.
6. C. Christensen, R. Alton, C. Rising, and A. Waldeck, "The Big Idea: The New M&A Playbook," *Harvard Business Review*, March 2011.

CAPÍTULO 4

1. Teruyuki Minoura, *Toyota Special Report*, 2003.
2. Uma excelente crônica disto se encontra em *The Birth of Lean*, Koichi Shimokawa and Takahiro Fujimoto, eds., Lean Enterprise Institute, Cambridge, MA, 2009; e os materiais de treinamento originais se encontram em Toshiko Narusawa and John Shook, *Kaizen Express*, Lean Enterprise Institute, Cambridge, MA, 2009.
3. N. Shirozou and S. Moffett, "As Toyota Closes on GM, Quality Concerns Also Grow," *Wall Street Journal*, August 4, 2004.
4. E. Osono, N. Shimizu, and H. Takeuchi, *Extreme Toyota*, Wiley, New York, 2008.
5. http://www.toyota-global.com/company/vision_philosophy/toyota_production_system/origin_of_the_toyota_production_system.html.
6. A Toyota reconta essa história no seu próprio site: http://www.toyota-global.com/company/toyota_traditions/quality/mar_apr_2004.html.
7. https://www.youtube.com/watch?v=oKudR9wxO9M; https://www.youtube.com/watch?v=dbWnS127x14; and https://youtube/pB7GDtVmgPs.

8. R. Revans, *ABC of Action Learning*, Gower, New York, 2011.
9. I. Kato and A. Smalley, *Toyota Kaizen Methods*, Productivity Press, New York, 2011.

CAPÍTULO 5

1. T. Harada, *Management Lessons from Taiichi Ohno*, McGraw-Hill, New York, 2015.

CAPÍTULO 6

1. E. I. DuPont de Nemours & Co., Inc., *Guide to Venture Analysis*, 1971.
2. M. E. Raynor and M. Ahmed, "Three Rules for Making a Company Truly Great," *Harvard Business Review*, April 2013.
3. https://www.youtube.com/watch?v=lIzCjT7Znmc.

CAPÍTULO 7

1. Cynthia Laumuno and Enver Yucesan, *Lean Manufacturing at FCI (A): The Global Challenge*, INSEAD, Harvard Business Review Case Study, June 25, 2012.
2. Cynthia Laumuno and Enver Yucesan, *Lean Manufacturing at FCI (B): Deploying Lean at Nantong China*, INSEAD, *Harvard Business Review Case Study*, June 25, 2012.

CAPÍTULO 8

1. David Magee, *How Toyota Became #1*, Penguin, New York, 2007.
2. Eiji Toyoda, *Toyota: Fifty Years in Motion*, Kodansha International, Tokyo, 1985.
3. G. S. Vasilash, "Considering Sienna: 53,000 Miles in the Making," *Automotive Design & Production*, Gardner Publications, 2003.
4. Kim Reynolds, "First Test: 2011 Toyota Sienna LE, The New Best Minivan on the Market," *MotorTrend*, December 24, 2009.

CAPÍTULO 9

1. C. Christensen, M. Raynor, and R. MacDonald, "What Is Disruptive Innovation?" *Harvard Business Review*, December 2015.
2. D. Simester, "Why Great New Products Fail," *MIT Sloan Management Review*, March 15, 2016.

CAPÍTULO 10

1. C. Bailey and A. Maiden, "What Makes Work Meaningful—or Meaningless," *MIT Sloan Review*, Summer 2016.
2. F. Reicheld, "The One Number You Need to Grow," *Harvard Business Review*, December 2003.

CONCLUSÃO

1. Thomas Chamorro-Premuzic, "What Science Tells Us About Leadership Potential," *Harvard Business Review*, September 2016.
2. Rana Foroohar, *Makers and Takers: The Rise of Finance and the Fall of American Business*, Crown Business, New York, 2016.
3. Tim Jackson, *Prosperity Without Growth: Economics for a Finite Planet*, Earthscan, London, 2009.

Índice

Obs.: números de página seguidos de "f", "t" e "n" indicam figuras, tabelas/quadros e notas de rodapé, respectivamente.

4Ms (mão de obra, máquinas, materiais, métodos), 107–108, 240t
5S (ordenar, arrumar, limpar, padronizar, sustentar), 59–60, 59–61n, 133–134, 240t
A3, pensamento, xvi, 4–5, 216–217, 233–234. *Ver também* Solução de problemas
Abordagem centrada em pessoas
    aprendizagem na e (estudo de caso das bombas de combustível), 209–221
    "centrada em pessoas", definição, 63–64
    de baixo para cima *versus*, 64–65
    desenvolver *versus* desvalorizar o capital humano, xxv
    desenvolvimento de equipes e, 125–126
    designs organizacionais independente de pessoas *versus*, 56
    gestão a vista e, 138–139
    liderança e, 57
    procura por soluções centradas em pessoas, 62–68
    satisfação dos funcionários, 105–107, 127–128, 237–244
    "social" *versus*, 68–69
    soluções sem pessoas *versus*, 19, 62–64
    valor e, 207–210
Abordagem sistêmica *versus* pensamento compartimentado, xxv
Acomodação, 223
Administração Científica, 56
Administração por objetivos, 81–82
Agetsuma, Fumio, 204t
Ahmed, Mumtaz, 154
AIO, 100–104
Alliance MIM, 121–128
Alternativas, 225, 225f
Ambição, 82–83

A Mentalidade Enxuta nas Empresas (Womack e Jones), 2–3, 5, 21, 147–148
Análise de operações, 186t
APCs (áreas de preparação de carga), 180–182, 180–181t
"Aprender a aprender", capacidade estratégica de, 252–255
Aprendizagem na prática
    condições no local de trabalho para, 84
    conexões entre departamentos, 64–65
    liderar de baixo para cima e, 57–63
    método Plano-Execução-Verificação-Ação (PDCA) e, 29–30
    pensamento *lean* e, 31–32
    pensamento tradicional *versus lean* e, 29–32
    pequenos equívocos e, 68–69
    sistema de aprendizagem *lean* e, 114–115
    soluções baseadas no *gemba* e, 55
    soluções centradas em pessoas e (estudo de caso das bombas de combustível), 209–221
    Training Within Industry (TWI) e, 56
Aprendizagem pela ação, 105
Aprendizagem reutilizável
    conhecimento reutilizável *versus*, 165–167
    inovação e, 227, 233–234
    intensificação do *kaizen* e, 185–187
    significado de, 162
Áreas de preparação de carga (APCs), 180–182, 180–181t
Arquimedes, 73
Arrumar, no 5S, 59–60, 59–61n
Assimilação, 223
Aumentos de margem por meio da qualidade integrada, 153–154
Autonomia
    aprendizagem na prática e, 57
    confiança enfrentando problemas e, 89
    distinção entre OK e não OK e, 88–89
    engajamento e, 105
    gestão visual e, 137–139

membros de equipe e, xvi, 100–101, 139–140
satisfação no trabalho e, 106–107
separação entre trabalho humano e trabalho de máquina e, 89–90
significado de, 88
sistemas puxados e, 112–113
solução de problemas com padrões e, 109–110
solução individual de problemas e, 193–194t
treinamento e, 131–132
Autorreflexão (*hansei*), 30–33, 125–126
Ballé, Freddy, 15–16, 18–19, 31–32, 132–133, 141–142, 174–175, 183–184
Ballé, Michael, 6, 19n
Base de custo total, 155–160
Bihr, JC, 121–128
Bordier, Laurent, 216–217
Bourgeois, Christian, 21
Bouthillon, John, 58–63
Boyd, Steve, 214
Burocratização, liderança de baixo para cima e, 57–58
Byrne, Art, 7, 39–40, 143, 157–160, 195
Cadência, 95–96, 189–190
Caixa preta, 251–253
Capital humano. *Ver* Abordagem centrada em pessoas
Capitalismo natural, 2–3
Cartões de instrução de produção, 98–99
Chaize, Jacques, 1–2, 6, 23–24, 33–35, 50, 53–54, 65–66, 71–72, 91–93, 117–119, 195, 197, 223, 237–238
Ciclo de Shewhart, 29–30
Ciclo definir, decidir, desempenhar, confrontar, 24–26, 25f, 27–30t, 224, 228–229, 253–255
Círculos virtuosos dinâmicos do *lean*, 197, 197f
Clerico, Fabiano e Furio, 166–175
Clima em equipes, 121
Cognitivas, habilidades, 240t
Colaboração, intensificação da, 58–59, 66–68, 122–123. *Ver também* Equipes e trabalho em equipe
Condições
  jidoka, 84–90
  just-in-time, 84–85, 90–94
Condições de trabalho, 89, 106–107
Confiança mútua, 131–133
Confiança, 89, 90, 132–133
Consultores *sensei*
  Alliance MIM e, 125–126
  aprender a aprender e, 164–167
  CEOs de sucesso e, 255

eventos *kaizen*, 3
pensar diferente e, 17–19
PO Construction e, 59–60
Proditec e, 34–36, 44
sobre despesas hoje *versus* amanhã, 114–115
sobre fluxo contínuo, 126–128
Socla e, 2, 23, 198
Toyota e, 16
Contabilidade de custo padrão, 148–150, 155
Contabilidade de custos, 40, 47
Contabilidade gerencial, 147–148
Contabilidade. *Ver* Crescimento, finanças e contabilidade
Crescimento sustentável, 196–199
Crescimento, finanças e contabilidade, 141–162
  aumentos das vendas e do giro de estoque, 161–162
  aumentos de margem por meio da qualidade integrada, 153–154
  base total reduzida pela intensidade do *kaizen*, 155–160
  contabilidade de custo-padrão, 148–150, 155
  demonstrações financeiras e "Demonstração do Resultado do Exercício", 40, 41, 44, 148–150, 150–151f, 158–159
  estratégia e intenções estratégicas, 142–143
  físicas *versus* financeiras, métricas, 38–42
  gestão financeira tradicional *versus* lean, 145–150
  gestores financeiros, convencer, 145–146
  kaizen, encorajar, 143–146
  lançamento de novos produtos a partir de investimentos flexíveis, 159–161
  pensar diferente e, 26–28, 27–28t
  retorno sobre ativos (ROA), 154
  retorno sobre investimento (ROI), 142–143, 146–148, 152, 153–154f
  Wiremold, estudo de caso, 143–144, 147–152, 155–161, 158–159t
Cultura de "problemas em primeiro lugar", 142–143, 240–241
Curiosidade, 241
Curvas de aprendizagem, 48–49, 226–227, 226f–228f, 229–232, 235
Custo instalado, 161
Custo-alvo, 160–161
Custos
  aprender para reduzir, 20
  custo de investimento, 79–80
  custo instalado, 161

custo-alvo, 160–161
elevação dos custos e revelação de desperdícios em nível local, 139–140
fase de *design*, custos desnecessários da, 19
padrões e, 109–110
pessoas vistas como custo, 145–146
planejamento de custos, 160–161
redução da base de custos pela intensificação do *kaizen* (estudo de caso da FCI), 174–188
Dané, Cyril, 100–104
"De baixo para cima" como conceito estratégico, 54, 253–255. *Ver também* Liderar de baixo para cima
Decisões OK/não OK, 88–89
Deming, W. Edwards, 29–31
"Demonstração do Resultado do Exercício do Fluxo de Valor", 149–150, 150–151f
"Demonstração do Resultado do Exercício", 40, 41, 44, 149–150, 150–151f
Desafiar-se como intenção estratégica, 142–143
Desdobramento da função qualidade (QFD), 159–161
Desenvolvimento de capacidades. *Ver também* Organizar-se para aprender
  abordagem centrada em pessoas e, 63–64
  "aprender a aprender", capacidade estratégica de, 252–255
  detectabilidade e, 86, 86t
  fase de desenvolvimento e, 48–50
  gestão financeira *versus* pensamento *lean* e, 27–28t
  incerteza, usar a estratégia *lean* de capacidade de aprendizagem para reagir à, 164–167
  para inovação, 232–234
  progressiva, abordagem, 251
Design e engenharia. *Ver* Engenharia, *design* e aceleração dos ganhos
Desperdício. *Ver também* Estoque
  foco excessivo em, 2–3
  habilidades cognitivas e, 240t
  melhoria, mecanismos geradores de desperdício como resistência contra a, 46–48
  mudar o pensamento sobre, 12–14, 13–14f
Detectabilidade, 86, 86t
Dinâmica constante, modelo da, 248–249, 249t
Divisão estreita do trabalho, 155
Doença da empresa grande, xxiv–xxviii, xxviiif, 175–176, 248
Dojo, treinamento em, 123–126, 172–173
Drucker, Peter, 81
Economias de escala, 14–15, 155

Eficiência global do equipamento (OEE), 183–184
Empresas adquiridas e liderança de baixo para cima, 64–68, 66–67t
Engajamento dos funcionários, 105
Engenharia, *design* e aceleração dos ganhos, 195–221
  aprendizagem na prática para soluções centradas em pessoas (estudo de caso das bombas de combustível), 209–221
  centricidade em pessoas e *design* de produtos, 199–201
  crescimento sustentável e, 196–199
  robustez do *design*, 78
  sistemas de engenheiros-chefes e modelos de produto, 200–209, 203–206t
  takt time da evolução do produto, 202, 203t–206t, 207–208
  Toyota e, 198–208
  valor desenvolvido por soluções centradas em pessoas, 207–210
Enquadramentos e ferramentas, 71–115
  ambição, 82–83
  como a Toyota escolheu competir, 76–81
  condições de *jidoka*, 84–90
  condições de *just-in-time*, 84–85, 90–94
  definição, 73
  "encorajar o *kaizen*" como enquadramento, 144–146
  gestão visual, 107–109
  kaizen enquanto enquadramento, 80–81, 110–113, 111–112t
  kanban, 97–104, 101–102f
  nivelados, planos, 97–98
  padrões, 107–108
  satisfação dos funcionários e, 105–107
  sistema de aprendizagem *lean* e, 71–73, 112–115, 113–114f
  solução diária de problemas, 108–111, 108–109t
  STP como as "Sistema de Pessoas Pensantes", 73–77
  takt time, 93–98, 94–95t
  taylorismo e administração por objetivos *versus*, 80–82
  trens de coleta regulares, 103–104
Envolvimento dos funcionários, 105
Equipes e trabalho em equipe
  agilidade baseada em equipes, 252–253
  condições de *just-in-time* e, 85, 90–91
  desenvolvimento de equipes centrado em pessoas, 125–126

estudo apoiado pelos gestores dos próprios métodos de trabalho e iniciativas de melhoria, 138-140
flexibilidade de tempo e, 238
fluxos de valor e fluxo de rotatividade de trabalho estável, 134-137, 135-136f
kaizen, esforços de, 50, 143-145, 173-174
líderes de equipe, 132-135
limites, líderes, hábitos e clima, 120-121
missão dos membros de equipe que agregam valor, 99-101
mudança gradual como norma da equipe, 130-131
no sentido da Toyota, 91
pensamento compartimentado *versus*, xxv
pessoas com maiores habilidades de aprendizagem na prática e, 64-65
quadro horário de análise de produção, 135-138
respeito pelas pessoas e, 127-133
Socla e, 118-119
Equívocos, grandes *versus* pequenos, 68-69
Espaguete, diagrama de, 240t
Estabilidade
enquadramentos e, 71
fluxos de valor e fluxo de rotatividade de trabalho estável, 134-137, 135-136f
Estoque. *Ver também Just-in-time*
causas da Toyota para má entrega e altos estoques, 95-98
duas maneiras de pensar sobre, 13-15
irmãos Clerico, estudo de caso, e duplicar o giro de estoque, 169-171, 170-172f
melhoria do giro de estoque com o aumento da qualidade e do fluxo e redução dos tempos de atravessamento, 161-162
Estratégia *lean*
"aprender a aprender", capacidade estratégica de, 252-255
como estratégia de crescimento, 159-160
conquistas da, 11-12, 11-12f
decisões contábeis e financeiras e, 141-142
definição, 8-12
elementos da, 163-164
engenharia, estrutura do trabalho de, 208-210
kaizen e, 141-144
método concreto da Toyota de buscar, 146-147
"oceano marrom" *versus* "oceano azul", estratégias do, xxv-xxvi
pressupostos radicais, 252-253
pressupostos, incapacidade de entender os, 12-21

resposta para todo segmento problemático, 208-210, 209-210f
três intenções estratégicas, 142-143
visão mecanicista, de otimização do lucro de Porter *versus*, 251-253
Wiremold e, 143
Estrutura
abordagem centrada em pessoas e, 19
enquadramentos e, 74, 84
Estruturas de controle visual, 181-182
Evolução dos produtos e processos técnicos, 198-199
Experimentos
assimilação e acomodação, 223
direcionados, 50
fase encontrar, 35-37
fazer melhor, 31-33
medição e, 38-39
na Toyota, xv
pensar diferente e, 12-14, 17-19
repetidos, para expandir a aprendizagem, 165-166
Socla, estudo de caso, 187-194
Fase desenvolver. *Ver* Fases encontrar, enfrentar, enquadrar, desenvolver (4F)
Fase enfrentar. *Ver* Fases encontrar, enfrentar, enquadrar, desenvolver (4F)
Fase enquadrar. *Ver* Fases encontrar, enfrentar, enquadrar, desenvolver (4F)
Fases encontrar, enfrentar, enquadrar, desenvolver (4F)
desenvolvimento de capacidades (fase desenvolver), 48-50
dimensões de melhoria e resistência (fase enquadrar), 42-49, 46t
empresa adquirida, estudo de caso, e, 66-68
função do *sensei* e, 166-167
gestão tradicional *versus*, 27-30, 29-30t
medição (fase enfrentar), 38-42
melhorar para aprender (fase encontrar), 31-38
pensamento estratégico de baixo para cima e, 253-255
pensamento *lean* e, 28-29t
FCI, grupo, 174-188
Ferramentas *lean*. *Ver também* Enquadramentos e ferramentas
como "tática", 5
enquanto laboratórios de aprendizagem, 72
esforços iniciais de implementação e, 4-5
mudar o pensamento sobre, 15

Fiancette, Frédéric, 1–2, 23, 53, 65–67, 71, 92–93, 117–119, 187–191, 195, 197, 198, 238
Fiume, Orest "Orry," 6, 14–15, 39–41, 67–68, 143, 147–152, 156–158, 195
Fluxo contínuo, 92–93, 95–98
Fluxo de rotatividade de trabalho, 134–135, 135–136f
Fluxo unitário de peças, 95–96, 240t
Fluxos
    aumentos das vendas e do giro de estoque e, 161–162
    complexos, 96–97
    de limpar a janela a melhorar o fluxo de qualidade (irmão Clerico, estudo de caso), 166–175
    de valor, ideias e trabalho, 80–81
    fluxo contínuo, 92–93, 95–98
    fluxo de rotatividade de trabalho, 134–135, 135–136f
    fluxo unitário de peças, 95–96
    melhorar, para entender a situação, 31–33
Fluxos de valor
    de produtos que prestam um serviço para os clientes, 202
    fluxo de rotatividade de trabalho estável e, 134–137, 135–136f
    projetos de melhoria de ponta a ponta, 139–140
    Socla, 189–190
    ver produtos como fluxos de valor, 198–199
Folhetos do *Sistema Toyota de Produção*, 99–100
Ford Company, 99–100
Ford, Henry, 79–80, 211, 246
Foroohar, Rana, 251–252
França, práticas *Lean* na, 6
Frederico, o Grande, 55
Fujimoto, Takahiro, xxii
Fumex, Matthias, 188–194
Funcionalidade central de um produto, 216–221
Fusões e aquisições e liderar de baixo para cima, 64–68, 66–67t
Ganhos, aceleração dos. *Ver* Engenharia, *design* e aceleração dos ganhos
Garantia da qualidade, 86–87
Gates, Bill, 42
GE (General Electric), 252–253
Gemba
    liderar de baixo para cima e, 53, 55
    na Socla, 24, 237

visitas dos clientes ao *gemba*, 172–173
Genchi genbutsu, 202
General Electric (GE), 252–253
General Motors (GM), 81, 148–149
Gerentes de linha
    FCI, estudo de caso, 185–187
    funções e responsabilidades dos, 87–89
    hierarquias lineares e matrizes, 248
Gerentes de linha de frente
    autonomia, desenvolvimento da, 106–107
    eliminação de obstáculos, 106–107
    enquadramentos para desenvolvimento, 106–108
    funções e responsabilidades dos, 112–113
    kaizen, respeito pelas pessoas, e, 132–133
    motor das mudanças *lean* e, 127–128
    mudança de hábitos e, 137–138, 187–188t
    planos nivelados e, 97–98
Gestão financeira. *Ver* Crescimento, finanças e contabilidade
Gestão visual
    apoio do gestor para, 137–139
    como enquadramento, 107–109
    FCI, estudo de caso, 184–187
    organização e, 139–140
    relacionamento pessoas-trabalho e, 242–243t
Gestão. *Ver também* Gerentes de linha de frente; Liderança; Liderar de baixo para cima; Gerentes de linha
    função, redefinição, 242–244
    missão essencial de um gestor, 137–138
    promoção de gerentes pela sua capacidade de aprender, 135–140
    relação com o trabalho e, 238–239
    sistemas de gestão e aprendizagem, equilíbrio de, 15, 15f
Guelton, Evrard, 163–164, 167–168, 209–217
Hábitos, 120, 121, 137–138, 187–188t, 240–241
Hansei (autorreflexão), 30–33, 125–126
Hasegawa, Tatsuo, 203t
Hawken, Paul, 3
Hayashi, Nampachi, 31–32
História, mudar a, xxi–xxiv
Honda, Takayasu, 205t
Hoshin, sistema de planejamento, 5
Hume, David, 165–167
Incentivos para aprender, 48–50

Incerteza
   desenvolvimento da capacidade de aprendizagem para reagir à, 164–167
   equipes de aprendizagem e, 48–49
   exploração de caminhos incertos, 129
Indicadores-chave de desempenho (KPIs), 149–150, 176–177, 177–180t, 178f
Inovação, 225f
   alternativas, 225
   assimilação e acomodação, 223
   curvas de aprendizagem, gerenciamento das, 226–227, 226f–228f, 229–232, 235
   da perspectiva do cliente, 227–228
   desenvolvimento de capacidades e, 232–234
   lacunas de inovação, 224–225, 234–235
   ligação com tecnologias existentes, 223–224
   Proditec, estudo de caso, 227–235, 230–232t
   técnica e organizacional, evolução da, 246–248, 248t
   teoria *lean* da, 227
   teoria ruptura da, 224–225
Inseguranças, 63–64
Investigação sobre os valores dos clientes, 171–172t
Investimento, custo de, 79–80
Janela, limpar a, 165–175, 213–214, 228–230
Jidoka (qualidade integrada)
   como enquadramento, 84–90
   Ehrenfeld sobre, 78n
   equipes e, 135–137
   FCI, estudo de caso, 181–184
   na Toyota, 77–78
   quatro elementos básicos do, 87
Jobs, Steve, 42, 224
Jones, Daniel, 2–4, 6, 21, 45–46, 76–77, 147–148
Just-in-time
   como enquadramento, 73, 84–85, 90–94
   equipes e, 135–137
   intensificação da cooperação com fornecedores e, 144–145
   MRP *versus*, 148–149
   na Alliance MIM, 122–123, 125–126
   na Toyota, 98–100
   na Wiremold, 147–149
   projetos de ponta a ponta, 139–140
   satisfação dos funcionários e, 105–107
   treinamento em múltiplas habilidades e, 144–145
Kaizen. Ver também Melhoria contínua
   aceleração das equipes, 143–145
   ambiente de aprendizagem reflexivo e, 253–254
   aprendizagem na prática, 57–63

base de custo total reduzida pela intensidade do, 155–160
   benefício do, 34–35
   condições de *just-in-time* e, 85
   definição, 32–33
   desempenho financeiro, 153–154
   elevação dos custos e revelação de desperdícios em nível local, 139–140
   "encorajar o *kaizen*" como enquadramento, 144–146
   enfrentar os problemas como ponto do *kaizen* em primeira mão, 68–69
   enquadramentos e, 80–81, 110–113
   equipes, respeito pelas pessoas, e, 127–133
   estratégia *lean* e, 141–144
   eventos, 3, 4
   fase encontrar e, 32–34
   giro do estoque e, 161–162
   inovação e, 223–235
   irmãos Clerico, estudo de caso, 173–174
   medição e, 38–39
   redução da base de custos pela intensificação do *kaizen* (estudo de caso da FCI), 174–188, 186f
   relacionamento pessoas-trabalho e, 242–243t
   seis passos clássicos do, 111–112, 111–112t
   Socla e, 117
   três usos principais do, 50
Kanban, cartões e sistema
   como enquadramento, 73, 97–104
   quadros brancos, 101–102, 101–102f
   regras do, 101–103
Karakuri, dispositivos de, 100–104
Kato, Isao, 111–112
Kodak, 223–224
KPIs (indicadores-chave de desempenho), 149–150, 176–177, 177–180t, 178f
Kroc, Ray, 247
Lean Enterprise Institute (LEI), 6
Lean Global Network, 6
"*Lean*" como verbo, 28–29, 75
Liderança
   abordagem centrada em pessoas e, 65–66
   burocracia e, 57–58
   definir, decidir, desempenhar, confrontar *versus* encontrar, enfrentar, enquadrar, desenvolver, 29–30t, 228–229
   em equipes, 120–121
   engajamento *versus* estratégia e execução, 57
   "falta de comprometimento da liderança", 239
   mudança de postura transformacional, xxvi
   relacionamento pessoas-trabalho e, 238–244

satisfação dos funcionários e, 129
transformação pessoal e, 24
Liderar de baixo para cima, 53–69
　aprendizagem na prática, 57–63
　atitudes, 58–59
　empresa adquirida, estudo de caso, 64–68, 66–67t
　meta da, 55
　para enfrentar desafios reais, 53, 67–69
　PO Construction, estudo de caso, 58–63
　significado de, 54–57
　soluções centradas em pessoas, busca por, 62–68
Liker, Jeff, 58–59
Limites em equipes, 120
Limpar, no 5S, 59–60, 59–61n
Linha de visão, 100–101, 173–174, 242–243t, 242–244
Lotes e desperdício, 47–48
Lotes grandes, 96–97, 188–190
Lovins, Amory, 3
Lucro antes de juros, impostos, depreciação e amortização (EBITDA), 143–144, 174–175, 175–177f, 251–252
Lucro e rentabilidade. *Ver também* Crescimento, finanças e contabilidade
　como meio *versus* objetivo, xxiii
　custo-alvo e, 160–161
　"Demonstração do Resultado do Exercício" e, 149–150
　estratégia e, 8–9
　fatores externos *versus* valor e, xxiii
　FCI e, 174–175, 175–176f
　fidelidade do cliente, 82, 220–221, 248
　Foroohar sobre atividades financeiras e, 251–252
　gemba e, 196
　gestão financeira tradicional *versus*, 26–28, 27–28t, 145–146
　kaizen e, 153–154
　produtividade e, 158–160
　sustentável, xvii–xviii, 28–29, 79–80, 198–199
　Toyota e, 5–6, 12–14, 75, 79–81, 198–200
　valor para o cliente e, 208–209, 251–252
　Wiremold e, 143–144, 147–149, 160–161
Magee, David, 198–199
Makers and Takers (Foroohar), 251–252
Manutenção produtiva total (TPM), 111–112
Mão de obra, máquinas, materiais, métodos (4Ms) 107–108, 240t

Máquinas autônomas, 90
McDonald's, 247
Medição
　enfrentar, fase, 38–42
　fases encontrar, enfrentar, enquadrar, desenvolver (4F), e, 28–29
　gestão financeira *versus* pensamento *lean* e, 27–28t
　métricas na Wiremold, 149–152
Medição de resultados. *Ver* Medição
Melhores práticas, mudar o pensamento sobre, 19
Melhoria
　atitudes de liderança, 58–59
　como descoberta, 18–19
　direções e dimensões, na fase enquadrar, 42–49, 46t
　kanban e, 100–101
　lista de projetos, abordagem da, 2
　mecanismos geradores de desperdício como resistência, 46–48
　princípios estratégicos, 58
　projetos de melhoria do fluxo de valor de ponta a ponta, 139–140
　ritmo desnivelado da, 118
Melhoria contínua. *Ver também Kaizen*
　comprometimento com, 18–19
　FCI, estudo de caso, 177–180, 179f
　Socla, estudo de caso, 189–190, 190–191f
Mentores, 130–132
Mérel, Yves, 163–164, 174–175, 180–187, 189–190
Minoura, Teruyuki, 73–74
Modelo Toyota, O (Liker), 58–59
Montaigne, 54
Mori, Kazuo, 202
MRP (planejamento dos recursos de manufatura), 14–15, 148–149, 156–157
Mudança. *Ver também* Melhoria; *Kaizen*
　arco identificável da mudança orgânica, 126–128
　como habilidade individual, 57
　obstáculos para se dar o próximo passo, 129–131
　passos do motor das mudanças *lean*, 127–128
　Socla, estrutura de mudança da, 119, 119t
Nakamura, Kenya, 200–201
National Electrical Code, 160–161
Nivelados, planos, 97–98
Novos produtos, desenvolvimento e lançamento de, 142–143, 159–161
Obeya, salas, 5

Objetivos
  ambição e, 82, 83
  ciclo de aprendizagem e objetivos em larga escala, 39–40
  ciclo definir, decidir, desempenhar, confrontar, e, 24–25, 29–30t
  comportamento contrário a, 48
  contraproducentes e contraditórios, 81–82
  da inovação, 227–228
  FCI, estudo de caso, 176–180, 177–180t
  liderar de baixo para cima e, 68–69
  metas de baixos níveis de emissão da Toyota, 225
  mudar o pensamento e, 50
  nas fases encontrar e enfrentar, 11–12
  solução diária de problemas e, 173–174
  Wiremold, objetivos estendidos, 143, 149–150
"Oceano azul", estratégias do, xxv–xxvi
"Oceano marrom", estratégias do, xxv–xxvi
OEE (eficiência global do equipamento), 183–184
Ohno, Taiichi, 16, 31–32, 56, 73, 98–100, 103–104, 133–134, 164–165, 174–175, 200–201
Okudaira, Soichiro, 206t
"Opinião da pessoa mais bem paga" (HIPPO), 25–26
Ordenar, no 5S, 59–60, 59–61n
Organização de aprendizagem, 72
Organizar-se para aprender, 117–140
  Alliance MIM, estudo de caso, 121–128
  fluxos de valor e fluxo estável, 134–137, 135–136f
  kaizen e respeito pelas pessoas, 127–133
  líderes de equipe e, 132–135
  limites, líderes, hábitos e clima em equipes, 120–121
  promoção de gerentes pela capacidade de aprender, 135–140
  Socla, estudo de caso, 117–119, 119t
Otimização pontual, 48
Padrões
  como enquadramento, 107–108
  jidoka e, 88
  solução diária de problemas e, 109–111
Padronizar, no 5S, 59–60, 59–61n, 133–134
Painel *andon*, 86, 90
Papel do CEO e pensar diferente, 23–24, 255
Parar a cada defeito, 71, 78, 85
Parar no primeiro defeito, 183–184
Pensamento compartilhado, xxv

Pensamento independente de pessoas. *Ver também* Taylorismo
  abordagem centrada em pessoas *versus*, 19, 62–64
  administração por objetivos, 81–82
  design organizacional e, 56, 132–133
  pessoas vistas como custo, 145–146
Pensamento lean. *Ver também* Pensar diferente
  cinco princípios do, 7
  como aprendizagem pela ação, 106–107
  como método estruturado para aprender a aprender, 164–165
  crescimento sustentável e, 196–199
  "de fora para dentro" *versus* "de dentro para fora", 7–9
  definição, 5–9
  doença da empresa grande e, xxiv–xxvi
  esforços iniciais de implementação, 1–5
  pontos de referência no espaço de pensamento *lean*, 193–194t
  quatro perguntas fundamentais, xxvi–xxvii
  relação com o trabalho e, 238–239
  tayloristas, programas "*lean*", 196
  transformação profunda e, 245–246
  três círculos virtuosos dinâmicos do, 197, 197f
Pensar diferente, 23–51. *Ver também* Pensamento *lean*
  ciclo PDCA e, 24, 29–31
  definir, decidir, desempenhar, confrontar, atravessamento, 24–26, 25f, 27–28t
  desenvolvimento de capacidades (fase desenvolver), 48–50
  dimensões de melhoria e resistência (fase enquadrar), 42–49, 46t
  fases encontrar, enfrentar, enquadrar, desenvolver (4F), 27–30, 28–30t
  medição (fase enfrentar), 38–42
  melhorar para aprender (fase encontrar), 31–38
  papel do CEO e, 23–24
  pensamento tradicional de gestão financeira *versus*, 26–30, 27–30t
Planejamento dos recursos de manufatura (MRP), 14–15, 148–149, 156–157
Plano-Execução-Verificação-Ação (PDCA), método, 24, 29–31, 189–190
Planos de ação *versus* curvas de aprendizagem, 48–49
PO Construction (POC), 58–63
Porter, Michael, 251
Preço e qualidade na Toyota, 79–81

Preocupações dos clientes
  certo e errado do ponto de vista dos clientes, 88
  extrair *versus* agregar valor, 244–245
  foco no processo *versus*, xxiv–xxv
  inovação da perspectiva do cliente, 227–228
  karakuri e, 101–103
  "o que dizem que querem?", 210–211
  "o que usam de verdade?", 211
  painel de reclamações pós-venda, 35–37
  prioridades variáveis entre os clientes, 168–171
  "quem são nossos clientes?", 210–211
  segurança, qualidade, custo, tempo de atravessamento, motivação e eficiência energética no STP, 83
  visitas dos clientes ao *gemba*, 172–173
Previsões, 99–101
Prévot, Eric, 53, 65–67, 71, 187–191, 195
Princípio do sistema puxado nivelado, 191–192
Problemas em primeiro lugar, colocar, 58–59, 142–143, 240
Procedimentos de segurança e líderes de equipe, 133–134
Proditec
  fase encontrar e, 34–38
  inovação e, 227–235, 230–232t
  medição de resultados, 41–42
  problemas impactantes, 44–45
Produtos, desenvolvimento e lançamento de novos, 142–143, 159–161
Projetos de melhoria do fluxo de valor de ponta a ponta, 139–140
Propósito, na fase enquadrar, 42
Próximo passo, antecipar, 130–131
QFD (desdobramento da função qualidade), 159–161
Quadro horário de análise de produção, 135–137
Qualidade integrada. *Ver Jidoka*
Qualidade. *Ver também Jidoka* (qualidade integrada)
  compras, integrar, 216–217
  controlar todos os problemas de qualidade (estudo de caso das bombas de combustível), 212–213
  de limpar a janela a melhorar o fluxo de qualidade (irmão Clerico, estudo de caso), 166–175
  engenheiros, atribuir responsabilidade sobre qualidade nominalmente aos, 214–215
  inovação e, 229–230
  "marcos de qualidade", 213
  na Toyota, 77–80

Raynor, Michael, 154
Recuperação dos preços, 152
Regulatório, ambiente, 212
Rentabilidade sustentável, xvii–xviii, 28–29, 79–80, 198–199
Repellin, Lionel, 68–69
Responsabilidade, assumir, 129
Resultado à frente da produção, 78–80
Retirada, cartões de, 98–99
Retorno sobre ativos (ROA), 154
Retorno sobre investimento (ROI), 142–143, 146–148, 152, 153–154f
Reveses, superar, 129
Riboulet, Christophe, 34–38, 41, 44, 50, 228–235
Ritmo, 94–96
ROA (retorno sobre ativos), 154
Robustez do *design*, 78
ROI (retorno sobre investimento), 142–143, 146–148, 152, 153–154f
Saito, Akihito, 204–205t
Sasaki, Shirou, 203t
Satisfação dos funcionários, 105–107, 127–128, 237–244
Satisfação dos trabalhadores, 105–107. *Ver também* Abordagem centrada em pessoas
Schmidt, Eric, 25
Segunda Guerra Mundial, 56
Separação entre trabalho humano e trabalho de máquina, 89–90
Sequência de tarefas, progressão através de, 88
Shook, John, 31–32
Simpson, Emile, 54
Sistema de aprendizagem para gerar valor, 163–194
  de limpar a janela a melhorar o fluxo de qualidade (irmão Clerico, estudo de caso), 166–175
  experimentos repetidos para expandir a aprendizagem (Socla, estudo de caso), 187–194
  incerteza, usar a estratégia *lean* de capacidade de aprendizagem para reagir à, 164–167
  para reduzir a base de custos pela intensificação do *kaizen* (FCI, estudo de caso), 174–188
  sistemas de gestão e aprendizagem, equilíbrio de, 15, 15f
Sistema Toyota de Produção (STP)
  carros melhores como segredo do sucesso, 198–200
  como sistema de enquadramentos ou "Sistema de Pessoas Pensantes", 73–77, 80–81, 114–115, 197

enquanto estrutura mental, 74
kanban, 98–101
pensamento *lean* e, 5, 48
segurança, qualidade, custo, tempo de atravessamento, motivação e eficiência energética, 83
sistema de aprendizagem e caso do fornecedor europeu, 15–21
Training Within Industry (TWI) e, 56
Sistemas de aprendizagem *lean*
    domínio, 112–115, 113–114f
    enquadramentos e, 71–72
Sistemas de engenheiros-chefes e modelos de produto, 200–209, 203–206t, 215
Sistemas de sugestão
    equipes e, 119
    fluxo de ideias e, 80–81
    Ford, 99–100, 199–200
    gerentes de linha de frente e, 112–113
    irmãos Clerico, estudo de caso, 173–174
    jidoka e, 90
    kaizen e, 3, 32–33
    solução diária de problemas e, 138–139
    STP e, 81
    Toyota e, 18–19, 74, 99–100, 199–200
Sistemas puxados. *Ver também Just-in-time*
    além da logística, 104
    como enquadramento, 92–93
    enquadramentos e, 71
    kaizen e, 112–113
    MPR *versus* JIT, 148–149
    na Alliance MIM, 124–126
    na Socla, 191–193
    princípio do sistema puxado nivelado, 191–192
    trens de coleta regulares, 103–104
Sloan, Alfred, 81, 148–149, 248–249
Smalley, Art, 111–112
Smed (troca rápida de ferramentas), 111–112
Smith, Adam, 246
Sociedade sem desperdício, 251–257
Socla
    crise financeira e, 1–2
    declínio do *Lean* na, 195
    empresa adquirida, 65–68, 66–67t
    enquadramentos e, 71–72
    experimentos repetidos para expandir a aprendizagem, 187–194
    just-in-time e, 91–93
    liderar de baixo para cima, 53–54

melhoria para aprender, 33–35
organizar-se para aprender e estrutura para mudança, 117–119, 119t
pensar diferente, 23–24
Solução de problemas, 223–235
    desempenho diário, 50, 138–139
    diária, 50, 108–111, 108–109t, 138–139, 173–174, 228–229
    hábitos, mudança de, 187–188t
    inovação e, 233–235
    método Plano-Execução-Verificação-Ação (PDCA) e, 24, 29–31
    relacionamento pessoas-trabalho e, 241
Solução diária de problemas
    como enquadramento, 108–111, 108–109t
    inovação e, 228–229
    irmãos Clerico, estudo de caso, 173–174
    problemas de desempenho diários, 50, 138–139
STP. *Ver* Sistema Toyota de Produção
Sustentar, no 5S, 59–60, 59–61n
Takeuchi, Hirotaka, 75
Takt time
    cálculo, 94–96, 94–95t
    como enquadramento, 92–93
    da evolução do produto, 202–209
    ritmo *versus* taxa e, 93–95
Socla, 188–190
Taylor, Frederick, 56, 81, 148–149, 246–248
Taylorismo
    divisão estreita do trabalho e economias de escala, 155
    fluxo contínuo e, 96–97
    gestão financeira tradicional e, 147–148
    interpretação equivocada da Toyota em termos de, 74–75
    números míticos e, 40
    produtividade e, 20
    programas "*lean*" que são extensões modernas do, 196
    sobre, 56
    trabalho sem pensamento, 81–82
    trabalho sem sentido e, 237
Tecnologias legadas, ligação com, 223–224
Teoria da inovação por rupturas, 224–225
Terceirizados, 59–61
Tesco, 4
Toyoda, Akio, 62–63, 132–133
Toyoda, Eiji, 99–100, 164–165, 200–201
Toyoda, Kiichiro, 76–77, 91, 98–99

Toyota
  antiestratégia da, 251–253
  causas para atraso na entrega e altos estoques, 95–98
  como seguidora rápida, 78
  cooperação *versus* logística, 91
  dinâmica constante, modelo da, 248–249, 249t
  emissões e eficiência energética, 80–81
  enquanto modelo, 3–4
  estratégia do preço de venda, 12–14
  fluxos e, 8–9
  função do líder de equipe, 133–135
  imperfeita, 75
  inovação na, 225
  jidoka e, 86
  kaizen, 110–113, 111–112t
  limitações nas décadas de 1950 e 1960, 76–78
  linha de produção flexível, 74
  método concreto para buscar uma estratégia *lean*, 146–147
  missão dos membros de equipe que agregam valor, 99–101
  mudando a história, xxii–xxiii
  PDCA e, 30–31
  qualidade, variedade e preço, 77–81
  rentabilidade e, 5–6, 12–14, 75, 79–81, 198–200
  revolução dos automóveis mais limpos, 5–6
  sistema de engenheiros-chefes e modelos de produto, 200–209, 203–206t
  takt time, 94–95
  trens de coleta regulares, 103–104
TPM (manutenção produtiva total), 111–112
Trabalho com significado, 237–244
Trabalho de máquina *versus* trabalho humano, 89–90
Trabalho humano *versus* trabalho de máquina, 89–90
Trabalho padronizado
  habilidades cognitivas e, 240t
  líderes de equipe e, 133–135
  solução diária de problemas e, 108–110
  STP e, 73
  treinamento constante, 144–145
Training Within Industry (TWI), 56
Transformação profunda, 245–246
Treinamento constante, 144–145
Trens de coleta regulares, 103–104

Trens de coleta regulares, 103–104
Troca rápida de ferramentas (Smed), 111–112
TWI (Training Within Industry), 56
"Um plano por pessoa", diagnóstico, 242–244
Valor. *Ver também* Sistema de aprendizagem para gerar valor
  caixa preta em torno da construção do, xxiii
  clientes e extrair *versus* agregar valor, 244–245
  clientes fiéis *versus* preço das ações, 146–147
  desempenho, qualidade e custo de uso, dimensões de, 177–181
  fluxo de, 80–81
  oferecer valor central e melhorado em cada geração, 207–208
  soluções centradas em pessoas e, 207–210
Vantagem competitiva
  ambição e, 82
  conhecimento para reduzir custos e, 20
  estratégia e, 9–10, 142–143
  habilidades de solução de problemas e, 162
  mudar o pensamento e, 7, 13–14
  National Electrical Code e, 160–161
  sustentável, 114–115, 197
  Toyota e, 74, 80–82
  vinda de desenvolver pessoas, 21
Vareille, Pierre, 163–164, 174–180, 187–188
Variedade, 79–80, 91
Verificação de 100%, índice de, 182–184
Volkswagen (VW), 5, 207–208
Welch, Jack, 252–253
Wiremold Company
  aquisições, 67–68, 155–157
  concorrentes "comendo a nossa poeira", 198–199
  declínio do *lean* na, 195
  estoque e, 14–15
  gestão e estratégia financeira, 143–144, 147–152, 155–161, 158–159t
  just-in-time na, 147–149
  medidas financeiras, 39–40, 40t
  métricas na, 149–152
  pensamento *lean* e, 5, 6
  ritmo desnivelado da mudança, 118
Womack, Jim, 2–4, 6, 21, 147–148
Yasui, Shinichi, 206t
Yokoten, 127–128
Yokya, Yuji, 202
Yoshida, Takeshi, 205t

IMPRESSÃO:

PALLOTTI
GRÁFICA

Santa Maria - RS | Fone: (55) 3220.4500
www.graficapallotti.com.br